КНИГА ЗОАР
на пять частей Торы
с комментарием «Сулам»

Глава Пкудей

Под редакцией М. Лайтмана,
основателя и главы
Международной академии каббалы

УДК 130.122
ББК 87.3(0)

Все права защищены. Никакая часть данной книги не может быть воспроизведена в какой бы то ни было форме без письменного разрешения владельцев авторских прав.

СЕРИЯ: «ЗОАР ДЛЯ ВСЕХ»
Книга Зоар. Глава Пкудей / Под ред. М. Лайтмана – М.: НФ «Институт перспективных исследований», 2020. – 376 с.

The Book of Zohar. Chapter Pkudey/ Edited by M. Laitman – M.: NF «Institute of perspective researches», 2020. – 376 pages.

ISBN 978-5-91072-104-7

Книга Зоар, написанная еще в середине II века н.э., – одно из самых таинственных произведений, когда-либо созданных человечеством.

До середины двадцатого века понять или просто прочесть Книгу Зоар могли лишь единицы. И это не случайно – ведь эта древняя книга была изначально предназначена для нашего поколения, и является раскрытием Торы.

В середине прошлого века, величайший каббалист XX столетия Йегуда Ашлаг (Бааль Сулам) проделал колоссальную работу. Он написал комментарий «Сулам» (лестница) и одновременно перевел арамейский язык Зоара на иврит.

Но сегодня наш современник разительно отличается от человека прошлого века. Международная академия каббалы под руководством всемирно известного ученого-исследователя в области классической каббалы М. Лайтмана, желая облегчить восприятие книги современному русскоязычному читателю, провела грандиозную работу – впервые вся Книга Зоар была обработана и переведена на русский язык в соответствии с правилами современной орфографии.

© Laitman Kabbalah Publishers, 2020
ISBN 978-5-91072-104-7 © НФ «Институт перспективных исследований», 2020

Содержание

ГЛАВА ПКУДЕЙ

Все реки текут в море 6
Как велико благо Твое, которое укрыл Ты для
   боящихся Тебя 7
И упрочится престол милостью 9
Вот исчисления Скинии 11
Прекрасное место, отрада всей земли 22
Вот исчисления Скинии 29
И будет вера времен твоих 30
Имя Бецалеля способствовало этому 32
Когда нечестивые разрастаются, как трава 35
Сорок два жертвоприношения Балака 36
Всего золота, изготовленного для работы 38
И обернулся он назад и увидел их 39
Золото – снизу вверх, а серебро – сверху вниз 41
Счет и число 45
Если Творец не построит дом 51
А из тысячи семисот семидесяти пяти 57
Все построения – по три 70
Сорок пять оттенков светов 77
Медные горы 84
Одеяния святости 87
Хошен и эфод 89
Поднимите глаза ваши ввысь 102
Восславьте Творца с небес 104
Станет гора храма Творца вершиной гор 107
Иногда восславляет себя, а иногда принижает 110
Мерный шнур и мерная трость 112
Сорокадвухбуквенное и семидесятидвухбуквенное имя 126
Жизни просил он у Тебя 132
И доставили Скинию к Моше 135
Существуют крепости-ловушки 138
Буквы де-АВАЯ как буквы де-Адни 142
И возвел Моше Скинию 144
И спустилась с верблюда 146

Отходы золота 149
Телец 152
Красная корова 155
Волос в тфилине 158
И доставили Скинию к Моше 162
Закон о жертве всесожжения............................... 167
И возвел Моше Скинию 174
Хотя упала я, встану 186
Когда двигались, двигались................................ 187
Скиния и Храм 193
Шесть ступеней ситры ахра 197
Чертоги святости 214
Чертог сапфирового камня, Есод 217
Чертог сути небесной, Ход.................................. 229
Чертог сияния, Нецах 238
Четвертый чертог, чертог заслуги, Гвура............. 254
Чертог любви, Хесед 265
Чертог желания, Тиферет................................... 269
Седьмой чертог – святая святых 299
Семь чертогов ситры ахра 331
Первый чертог ситры ахра: пустая яма –
Сатан злого начала.. 334
Второй чертог ситры ахра: могила –
нечистый злого начала....................................... 339
Третий чертог ситры ахра, называемый Дума, который
соответствует имени «ненавистник» злого начала 343
Четвертый чертог ситры ахра – вина, соответствующий
липкой грязи и соответствующий камню преткновения.... 349
Пятый чертог ситры ахра – преисподняя,
соответствующий имени «необрезанный» 354
Шестой чертог – зло,
соответствующий имени «смертный мрак» 358
Седьмой чертог ситры ахра – винный осадок...... 364
Прах земли 368
Конец всякой плоти 369
Чертог тайны жертвоприношения 370

МЕЖДУНАРОДНАЯ АКАДЕМИЯ КАББАЛЫ 375

Глава Пкудей

ГЛАВА ПКУДЕЙ

Все реки текут в море

1) «"Вот исчисления Скинии, Скинии свидетельства, выполненные по слову Моше"¹. Рабби Хия провозгласил и сказал: "Все реки текут в море, но море не переполняется"². Это изречение мы объясняли, и будем учить. Однако все эти реки – это реки и источники святости", т.е. сфирот Зеир Анпина, "которые наполнились и вышли, чтобы светить и наполнять это великое море", т.е. Малхут. "И после того, как великое море наполнилось со стороны этих рек, оно выводит воды и поит всех зверей полевых, как сказано: "Напоят они всех зверей полевых"³», – т.е. ступени миров БЕА.

2) «"Что написано выше"» изречения: «Напоят они всех зверей полевых»³ – «"Ты направляешь источники в реки"⁴, а затем написано: "Напоят они всех зверей полевых, дикие звери утолят жажду"³, и это строения (меркавот) внизу, в БЕА", которые называются зверями полевыми и дикими. "И когда море", Малхут, "принимает" эти источники, света Зеир Анпина, "оно принимает все их и вбирает их в себя. А затем выводит воды другой стороне, т.е. строениям (меркавот) святости, находящимся внизу", в БЕА, "и поит их. Все они исчисляются и называются по имени", т.е. все ступени, которые Малхут поит, она называет по имени, "как сказано: "Всех их по имени называет Он"⁵. И поэтому написано: "Вот исчисления Скинии"¹», где Скиния – это Малхут и те ступени, которые она поит, т.е. принадлежности Скинии; это исчисления ее, называемые по имени.

---

¹ Тора, Шмот, 38:21. «Вот исчисления Скинии, Скинии свидетельства, выполненные по слову Моше, – служение левитов под началом Итамара, сына Аарона-коэна».

² Писания, Коэлет, 1:7. «Все реки текут в море, но море не переполняется; к месту, куда реки текут, туда вновь приходят они».

³ Писания, Псалмы, 104:11. «Напоят они всех зверей полевых, дикие звери утолят жажду».

⁴ Писания, Псалмы, 104:10. «Ты направляешь источники в реки, текущие между гор».

⁵ Пророки, Йешаяу, 40:26. «Поднимите глаза ваши ввысь и посмотрите, Кто создал их. Выводящий по числу воинства их, всех их по имени называет Он; от Великого могуществом и Мощного силой никто не скроется».

ГЛАВА ПКУДЕЙ

Как велико благо Твое, которое укрыл Ты для боящихся Тебя

3) «Рабби Йоси провозгласил: "Как велико благо Твое, которое укрыл Ты для боящихся Тебя, сделал тем, кто уповает на Тебя, под стать сынам человеческим"[6]. "Как велико благо Твое" означает – "насколько люди должны изучать и познавать пути Творца, ибо каждый день раздается голос, и возглашает, говоря: "Берегитесь, жители мира, закройте врата прегрешений, удалитесь от сети, которая ловит" людей, "прежде чем ноги ваши попадутся в эту сеть. Колесо, всегда возвращающееся в мир", – т.е. высший суд, "поднимается и опускается", – т.е. поднимает людей и опускает людей. "Горе тем, чьи ноги были низринуты из-за этого колеса, ибо они падают в бездну, хранимую для грешников мира"».

4) «"Горе тем, кто падает" в эту бездну, о которой говорится выше, "и не встанет, и не они увидят свет, упрятанный для праведников в мире будущем. Счастливы праведники в мире будущем, ибо многочисленные света упрятаны" и хранимы "для них. Сколько прелестей того мира скрыто для них, как написано: "Как велико благо Твое, которое укрыл Ты для боящихся Тебя"[6]. "Как велико благо Твое"[6] – мы объясняли, что это свет, скрытый для праведников в мире будущем. Как написано: "И увидел Всесильный свет, что он хорош"[7], и написано: "Свет посеян для праведника, и радость – для прямых сердцем[8]", где «посеян» означает – упрятан. «И об этом написано: "Как велико благо Твое"[6]».

5) «"Написано здесь: "Как велико благо Твое"[6], а там написано: "И увидел Всесильный свет, что он хорош"[7]». Так же, как там сказано «хорош»[7] о свете, так же и здесь, «благо Твое»[6] означает – свет Твой. «"Которое укрыл Ты"[6], – потому что посмотрел Творец на этот свет, и посмотрел на тех грешников, которые в будущем должны будут согрешить в мире, и

---

[6] Писания, Псалмы, 31:20. «Как велико благо Твое, которое укрыл Ты для боящихся Тебя, сделал тем, кто уповает на Тебя, под стать сынам человеческим».

[7] Тора, Берешит, 1:4. «И увидел Всесильный свет, что он хорош, и отделил Всесильный свет от тьмы».

[8] Писания, Псалмы, 97:11. «Свет посеян для праведника, и радость – для прямых сердцем».

спрятал этот свет, чтобы удостоились его праведники в мире будущем, как мы учили"».

6) «"Сказано: "Сделал тем, кто уповает на Тебя"⁶. Спрашивает: "Сначала говорит: "Укрыл Ты"⁶, а затем: "Сделал"⁶?" И отвечает: "Однако: "Укрыл Ты"⁶ означает, как мы уже сказали, что Он упрятал его для праведников, "сделал"⁶ – что этим скрытым светом совершал Творец созидание мира. Откуда нам это известно? Ибо сказано: "Вот порождения неба и земли при сотворении их"⁹ – "при Аврааме" написано"», потому что «при сотворении их (бе-ибарам בהבראם)» – те же буквы, что и «при Аврааме (бе-Авраам באברהם)». «"То есть, тот самый свет Авраама", Хесед, "Творец скрыл и действовал им при созидании мира, как написано: "Сделал тем, кто уповает на Тебя"⁶, т.е. для тех, кто сидит под сенью Творца"», т.е. уповают в тени Его.

7) «"Под стать сынам человеческим"⁶, – созидание, произведенное этим светом, дает людям жизнь в мире, и оно является их жизнью. И хотя свет скрыт, живут в нем люди в этом мире. "Сделал"⁶ – т.е. созидание этого мира, в котором всё сделано по расчету. Созидание мира подобно возведению Скинии, которая является созиданием, так же как и мир, и мы уже объясняли это"».

8) «"Написано здесь: "Вот исчисления Скинии"¹. И написано там: "Вот порождения неба и земли"⁹ – учит тому, что их деяния равны одно другому, "потому что все те порождения, которые образовали и произвели небо и земля, все они были образованы и произведены силой этого скрытого света. И также исчисления Скинии вышли благодаря этой силе" скрытого света. "Откуда нам это известно? Ведь сказано: "И Бецалель, сын Ури, сына Хура, из колена Йегуды"¹⁰ – это с правой стороны", т.е. Авраама, скрытого света, как объяснялось выше. "И с ним Оолиав"¹¹ – это с левой стороны. А Скиния", Малхут, "была возведена и сделана с правой и с левой сторон, и Моше, который находился между ними", свойство средней линии, "возвел ее"».

---

9 Тора, Берешит, 2:4. «Вот порождения неба и земли при сотворении их, в день созидания Творцом Всесильным земли и неба».

10 Тора, Шмот, 38:22. «И Бецалель, сын Ури, сына Хура, из колена Йегуды, сделал все, что Творец повелел Моше».

11 Тора, Шмот, 38:23. «И с ним Оолиав, сын Ахисамаха, из колена Дана, – резчик и парчевник, и вышивальщик по синете и пурпуру, и червленице, и виссону».

ГЛАВА ПКУДЕЙ

И упрочится престол милостью

9) «Рабби Эльазар провозгласил и сказал: "И упрочится престол милостью, и воссядет на нем в истине"[12]. "И упрочится престол милостью"[12], – мы ведь объясняли, что когда мысль", т.е. Хохма, называемая высшие Аба ве-Има, "поднялась, чтобы установиться в желании радости от самого скрытого из всех скрытых, который непознаваем и непостигаем", т.е. Атик, "пришла эта радость Атика и стала светить внутри этой мысли", т.е. в Абе, "и тогда вошла в то место, в которое вошла"», т.е. он соединился с высшей Имой в свете Хеседа, в непрекращающемся зивуге, как сказано: «Ибо склонен к милости (хафец хесед) Он»[13].

Объяснение. Выясняет здесь большую подготовку, которая была произведена в Хеседе с помощью исправления парцуфа высших Абы ве-Имы в свете Хесед в зивуге паним бе-паним, в свойстве «ибо склонен к милости (хафец хесед) Он»[13], и этот большой зивуг не прекращается никогда. И он выясняет, что это свойство «склонен к милости (хафец хесед)»[13], которое есть в Абе ве-Име, нисходит к ним от Атика. Ибо в тот момент, когда Атик исправил парцуф Абы ве-Имы, радость света Хесед, имеющаяся в Атике, светит Абе, пока эта радость не сольется с Абой настолько, что он не получает больше Хохму, а соединяется с высшей Имой в непрекращающемся зивуге в свечении только лишь хасадим. И об этом исправлении высших Абы ве-Имы сказано: «И упрочится престол милостью (хесед)»[12], как он объясняет далее.

10) «"Пока не скрылись" Аба ве-Има, т.е. пока не исправились и не облачились "в один высший чертог", т.е. в Бину, называемую ИШСУТ, "и этот чертог скрыт наверху, на месте своем", т.е. Хохма не раскрывается там, на месте его. "Однако оттуда передаются и нисходят все света", – как свет хасадим от правой линии, так и свет Хохмы от левой линии, так и свет Даат, содержащийся в средней линии. "И от этой правой стороны устанавливается престол внизу", т.е. Малхут, "потому

---

[12] Пророки, Йешаяу, 16:5. «И упрочится престол милостью, и воссядет на нем в истине в шатре Давида судья, ищущий правды и стремящийся к правосудию!»

[13] Пророки, Миха, 7:18. «Кто Творец, как Ты, который прощает грех и проявляет снисходительность к вине остатка наследия Своего, не держит вечно гнева Своего, ибо склонен к милости Он».

что Творец", Зеир Анпин, "установил этот престол в милости (хесед)", исходящей от правой линии ИШСУТ и от высших Абы ве-Имы, "и воссядет на нем в истине"[12], и это исправление, завершающее всё, и восседает на этом престоле", Малхут, "лишь в этом завершении, т.е. в истине", в исправлении средней линии, называемой истиной, то есть: "В шатре Давида"[12], Малхут, "который является престолом внизу"».

11) «"Судья, ищущий правды и стремящийся к правосудию"[12], – это окончание вышеприведенного изречения. "Судья"[12] означает – "со стороны суда", т.е. левой линии. "Ищущий правды"[12] – со стороны милосердия, средней линии. "И стремящийся к правосудию"[12] – это престол суда, суд внизу", Малхут. "Смотри, подобно этому, Скиния установлена только с этой стороны, с правой, в виде этой милости (хесед), как мы сказали выше"», как сказано: «И упрочится престол милостью»[12]. «"И поэтому исчисляются все порождения", исходящие от Малхут, "и устанавливаются внизу"».

ГЛАВА ПКУДЕЙ

Вот исчисления Скинии

12) «"Вот исчисления Скинии, Скинии свидетельства, выполненные по слову Моше"[14]. Рабби Шимон провозгласил: "Вначале сотворил Всесильный небо и землю"[15]. Это изречение объясняли, и выяснилось оно в разных видах. Но когда Творец сотворил мир, Он сотворил его по высшему подобию, чтобы этот мир был подобен высшему миру", Малхут. "И все те цвета, что наверху, Он установил внизу", в этом мире, "для того чтобы связать и соединить один мир с другим"», т.е. этот мир – с Малхут.

13) «"И когда пожелал Творец сотворить мир, Он смотрел в Тору и создавал его. И смотрел на святое имя" АВАЯ, "являющееся совокупностью всей Торы, и возводил мир. С помощью трех сторон создан мир: мудрости (хохма), разума (твуна) и ведения (даат). Мудростью – как сказано: "Творец мудростью основал землю"[16]. Разумом – как сказано: "Утвердил небо разумом"[16]. Ведением – как сказано: "Ведением Его разверзлись бездны"[16]. Итак, все они участвуют в создании мира. С помощью этих трех была возведена Скиния, как сказано: "И Я исполню его духом Всесильного (Элоким) – мудростью, разумом и ведением"[17]».

14) «"И все три", мудрость (хохма), разум (твуна) и ведение (даат), "указывают на это изречение. "Вначале"[15] – это как написано: "Мудростью"[17]. "Сотворил Всесильный (Элоким)"[15] – это как написано: "Разумом"[17], ибо разум (твуна) называется Элоким. "Небо"[15] – это как написано: "Ведением (даат)"[17], ибо Зеир Анпин называется небом и свойством Даат. "И все они записаны в работе Скинии. Об этом свойстве написано: "Вот исчисления Скинии"[14] – это свойство Хохмы", ибо счет и число исходят от свойства Хохмы. "Скинии свидетельства"[14] – это свойство Твуны", ибо свечение Хохмы, которое раскрывается в Исраэле Сава и Твуне (ИШСУТ), называется свидетельством. "Выполненные по слову Моше"[14] – это свойство Даат",

---

[14] Тора, Шмот, 38:21. «Вот исчисления Скинии, Скинии свидетельства, выполненные по слову Моше, – служение левитов под началом Итамара, сына Аарона-коэна».

[15] Тора, Берешит, 1:1. «Вначале сотворил Всесильный небо и землю».

[16] Писания, Притчи, 3:19-20. «Творец мудростью основал землю, утвердил небо разумом. Ведением Его разверзлись бездны и облака каплют росою».

[17] Тора, Шмот, 31:3. «И Я исполнил его духом Всесильного, мудростью, и разумом, и ведением, и всяким умением».

поскольку Моше является свойством Даат. "И всё было сделано – одно в соответствие другому. Ибо всё, что создал Творец в этом мире, Он создал по высшему подобию. И всё это было записано в работе Скинии"».

15) «"Смотри, в час, когда Творец сказал Моше: "Сделай Скинию", Моше стоял пораженный, поскольку не знал, что делать, пока Творец отчетливо не указал ему, сказав: "Смотри и сделай по их образцу, какой ты представлял на горе́"[18]. Что значит: "По их образцу"[18]? Но мы учили, что Творец показал Моше каждую вещь в такой же форме, как наверху", т.е. в духовном, "и каждая", из тех духовных форм, что наверху, "делала свою форму в подобии" воображаемой "форме, делавшейся на земле"». И с помощью этого знал Моше.

16) «"Какой ты представлял на горе"[18]. Спрашивает: "Какой ты видел на горе", следовало сказать"», что значит: «Какой ты представлял»[18]? И отвечает: «Однако мы учили, что это зеркало, которое не светит", Малхут, "показывало ему в себе все виды и формы, образующиеся внизу, подобно такому зеркалу, которое показывает в себе все формы"».

17) «"Это смысл сказанного: "Какой ты представлял"[18]. "Ты"[18] – это зеркало, которое не светит", Малхут, "которое показывало ему в себе все эти формы. И видел их Моше, каждую вещь в ее правильном виде, подобно видящему в стеклянном сосуде, и в зеркале, показывающем все формы. И когда Моше смотрел на них, ему было трудно с ними", потому что там, в Малхут, находилась каждая вещь в своей духовной форме, однако каждая форма всего лишь приравнивала свою форму к воображаемой форме, находящейся в этом мире, в Скинии. Таким образом, в каждой вещи проявлялись две формы: духовная и воображаемая.[19] И потому Моше было трудно с ними, так как он не знал, какую из них брать. "Сказал ему Творец: "Ты по своим признакам, а Я – по своим". Чтобы Моше брал себе воображаемые признаки, имеющиеся в каждой вещи, а Творец брал себе духовные признаки каждой вещи, и так духовная форма будет пребывать над воображаемой формой. "И тогда разобрался Моше со всей работой"» Скинии.

---

[18] Тора, Шмот, 25:40. «Смотри и сделай по их образцу, какой ты представлял на горе».
[19] См. выше, п. 15.

18) «"Когда была сделана вся работа, Моше должен был пересчитать всё, чтобы не сказали Исраэль, что остались серебро и золото, и он собирается взять их. Поэтому он должен был произвести пересчет перед Исраэлем, поскольку написано: "И будете чисты пред Творцом и перед Исраэлем"[20]».

19) «"И поэтому сказано: "Вот исчисления Скинии, Скинии свидетельства"[21], поскольку дух святости", т.е. Малхут, называемая Скинией, "показывал всем, счет всего золота и серебра, которое пожертвовали Исраэль, и этот дух святости говорил: "А серебра от исчисления общины – сто талантов"[22], "Всего золота, изготовленного для работы, во всей священной работе"[23], поскольку Творец благоволил к этим мастерам и хотел показать их преданность перед всеми"».

20) «"Вот исчисления Скинии"[21]. Смотри, в тот час, когда была сделана работа Скинии, ситра ахра начала старательно разыскивать, к чему можно придраться, но не могла отыскать повода пожаловаться на преданность мастеров, пока Творец не заставил ее подчиниться Моше, и ситре ахра пришлось поневоле составить отчет об этой преданности, и она перед всеми показала их верность. И это смысл сказанного: "Вот исчисления Скинии"[21]. "Вот (досл. эти)"[21] – это как ты говоришь: "И эти могут забыть"[24], что означает – ситра ахра, также и «эти»[21] здесь – это ситра ахра. «"И написано: "Выполненные по слову Моше"[21], т.е. там по слову Моше, "было сосчитано и перечислено, пока не был произведен счет перед Моше и всем Исраэлем"».[25]

---

[20] Тора, Бемидбар, 32:22. «И покорена будет страна пред Творцом, а затем возвратитесь и будете чисты пред Творцом и перед Исраэлем, и достанется вам эта страна во владение пред Творцом».

[21] Тора, Шмот, 38:21. «Вот исчисления Скинии, Скинии свидетельства, выполненные по слову Моше, – служение левитов под началом Итамара, сына Аарона-коэна».

[22] Тора, Шмот, 38:25. «А серебра от исчисления общины – сто талантов и тысяча семьсот семьдесят пять шекелей, по шекелю священному».

[23] Тора, Шмот, 38:24. «Всего золота, изготовленного для работы, во всей священной работе; н было золота приношения – двадцать девять талантов и семьсот тридцать шекелей по священному шекелю».

[24] Пророки, Йешаяу, 49:14-15. «А говорил Цион: "Оставил меня Творец, и забыл меня Господин мой!" Забудет ли женщина младенца своего, не жалея сына чрева своего? И эти могут забыть, но Я не забуду тебя».

[25] Пояснение сказанного смотри далее, в п. 28.

21) «"Вот исчисления Скинии, Скинии свидетельства"²¹. Спрашивает: "Что значит "свидетельства"²¹?" И отвечает: "Однако здесь дважды сказано: "Скинии"²¹». «Скинии, Скинии свидетельства»²¹. «"Одна – наверху", в Бине, Скиния свидетельства, "другая – внизу", в Малхут, просто Скиния. "И Скиния называется Скинией свидетельства. Что значит "свидетельства"²¹? Как сказано: "Колена Творца (йуд-хэй, Ко) – свидетельство для Исраэля"²⁶. Ибо это имя йуд-хэй (י"ה Ко)", Хохма и Бина, – "является свидетельством для Исраэля"».

22) «"Подобно этому: "Свидетельством для Йосефа поставил Он его"²⁷. Называется свидетельством, ибо имя йуд-хэй (יה) в словах "для Йосефа (בִּיהוֹסֵף)", представляющее собой Хохму и Бину, "является свидетельством, безусловно. Эти две буквы йуд-хэй (י"ה) являются свидетельством в любом месте", т.е. они светят свечением Хохмы, называемым Эден или эдут (свидетельство). "И здесь", в йуд-хэй (י"ה), "это свидетельство, и поэтому" написано: "Скиния свидетельства"²¹, что означает: "Скиния этого свидетельства", йуд-хэй (י"ה), т.е. Бины. "И поэтому так называется Скиния, по этому святому имени" йуд-хэй (י"ה). "То есть, как написано: "И это свидетельство Мое, которому Я научу их"²⁸. Поскольку это место", йуд-хэй (י"ה), скрыто и упрятано от всех"». И поэтому сказано: «Я научу их»²⁸.

23) «"(Исчисления), выполненные по слову Моше"²¹. Спрашивает: "Я до сих пор не знаю, была исчислена Скиния или свидетельство?"», поскольку говорит: «Исчисления Скинии, Скинии свидетельства»²¹. И отвечает: «"Но, конечно же, (было исчислено) свидетельство", т.е. йуд-хэй (י"ה), как мы уже говорили. "Выполненные"²¹. Ибо со дня ухода из мира праотцев и всех (родоначальников) колен, сыновей Яакова, и Исраэль остались в изгнании, и в этих бедах было забыто ими знание тайны этого высшего святого имени, то есть имени "свидетельство", являющегося утверждением неба и земли", т.е. мохин

---

²⁶ Писания, Псалмы, 122:4. «То место, куда восходили колена, колена Творца, – свидетельство для Исраэля, чтобы благодарить имя Творца».
²⁷ Писания, Псалмы, 81:6. «Свидетельством для Йосефа поставил Он его, когда вышел тот в землю египетскую. Язык, которого не понимал, услышал я».
²⁸ Писания, Псалмы, 132:12. «Если соблюдать будут сыновья твои союз Мой и это свидетельство Мое, которому Я научу их, то и сыновья их во веки веков сидеть будут на престоле твоем».

де-ЗОН. "Ибо эти две буквы", йуд-хэй (י״ה), "воплотили высших и нижних, и все стороны мира"», т.е. они передают им мохин.

24) «"Когда пришел Моше, было упомянуто и сохранилось в памяти это имя" йуд-хэй (י״ה) "в мире. И когда был в терновнике, он сразу же спросил об этом имени, как написано: "А они спросят меня: "Как имя Его?" – Что я тогда скажу им?"[29] И там было упомянуто это имя "по велению Моше"[21]».

25) Спрашивает: «Написано: "(Исчисления) Скинии свидетельства, выполненные по слову Моше, – служение левитов"[21]». «"Служение левитов"[21]. Что такое: "Служение левитов"[21]?" И отвечает: "Однако это скрытый смысл сказанного: "И будет работой Леви – он будет совершать служение в Шатре собрания"[30]. "Он"[30] – это святое имя", Бина, "которое называется Он, и не называется Ты", т.е. в третьем лице, а не во втором, как в случае с Малхут, называемой Ты. "И поэтому" Скиния свидетельства, Бина, – "это служение левитов, безусловно. Другое объяснение. "Служение левитов"[21] – т.е. то, что они переносят Скинию на своих плечах с места на место, как написано: "А сынам Кеата не дал Он ничего, ибо их святая служба – носить на плечах"[31]. И поэтому Скиния зовется их именем, т.е. «служение левитов»[21].

26) «"Вот исчисления Скинии, Скинии свидетельства"[21]. Рабби Аба провозгласил: "И будет в тот день, корень Ишая, который станет знамением для народов, – к нему обратятся народы, и покой его будет славой"[32]. "И будет в тот день"[32] – Творец преумножит мир в мире, и тогда утвердится корень Древа жизни", т.е. средняя линия, согласовывающая правую и левую и устанавливающая мир между ними, "и от этого корня утвердятся остальные корни внизу", т.е. ступени Малхут и БЕА, "т.е. все укрепятся в нем своими корнями и утвердятся от него"».

---

[29] Тора, Шмот, 3:13. «И сказал Моше Всесильному: "Вот приду я к сынам Исраэля и скажу им: "Всесильный отцов ваших послал меня к вам", а они спросят меня: "Как имя Его?" – Что я тогда скажу им?"»

[30] Тора, Бемидбар, 18:23. «И будет работой Леви – он будет совершать служение в Шатре собрания, и они понесут их вину. Закон вечный для поколений ваших, и среди сынов Исраэля не получат они удела».

[31] Тора, Бемидбар, 7:9. «А сынам Кеата не дал Он ничего, ибо их святая служба – носить на плечах».

[32] Пророки, Йешаяу, 11:10. «И будет в тот день, корень Ишая, который станет знамением для народов, – к нему обратятся народы, и покой его будет славой».

27) «"Который станет знамением для народов"³², т.е. это будет знамением и знаком для святого имени" АВАЯ, – "к нему обратятся народы"³², поскольку там тайна существования", т.е. мохин, "святого имени, и поэтому "к нему обратятся народы"³², чтобы получить оттуда мудрость и знание (хохму и даат), "как сказано: "И пойдут многие народы и скажут: "Давайте взойдем на гору Творца"³³. И поэтому: "К нему обратятся народы"³². "И покой его будет славой"³². "Покой его"³² – это Храм", Малхут. "Как написано: "Вот место покоя Моего вовеки"³⁴. "Славой"³², ибо так он называется в это время – славой Творца. Как написано: "И будет свет луны как свет солнца"³⁵, – т.е. свет Малхут будет как свет Зеир Анпина. "А свет солнца станет семикратным"³⁵», – а свет Зеир Анпина станет в семь раз большим, чем был прежде.

28) «"И покой этого "корня Ишая"³², Малхут, "называемый славой Творца, не будет исчислен, и никогда в нем не будет производиться расчет. И в чем причина? В том, что над всем тем, в чем присутствует расчет, благословение не пребывает там в совершенстве. И благословения пребывают только в том, что не входит в расчет. В первый раз" в Малхут "был произведен расчет, как написано: "Вот исчисления Скинии"²¹».

Объяснение. Светом Хохма называются света «числа» или «счёта», т.е. свойство ГАР в ней, однако свойством ВАК Хохмы называются только мохин «числа и счёта». Известно, что благодаря воздействию средней линии, устанавливающей мир между правой и левой линиями, сократились ГАР Хохмы, называемые «числом и счетом»,³⁶ и тогда пребывает в ней благословение. Однако прежде, чем сократились ГАР, от левой линии исходили суды и света застывали, и не было там благословения.

---

[33] Пророки, Йешаяу, 2:3. «И пойдут многие народы, и скажут: "Давайте взойдем на гору Творца, в дом Всесильного Яакова, чтобы Он научил нас путям Своим, и чтобы пошли мы стезями Его". Ибо из Циона выйдет Тора и из Йерушалаима, – слово Творца».

[34] Писания, Псалмы, 132:14. «Вот (место) покоя Моего вовеки, здесь обитать буду, потому что Я возжелал его».

[35] Пророки, Йешаяу, 30:26. «И будет свет луны как свет солнца, а свет солнца станет семикратным, как свет семи дней, в день, когда Творец исцелит народ Свой от бедствия и рану его от удара излечит».

[36] См. Зоар, главу Берешит, часть 1, п. 50. «Разногласие, которое было исправлено согласно высшему подобию...»

И это означает сказанное им: «И покой этого "корня Ишая"[32], называемый славой Творца, не будет исчислен, и никогда в нем не будет производиться расчет», потому что «корень Ишая»[32], являющийся средней линией, уменьшил у Малхут ГАР Хохмы, называемые числом и счетом. «И в чем причина? В том, что над всем тем, в чем присутствует расчет, благословение не пребывает там в совершенстве», – так как в то время, когда ГАР Хохмы светят в левой линии, есть разногласие между линиями, и нет там хасадим, а Хохма не может светить без хасадим, и поэтому не пребывает там благословение.

Однако известно, что хотя и уменьшилась Хохма под воздействием средней линии до ВАК Хохмы, тем не менее, не может выйти ВАК Хохмы в отсутствии ГАР, но вначале все десять сфирот Хохмы должны светить полностью, а затем уходят ГАР Хохмы, и остаются ВАК Хохмы.[37]

И это смысл сказанного им: «И в первый раз был произведен расчет», – т.е. вначале должны выйти также и ГАР Хохмы, называемые счет, поскольку невозможно, чтобы вышли ВАК без ГАР. Однако они сразу же уходят. И об этом сказано: «Вот исчисления Скинии»[21], но затем ГАР уходят, и она остается в ВАК.

И выше[38] у него возникает тот же вопрос, как сказано: «Вот исчисления Скинии»[21], что указывает на число и счет, исходящие только от левой линии, когда она не в единстве с правой, ведь не таков путь святости, получающей лишь от средней линии, которая сокращает то, что касается счета и числа. И поэтому пояснил там: «Ситра ахра начала старательно разыскивать, к чему можно придраться, но не могла отыскать повода пожаловаться на преданность мастеров, пока Творец не заставил ее подчиниться Моше, и ситре ахра пришлось поневоле составить отчет об этой преданности, и она перед всеми показала их верность»[38], – т.е. ситра ахра произвела расчет и привлекла мохин де-ГАР от левой линии, и об этом сказано: «Вот исчисления…»[21], где "Вот (досл. эти)"[21] – это ситра ахра, как и в сказанном: "И эти могут забыть"[24]. Но здесь он указывает, что говорится о выходе мохин Хохмы в первый раз, когда

---

[37] См. Зоар, главу Берешит, часть 1, п. 76, со слов: «Но не имеется в виду, что мохин выходят в зивуге ВАК без ГАР…»
[38] В п. 20.

обязательно выходят число и счет, и об этом первом разе сказано: «Вот исчисления Скинии»²¹.

29) «"Смотри, эта Скиния установлена по расчету", – т.е. Малхут, называемая Скинией, является свойством левой линии, откуда (исходит) расчет. "Поэтому она нуждалась в молитве Моше", в средней линии, объединяющей правую и левую и привносящей в них благословения, как мы уже говорили, "для того чтобы пребывали над ней благословения, как написано: "И благословил их Моше"³⁹. И что это за благословение, которым благословил их? Оно: "Да будет благоволение, чтобы пребывало благословение над деянием рук ваших". И благословения не пребывают над расчетом, пока Моше не связывает его с высшей Скинией", Биной, "как сказано: "Вот исчисления Скинии, Скинии свидетельства, выполненные по слову Моше"²¹. И Скиния свидетельства – это Бина. "И если бы не был произведен расчет посредством Моше", чтобы сократить ГАР де-ГАР, как объяснялось в предыдущем пункте, "не смогли бы они произвести расчет, как сказано: "Выполненные по слову Моше"²¹». Как уже выяснилось в предыдущем пункте.

30) «Провозгласил и сказал: "И было слово Творца Элияу такое: "Встань и пойди в Царефат, что у цидонян, и живи там. Вот, Я повелел там женщине-вдове кормить тебя"⁴⁰. Спрашивает: "Разве где-то повелел ей Творец?" И отвечает: "Но прежде, чем он явился в мир, Творец издал свой высший указ о воронах, чтобы приносили пищу Элияу, и об этой женщине, чтобы давала пищу Элияу"».

31) «"Что написано: "Она же сказала: "(Как) жив Творец Всесильный твой, что нет у меня лепешки, а лишь горсть муки в кувшине"⁴¹. Так что здесь была мера этой муки, ведь была в ней "горсть муки в кувшине"⁴¹. "Горсть" была мерой ее, и полагалось, чтобы не пребывало в ней благословений, посколь-

---

[39] Тора, Шмот, 39:43. «И увидел Моше всю работу, и вот, сделали они ее; как повелел Творец, так сделали они; и благословил их Моше».
[40] Пророки, Мелахим 1, 17:8-9. «Встань и пойди в Царефат, что у цидонян, и живи там. Вот, Я повелел там женщине-вдове кормить тебя».
[41] Пророки, Мелахим 1, 17:12. «Она же сказала: "(Как) жив Творец Всесильный твой, что нет у меня лепешки, а лишь горсть муки в кувшине и немного масла в сосуде; вот, соберу я пару веток и пойду, приготовлю это себе и сыну моему: съедим это, а (после) будем помирать (с голоду)"».

ку пребывает в мере. Что написано: "Ибо так сказал Творец Всесильный Исраэля: "Мука в кувшине не иссякнет, и масло в сосуде не убудет до того дня, как пошлет Творец дождь"[42]. И поэтому, благодаря этому благословению, пребывали и в них благословения, хотя они и пребывали в мере.

32) Спрашивает: «Читается: "Пошлет (тет תֵת)"[42], а пишется: "Пошлет (титéн תתן)"[42]. В чем причина?" И отвечает: "В том, что во всем поколении не нашлось того, кто удостоился бы этой заслуги, подобно этой женщине, поэтому пишется: "Пошлет (титéн תתן)"[42] – в женском роде, т.е. она пошлет дождь миру, поскольку велики заслуги ее"».

33) «"И написано: "Мука в кувшине не иссякала, и масло в сосуде не убывало, по слову Творца, которое Он изрек через Элияу"[43]. И уж если эта мука, пребывавшая в мере, которой была "горсть муки"[41], и вместе с тем, не прекратились благословения у нее, благодаря словам Элияу, как написано: "Мука в кувшине не иссякнет"[42], и написано: "Мука в кувшине не иссякала"[43], – то Скиния свидетельства, хотя и пребывала в мере, когда была исчислена "по слову Моше"[21], там тем более пребывают благословения. И поэтому написано: "Вот исчисления Скинии, Скинии свидетельства, выполненные по слову Моше"[21]».

34) «"Вот исчисления Скинии"[21]. Рабби Хизкия провозгласил и сказал: "Не приближайся сюда, сними обувь с ног твоих"[44]. Это изречение уже объяснялось: поскольку отдалил его Творец от жены, чтобы он прилепился к Шхине, как сказано: "Ибо место, на котором ты стоишь, – земля святая"[44]. "Земля святая"[44] – это Шхина", т.е. "слияние святости, которого достиг Моше в этот час наверху"».

35) «"Ибо тогда приблизил его Творец высшим расположением, и он был назначен высшим правителем над Храмом", Малхут. То есть, он стал строением (меркава) для Зеир Анпина,

---

[42] Пророки, Мелахим 1, 17:14. «Ибо так сказал Творец Всесильный Исраэля: "Мука в кувшине не иссякнет, и масло в сосуде не убудет до того дня, как пошлет Творец дождь на землю"».

[43] Пророки, Мелахим 1, 17:16. «Мука в кувшине не иссякала, и масло в сосуде не убывало, по слову Творца, которое Он изрек через Элияу».

[44] Тора, Шмот, 3:5. «И сказал Он: "Не приближайся сюда, сними обувь с ног твоих, ибо место, на котором ты стоишь, – земля святая"».

высшим по отношению к Малхут. "И он постановляет, а Творец исполняет, как написано: "И земля раскроет уста свои"[45], и написано: "И было, как только закончил он произносить слова эти, разверзлась земля"[46]. И написано: "Встань же, Творец"[47], "Обратись, Творец"[47]. И это означает сказанное: "Выполненные по слову Моше"[21], – по слову Моше устанавливалась" Скиния "и исчислялась во всем. Напоминание Скинии", Малхут, "было сделано через Моше, как сказано: "Вспоминая, вспомнил Я вас"[48]. Ведь Моше был тот голос", т.е. Зеир Анпин, "который извлекается для речи", Малхут, "и он сделал ей напоминание выйти из изгнания. А теперь ей было указано притягивать святость сверху вниз, как сказано: "И построят Мне Святилище, и Я буду обитать среди них"[49]».

36) «"И Бецалель, сын Ури, сына Хура, из колена Йегуды, сделал все, что Творец повелел Моше"[50]. Сказал рабби Йегуда: "Мы ведь учили, что Бецалель был от правой стороны", Хесед, "и он установил все правильно. И еще, поскольку Йегуда был правителем и царем над всеми остальными коленами, поэтому произошел от него тот, кто установил всю Скинию. Бецалель (בְּצַלְאֵל), ведь объяснялось, "бе-цель Эль (בְּצֵל אֵל)", т.е. в тени Творца (Эль), – "а кто это "в тени Творца (бе-цель Эль בְּצֵל אֵל)"? Это правая (сторона)", потому что Хесед называется Эль. "И еще, с этой стороны он установил всё, и наследовал мудрость, чтобы выполнить всю эту работу"».

---

[45] Тора, Бемидбар, 16:30. «Если же необычайное сотворит Творец, и земля раскроет уста свои и поглотит их и всё, что у них, и они сойдут живыми в преисподнюю, то будете знать вы, что эти люди отвергли Творца».

[46] Тора, Бемидбар, 16:31. «И было, как только закончил он произносить слова эти, разверзлась земля под ними».

[47] Тора, Бемидбар, 10:35-36. «И было, при отправлении в путь ковчега говорил Моше: "Встань же, Творец, и рассеются враги Твои, и обратятся в бегство ненавистники Твои от лица Твоего", а при остановке говорил: "Обратись, Творец десятков тысяч Исраэля"».

[48] Тора, Шмот, 3:16. «Иди, собери старейшин Исраэля и скажи им: "Творец, Всесильный отцов ваших, открылся мне – Всесильный Авраама, Ицхака и Яакова, чтобы передать вам: Вспоминая, вспомнил Я вас и увидел то, что делают с вами в Египте"».

[49] Тора, Шмот, 25:8. «И построят Мне святилище, и Я буду обитать среди них».

[50] Тора, Шмот, 38:22. «И Бецалель, сын Ури, сына Хура, из колена Йегуды, сделал все, что Творец повелел Моше».

37) «"И с ним Оолиав, сын Ахисамаха, из колена Дана"[51], – это с левой стороны, это со стороны сурового суда", поскольку Дан (דן) указывает на суд (дин דין). "Мы ведь объясняли, что с двух этих сторон", правой и левой, "возводилась Скиния", Малхут, "и была установлена в них, чтобы быть связанной с ними, т.е. быть между правой и левой (сторонами). И мы ведь учили это, и это объяснялось"».

---

[51] Тора, Шмот, 38:23. «И с ним Оолиав, сын Ахисамаха, из колена Дана, – резчик и парчевник, и вышивальщик по синете и пурпуру, и червленице, и виссону».

ГЛАВА ПКУДЕЙ

Прекрасное место, отрада всей земли

38) «Провозгласил и сказал: "Прекрасное место, отрада всей земли, гора Цион на северном краю города Царя великого"[52]. Смотри, когда Творец создавал мир, Он бросил один драгоценный камень под "престол величия"[53], и тот погрузился до самой бездны. Один край камня ушел в бездну, а другой край этого камня – наверху. И этот другой край наверху – это всего лишь одна точка, находящаяся в центре мира, и оттуда она распространилась вправо и влево, и во все стороны, и воплотился" мир "в этой центральной точке. И этот камень называется основанием (штия שְׁתִיָּה), поскольку от него был насажден весь мир во всех сторонах. Еще объясняется, что слово "штия (שְׁתִיָּה основание)" состоит из букв – "шат йуд-хэй (основал Творец שָׁת יָ"ה)", потому что Творец закладывает его, чтобы быть основой мира и насаждением всего"».

Объяснение. Вначале мир был создан в мере суда, в свойстве сокращенной Малхут. «Увидел Он, что мир не может существовать», – ибо келим (желания) живущих в мире, происходившие от сокращенной Малхут, были непригодны получить высший свет из-за сокращения, возложенного на Малхут. «Совместил с ним меру милосердия» – Бину, так как поднял Малхут в место Бины, являющейся свойством милосердия. И когда Малхут поднялась в место Бины, образовалось там окончание ступени под Хохмой, в середине Бины. И Малхут приобрела два кли, достойных получить прямой свет, – половину Бины и Тиферет. Ибо, когда Малхут в месте Бины, Бина и Тиферет находятся под Малхут, и поэтому они включаются в нее так,[54] что всё это место, от места Бины до Малхут, становится свойством Малхут, когда один ее край погружен в место Малхут меры суда внизу, а другой ее край находится наверху, в середине сфиры Бина.

---

[52] Писания, Псалмы, 48:3. «Прекрасное место, отрада всей земли, гора Цион на северном краю города Царя великого».
[53] Пророки, Йермияу, 17:12. «Место святилища нашего, престол величия, возвышено изначально».
[54] См Зоар, главу Берешит, часть 1, п. 3, со слов: «В свойстве суда, т.е. в свойстве Малхут мира АК, прежде чем она подсластилась в Бине, в свойстве милосердия, мир не мог существовать...»

И это действие произошло на каждой ступени в отдельности, и также – во всей совокупности миров. Ибо пять миров – это АК и АБЕА. АК – Кетер, мир Ацилут – Хохма, мир Брия – Бина, мир Ецира – Зеир Анпин, мир Асия – Малхут. И поднял Создатель эту Малхут из свойства Асия в место под Ацилутом, являющимся Хохмой, и завершил ею мир Ацилут. И это называется, что «Создатель бросил камень» от окончания Ацилута до Асия, ведь когда три мира БЕА находятся под оканчивающей Малхут Ацилута, они включаются в нее и считаются все свойством Малхут. И она распространилась от окончания Ацилута до мира Асия так, что она погружена в Асия, а второй ее край находится в окончании Ацилута, т.е. в Малхут Ацилута, находящейся там и называемой центральной точкой, поскольку она находится в середине миров, под Хохмой, которой является мир Ацилут.

И это означает сказанное: «Он бросил один драгоценный камень», – и это Малхут, называемая камнем, а вследствие ее подъема в место Бины называется драгоценным (камнем). И Он бросил ее, т.е. дал ей силу распространиться, «под "престол величия"[53]», т.е. от места Бины, называемого престолом величия, «и тот погрузился до самой бездны», пока не погрузился в Малхут свойства суда внизу, называемую бездной. И включил ее в середину всех ступеней, находящихся в этом месте и представляющих собой ВАК Бины и Тиферет до нижней Малхут, так что «один край камня ушел в бездну», т.е. в Малхут внизу, называемую бездной, «а другой край этого камня – наверху», т.е. в месте Бины, где она завершает ступень. «И этот другой край наверху – это всего лишь одна точка, находящаяся в центре мира», и там в месте Бины находится основная Малхут, называемая поэтому центральной точкой, так как она находится посередине ступени, т.е. в месте Бины каждой ступени.

И незачем спрашивать: ведь Малхут поднялась в место Бины, т.е. под Хохму, почему же говорит: «Он бросил один драгоценный камень под престол величия», что означает – под Бину? Дело в том, что ГАР Бины не выходят за пределы ступени из-за окончания Малхут под Хохму, по уже выясненной причине,[55]

---

[55] См. «Предисловие книги Зоар», статью «Роза», обозрение Сулам, п. 2, со слов: «Ибо ущерб от недостатка мохин де-рош не наносит никакого вреда ГАР Бины, поскольку по своей сути в десяти сфирот прямого света она представляет собой только свет хасадим. И для этого света нет никакой разницы, находится ли он в рош или в гуф, ведь он светит всегда одинаково…»

а только лишь ВАК Бины выходят из-за окончания Малхут, и ВАК каждой ступени считаются (находящимися) под ступенью. Поэтому говорит: «Под престол величия».

И это означает: «И оттуда она распространилась вправо и влево, и во все стороны... И этот камень называется основанием (штия שְׁתִיָּה), поскольку от него был насажден весь мир во всех сторонах», и это потому, что все мохин и понятие подъема нижнего к высшему, чтобы получить мохин, зависят от этой центральной точки, т.е. от Малхут, поднявшейся в Бину, ибо вследствие ее опускания на свое место, Бина и ТУМ поднимаются наверх, возвращаясь на свою ступень, и берут вместе с собой также нижнего, и он получает мохин от высшего. Таким образом, все это происходит посредством этой центральной точки.

И ты уже узнал, что это действие происходит на всех ступенях. И Зоар говорит здесь о ступени «земля» мира Асия, которая включает десять видов земель, т.е. десять сфирот, расположенных от бездны, представляющей собой внешнюю Малхут этих земель и находящейся в океане, окружающем Малхут этих земель, до ВАК ступени Бина этих земель, т.е. до земли, на которой селимся мы.[56] Это место распространения Малхут и высший край ее – в земле, на которой селимся мы, а нижний край погружен в бездну.

И это означает: «"штия (שְׁתִיָּה основание)" - "шат йуд-хэй (основал Творец שָׁת יָ"הּ)"», – то есть, что Он основал (шат) Малхут, чтобы быть в месте Бины, называемой йуд-хэй (יָ"הּ). «Чтобы быть основой мира и насаждением всего», – ибо благодаря этому миры приобрели келим, пригодные для получения высшего света. И благодаря этому также был подготовлен подъем нижнего, чтобы получить мохин от высшего, как мы уже сказали, и поэтому она является основой всего и насаждением всего.

39) «"В трех видах распространилась земля вокруг этой точки", т.е. вокруг Малхут, находящейся во внутренней части этого

---

[56] См. Зоар, главу Ваякель, п. 292, со слов: «И так же, как небо мира Асия включает десять небосводов, так же земля мира Асия включает десять сфирот. И это означает – семь земель, и высшая из них – это Бина, включающая ГАР, и это – та земля, на которой селимся мы...»

мира, как выяснилось в предыдущем пункте. "Первое распространение вокруг этой точки – вся чистота и прозрачность этой земли устанавливается там, и там он. И оно находится наверху, выше всей земли вокруг этой точки. Второе распространение – оно вокруг первого, и оно не столь чистое и прозрачное, как первое распространение. Однако оно тоньше и чище" относительно "чистоты почвы, более чем любая другая почва. Третье распространение – это тьма и толща (авиют) почвы больше, чем у всех. И вокруг этого распространения находятся воды океана, охватывающего весь мир. Таким образом, эта точка находится в центре, и все виды распространения мира находятся вокруг нее"».

40) И объясняет свои слова. «"Первое распространение – это Храм, и все его помещения и дворы, и все его исправления, и Йерушалаим, и весь город, от стены внутрь. И поэтому он чист и прозрачен более, чем вся земля. Второе распространение – это вся земля Исраэля, приобретшая святость. Третье распространение – это вся остальная земля, место поселения других народов, и океан охватывает всё"».

Объяснение. Уже выяснилось,[57] что Зоар рассказывает о земле, принадлежащей этому миру и состоящей из десяти сфирот, и Малхут всех земель, поднявшись в Бину этих земель, завершила там эту ступень так, что Малхут распространяется от ВАК Бины земель до океанской бездны, т.е. внешней Малхут, что в Малхут земель. Таким образом, точка основной Малхут расположена над ВАК Бины этих земель, которая называется центральной точкой и основой Малхут, подслащенной в Бине, а окончание ее погружено в бездну, и получается, что она охватывает четыре свойства ВАК Бины этих земель, которая является свойством «заселяемая земля»:

Первое – высшее свойство в ней, и это Храм и город Йерушалаим внутри пределов стены.

Второе – свойство Тиферет, что в ней, до Есода, и это земля Исраэля.

Третье – Малхут в ней, и это земли других народов.

Четвертое – бездна, т.е. внешняя Малхут.

---

[57] См. выше, п. 38.

И эти четыре свойства окружают одно другое, а центральная точка находится внутри их всех, в месте святая святых, и она называется камнем основания (эвен штия אֶבֶן שְׁתִיָּה).

41) «"Ведь уже объяснялось, что цвета глаза окружают центральную точку глаза, и в ней заключена сила видения всего глаза, подобно центральной точке", что во внутренней части земли, "и мы говорили, что она является свойством видения всего, и там находится святая святых, ковчег с крышкой, являющиеся свойством видения всего. Таким образом, эта точка является свойством видения всего мира. Поэтому сказано о ней: "Прекрасное место, отрада всей земли, гора Цион"[52]. "Прекрасное"[52] называется потому, что вид его прекрасен. "Место"[52] – это ветвь дерева", т.е. Зеир Анпина, "являющегося красотой всего"».

42) «"Смотри, красота мира и облик мира не видны в мире до тех пор, пока не построена и не возведена Скиния, и не помещен ковчег в святилище. С этого часа раскрывается облик всего в мире", т.е. Шхина, "и исправляется мир, и идут" удостоившиеся "к Скинии и к ковчегу, пока не достигают" находящейся там центральной "точки, и это "прекрасное место, отрада всего". А когда они приходят туда, тогда Аарон провозглашает, говоря: "Вот (место) покоя Моего вовеки, здесь обитать буду, потому что Я возжелал его"[58]».

43) «Рабби Йеса сказал: "Кнессет Исраэль произнесла это изречение в час, когда был возведен Храм, и Аарон взошел на место свое". Рабби Хизкия сказал: "Творец сказал это изречение о Кнессет Исраэль в Исраэле, выполняющих волю Его. Ибо тогда восседает Творец на престоле величия, и Он милосерден к миру, и благословение и мир, и любовь – все есть. И тогда сказал Он: "Вот (место) покоя Моего вовеки"[58]».

44) «"Смотри, в час, когда все мастера начали выполнять свою работу, та самая работа, которую они начали выполнять, довершается сама собой. Как сказано: "И завершилась вся работа Скинии"[59], – т.е. она довершилась сама собой"».

---

[58] Писания, Псалмы, 132:14. «Вот (место) покоя Моего вовеки, здесь обитать буду, потому что Я возжелал его».
[59] Тора, Шмот, 39:32. «И завершилась вся работа Скинии, Шатра собрания; и сделали сыны Исраэля (работу); во всем, как Творец повелел Моше, так сделали они».

45) «"Подобно этому: "И завершились небо и земля"[60], – т.е. довершились сами собой. И если ты скажешь: "Ведь написано: "И завершил Всесильный в седьмой день"[61], – ведь Всесильный закончил и довершил их, а не сами они? "Разумеется, это так. Хотя и завершаются все работы, вместе с тем, весь мир еще не был совершенен в существовании своем, пока не наступил седьмой день. Ибо с наступлением седьмого дня завершаются все работы, и довершил Творец в этот день мир. Это означает: "И завершил Всесильный в седьмой день свою работу, которую делал"[61]. В этот", седьмой день, "завершилась в выполнении вся работа, которую сделал, и поэтому: "И завершил Всесильный в седьмой день"[61]».

46) «"И когда возводился Храм, вся работа, которая была сделана, делалась сама собой. Мастера начинали ее, а работа эта открывалась им, как делать ее, и записывалась перед ними, и эта работа довершалась сама собой. И также объяснялось изречение: "И когда строился этот дом"[62], не написано: "И когда строили этот дом", а "когда строился"[62], – поскольку он довершался сам собой. И также написано: "Строился он из доставляемого цельного камня"[62], не написано: "Строили его", а "строился"[62], – поскольку сам собой строился. И так с каждой работой, являющейся святостью, – она довершается сама собой"».

47) «"И Бецалель, сын Ури, сына Хура"[63]. Мы учили это изречение, что дух святости провозгласил о нем на глазах всего Исраэля, сказав: "И Бецалель, сын Ури, сына Хура, из колена Йегуды, сделал все, что Творец повелел Моше, и с ним Оолиав, сын Ахисамаха"[63]. Спрашивает: "Что значит "И с ним"[63]?" И отвечает: "Но мы учили, что Оолиав не делал работы сам, а только с Бецалелем, и с ним сделал то, что сделал. Это означает: "И с ним"[63] – "и с ним", а не сам". Ибо Бецалель является

---

60 Тора, Берешит, 2:1. «И завершились небо и земля, и все воинство их».
61 Тора, Берешит, 2:2. «И завершил Всесильный в седьмой день свою работу, которую делал, и отдыхал в седьмой день от всей работы своей, которую сделал».
62 Пророки, Мелахим 1, 6:7. «И когда строился этот дом, то строился он из доставляемого цельного камня. Ни молота, ни топора, и никакого железного орудия не было слышно в доме при постройке его».
63 Тора, Шмот, 38:22-23. «И Бецалель, сын Ури, сына Хура, из колена Йегуды, сделал все, что Творец повелел Моше, и с ним Оолиав, сын Ахисамаха, из колена Дана, – резчик и парчевник, и вышивальщик по синете и пурпуру, и червленице, и виссону».

правой (стороной), а Оолиав – левой, как уже объяснялось.[64] "Отсюда видно, что левая всегда включена в правую. И поэтому написано: "И Я, вот Я поставил с ним Оолиава"[65]. Этот – правая (сторона), а этот – левая"», и левая включена в правую.

---

[64] См. выше, пп. 36-37.
[65] Тора, Шмот, 31:6. «И Я, вот Я поставил с ним Оолиава, сына Ахисамаха, из колена Дана, и в сердце каждого мудрого сердцем вселил Я мудрость; и они сделают все, что Я повелел тебе».

ГЛАВА ПКУДЕЙ

Вот исчисления Скинии

48) «"Вот исчисления Скинии, Скинии свидетельства, выполненные по слову Моше"[66] Рабби Йеса сказал: "Когда все мудрецы сделали Скинию, нужно было произвести подсчет всех тех работ, которые совершились в ней. А зачем? Потому что в соответствии с каждым подсчетом, когда производился подсчет, также выполнялась эта работа, и он производился на своем месте"».

Объяснение. Рабби Йеса объясняет изречение: «Вот исчисления Скинии»[66] – посредством мохин числа и счета, которые являются свойством ВАК Хохмы, как уже объяснялось выше.[67] Однако рабби Аба объясняет это изречение самим числом и счетом, а рабби Йеса несогласен и объясняет это изречение только посредством ВАК Хохмы, и это те мохин, которые выполняют всё. И это означает сказанное: «Когда производился подсчет, также выполнялась эта работа», поскольку эти мохин счета выполняют всё. И это означает: «И он производился на своем месте», – т.е. только на своем собственном месте, а не притягивать оттуда сверху вниз, поскольку это свойство ВАК, которые светят только снизу вверх.

49) «"Весь Исраэль – таким же, как было их желание вначале, во время приношения, таким же было их желание во время этого счета", – иначе говоря, благодаря своему желанию, они притянули мохин этого счета. "И тогда выполнилась вся работа благодаря этому желанию, и поэтому нужен здесь", в Скинии, "счет, поскольку посредством этого счета выполнилась работа. И поэтому сказано: "Вот (эле אֵלֶּה)"», т.е. «Вот исчисления Скинии»[66], «"но не написано: "И вот (ве-эле וְאֵלֶּה)"». И в любом месте, где написано: «Вот (эле אֵלֶּה)», это отменяет первые. «"Но это тот счет, который отменяет все счета в мире", – т.е. (отменяет) притяжение ГАР Хохмы, не относящиеся к святости,[67] поскольку они не возводят, а наоборот, разрушают место, в которое нисходят. "Но этот", т.е. счет, произведенный в Скинии, представляющий собой ВАК де-Хохма, "возводится более, чем все остальные, и Скиния была возведена благодаря ему, а не другим (счетам)"».

---

[66] Тора, Шмот, 38:21. «Вот исчисления Скинии, Скинии свидетельства, выполненные по слову Моше, – служение левитов под началом Итамара, сына Аарона-коэна».
[67] См. п. 28.

ГЛАВА ПКУДЕЙ

И будет вера времен твоих

50) «Провозгласил и сказал: "И будет вера времен твоих силой спасения, мудрости и разума, страх Творца – сокровищница Его"[68]. Это изречение объясняли товарищи, но мы ведь учили, что каждый человек, занимающийся Торой в этом мире и удостоившийся установить времена для нее, должен пребывать в вере, чтобы желание его было направлено к Творцу", Зеир Анпину, "и было направлено во имя небес", т.е. Малхут, называемая именем, чтобы произвела зивуг с небесами, Зеир Анпином. "Потому что вера", Малхут, "направлена на это"», – на соединение с Зеир Анпином. И это смысл слов: «Вера времен твоих», – чтобы времена твои, т.е. времена для Торы, Зеир Анпина, и вера, Малхут, соединились оба вместе. «"Силой спасения" – дабы включить милость (хесед) в суд"». Ибо «сила» – это суд, а «спасение» – это милость (хесед). «"Мудрости (хохмы) и разума (даат)", так как оба они, эти свойства, находятся одно над другим". Ибо Хохма "скрыта и упрятана", и нужно "расположить их одно над другим"», то есть, чтобы Хохма раскрывалась лишь с помощью Даат.

51) «"Страх Творца – сокровищница Его"[68], то есть он "сокровищница всех этих" ступеней, "поскольку этот страх Творца", т.е. Малхут, называемая страхом Творца, "берет все эти потоки", т.е. вышеуказанные ступени, "и становится сокровищницей для всех них. И когда выходят из нее все эти скрытые, все они, она выводит их в счете. Откуда нам это известно? Поскольку написано: "Глаза твои – водоемы в Хешбоне"[69], ибо, конечно же, она делает это в счете (хешбон) и выводит эти водоемы", т.е. ступени, которые она приняла в себя, как сказано выше, "и следит за тем, чтобы вывести всё в счете"».

Объяснение. Раскрытие Хохмы происходит лишь в Малхут,[70] и поэтому Малхут называется сокровищницей. Поскольку она

---

[68] Пророки, Йешаяу, 33:6. «И будет вера времен твоих силой спасения, мудрости и разума, страх Творца – сокровищница Его».

[69] Писания, Песнь песней, 7:5. «Твоя шея как башня слоновой кости, глаза твои – водоемы в Хешбоне у врат Бат-Рабим, твое лицо как башня Леванона, обращенная к Дамесеку».

[70] См. Зоар, главу Берешит, часть 1, п. 340, со слов: «И, кроме того, так же как высшая Хохма является началом (решит ראשית), так же и нижняя Хохма считается началом (решит ראשית). Потому что от высшей Хохмы до Малхут, являющейся нижней Хохмой, нет во всех сфирот того, кто бы взял себе свечение Хохмы...»

подобна сокровищнице, которая хранит и содержит всё, что вкладывают в нее, – так же и Малхут принимает в себя все сфирот и ступени и наполняет их свечением Хохмы, и таким образом, они хранятся и существуют. И это означает сказанное: «Все они, она выводит их в счете», – т.е. в свечении Хохмы, называемом «мохин счета». И на это приводится доказательство из Писания: «Глаза твои – водоемы в Хешбоне»[69]. Ибо Хохма называется «эйнаим (глаза)». А «счет (хешбон)» – это передача Хохмы. А «водоемы»[69] – это ступени, которые она принимает. И говорит, что «водоемы» в ней она выводит в счете, что и называется свечением Хохмы от эйнаим (глаз).

52) «"И поэтому", – поскольку в Малхут есть счет, т.е. Хохма, оживляющая всё, поэтому "называется верой", ибо вера – это преданность и жизнь. И есть еще причины того, почему называется Малхут верой, "и из-за всего этого она называется верой, и мы уже это объясняли. И если здесь", в высших сфирот и ступенях, от которых Малхут получает, "нужно видеть веру"», т.е. светить им «в счете», что и означает: «Страх Творца – сокровищница Его»[68], как объяснялось в предыдущем пункте, «"в происходящем в мире"», т.е. в исправлениях самой Малхут, называемой мир, в принадлежностях Скинии, "тем более" необходим счет и проявление веры, что и является основой жизни. "Поэтому сообщил Творец всему Исраэлю о вере, проявленной строителями Скинии во всем, что они сделали". И поэтому написано: «Вот исчисления Скинии»[66]. «"И всё уже выяснилось"».

ГЛАВА ПКУДЕЙ

Имя Бецалеля способствовало этому

53) «Рабби Йоси и рабби Ицхак находились в пути. Сказал рабби Йоси: "Конечно, Творец желал Бецалеля для выполнения работы в Скинии больше всего Исраэля". Спрашивает: "Почему?" Сказал ему: "Имя его способствовало"», так как он звался Бецалель (בְּצַלְאֵל), что означает «в тени Творца (бе-цель Эль בְּצֵל אֵל)», где Эль (אֵל) означает Хесед, «"и это уже объяснялось.[71] Ибо Творец производит имена на земле, чтобы украситься ими и с помощью них выполнить работу в мире. Это то, что написано: "Который произвел имена на земле"[72]», – т.е. имена, которыми называют людей на земле, произведены над ними по слову Творца.[73]

54) «Сказал ему: "Здесь скрыта тайна. Йегуда был от левой стороны", потому что Йегуда является свойством Малхут, а Малхут строится от левой стороны, "и обратился и прилепился к правой", Зеир Анпину. "И поэтому в этой стороне была возведена Скиния, т.е. он начал с левой стороны и прилепился к правой стороне, а затем они включились друг в друга, и всё стало правой. И также Тора", Тиферет, "началась с левой", так как Тиферет был создан от Гвуры, т.е. левой стороны, "и прилепился к правой", Хеседу, "и они включились друг в друга, и всё стало правой. Реувен начал с правой", поскольку Реувен – это Хесед, "и склонился к левой, ибо взял вместе с собой", под знамя свое, "остальные колена", Шимона и Гада, "которые являются левой (стороной). Ибо начал с правой, а склонился к левой"».

55) И разъясняет свои слова: «"Йегуда начал с левой, поскольку он происходит от левой", так как он Малхут, а Малхут строится от левой стороны, "и прилепился к правой. И Скиния тоже была возведена на этой стороне, т.е. начиналась от левой стороны и прилепилась к правой стороне". Ибо Скиния – это тоже Малхут, "и поэтому Бецалель, который происходит от стороны Йегуды, возвел Скинию, и она получила исправления у него", так как свойство его находится в подобии Скинии. Ибо

---

[71] См. выше, п. 36.
[72] Писания, Псалмы, 46:9. «Идите, смотрите на дела Творца, который произвел опустошения на земле».
[73] См. Зоар, главу Шмот, п. 53. «Рабби Аба провозгласил и сказал, подтверждая его слова: «"Идите, смотрите на дела Творца, который произвел опустошения на земле". Надо читать не "опустошения (шамо́т שַׁמּוֹת)", а "имена (шемо́т שֵׁמוֹת)"...»

Творец благоволил к нему и избрал его из всех" в Исраэле "для этой работы"» по возведению Скинии.

56) «"И одарил Он его мудростью (хохма), разумом (твуна) и ведением (даат), как объяснялось, потому что с самого начала был с ним разум сердца, как написано: "И в сердце каждого мудрого сердцем вселил Я мудрость"[74], – и это объясняется, что поскольку он уже был мудрым сердцем, Я вселил в него мудрость. "Поскольку Творец дает мудрость лишь тому, в ком есть мудрость, и товарищи объясняли это, и мы учили. И так же Бецалель", – поскольку была в нем мудрость, Творец дал ему мудрость. "Рабби Шимон сказал: "Имя его привело его к этому. И за мудрость свою Бецалель был назван так. И скрытый смысл слова Бецалель (בְּצַלְאֵל), это – "в тени Творца (бе-цель Эль, בְּצֵל אֵל)"[71]».

57) «Провозгласил и сказал: "Как яблоня меж лесных деревьев, так любимый мой среди юношей. В тени его сидела я и наслаждалась, и плод его сладок нёбу моему"[75]. "В тени его (бе-цило́, בְּצִלּוֹ)"[75] – т.е. Бецалель (בְּצַלְאֵל), который установил Скинию и возвел ее. Как написано: "Сидела я и наслаждалась"[75], – приятно находиться в этой Скинии, поскольку она доставляет наслаждение Кнессет Исраэль, а Кнессет Исраэль пребывает в тени Творца (бе-цель Эль, בְּצֵל אֵל). И это означает – Бецалель (בְּצַלְאֵל)"».

58) «"И плод его сладок нёбу моему"[75], – потому что он", Зеир Анпин, "тот, кто производит добрые плоды в мире, как написано: "От Меня будут плоды твои"[76]. Кто является этим плодом? Это души праведников, так как они – плод деяния Творца. Ибо та река, что вытекает из Эдена",[77] т.е. Есод Зеир Анпина, "которая выводит и устремляет души в мир. И они "плоды Творца", и поэтому" написано: "И плод его (сладок нёбу моему)"[75], и это как мы уже сказали"».

---

[74] Тора, Шмот, 31:6. «И Я, вот Я поставил с ним Оолиава, сына Ахисамаха, из колена Дана, и в сердце каждого мудрого сердцем вселил Я мудрость; и они сделают все, что Я повелел тебе».

[75] Писания, Песнь песней, 2:3. «Как яблоня меж лесных деревьев, так любимый мой среди юношей. В тени его сидела я и наслаждалась, и плод его сладок нёбу моему».

[76] Пророки, Ошеа, 14:9. «(Скажет) Эфраим: "Зачем мне больше идолы?" Отзовусь Я и укреплю его: "Я как вечнозеленый кипарис – от Меня будут плоды твои"».

[77] Тора, Берешит, 2:10. «Река вытекает из Эдена, чтобы орошать сад, и оттуда разделяется и образует четыре главных реки».

59) Написано: «"В тени его (бе-цилó בְּצִלּוֹ)"⁷⁵ – это Бецалель, и поэтому установка Скинии происходила через Бецалеля. И поэтому" написано: "И Бецалель, сын Ури, сына Хура"⁶³. "Сын Ури (אוּרִי)"⁶³ – это свет (ор אוֹר) восходящего солнца, правая линия. "Сына Хура"⁶³ – это левая, поэтому на нем завершился суд Творца в деянии с тельцом"», – когда великий сброд убили его.

60) «"Всего золота, изготовленного для работы"⁷⁸, – с того времени, когда сдали его Исраэль, оно уже было сделано и установлено до этого" свыше, "во всей священной работе"⁷⁸, – всё золото уже было сделано и установлено во всей работе святости" свыше. "Что является причиной? Это потому, что на каждой ступени было золото установлено на ней, ибо нет совершенства без милосердия и суда. И поэтому золото использовалось во всей работе Скинии", т.е. на всех ступенях Малхут, "во всей той работе, что называется святостью, использовалось в ней золото, это золото – во всем"».

61) «Рабби Аба и рабби Йоси, и рабби Хизкия сидели и занимались Торой. Сказал рабби Хизкия рабби Абе: "Ведь мы видим, что Творец желал суда во всем, чтобы смешать одно с другим, милость (хесед) и суд. И вместе с тем, Он задерживает суд для грешников мира. Если Он желает суда, почему Он задерживает его для грешников?" – т.е. сдерживает гнев Свой. "Сказал ему: "Сколько гор", т.е. мудрецов, "исчезло из-за этого", т.е. не зная истинного смысла этого. "Однако сколько раскрыл в этом великий светоч (рабби Шимон)"».

62) «"Смотри, суд, которого желает Творец, это ясный суд, это суд, пробуждающий любовь и радость"», т.е. суд левой линии, после того, как он соединяется с правой линией, и тогда это свойство «вино, веселящее Творца и людей», и это также свойство «золото». «"Однако грешники, когда они (находятся) в мире, все они – нечестивый суд, т.е. все они – суд, которого вообще не желает Творец. Поэтому не надо смешивать праведный суд с нечестивым судом, пока" нечестивый суд "не завершится сам собой, устранив" злодеяние "из будущего мира, ибо нечестивый суд в нем устраняет его из мира"».

---

⁷⁸ Тора, Шмот, 38:24. «Всего золота, изготовленного для работы, во всей священной работе; и было золота приношения – двадцать девять талантов и семьсот тридцать шекелей по священному шекелю».

ГЛАВА ПКУДЕЙ

Когда нечестивые разрастаются, как трава

63) «Провозгласил и сказал: "Когда нечестивые разрастаются, как трава, и процветают все, творящие беззакония, это для того, чтобы быть истребленными навеки"[79]. Это изречение объяснялось. Но посмотри: "Когда нечестивые разрастаются, как трава"[79] означает – "как та трава, что в сухой земле, и она сухая. Когда ее поливают водой, цветет, и сухость уходит из нее. И словно дерево обрезанное, цветет снова, и мало того, разрастается во все стороны, и это – только восходящие ветви, но никогда оттуда уже не взойдет дерево, как это было вначале, чтобы быть деревом"», т.е. «процветают все, творящие беззакония»[79], «и всё это – "для того, чтобы быть истребленными навеки"[79], чтобы оторвать их от корня и от всего"».

64) «"Еще есть другой скрытый смысл в этом – в том, что Творец сдерживает гнев Свой к грешникам в этом мире. Ибо этот мир – удел ситры ахра. А будущий мир – удел святости, и он – удел праведников, и эти праведники будут пребывать в нем в венце славы своего Господина. Эти две стороны противостоят одна другой: эта", будущий мир, – "сторона святости, эта", этот мир, – "сторона скверны. Эта стоит для праведников, а эта – для грешников. И всё противостоит одно другому. Счастливы праведники, у которых нет удела в этом мире, а только в будущем мире"».

---

[79] Писания, Псалмы, 92:8. «Когда нечестивые разрастаются, как трава, и процветают все, творящие беззакония, это для того, чтобы быть истребленными навеки».

ГЛАВА ПКУДЕЙ

Сорок два жертвоприношения Балака

65) «"Смотри, всё исправлено и раскрыто пред Творцом. И хотя Балак и Билам не направляли себя", в жертвоприношениях своих, "к Творцу, однако всё исправлено пред Ним, и Он нисколько не убавляет от их вознаграждения, в этом мире. В то время они властвовали над Исраэлем вследствие того, что их жертвоприношение привело к смерти двадцати четырех тысяч человек, кроме всех тех, что были убиты, как сказано: "Убейте каждый своих людей, прилепившихся к Баал-Пеору"[80]. И написано: "Возьми всех глав народа, и повесь тех (кто поклонялся идолу) пред Творцом"[81]. И доныне это жертвоприношение ожидает возмездия со стороны Исраэля. Семь жертвенников построили они" и совершили на них жертвоприношения, "сорок два по счету"».

66) «Рабби Шимон сказал: "Эти сорок два жертвоприношения совершили Билам и Балак, и взяли их у ситры ахра для Творца. Поэтому это жертвоприношение зависело от того, чтобы взяла его ситра ахра, называемая проклятьем, от Исраэля, и до сих пор она еще не взяла его от них. Сказано об Элише: "И обернулся он назад и увидел их"[82]», отроков, которые насмехались над ним и говорили ему: «Поднимись, лысый»[83]. «"И обернулся он назад"[82] – на обратную сторону Шхины, ибо ситра ахра находится с обратной стороны. "И увидел их"[82] – присмотрелся и увидел" в этих сорока двух отроках "ту ситру ахра, что называется проклятием. И увидел, что они заслужили наказание, и поэтому: "И проклял их именем Творца"[82]. "Именем Творца"[82] – чтобы исключить имя Творца от этой необходимости, т.е. от необходимости этого жертвоприношения, совершаемого той стороной Ему", т.е. Биламом и Балаком. "И всё исправляется

---

[80] Тора, Бемидбар, 25:5. «И сказал Моше судьям Исраэля: "Убейте каждый своих людей, прилепившихся к Баал-Пеору"».
[81] Тора, Бемидбар, 25:4. «И сказал Творец Моше: "Возьми всех глав народа, и повесь тех (кто поклонялся идолу) пред Творцом против солнца, и отвратится палящий гнев Творца от Исраэля"».
[82] Пророки, Мелахим 2, 2:24. «И обернулся он назад и увидел их, и проклял их именем Творца. И вышли из лесу две медведицы и растерзали сорока двух отроков из них».
[83] Пророки, Мелахим 2, 2:23. «И поднялся он оттуда в Бейт-Эль. И когда поднимался он по дороге, отроки малые вышли из города и насмехались над ним, и говорили ему: "Поднимись, лысый! Поднимись, лысый!"»

пред Творцом, и ничто не пропадает. И так же всё исправляется пред Творцом, как во благо, так и во зло"».

67) «"Смотри, Давид, когда он убежал от Шауля, тем самым вызвал уничтожение всех коэнов города Нова, и из всех них остался только один Эвиатар, который бежал. И это вызвало много бед в Исраэле: умерли Шауль и сыновья его, погибли в Исраэле многие тысячи и десятки тысяч. Вместе с тем, грех этот возлежал на Давиде, чтобы получить ему возмездие за него. Пока все потомки Давида не были уничтожены в один день, и остался только один Йоаш, который был выкраден" Йеошевой, дочерью Йорама,[84] "так же как от потомства Ахимелеха никого не осталось, кроме Эвиатара.[85] И до сего дня нужно совершить суд за Нов, за тот грех, который был совершен в Нове. Как написано: "Еще и сегодня быть (ему) в Нове"[86]. И это объяснялось"[87]».

---

[84] См. Пророки, Мелахим 2, 11:1-3.
[85] См. Пророки, Шмуэль 1, 22:16-20.
[86] Пророки, Йешаяу, 10:32-33. «Еще и сегодня быть (ему) в Нове! Замахнется рукою своею на гору дочери Циона, на холм Йерушалаима. Вот, Владыка, Творец Воинств, топором отсекает ветви главные: и высокие ростом (будут) срублены, и горделивые – низложены».
[87] См. Вавилонский Талмуд, трактат Санедрин, лист 95:1.

ГЛАВА ПКУДЕЙ

Всего золота, изготовленного для работы

68) «"Подобно этому: "Всего золота, изготовленного для работы"[88]. Что значит "изготовленного"? То есть, посмотрел здесь Творец, когда Исраэль приносили золото для тельца, и Творец сначала дал им золото для исцеления, ибо дал им золото Скинии прежде, чем это золото тельца. Ибо всё золото, которое было с ними, и находилось при них, они отдали как приношение для Скинии". Ведь разве "ты можешь представить, что золото было при них, когда они делали тельца, и они сняли (золото) с ушей своих, чтобы использовать это золото, как сказано: "И снял весь народ золотые кольца со своих ушей"[89], и поэтому сначала Он взял золото приношения, чтобы искупить изготовление"» тельца.

69) «"Бецалель, сын Ури, сына Хура, из колена Йегуды"[63], со стороны Малхут, "сделал всё, что Творец повелел Моше"[63], ибо вся искусная работа Скинии была выполнена ими и через них. Бецалель выполнил работу, а Моше установил затем всё. Моше и Бецалель были как одно целое, Моше – наверху", Тиферет, "Бецалель – внизу", Есод. "Окончание тела – как само тело", ибо Есод и Тиферет – одно целое. "Бецалель и Оолиав, ведь объяснялось, что один – это правая сторона", Хесед, "а другой – левая", суд. "И всё это – одно целое", т.е. они включены друг в друга, "и поэтому сказано: "И Бецалель, сын Ури, сына Хура, из колена Йегуды"[63]. "И с ним Оолиав, сын Ахисамаха, из колена Дана"[63]».

---

[88] Тора, Шмот, 38:24. «Всего золота, изготовленного для работы, во всей священной работе; и было золота приношения – двадцать девять талантов и семьсот тридцать шекелей по священному шекелю».
[89] Тора, Шмот, 32:3. «И снял весь народ золотые кольца со своих ушей, и отдали их Аарону».

ГЛАВА ПКУДЕЙ

И обернулся он назад и увидел их

70) «"Всего золота, изготовленного для работы, во всей священной работе"[88]. Рабби Йоси провозгласил изречение об Элише. Как написано: "И поднялся он оттуда в Бейт-Эль. И когда поднимался он по дороге, отроки малые вышли из города и насмехались над ним"[83]. Ведь объяснялось, что "отроки (неарим נְעָרִים)"[83] – т.е. были опустошены (менуарим מְנֻעָרִים) от всех речений Торы и от всех заповедей Торы. "Малые"[83] – т.е. были малы в вере, и поэтому были обязаны подвергаться суду этого мира и будущего мира. "Вышли из города"[83], т.е. вышли из свойства веры", – Малхут, называемой городом. "Здесь написано: "Вышли из города"[83]. А там написано: "И не войду в город"[90]», что означает – Малхут, и также здесь означает – Малхут.

71) «"И обернулся он назад и увидел их"[82]. "И обернулся он назад"[82] – т.е. посмотрел на обратную сторону, совершат ли они возвращение или нет. "И увидел их"[82], – что значит: "И увидел их"[82]? Увидел по ним, что исправленное семя не может выйти из них. И это объяснялось. "И увидел их"[82], – ведь объяснялось, что произведены они в ночь Дня искупления", именно тогда забеременела их мать ими.[91] "Сразу же: "И проклял их именем Творца"[82]».

72) «И есть тайна в этом изречении. "И обернулся он назад"[82] означает – "посмотрел на них, будет ли он наказан из-за них. И обратился от этого, как сказано: "И обернулся Аарон"[92], что означает – "обратился от проказы,[93] и также здесь "обернулся"[82] означает, "что обратился от наказания их. "И увидел их"[82] – т.е. увидел, что они в будущем наделают много бед в Исраэле"».

73) «"И обернулся он назад"[82], как сказано: "И оглянулась жена его позади его"[94]. Что такое "позади его"[94]? То есть – на

---

[90] Пророки, Ошеа, 11:9. «Не поступлю по ярости гнева Моего, не стану более уничтожать Эфраима, ибо Я Творец, а не человек, Святой в среде твоей; и не войду в город (уничтожать)».
[91] См. Вавилонский Талмуд, трактат Сота, лист 46:2.
[92] Тора, Бемидбар, 12:10. «И облако отошло от шатра, и вот Мирьям покрыта проказой, как снегом. И обернулся Аарон к Мирьям, и вот она покрыта проказой».
[93] См. Вавилонский Талмуд, трактат Шаббат, лист 97:1.
[94] Тора, Берешит, 19:26. «И оглянулась жена его позади его и стала соляным столбом».

обратную сторону Шхины. И также здесь: "И обернулся он назад"[82] означает – "обратная сторона Шхины.[95] И увидел, что у всех у них матери забеременели ими в ту ночь, которая властвует над искуплением грехов Исраэля", т.е. в ночь Дня искупления. "Сразу же: "И проклял их именем Творца"[82]. Написано: "И вышли две медведицы (досл. медведя) из лесу"[82]. Спрашивает: "Нужно было сказать: "Два медведя", что значит "две медведицы (досл. медведя)"[82]?" И отвечает: "Это были медведицы, и их детеныши"» были вместе с ними, поэтому сказано: «Медведи», а не «медведицы». «"И растерзали сорока двух отроков из них"[82]. Уже объяснялось, что они соответствовали жертвоприношениям Балака"[96]».

---

[95] См. Зоар, главу Ваера, п. 287.
[96] См. выше, п. 66.

ГЛАВА ПКУДЕЙ

Золото – снизу вверх, а серебро – сверху вниз

74) «"И было золота приношения"⁹⁷. Спрашивает: "Почему (золото) называется золотом приношения, и так не называется (серебро) – серебром приношения?" И отвечает: "Так назывались два (металла), и это "золото приношения"⁹⁷ и "медь приношения"⁹⁸. Но (серебро) не называлось серебром приношения, но только они так назывались", – т.е. только золото и медь, "поскольку это созерцание наверху". Объяснение. Золото – это свечение Хохмы в левой линии, медь – это Тиферет, средняя линия, содержащая Хохму, и это свечение Хохмы светит только снизу вверх.

"И есть подобное внизу", в клипот, "но не является золотом приношения", ибо ситра ахра притягивает Хохму в левой линии сверху вниз, а не в приношении, как святость. И в любом месте "приношение" означает – "возношение наверх, а не опускание вниз"». Но серебро – это хасадим, и можно притягивать его вниз, поэтому не написано: «Серебро возношения».

75) «"И это является тайной этого счета", – т.е. свечение Хохмы, называемое счетом, "когда все эти ступени и строения (меркавот), все они пребывают в возношении", т.е. светят снизу вверх. "И это "золото приношения"⁹⁷. И это золото", т.е. свечение Хохмы, – "всё, что распространяется вниз, скрывает вид и чистоту, и свет его. А когда оно в возношении", снизу вверх, "тогда это "чистое золото", в свойстве его света, и всё то золото, что притягивается вниз, это отходы золота, и это – расплавление (итух) его"», т.е. клипа и ситра ахра.

Объяснение. Когда Хохма притягивается от левой линии сверху вниз, она отменяет правую линию и находится с ней в разногласии, и тогда Хохма находится без хасадим, которые от правой линии, и поэтому перекрывается ее свечение. И это означает сказанное: «Всё, что распространяется вниз, скрывает вид и чистоту, и свет его». Ибо Хохма не может светить

---

⁹⁷ Тора, Шмот, 38:24. «Всего золота, изготовленного для работы, во всей священной работе; и было золота приношения – двадцать девять талантов и семьсот тридцать шекелей по священному шекелю».
⁹⁸ Тора, Шмот, 38:29. «А меди приношения – семьдесят талантов и две тысячи четыреста шекелей».

без хасадим. Однако после того, как выходит средняя линия и соединяет две линии друг с другом, тогда она поддерживает свечение их обеих так, чтобы они не отрицали друг друга, то есть, чтобы свет правой светил сверху вниз, а свет Хохмы, что в левой, светил только снизу вверх.[99] И когда соединяются две линии друг с другом, облачается Хохма в хасадим и светит тогда в совершенстве, но только снизу вверх.

Однако клипот и ситра ахра удерживаются только в левой линии, когда она в разногласии с правой, и притягивают Хохму сверху вниз. Но она темная и переполнена судами. Это означает сказанное: «И всё то золото, что притягивается вниз, это отходы золота, и это расплавление (итух) его», как выяснилось. И как Зоар еще объясняет нам далее.

76) «"А серебра от исчисления общины"[100]». И не написано: «Серебра приношения», «"поскольку это"», т.е. серебро, являющееся светом хасадим от правой линии, "всё, что распространяется вниз, настолько оно и хорошо. И хотя оно не в приношении" снизу вверх, "всё оно – во благо.[99] Однако золото", являющееся свечением Хохмы от левой линии, "всё, что распространяется вниз, – всё это во зло. И поэтому необходимо совершить вознесение" золота, "и поднять его наверх. А это", серебро, "должно распространиться вниз и во все стороны, потому что всё оно – во благо"».

77) «"Провозгласил и сказал: "Ибо солнце и защита – Творец Всесильный, милость и славу дарует Творец"[101]. Ибо "солнце"[101] – это Творец, и "защита"[101] – это Творец". И объясняет: "Солнце" – это святое имя АВАЯ", т.е. Зеир Анпин, "в котором все ступени пребывают в спокойствии. А "защита" – это святое имя, называемое Элоким", т.е. Малхут. И это смысл сказанного: "Я – защита тебе"[102]», – что «Я (анохи אָנֹכִי)»[102], то есть Малхут, называемая Я, – это «защита тебе»[102]. «"Солнце и защита"[101] –

---

[99] См. Зоар, главу Берешит, часть 1, п. 50. «Разногласие, которое было исправлено согласно высшему подобию...»
[100] Тора, Шмот, 38:25. «А серебра от исчисления общины – сто талантов и тысяча семьсот семьдесят пять шекелей, по шекелю священному».
[101] Писания, Псалмы, 84:12. «Ибо солнце и защита – Творец Всесильный, милость и славу дарует Творец, не лишит блага идущих в непорочности».
[102] Тора, Берешит, 15:1. «После этих событий было слово Творца к Авраму в видении такое: "Не бойся, Аврам, Я – защита тебе, а награда твоя очень велика"».

это тайна полного имени", которое указывает на Зеир Анпина и Малхут в полном единстве. "Милость и славу дарует Творец (АВАЯ)"[101], т.е. Элоким будет защитой, а АВАЯ дарует милость и славу, "чтобы всё стало единым целым"». Иначе говоря, хотя милость и слава нисходят в спокойствии, а защита нисходит в доблести к тому, у кого есть враги, они приходят, как одно целое, вследствие соединения АВАЯ-Элоким.

78) «"Не лишит блага идущих в непорочности"[101]. Это тайна сказанного: "А нечестивым недоступен свет"[103]. Поэтому говорит здесь, что идущих в непорочности не лишает блага. "И это первый свет", Хесед, "о котором написано: "И увидел Всесильный свет, что он хорош"[104], – т.е. скрыл и упрятал его Творец, как уже объяснялось. И от грешников скрыл его и лишил их его в этом мире и в мире будущем. Однако о праведниках сказано: "Не лишит блага идущих в непорочности"[101]. Это – первый свет, о котором написано: "И увидел Всесильный свет, что он хорош"[104]».

79) «"И поэтому этот" первый свет "не должен подниматься" снизу вверх, "и (не надо) возносить его, "но (должен) распространиться и раскрыться, а не подниматься как тот свет, который является левой стороной", т.е. золотом, как объяснялось выше. "И поэтому называется возношением" золото, "а не это", а не серебро. "И поэтому написано: "А серебра от исчисления общины"[100], и не сказано: «Серебра возношения».

80) «"Смотри, правая сторона всегда стоит, чтобы поддерживать весь мир, светить ему и благословлять его. И поэтому коэн, т.е. правая сторона", Хесед, "всегда готов благословить народ, ибо от правой стороны исходят все благословения мира. И коэн принимает их первым, и поэтому коэн назначается для благословения наверху и внизу"», т.е. свойство Хесед – наверху, а сам коэн – внизу.

81) «"Смотри, в час, когда коэн простирает руки для благословения народа, тогда является Шхина и воцаряется над ним, наполняя силой руки его, и возвышает правую руку над

---

[103] Писания, Иов, 38:15. «А нечестивым недоступен свет, и мышца вознесённая сокрушена».
[104] Тора, Берешит, 1:4. «И увидел Всесильный свет, что он хорош, и разделил Всесильный между светом и тьмой».

левой рукой для того, чтобы поднять правую и укрепить ее над левой. И тогда все ступени, над которыми простирает коэн руки свои, все они наполняются благословениями от источника всего. "Источник колодца" – это праведник", Есод. "Источник всего" – это будущий мир", Бина, "из которого светят все лики (паним)", т.е. все мохин, "ибо это исток и источник всего, и все свечи и света зажигаются оттуда"».

82) «"Подобно этому", тому, что сказано о Бине, "так же источник и исток колодца", Есод, – "все те свечи, что внизу", т.е. сфирот Малхут, "все они освещаются и наполняются светом от него. И одно", Есод, "находится в соответствии другому", Бине, так же как Бина является источником, наполняющим всё, так же Есод – это источник, наполняющий Малхут. "Поэтому в тот час, когда коэн простирает руки свои и начинает благословлять народ, тогда воцаряются высшие благословения от высшего источника", Бины, "чтобы зажечь свечи, и все лики (паним) светят, и Кнессет Исраэль", Малхут, "венчается высшими украшениями, и все благословения нисходят и простираются сверху вниз"».

ГЛАВА ПКУДЕЙ

Счет и число

83) «"Смотри, Моше указывал, а Бецалель исполнял, для того чтобы всё было в свойстве гуф (тела)", т.е. в свойстве Моше, Тиферет, "и окончания гуф, знака союза святости", т.е. Бецалеля, "чтобы увеличить любовь и связь соединения в Скинии", Малхут, "и всё это происходит в правой стороне. Поэтому в любом месте, где находится правая сторона, не властен сглаз. И поэтому" написано: "А серебра от исчисления общины"[100]», – т.е. оно включается в счет, являющийся свечением Хохмы, и не написано о нем: «Серебро возношения» – «поскольку это серебро исходит от правой стороны", Хеседа, "и поэтому всё сводится к числу", т.е. включается в левую линию, и вместе с тем передается сверху вниз.

84) «Рабби Ицхак спросил рабби Шимона, сказав ему: "Мы ведь объясняли, что благословение не пребывает в том, что подлежит измерению и подлежит расчету, почему же, в таком случае, здесь, в Скинии, во всём производился расчет?" Сказал ему: "Мы же учили, что в любом месте, над которым пребывает сторона святости", т.е. исходящем от средней линии, объединяющей правую и левую, "если этот счет идет со стороны святости, всегда пребывает над ним благословение, и не покидает его. Откуда нам это известно? Из десятины, поскольку в данном случае счет используется для освящения, то пребывает в нем благословение. И тем более в Скинии, являющейся святостью и исходящей со стороны святости"».

85) «"Однако над всем остальным в мире, не исходящем со стороны святости, не пребывает благословение, если в этом присутствует расчет, поскольку ситра ахра, являющаяся недоброжелателем, может властвовать над этим. И так как может властвовать над этим, то не пребывает в этом благословение, чтобы эти благословения не дошли до этого недоброжелателя"».

86) «"К мере святости и к счету святости всегда прибавлялись благословения. И поэтому написано: "А серебра от исчисления общины"[100] – т.е. подлежащего счету. "От исчисления общины"[100] – поэтому нет опасения сглаза, и нет опасения перед каким-либо расчетом, так как благословения пребывают во всем свыше"».

87) «"Смотри, над потомством Йосефа не властен сглаз, поскольку он исходит от правой линии. Поэтому Скиния была сделана Бецалелем, поскольку он пребывает в свойстве Йосефа, так как является свойством "союз святости", т.е. свойством Есод, а Есод называется Йосеф. "И поэтому Моше указывает, а Бецалель исполняет, чтобы всё было в свойстве гуф" в свойстве Моше, Тиферет, "и в окончании гуф", в свойстве Бецалеля, Есоде, "являющемся знаком союза святости, чтобы увеличить любовь и связь единства в Скинии", Малхут. "И всё это образуется в правой линии. И поэтому" написано: "А серебра от исчисления общины – сто талантов"[100] – поскольку этот счет является счетом высоких исчисляемых ступеней", т.е. ГАР, "объединяемых с правой стороны. И поэтому написано: "Сто талантов"[100]», ибо это указывает на десять сфирот, в каждой из которых содержится десять, поскольку есть в них ГАР.

88) «Рабби Аба и рабби Аха, и рабби Йоси шли из Тверии в Ципори. Пока шли, увидели рабби Эльазара и рабби Хия с ним. Сказал рабби Аба: "Безусловно, мы соединимся со Шхиной". Подождали их, пока они не подошли к ним. Когда подошли к ним, сказал рабби Эльазар: "Написано: "Очи Творца – к праведникам, и уши Его – к воплю их"[105]. Это изречение непонятно, что значит: "Очи Творца – к праведникам"[105]? Если потому, что Творец наблюдает за ними, чтобы сделать им благо в этом мире, то мы же видим много праведников в этом мире, которым не достается даже та пища, которую добывают себе во́роны полевые? В таком случае, что значит: "Очи Творца – к праведникам"[105]?»

89) И отвечает: «"Но здесь кроется тайна. Смотри, все эти создания мира, – обо всех известно наверху, (относятся ли они) к стороне святости или к стороне ситры ахра. Те, о которых известно наверху, что (относятся) к стороне святости, – ее управление всегда пребывает над ними. И те, о которых известно, что – к стороне нечистоты, ее управление всегда над ними. В том месте, где властвует управление святости, не сможет управлять им ситра ахра, и не приблизится к нему никогда, и не сможет сдвинуть его с места его ничем, что бы он ни делал. Поэтому" написано: "Очи Творца – к праведникам"[105] – поэтому не может властвовать над ними ситра ахра.

---

[105] Писания, Псалмы, 34:16. «Очи Творца – к праведникам, и уши Его – к воплю их».

А теперь, помощь небесная здесь и всё доброе управление свыше здесь. И вся ситра ахра и всё плохое не сможет властвовать над ними"».

90) «Сказал рабби Аба: "Мы ведь учили, что в любом месте, где пребывает святость, хотя там и производится расчет, – оно не лишается благословения". Сказал рабби Эльазар: "Это, безусловно, так". Сказал ему: "Ведь Исраэль являются святостью и исходят от стороны святости, так как написано: "Исраэль – святыня Творцу"[106], а также: "И будьте святы, ибо свят Я"[107], – почему, когда Давид произвел счет в Исраэле, пребывала среди них смерть? Как сказано: "И навел Творец мор на Исраэль, от того утра и до назначенного срока"[108]».

91) «Сказал ему: "Поскольку не взял с них шекели, что является выкупом, как написано: "Дадут они каждый выкуп за душу свою, при исчислении их, и не будет среди них мора при исчислении их"[109], – поскольку святость должна дать выкуп святости, а этот выкуп святости не был взят у них. Смотри, Исраэль представляют собой святость, которая не подсчитывается, и поэтому необходимо взять с них выкуп, и этот выкуп подсчитывается, но сами они не подсчитываются"».

92) «"И в чем причина? Это потому, что святость является высшей ступенью из всех", и это высшие Аба ве-Има. "Так же как эта святость возвышается над всем, и есть снаружи нее другая святость внизу, находящаяся под ней", т.е. ИШСУТ, облачающиеся снаружи на высшие Абу ве-Иму, "которая подсчитывается и исчисляется, так же и здесь – Исраэль являются святостью, как написано: "Исраэль – святыня Творцу"[106]. И

---

[106] Пророки, Йермияу, 2:3. «Исраэль – святыня Творцу, начаток урожая Его. Все поедающие его будут осуждены; бедствие придет на них, – сказал Творец».

[107] Тора, Ваикра, 11:44. «Ибо Я – Творец, который вывел вас из страны египетской, чтобы быть вам Всесильным. И будьте святы, ибо свят Я».

[108] Пророки, Шмуэль 2, 24:15. «И навел Творец мор на Исраэль, от того утра и до назначенного срока; и умерло из народа, от Дана до Беэр-Шевы, семьдесят тысяч человек».

[109] Тора, Шмот, 30:11-13. «И говорил Творец Моше так: "Когда будешь проводить поголовное исчисление сынов Исраэля при пересчете их, то дадут они каждый выкуп за душу свою Творцу при исчислении их, и не будет среди них мора при исчислении их. Вот что дадут они: каждый, проходящий подсчет, – половину шекеля, от шекеля священного, двадцать гера – шекель, половину шекеля – приношение Творцу"».

Счет и число   ГЛАВА ПКУДЕЙ

они дают другую святость в качестве своего выкупа, который подсчитывается. И это тайна: Исраэль – это дерево, расположенное внутри", соответствующее высшим Абе ве-Име; "выкуп, который они дают, – это другая святость, находящаяся снаружи, подлежащая исчислению", и она соответствует ИШСУТ. "И они защищают друг друга". Пошли они».

Объяснение. Счет – это мохин свечения Хохмы, как уже объяснялось. И известно, что высшие Аба ве-Има находятся в свойстве хасадим, укрытых от свечения Хохмы. И только в ИШСУТ, облачающихся на них снаружи, раскрывается корень свечения Хохмы.[110] И Исраэль соответствуют святости, которая в Абе ве-Име, поэтому у них нет счета, так же как у высших Абы ве-Имы. Однако они дают выкуп за свою душу, и этот выкуп соответствует ИШСУТ, в которых производится расчет. И тогда они защищают друг друга, ибо есть у них благословения от Абы ве-Имы, и также счет от ИШСУТ, который нисходит посредством выкупа, который они дают. Поэтому, когда Давид произвел расчет в Исраэле без выкупа, внезапно начался среди них мор, ибо сами Исраэль не подлежат исчислению, и ушла от них святость высших Абы ве-Имы.

93) «Провозгласил рабби Эльазар и сказал: "А сыны Исраэля числом будут как песок морской, который не измерить и не исчислить"[111]. Спрашивает: "Что означает "как песок морской"[111]?" И отвечает: "Здесь есть два вида. Первый" вид "как песок морской"[111] означает – когда море бушует в гневе, взметая волны свои, и волны вздымаются, чтобы смыть мир, и достигают песка морского, но при виде его сразу же обрушиваются, пораженные, и, затихнув, отступают, не в силах уже овладеть миром, чтобы смыть его"».

94) «"И так же Исраэль – это "песок морской"[111], и когда остальные народы, – волны морские, несущие в себе гнев и суровые суды, – видят Исраэль, которые связываются с Творцом, они отступают назад, обрушиваясь при виде их, и не могут властвовать в мире. Другой вид – он потому, что "песок

---

[110] См. Зоар, главу Берешит, часть 1, п. 308. «Теперь выясняется различие между зивугом высшего мира Бины и зивугом нижнего мира Бины. И говорится, что высший мир опускается в нижний мир...»

[111] Пророки, Ошеа, 2:1. «А сыны Исраэля числом будут как песок морской, который не измерить и не исчислить. И будет, там, где было сказано им: "Вы Ло-Ами (не Мой народ)", будет сказано им: "Сыны Творца живого"».

морской"¹¹¹ – нет ему счета, и не поддается счету и измерению, как написано: "Который не измерить и не исчислить"¹¹¹. И также Исраэль – нет им счета, и они не подлежат исчислению"».

95) «"Смотри, есть измерение скрытое и упрятанное", т.е. Аба ве-Има. "И есть счет, устанавливаемый в скрытии, скрытый и упрятанный", т.е. ИШСУТ, и хотя в них проявляется свечение Хохмы, называемое счетом,¹¹² однако на их месте нет раскрытия, и она упрятана и скрыта, и только в Малхут раскрывается Хохма, содержащаяся в них. "Одно – измеряется, другое – подсчитывается, и это – тайна существования всего наверху и внизу. Поскольку это измерение", имеющееся в Абе ве-Име, т.е. величина ступени хасадим в них, – "никогда неизвестно, на чем основывается это измерение", и также неизвестно, "на чем основывается тот счет", который в ИШСУТ. "И это тайна веры всего"».

96) «"А Исраэль внизу не подсчитываются, но лишь на стороне другого", т.е. укрытых хасадим, "а выкуп, который они дают", который соответствует парцуфу ИШСУТ,¹¹² – "он тот, который подсчитывается. Поэтому у Исраэля при исчислении их берется выкуп, как мы уже говорили.¹¹² И потому в дни Давида, когда он произвел расчет Исраэля и не взял с них выкуп, воспылал гнев, и были уничтожены из среды Исраэля многие воинства и станы"».

97) «"И потому написано о возведении Скинии: "А серебра от исчисления общины – сто талантов"¹⁰⁰, и сказано: "Каждый, проходящий подсчет"¹⁰⁹, – т.е. счет, как объяснялось выше. "И всё было освящено для работы в Скинии. И объяснялось, что "таланты"», т.е. «сто талантов»¹⁰⁰ – «"это один счет. "Шекели"», то есть: «И тысяча семьсот семьдесят пять шекелей, по священному шекелю»¹⁰⁰ – «"это другой счет. Поскольку есть высшие, восходящие к высшему счету", т.е. света в ИШСУТ, и это Бина, являющаяся высшим счетом, производимым в талантах. "А есть другие, которые восходят к другому счету", т.е. счет в Зеир Анпине, который светит Малхут. "Один – высший, другой – нижний. И поэтому написано: "И было сто талантов

---

¹¹² См. выше, п. 92.

серебра для отлива подножий Святилища"[113]. Это те подножия (аданим), о которых уже говорилось"». И это Малхут в своей совокупности, называемая Адни, которая получает от высшего счета, т.е. от Бины.[114]

---

[113] Тора, Шмот, 38:27. «И было сто талантов серебра для отлива подножий Святилища и подножий разделительной завесы; сто подножий в сто талантов, по таланту на подножие».

[114] См далее, п. 108.

ГЛАВА ПКУДЕЙ

Если Творец не построит дом

98) «Еще провозгласил и сказал: "Песнь ступеней для Шломо. Если Творец не построит дом, напрасно трудятся строящие его"[115]. Эту фразу изрек царь Шломо в час, когда строил Храм. Когда он начал возводить его, и увидел, что работа завершается в их руках, и он строился сам собой, тогда начал (провозглашать) и сказал: "Если Творец не построит дом"[115]. И это скрытый смысл сказанного: "Вначале сотворил Всесильный"[116] – ибо Творец создал и установил этот мир", т.е. Малхут, "и это – дом, со всем, что необходимо"».

99) «"Напрасно трудятся строящие его"[115]. "Строящие его"[115] – это тайна тех потоков", сфирот Зеир Анпина, "которые исходят и входят все внутрь этого дома", Малхут, "чтобы установить его во всем, что необходимо. И хотя все они приходят для того, чтобы устанавливать и произвести установление его, конечно, если бы не Творец, т.е. высший мир", Бина, "который установил и сделал этот дом как подобает, были бы они строящими напрасно, но" главное – "то, что Он", Бина, "сделал и установил. "Если Творец не охранит город, напрасно усердствует страж"[115]. Как сказано: "Непрестанно глаза Творца Всесильного твоего на ней, от начала года и до конца года"[117]. И это объяснялось. И благодаря этому присмотру он защищен со всех сторон"».

100) «"И хотя написано: "Вот ложе Шломо, шестьдесят воинов вокруг него из воинов Исраэля"[118]", «ложе Шломо»[118] – это Малхут, «"и все охраняют его. Почему охраняют его? Потому что написано: "От страха ночного"[119] – это страх преисподней, противостоящий ему, для того чтобы (ложе) прогнало его. И поэтому все они окружают его"».

---

[115] Писания, Псалмы, 127:1. «Если Творец не построит дом, напрасно трудятся строящие его, если Творец не охранит город, напрасно усердствует страж».

[116] Тора, Берешит, 1:1. «Вначале сотворил Всесильный небо и землю».

[117] Тора, Дварим, 11:12. «Земля, о которой Творец Всесильный твой печется, – непрестанно глаза Творца Всесильного твоего на ней, от начала года и до конца года».

[118] Писания, Песнь песней, 3:7. «Вот ложе Шломо, шестьдесят воинов вокруг него из воинов Исраэля».

[119] Писания, Песнь песней, 3:8. «Все они препоясаны мечом, обучены битве, у каждого меч на бедре его от страха ночного».

101) «"И хотя все они пребывают в свечении мысли, которая неизвестна", т.е. рош Атика, называемый РАДЛА, "но когда тот свет неизвестной мысли ударил в свет парсы", отделяющей ее от трех рош Арих Анпина, то отменяется это разделение, "и они светят вместе". То есть три рош Арих Анпина поднимаются в РАДЛА после того, как отменяется парса, и они светят вместе с РАДЛА, и три рош Арих Анпина включились друг в друга, и каждый состоит из всех трех, "и стали они девятью чертогами"».

Объяснение. Здесь недостает начала статьи, а вся эта статья уже вышла в печать в главе Ноах.[120] И написано там до этого: «Между РАДЛА и Кетером "пролегла парса. И из-за этой парсы, в стремлении за высшей мыслью", – т.е. Кетера за светом РАДЛА, "свет приходит и не приходит", – потому что парса препятствует ему»[121]. То есть, вследствие подъема Малхут в Бину, произошедшего на каждой ступени, окончившего эту ступень под Малхут, образовалась там парса, т.е. окончание ступени, таким образом, что Бина и ТУМ каждой ступени упали с каждой ступени на ступень под ней. Бина и ТУМ рош Атика упали в три рош Арих Анпина, и протянулась парса под Хохмой Атика. И также упали Бина и ТУМ каждого из трех рош Арих Анпина в рош, находящийся под ним. И также Бина и ТУМ третьего рош Арих Анпина упали в Абу ве-Иму.

А затем, во время гадлута, когда исходит свечение от АБ САГ де-АК, которое снова опускает Малхут из Бины на свое место, и отменяет границу и окончание парсы в середине ступени, тогда упавшие с каждой ступени Бина и ТУМ снова поднимаются на свою ступень как вначале, до своего падения, и берут с собой также нижнюю ступень, в которую они упали.[122] И получается тогда, что Бина и ТУМ де-рош Атика, упавшие в три рош Арих Анпина, снова поднимаются на свое место в рош Атика, называемого РАДЛА, и поднимают вместе с собой также три рош Арих Анпина в рош Атика. И три рош Арих Анпина называются Китра (кетер), Авира (воздух) и Хохма стимаа (скрытая Хохма).

---

[120] См. Зоар, главу Ноах, статью «Вознес я вверх руки в молитве», пп. 122-128.
[121] См. Зоар, главу Ноах, п. 123.
[122] См. «Предисловие книги Зоар», статью «Мать одалживает свои одежды дочери», п. 17, со слов: «И это означает: "Мать (има) одалживает свои одежды дочери и венчает ее своими украшениями" – т.е. во время выхода мохин гадлута...»

И это означает сказанное: «И хотя все они пребывают в свечении мысли, которая неизвестна», – т.е. после того, как протянулась парса между РАДЛА и тремя рош Арих Анпина, и вследствие этого образовались также и в трех этих рош те же сокращения, что и в РАДЛА, т.е. каждый из них завершился под Хохмой, а Бина и ТУМ упали на ступень под ними. Однако после этого, «но когда тот свет неизвестной мысли», т.е. РАДЛА, «ударил в свет парсы», т.е. притянул свечение от АБ САГ де-АК и отменил окончание парсы, разделяющей между ней и между тремя рош Арих Анпина. «И они светят вместе», и вернулись Бина и ТУМ де-РАДЛА с тремя рош Арих Анпина, и поднялись в место РАДЛА вследствие отмены парсы, и светят вместе с РАДЛА.

«И стали они девятью чертогами», – три рош Арих Анпина, после того как поднялись в РАДЛА, включились там друг в друга настолько, что каждый из них состоит из трех, и из них образуются девять чертогов в РАДЛА. Однако также и в Арих Анпине светят эти девять чертогов, но там они называются светами, как нам предстоит еще выяснить.

102) «"И эти чертоги не являются ни светами, ни рухот, ни нешамот, и нет того, кто бы устоял в них. Желание всех девяти светов, которые полностью находятся в этой мысли, являющейся одной из них в счете", т.е. включение трех рош Арих Анпина друг в друга в месте Хохма стимаа Арих Анпина, называемом мыслью и являющимся одним из трех рош Арих Анпина, "желание всех их – стремиться за ними", за девятью чертогами в РАДЛА, чтобы постичь их, "пока они еще находятся в мысли", т.е. в Хохма стимаа. Другими словами, девять светов, являющиеся включением трех рош Арих Анпина и находящиеся в месте Хохма стимаа, во время их пребывания в Хохма стимаа, вне РАДЛА, они хотят постичь девять чертогов, находящихся в месте РАДЛА. И дело в том, что все их мохин они получают от этих девяти чертогов, "но не постигают их, и они непознаваемы, ибо не находятся ни в высшем желании, ни в мысли, воспринимают их" – при получении от них мохин, "и не воспринимают их", поскольку те непостигаемы. "В них находятся все тайны веры. И все эти света высшей мысли", т.е. скрытой Хохмы, "что внизу" РАДЛА, "все они называются Бесконечностью. Ибо до сих пор доходят света и не доходят, и неизвестны, нет здесь ни желания, ни мысли"». Ибо эта скрытая Хохма (Хохма стимаа) перекрылась и вовсе не светит нижним.

103) «"Когда светит" рош Арих Анпина, называемый "мысль", т.е. во время отмены силы парсы, что возвращает к нему его Бину и ТУМ, которые поднимают вместе с собой также и нижнего, т.е. Абу ве-Иму и ИШСУТ, "и неизвестно от кого светит", поскольку мысль Арих Анпина непостижима, как уже говорилось, "тогда облачается" свет его "в Бину и скрывается в ней", так как Бина не может получить Хохму без хасадим, поэтому свет скрывается в ней, а затем, "и стал светить тому, кому стал светить", т.е. стали светить хасадим, "и вошли друг в друга", т.е. Хохма и хасадим включаются друг в друга, "пока не соединились все вместе", тогда они светят всем парцуфам Ацилута. "И это уже объяснялось. И во время жертвоприношения, когда всё восходит", – т.е. Бина и ТУМ каждой ступени восходят на свою ступень, поднимая вместе с собой нижнего, в которого они упали, как мы уже сказали, "связывается одно с другим и светит друг в друге", потому что каждый нижний поднимается к высшему и соединяется с ним, и благодаря этому он получает мохин высшего. Таким образом, каждый нижний соединяется с высшим, а каждый высший светит нижнему. "Тогда все ступени находятся в подъеме" к высшему. "И мысль", т.е. Арих Анпин, поднимается и "украшается в Бесконечности", т.е. в РАДЛА, т.е. соединяется с РАДЛА в результате этого подъема и поэтому светит в ней. "Тот свет, от которого высшая мысль", Арих Анпин, "светит", т.е. (свет) РАДЛА, "называется Бесконечностью"».

104) «"Когда эта мысль", т.е. рош Арих Анпина, "стала светить, и распространились от нее силы", т.е. Бина, которая поднялась к нему и получила от него Хохму, и распространилась вниз, "эта мысль укрылась и спряталась, и неизвестна", – так как в отношении ее собственного свойства она скрыта и вообще не светит нижним, как объяснялось выше. "И оттуда", из рош Арих Анпина, "она совершила распространение во все стороны, и произвела одно распространение от него, и это высший мир"», т.е. Бина, как уже говорилось.

105) «"И он", высший мир, "предстает в виде вопроса, и это – высшая речь", т.е. Бина, "и уже объяснялось, что называется МИ. Как написано: "Поднимите глаза ваши ввысь и посмотрите, Кто создал их (ЭЛЕ)?"[123], – т.е. этот вопрос, создавший

---

[123] Пророки, Йешаяу, 40:26. «Поднимите глаза ваши ввысь и посмотрите, Кто создал их. Выводящий по числу воинства их, всех их по имени называет Он; от Великого могуществом и Мощного силой никто не скроется».

их (ЭЛЕ)". Ибо МИ, Бина, создала ЭЛЕ, т.е. ВАК Зеир Анпина, "а затем распространилась" МИ (מי), "и образовалось море (ям ים)", и это конец всех ступеней, который находится внизу", т.е. Малхут. "И оттуда", из Бины, "начал строить внизу", в Малхут, "и всё сделал" в Малхут "в точности в том же виде, как наверху", в Бине, "одно против другого, и одно в подобии другому. И поэтому это", Бина, "является сохранением всего, наверху и внизу"».

Объяснение. Ибо каждая сфира и ступень получают свои мохин от высшего, т.е. посредством подъемов нижнего к высшему, как мы уже сказали, но вместе с тем у каждой из них есть также и свое собственное свойство, кроме того, которое она получила от высшего. Но не так Малхут, поскольку Малхут со своей стороны не подходит для высшего света, так как над ней властвует сокращение,[124] но благодаря ее подъему в Бину, она получает от него свои келим и света, и всё, что есть в Бине, есть в Малхут, точно в таком же виде. Поэтому буквы Малхут – такие же, как и буквы Бины, ведь Бина называется МИ (מי), а Малхут – ям (ים). И так же в имени АВАЯ (הויה), первая хэй (ה) – это Бина, а нижняя хэй (ה) – Малхут. Поэтому Бина называется сохранением всего, так как она сохраняет Малхут, чтобы не удерживались в ней внешние тем, что дает ей свои келим и света.

106) «"И это распространение, являющееся высшим миром, – оно из мысли", потому что всё, что распространяется из этой мысли, т.е. из скрытой Хохмы Арих Анпина, это ничто другое, как Бина, которая называется высшим миром, как мы уже сказали. "И это означает: "Если Творец не охранит город, напрасно усердствует страж"[115], – т.е. страж Исраэля", Зеир Анпин. "Ибо сохранение не пребывает" в Зеир Анпине, "но лишь в высшем мире"», Бине, как выяснилось в предыдущем пункте.

107) «"Смотри, синета Скинии. Всё пребывает в высшей тайне. Синета", т.е. Малхут, "и пурпур", Тиферет, "чтобы одно связалось с другим", и соединились вместе Зеир Анпин и Малхут. И мы ведь учили о тайне сказанного: "Ибо Творец Всесильный

---

[124] См Зоар, главу Берешит, часть 1, п. 3, со слов: «В свойстве суда, т.е. в свойстве Малхут мира АК, прежде чем она подсластилась в Бине, в свойстве милосердия, мир не мог существовать...»

твой – огонь пожирающий Он"[125]. Мы же учили, что есть огонь, пожирающий огонь, т.е. пожирает его и истребляет его, ибо есть огонь, который сильнее огня"».[126]

---

[125] Тора, Дварим, 4:24. «Ибо Творец Всесильный твой – огонь пожирающий Он, Владыка ревностный».
[126] Не хватает окончания (статьи), и оно уже вышло в печать раньше. См. Зоар, главу Берешит, часть 2, статью «Поднимающееся пламя», пп. 248-268.

ГЛАВА ПКУДЕЙ

А из тысячи семисот семидесяти пяти

108) «"А из тысячи семисот семидесяти пяти (шекелей серебра) он сделал крюки для столбов, и покрыл верхи их"[127]. Смотри, мы учили, что это те шекели, о которых забыл Моше и не знал, что было изготовлено из них, пока не раздался голос и не сказал: "А из тысячи семисот семидесяти пяти он сделал крюки для столбов"»[127].

Объяснение. Ты уже узнал, что полшекеля, которые дали каждый из Исраэля за искупление своей души, являются свойством ИШСУТ,[128] и о них сказано: «А серебра от исчисления общины – сто талантов и тысяча семьсот семьдесят пять шекелей, по шекелю священному»[100]. И таланты и шекели – это две ступени, паним и ахораим ИШСУТ.[129] «Сто талантов»[100] – это паним парцуфа ИШСУТ, а «тысяча семьсот семьдесят пять шекелей»[100] – это ахораим парцуфа ИШСУТ, т.е. (сфирот) Бина и ТУМ, которые упали из ИШСУТ, когда находились в состоянии точки холам. И в основе своей это семьсот семьдесят пять шекелей, где «семьсот» – это семь сфирот Бины, которые исчисляются в сотнях, «семьдесят» – это семь сфирот Тиферет, которые исчисляются в десятках, а «пять» – это ХАГАТ Нецах Ход де-Малхут, сфирот которой исчисляются в единицах. Но после того, как они снова соединились со своей ступенью, с Кетером и Хохмой де-ИШСУТ, являющимися свойством паним, которые остались на этой ступени, тогда включили в себя эти Бина и ТУМ также сфиру Хохма де-ИШСУТ, которая в числовом значении «тысяча», и образовалось число «тысяча семьсот семьдесят пять». Поэтому забыл о них Моше, ибо в то время, когда они упали со ступени ИШСУТ и не видны там, считается, что они забыты, и неизвестно, что произошло с ними. Но затем, когда выходит точка шурук и возвращает их на свою ступень в ИШСУТ в свойстве «скрытые и не светящие», и затем, с помощью точки хирик, т.е. средней линии, соединившей правую и

---

[127] Тора, Шмот, 38:28. «А из тысячи семисот семидесяти пяти (шекелей серебра) он сделал крюки для столбов, и покрыл верхи их (столбов) и сделал вокруг них ободья».
[128] См. выше, п. 92.
[129] См. выше, п. 97.

левую, вернулись Бина и ТУМ ИШСУТ и начали светить, и стали свойством «крюки для столбов», которое выяснится далее.

И это означает сказанное: «Это те шекели, о которых забыл Моше» – т.е. во время выхода средней линии из точки холам, когда они упали со ступени ИШСУТ и были забыты. И даже затем, в точке шурук, т.е. левой линии, которая вернула их на ступень ИШСУТ, они еще оставались забытыми, поскольку были скрыты без света. «Пока не раздался голос» – т.е. средняя линия, и тогда они снова раскрылись, и вспомнил о них (Моше), «и не сказал: А из тысячи семисот семидесяти пяти он сделал крюки для столбов"[127]». И это еще выяснится.

109) «Рабби Хизкия провозгласил и сказал: "Пока царь в окружении своем, мой нард источал аромат"[130]. Это изречение выяснялось. Но "пока царь в окружении своем"[130] – это Творец", т.е. Бина, "когда он вручал Тору Исраэлю и явился на (горе) Синай", то есть, когда Бина раскрыла мохин де-ехида Зеир Анпина, которые светили в час дарования Торы Исраэлю. "И множество строений (меркавот) были с Ним. Все они – святые строения (меркавот)", и это левая линия. "И все высшие святыни от святости Торы", т.е. правая линия, – "все они были там. А Тора", средняя линия, "дана была в пламени огня, т.е. всё было от свойства огня, и была написана она белым огнем", со стороны Хеседа, "на черном огне", который со стороны Гвуры. Потому что средняя линия состоит из Хеседа и Гвуры, т.е. правой и левой. "И эти буквы воспаряли и поднимались в воздухе (авир)"» – т.е. нижние ступени, находящиеся в свойстве «воздух», воспаряли и поднимались к высшим.[131]

110) «"И первая буква Торы разделилась на семьсот семьдесят пять в каждой стороне, и все они были видны в воздухе небосвода в букве вав (ו), вав (ו) – в этой стороне, вав (ו) – в этой стороне, и так – во всех сторонах"».

Объяснение. Тора – это Зеир Анпин. «Первая буква Торы» – имеется в виду буква алеф (אלף), которая была первой буквой

---

[130] Писания, Песнь песней, 1:12. «Пока царь в окружении своем, мой нард источал аромат».
[131] См. Зоар, главу Ваякель, п. 130. «Тогда воспаряют буквы, находящиеся в воздухе…»

при вручении Торы в слове «анохи (אָנֹכִי)»¹³². И это – та тысяча (элеф אֶלֶף), что в числе «тысяча семьсот семьдесят пять». И объяснение следующее: первая сфира Зеир Анпина – это Хохма, ибо Зеир Анпин начинается с Хохмы, а Хохма называется тысячей (элеф אֶלֶף), в тайне сказанного: «И я научу тебя (ва-аалефхá וַאֲאַלֶּפְךָ) мудрости»¹³³. И это его кли де-паним, которое осталось на ступени во время выхода холам, однако три сфиры – Бина, Тиферет и Малхут, что в нем, упали со своей ступени на ступень под ней.

И это означает сказанное им: «И первая буква Торы» – алеф (אֶלֶף), т.е. Хохма, «разделилась на семьсот семьдесят пять». «Разделилась» – т.е. упали у него Бина, Тиферет и Малхут. Ибо семь сфирот Бины – это «семьсот». А семь сфирот Тиферет – это «семьдесят». А пять сфирот ХАГАТ Нецах Ход де-Малхут – это «пять», как объяснялось в предыдущем пункте. И падение этих Бины, Тиферет и Малхут произошло «в каждой стороне», из четырех сторон ХУБ ТУМ.¹³⁴

А затем, благодаря выходу точек шурук и хирик, т.е. левой линии и средней линии, снова поднялись упавшие сфирот Бина и ТУМ на свою ступень в Зеир Анпине, т.е. поднялись выше парсы Зеир Анпина, называемой небосводом, и соединились с алеф (אֶלֶף) Зеир Анпина, расположенной от небосвода и выше, и включили в себя также и эту алеф (אֶלֶף), и стали этим числом «тысяча (элеф אֶלֶף) семьсот семьдесят пять», т.е. включилась в них Хохма, на которую указывает эта «тысяча (элеф אֶלֶף)».

И это означает сказанное: «И все они были видны в воздухе небосвода в букве вав (ו)», т.е. снова поднялись на свою ступень и были видны в воздухе небосвода. «И были видны» – означает, что включили в себя свечение Хохмы, называемое видением, и включились в среднюю линию, т.е. букву вав (ו). «Вав (ו) – в этой стороне, вав (ו) – в этой стороне, и так – во

---

¹³² Тора, Шмот, 20:2. «Я – Творец Всесильный твой, который вывел тебя из земли египетской, из дома рабства».

¹³³ Писания, Иов, 33:31-33. «Внимай, Иов, слушай меня и молчи, (пока) я говорю. Если есть у тебя слова, – ответь мне, говори, ибо я хотел бы тебя оправдать. Если же нет, – ты слушай меня и молчи, и я научу тебя мудрости».

¹³⁴ См. Зоар, главу Ваякель, п. 299, со слов: «Пояснение сказанного. Вначале необходимо понять, что представляют собой эти четыре прохода под небосводами…»

всех сторонах», – это не означает, что они включились только в свойство восточной стороны, т.е. в среднюю линию, которая там, а означает, что все четыре стороны от хазе Зеир Анпина и выше включились друг в друга, и есть вав (ו), т.е. средняя линия в каждой стороне, и поэтому они включились в каждую сторону, но только в среднюю линию каждой стороны. И это означает: «Вав (ו) – в этой стороне, вав (ו) – в этой стороне, и так – во всех сторонах». И из-за этого включения, которое в средней линии, называются света этих «тысяча семисот семидесяти пяти» крюками (вавим).

111) «"И эти крюки крепились на столбах", – т.е. (сфирот) Нецах и Ход Зеир Анпина от его хазе и ниже, «и эти столбы стоят на "чуде", – т.е. светят Малхут, называемой чудом, "и все крюки (вавим) на них". То есть все они светят Малхут, "поскольку Тора держится на вав (ו), средней линии, поэтому тысяча семьсот семьдесят пять светов, включенные в них, называются крюками (вавин). "И эти крюки (вавин), являющиеся тайной "вера Торы", все они крепятся на этих столбах, и это свойства, от которых исходят пророки", т.е. Нецах и Ход Зеир Анпина, и оттуда получают (наполнение) пророки, "и тайна их – во всех четырех сторонах", т.е. они светят в четырех сторонах ХУГ ТУМ. "И на этих столбах крепятся эти крюки"».

Объяснение. После того, как семьсот семьдесят пять светов, т.е. Бина и ТУМ Зеир Анпина, которые упали и опустились из Зеир Анпина, снова поднялись над небосводом Зеир Анпина, т.е. над хазе его, как мы уже сказали, они включают в себя там Хохму его, и это «тысяча», и становятся тысячей семьюстами семьюдесятью пятью светами, вследствие того, что включили в себя свечение Хохмы, называемое тысячей (элеф אֶלֶף). Однако свечение Хохмы в них не может светить там, над хазе Зеир Анпина, поскольку там хасадим, укрытые от свечения Хохмы, но они опускаются от хазе Зеир Анпина и ниже, в две сфиры Нецах и Ход его, называемые «столбы», и там раскрывается свечение Хохмы в них.

И это означает сказанное им: «И эти крюки крепились на столбах», так как эти тысяча семьсот семьдесят пять светов, называемые «крюки (вавин)», не станут раскрывать Хохму, имеющуюся в них, а только лишь в столбах, т.е. в Нецахе и Ходе Зеир Анпина, но не выше хазе. Однако место раскрытия этой Хохмы – лишь Малхут. И это означает сказанное: «И эти столбы стоят на "чуде"» – т.е. Нецах и Ход передают свечение Хохмы в крюках (вавин) Малхут, называемой «чудо».

И вместе с этим выясняется изречение, с которого он начал: «Пока царь в окружении своем, мой нард источал аромат»[130]. Ибо Зеир Анпин говорит это: «Пока царь»[130] – Бина, был «в окружении своем (би-месибо בִּמְסִבּוֹ)»[130] – т.е. направлял (хая месавéв מְסַבֵּב הָיָה) исправление трех линий Зеир Анпина в качестве мохин де-ехида на горе Синай, тогда «мой нард»[130] – Бина и ТУМ, опустившиеся и упавшие мои, и это «тысяча семьсот семьдесят пять крюков (вавим)»[127], «источал аромат»[130], – т.е. свечение Хохмы, называемое аромат, в Малхут, называемую чудом. И то, что он уточняет, говоря: «В окружении своем»[130], это потому, что «в окружении своем»[130] означает – в кругообращении своем, как в сказанном: «И совершает Он обороты»[135], что означает – обращения. Т.е. в виде кругообращения трех линий, и это потому, что свечение Хохмы раскрывается только во время кругообращения трех линий.[136] А после того, как прекратилось это кругообращение, прекратило светить свечение Хохмы.[136] И поэтому говорит: «В окружении своем»[130], и поэтому, когда Зоар начинает объяснять сказанное, он поясняет три линии Зеир Анпина,[137] чтобы показать, что раскрытие мохин на горе Синай происходило вместе с кругообращением трех линий, как уже выяснено.

112) "Высшая вав (ו) – это голос, который слышен", Зеир Анпин,[138] "и это свойство, в котором находится Тора, поскольку Тора", Зеир Анпин, "исходит от того внутреннего голоса", находящегося в Бине, "который называется великим голосом. И великий голос", который в Бине, – "это тайна Торы", которая

---

[135] Писания, Иов, 37:12. «И совершает Он обороты по своему умыслу, чтобы они исполняли все, что повелит им, на лице обитаемой земли».
[136] См. Зоар, главу Бешалах, п. 137, со слов: «И три эти линии не раскрывают Хохму иначе, как с помощью своих движений, т.е. когда свечение каждой из них раскрывается специально одно вслед за другим в месте трех точек: холам, затем шурук, а затем хирик...»
[137] См. выше, п. 109.
[138] См. Зоар, главу Берешит, часть 2, п. 238. «От Абы ве-Имы, являющихся свойством «громкий голос», выходит Тора, называемая "голос Яакова", т.е. Зеир Анпин. И этот голос, который слышен...»

исходит от него.¹³⁸ "И поэтому написано: "Голосом великим и непрерывным"¹³⁹». Ибо Тора исходит от него.

113) «"Смотри, этот великий голос является основой всего и является тайной святого имени", и это Даат, который в Бине. "И поэтому мы объясняли, что человеку нельзя приветствовать товарища своего прежде, чем произнес молитву, и это объяснялось тем, что написано: "Благословляет ближнего своего громким голосом рано утром, – будет считаться для него проклятьем"¹⁴⁰. И нет запрета, пока не благословляет его громким (досл. великим) голосом, являющимся основой святого имени"», – например, когда говорит ему: «Благословит тебя Творец». Но когда не упоминает Творца, нет запрета.

114) «"И поэтому тайна Торы исходит от этого великого голоса", который в Бине. "И это – Царь", т.е. как написано: "Пока царь в окружении своем"¹³⁰ – это стояние у горы Синай, и объяснялось", что там раскрылись три линии Зеир Анпина.¹³⁷ "Мой нард источал аромат"¹³⁰ – это Кнессет Исраэль"», Малхут. Ибо тысяча семьсот семьдесят пять крюков (вавин), называемых «мой нард»¹³⁰, из-за того, что они упали и опустились со ступени Зеир Анпина,¹⁴¹ они источали аромат, т.е. (давали) свечение Хохмы Кнессет Исраэль, Малхут.¹⁴¹ И всё это было «"потому, что сказали Исраэль: "Всё, что Творец сказал, мы сделаем и услышим"¹⁴² – т.е., благодаря этому удостоились они всего этого раскрытия. И "царь"¹³⁰ – это высший Царь", Бина, "и это уже объяснялось"».

115) «"Смотри, когда Творец навел потоп на мир, чтобы уничтожить всё, сказал Творец Ноаху: "Ты должен остерегаться, не показывать себя губителю", ангелу смерти, "чтобы не стал он властен над тобой. Ибо нет того, кто может защитить от него". Когда было принято жертвоприношение, принесенное Ноахом, тогда мир наполнился ароматом. Но не наполнился достаточно,

---

[139] Тора, Дварим, 5:19. «Эти речи изрек Творец всему собранию вашему на горе из среды огня, облака и мглы, голосом великим и непрерывным, и начертал Он их на двух скрижалях каменных, и дал их мне».

[140] Писания, Притчи, 27:14. «Благословляет ближнего своего громким голосом рано утром, – будет считаться для него проклятьем».

[141] См. выше, п. 111.

[142] Тора, Шмот, 24:7. «Он взял книгу союза и прочел ее народу. И сказали они: "Все, что Творец сказал, мы сделаем и услышим"».

пока не встали Исраэль у горы Синай. Тогда мир наполнился ароматом, и губитель не находился больше в мире"».

116) «"И Творец в это время хотел устранить этого губителя из мира", т.е. чтобы смерть была уничтожена навеки, "однако Исраэль грешили в эти немногие дни в это время, и сделали (золотого) тельца. И тогда что написано: "И сняли с себя сыны Исраэля свои украшения с горы Хорэв"[143]. "Свои украшения (эдъям עֶדְיָם)"[143] – это тайна святого имени, которым украсил их Творец" при вручении Торы, "и оно было забрано у них. Тогда губитель стал властен над миром и вернулся, как и прежде, – как в то время, когда властвовал над миром и вершил суд"» над людьми.

117) «"Сказал рабби Йоси: "В дни потопа, кто послал туда губителя, – ведь воды умножились?" – и стерли весь земной мир. И зачем было Ноаху остерегаться губителя? И отвечает: "Смотри, нет такого суда в мире, или когда мир наказывается судом, чтобы не пребывал среди них этот губитель, который находится внутри тех судов, которые вершатся в мире. Так же и здесь. Был потоп, и губитель находился внутри потопа, и он сам так назывался", потопом. "И поэтому Творец сказал Ноаху скрыться и не показываться в мире. И это уже объяснялось".

"Смотри, – сказал рабби Йоси, – не успокоился мир, и земля не избавилась от нечистоты змея, пока не встали Исраэль у горы Синай, и не стали держаться Древа жизни, – тогда успокоился мир"».[144]

118) «"Смотри, – сказал рабби Эльазар, – "А из тысячи семисот семидесяти пяти он сделал крюки (вавим) для столбов"[127]. Спрашивает: "Почему крюки (вавим)?" И отвечает: "Однако они были в виде "вав ו", т.е. исходили от средней линии, называемой вав (ו). "Их верхние части он покрыл золотом: сами они были из серебра", и это свет хасадим, "а их верхние части", т.е. их ГАР, "покрыты золотом", и это свечение Хохмы, называемое золотом. И объясняет: "Потому что любая вав (ו) исходит в стороне милосердия", – т.е. Зеир Анпина, средней линии, "и

---

[143] Тора, Шмот, 33:6. «И сняли с себя сыны Исраэля свои украшения с горы Хорэв».
[144] Эта статья уже отпечатана в главе Ноах, пп. 88-110.

все они были известны наверху в счете"¹⁴⁵, – т.е. в свечении Хохмы. "И поскольку они исходили со стороны милосердия" – средней линии, "поэтому называются крюками (вавин). А все остальные" сфирот в них "крепятся на них, и нет (иного) крюка (вав), но лишь серебро и золото вместе", т.е. включающего две линии, правую и левую, и это хасадим и свечение Хохмы. "Поэтому все они называются крюками столбов. Что такое столбы? Это как сказано: "И столба два", т.е. Нецах и Ход. "Поскольку эти стояли вне гуф" – т.е. Тиферет, "внизу"». То есть, они стоят ниже хазе Зеир Анпина, где находится место раскрытия свечения Хохмы.¹⁴¹

119) «Сказал рабби Ицхак: "Я не знаю, является ли это работой святости или будней? Потому что написано: "А из тысячи"¹²⁷, ибо написано здесь "тысяча", и написано там: "Эта тысяча – тебе, Шломо"¹⁴⁶<?>. Как там "тысяча" – это будни, так же и здесь "тысяча" – это будни"».

120) «Сказал ему: "Это не так, ведь если бы это были будни, то не образовались бы из них крюки (вавин). И еще, ведь там написано: "Тысяча"¹⁴⁶, и не больше, но здесь написано: "А из тысячи семисот семидесяти пяти"¹²⁷. И в таком случае нельзя их сравнивать друг с другом: "тысяча, которая там, – это будни, как написано: "Эта тысяча – тебе, Шломо"¹⁴⁶. И это будни, поскольку любые будни вообще не находятся на стороне святости, будни – они со стороны нечистоты, и поэтому есть разделение (авдала) между святостью и буднями, так как необходимо различать между святостью и буднями, и это смысл сказанного: "И чтобы разделять между святым и обыденным, и между нечистым и чистым"¹⁴⁷».

121) «"И вместе с тем, несмотря на то, что существует отделение святости от будней, есть у них", у будней, "одна часть от святости, от левой стороны" святости. "Это смысл сказанного: "Эта тысяча – тебе, Шломо"¹⁴⁶ – т.е. тысяча будних дней. И это дни изгнания. Как есть тысяча дней в святости, так же есть

---

¹⁴⁵ См. выше, пп. 96-97.
¹⁴⁶ Писания, Песнь песней, 8:12. «Виноградник мой предо мной; эта тысяча – тебе, Шломо, а двести – стерегущим плоды его».
¹⁴⁷ Тора, Ваикра, 10:10. «И чтобы разделять между святым и обыденным, и между нечистым и чистым».

тысяча дней у другой стороны. И потому пояснили товарищи, что дни изгнания составляют тысячу лет"».

Объяснение. Четыре клипы – это: ураганный ветер (ру́ах сеара́), огромное облако (ана́н гадо́ль), огонь разгорающийся (эш митлака́хат) и сияние (но́га), о которых говорится у Йехезкеля.[148] Однако у сияния (но́га), от хазе ее и выше – святость, а от хазе и ниже – будни. Объяснение этого, что всё сияние (но́га) – от левой стороны, т.е. оно притягивает Хохму, находящуюся в левой (стороне). И поэтому, когда оно притягивает снизу вверх, то это – святость, а когда притягивает сверху вниз, то – будни. И когда (эта клипа) связана со святостью, т.е. защищена от притяжения Хохмы сверху вниз, тогда становится вся она святостью. А когда она связана с нечистотой, т.е. притягивает сверху вниз, тогда вся она – нечистота, поскольку даже часть от хазе и выше падает в нечистоту.

И это означает сказанное им: «Есть у них (у будней) одна часть от святости, от левой стороны (святости)», т.е. часть от хазе и выше де-но́га, находящаяся с левой стороны и являющаяся святостью. И это смысл сказанного: «И это дни изгнания», – ибо, когда прегрешили Исраэль, они привели к тому, что но́га соединилась с нечистотой, и тогда также вторая половина ее парцуфа, от хазе и выше, падает в нечистоту, и есть у нечистоты вся тысяча дней но́ги, т.е. все десять сфирот ее, которые в свойстве Хохмы, называемой «тысяча (элеф)».

И Шломо, после того, как исправил но́гу и соединил ее со святостью, – сказано о нем: «Эта тысяча – тебе, Шломо»[146], поскольку он освободил от нечистоты также половину парцуфа но́га от хазе и ниже, и вернул ее к святости. Таким образом, он исправил тысячу дней, относящихся к будним дням, являющихся всеми десятью сфирот но́ги. И поэтому говорит Писание: «Эта тысяча»[146] – от будней, «тебе, Шломо»[146] – ибо он вернул их к святости.

И это означает сказанное: «Как есть тысяча дней в святости», т.е. притяжение Хохмы, которая называется тысячей, «так же есть тысяча дней у другой стороны», которые являются

---

[148] См. Пророки, Йехезкель, 1:4. «И увидел я: вот ураганный ветер пришел с севера, и огромное облако и огонь разгорающийся, и сияние вокруг него, и изнутри него словно сверкание (хашмаль) – изнутри огня».

десятью сфирот но́ги. И они тоже притягивают Хохму от левой стороны. И хотя половина ее является святостью, как объяснялось выше, однако говорится о днях изгнания, когда вся она упала в нечистоту, как мы уже сказали.

122) «"И поэтому есть тысяча и есть тысяча", – есть тысяча, относящаяся к святости, а есть тысяча, относящаяся к нечистоте, "и это тысяча лет изгнания", когда все десять сфирот но́ги упали в нечистоту, как выяснилось в предыдущем пункте. "И хотя Исраэль будут в изгнании и будут пребывать дольше", чем тысячу лет, "считается, что в тысяче лет продолжают пребывать", т.е. не исправляют их, "и это – тысяча дней, о которых мы говорили", но́ги. "И поэтому установлено – в любом месте, где Шломо упоминается в Песни песней, это святость, кроме этого"», то есть: «Эта тысяча – тебе, Шломо»[146]. «"Но тысяча здесь", относящаяся к крюкам (вавим) столбов, является святостью, и всё деяние его – святость, и поэтому он изготовил из них крюки (вавим) для столбов"».

123) «"Смотри, мы ведь говорили, что любая вав (ו) находится в свойстве милосердия, и в любом месте, где вав (ו) входит в святое имя, она является милосердием. Как например: "И Творец (**ве**-АВАЯ והויה) обрушил на Сдом (и на Амору) потоки"[149], "И Творец (**ве**-АВАЯ והויה) сказал Аврааму"[150], что указывает на милосердие и суд вместе. Так в чем заключается отличие, ведь в любом месте, где говорится о потопе, написано: "Всесильный (Элоким אלהים)", почему не написано: "И Творец (ве-АВАЯ והויה)"? Но мы учили, что в любом месте, где написано: "И Творец (ве-АВАЯ והויה)", это указывает, что "Он" – Зеир Анпин, "и суд Его" – Малхут. "А если написано просто "Всесильный (Элоким אלהים)", это только суд"».

124) «"Но в Сдоме был совершен суд, и не для того, чтобы уничтожить мир. И поэтому соединился Он", Зеир Анпин, "с судом", т.е. (суд) включен в милосердие. "Однако при потопе был уничтожен весь мир, и все те, кто находится в мире". И поэтому сказано там Элоким (אלהים), что указывает только на суд, который не включен в милосердие. "И если скажешь: ведь

---

[149] Тора, Берешит, 19:24. «И Творец обрушил на Сдом и на Амору потоки серы и огня, от Творца, с небес».
[150] Тора, Берешит, 18:13. «И Творец сказал Аврааму: "Отчего это смеялась Сара, сказав: "Неужели я действительно рожу, ведь я состарилась?"».

Ноах и те, кто был с ним, спаслись? Это потому, что он был скрыт от глаз, т.е. не показывался" в мире, так как находился в ковчеге, "но всё, что находилось в мире, он уничтожил"».

125) «"И поэтому, если написано: "И Творец (ве-АВАЯ והויה)", он (суд) открытый и не уничтожает все. А если написано: "Всесильный (Элоким אלהים)", означает, что он скрытый и необходимо беречься, ибо он уничтожает все. И поэтому" во время потопа "был только "Всесильный (Элоким)". И это смысл сказанного: "Творец (АВАЯ הויה) над потопом восседал"¹⁵¹. Что значит "восседал"? Если бы изречение не было написано, то мы бы не могли сказать этого, потому что "восседал" означает, что восседал один", то есть только сам, "и не был соединен с судом" потопа. "Написано здесь: "Восседал (яшав יָשַׁב)"¹⁵¹, и написано там: "Должен находиться (ешев יֵשֵׁב) один, вне стана"¹⁵²». Как там: «Должен находиться (ешев יֵשֵׁב) один»¹⁵², так же и здесь: «Восседал (яшав יָשַׁב)»¹⁵¹ один.

126) «"И мы учили, что Творец скрыт и открыт", т.е. скрыт от свечения Хохмы, когда светит только в хасадим, и открыт в свечении Хохмы. "Открыт – это нижний суд", т.е. Малхут, в которой светит Хохма. "Скрыт – это место, откуда выходят все благословения", т.е. Зеир Анпин. "Поэтому, над всем, что человек делает в скрытии, пребывают благословения, а над всем, что делается открыто, пребывает место суда, поскольку это открытое место", Малхут. "И все – в высшей тайне, по высшему подобию"».

127) «"Пока Царь в окружении своем"¹³⁰ означает – в этом соединении и ощущении высшей услады", т.е. высшей Хохмы, нисходящей в Бину, "с помощью скрытого и упрятанного, который неизвестен", т.е. Есода Абы, "и она наполняется от него и выходит в известных потоках", НЕХИ Бины. "Мой нард источал аромат"¹³⁰ – это крайнее море", т.е. Малхут, "которое создало нижний мир" – Малхут, "по высшему подобию", – Бине, "и вознесло высший прекрасный аромат" – свечение Хохмы, "чтобы властвовать и действовать, и он могуч и властвует, и светит высшим светом"».

---

[151] Писания, Псалмы, 29:10. «Творец над потопом восседал, и восседает Творец царем вовек».
[152] Тора, Ваикра, 13:46. «Во все дни, когда язва на нем, нечист будет, нечист он. Должен находиться один, вне стана место его».

«Могуч» – благодаря правой линии, которая подслащает Малхут в Бине, и достигает тем самым возможность принять свет.[153] «И властвует» – благодаря левой линии, от которой получает свечение Хохмы, и оттуда власть. «И светит» – благодаря средней линии, облачающей Хохму левой линии в хасадим правой, и тогда светит Хохма. А до выхода средней линии, левая была тьмой, а не светом.

128) «"Смотри, в час, когда этот нард возносит наверх аромат" – т.е. свечение Хохмы, "завязывается любовь" – т.е. любовь близких, исходящая от левой линии, "и поднимается этот нард, чтобы соединиться наверху" – т.е. светить снизу вверх. "И все святые строения (меркавот)" получают (наполнение) от этого нарда, "и все они возносят аромат, чтобы украситься наверху" – т.е. светить снизу вверх, как свойственно (подниматься) запаху. "Все эти строения называются "аламот песнь", как сказано: "На аламот[154]. Песнь"[155], и это объяснялось. Что значит "аламот песнь"? Это как сказано: "И девицам (аламот) – числа нет"[156]. Что значит: "А девицам (аламот) – числа нет"[156]? Это как сказано: "Есть ли счет воинствам Его?"[157] Число – это свечение Хохмы.[158] "И поскольку нет им числа", т.е. Хохмы, "поэтому написано: "И девицам (аламот) – числа нет"[156]». То есть, нет в них свечения Хохмы, и поэтому называются аламо́т (עֲלָמוֹת) – от слова скрытие (ээле́м הֶעְלֵם). И поэтому они должны получить свечение Хохмы от нарда, о котором говорилось выше.

129) «"Крюки (вавим) для столбов"[127] – все они зхари́м, т.е. исходят от Зеир Анпина, свойства заха́р. "Все они поднимаются благодаря достоинствам елея наверх", в Зеир Анпин, "и все они устанавливаются" в свойстве зхари́м. "И захаром называется лишь вав (ו), т.е. свойство "небеса", Зеир Анпин, "и они – зхари́м. А все те, что внизу", в Малхут, "называются некево́т,

---

[153] См. Зоар, главу Берешит, часть 1, п. 3, со слов: «В свойстве суда, т.е. в свойстве Малхут мира АК, прежде чем она подсластилась в Бине, в свойстве милосердия, мир не мог существовать...»

[154] Аламот – древний музыкальный инструмент.

[155] Писания, Псалмы, 46:1. «Руководителю. (Псалом) сыновей Кораха. На аламот. Песнь».

[156] Писания, Песнь песней, 6:8. «Их шестьдесят цариц и восемьдесят наложниц, а девицам (аламот) – числа нет».

[157] Писания, Иов, 25:3. «Есть ли счет воинствам Его?»

[158] См. выше, п. 92.

и поэтому все те, что исходят от левой стороны", т.е. "со стороны нуквы", Малхут, "назначаются для пения и всегда возносят песнь, и поэтому сказано: "На аламот. Песнь"[155]. И все они выходят в свойстве буквы хэй (ה)", Малхут. "Хэй (ה) произвела многочисленные воинства и их разновидности в свойстве вав (ו)", и они – зхарим. "Вав (ו) – это захар, который устанавливается, чтобы давать питание нукве"», т.е. Малхут.

130) «"И поэтому все эти крюки (вавим), изготовленные Бецалелем", были для того, "чтобы дать им возможность пребывать над нуквой", Малхут. "И они исходят от "тысячи"[127], и это совершенный счет", т.е. Хохма, называемая счетом. "Семисот"[127] – являющихся совершенством", то есть семь сфирот ХАГАТ НЕХИМ Бины, которые исчисляются в сотнях. "Пяти"[127] – тоже являют собой совершенство, т.е. ХАГАТ Нецах Ход де-Малхут, сфирот которой исчисляются в единицах. "Семидесяти"[127] – это ХАГАТ НЕХИМ Зеир Анпина, сфирот которого исчисляются в десятках. "И всё это – одно целое", так как это (сфирот) Бина, Тиферет и Малхут Зеир Анпина, которые упали с его ступени и вернулись вновь.[159] "И поэтому из этого свойства по этому счету он изготовил крюки (вавим).[160] И все они – в свойстве вав (ו)", то есть произошли от Зеир Анпина, являющегося свойством вав (ו), "и были сделаны в форме вав (ו)", т.е. от свойства средней линии, "и все они относились к высшему свойству и подлежали исчислению"».

---

[159] См. выше, п. 111.
[160] См. выше, п. 118.

ГЛАВА ПКУДЕЙ

Все построения – по три

131) «"А меди приношения – семьдесят талантов"¹⁶¹ – всё это нисходило вниз в высшем виде веры, Малхут. "Наподобие этого злодей Невухаднэцар сделал идола, которого он установил"». «Ибо одно против другого создал Всесильный»¹⁶². «Сказал рабби Йоси: "Он так не сделал, но во сне видел так, поскольку видел во сне" идола, у которого "голова из золота, а затем – серебро, а затем – медь.¹⁶³ И если скажешь: железо и глина", которые были в идоле, "почему не использовались в Скинии? Это потому, что не считаются важными, чтобы включать их в святость. А эти три других", золото, серебро и медь, т.е. свойства ХАГАТ, "были включены"».

132) «"И тайна Скинии – по три с этими металлами", т.е. золото, серебро и медь. "А в остальном было четыре", соответственно ХУГ ТУМ, "как например, синета", т.е. Малхут, "и пурпур", Тиферет, "и червленица", Гвура, "и виссон", Хесед. "И, подобно этому, четыре ряда драгоценных камней"», которые соответствуют ХУГ ТУМ.

133) «Сказал рабби Йегуда: "От этих – по три, от этих – по четыре, от этих – по два, от этих – по одному. Но любое построение, оно не иначе как по три. Это три построения, которые разделяются в каждой стороне, в четырех сторонах мира. И в каждом из построений в каждой стороне есть три других построения. И это объяснялось"».¹⁶⁴ И эта статья уже была напечатана в главе Ваеце, и выяснена там подробно в комментарии Сулам.¹⁶⁵

Объяснение. Четыре стороны мира – это ХУБ ТУМ, а в Зеир Анпине и Малхут – это ХУГ ТУМ. И хотя они включены друг в друга, это не четыре по четыре, а только три по четыре, т.е.

---

¹⁶¹ Тора, Шмот, 38:29. «А меди приношения – семьдесят талантов и две тысячи четыреста шекелей».
¹⁶² Писания, Коэлет, 7:14. «В день благоволения – радуйся, а в день бедствия – узри, ибо одно против другого создал Всесильный с тем, чтобы ничего не искать человеку после Него».
¹⁶³ Писания, Даниэль, 2:32-33. «(Вот) идол этот: голова его из чистого золота, грудь и руки из серебра, чрево и бедра из меди, голени из железа, а ступни его частью из железа, а частью из глины».
¹⁶⁴ См. далее, п. 135.
¹⁶⁵ См. Зоар, главу Ваеце, пп. 258-267.

двенадцать (построений). И это потому, что эти ХУГ ТУМ представляют собой три линии ХАГАТ и Малхут, получающую эти три линии, поскольку у Малхут нет ничего своего, а только три линии, которые она получает от Зеир Анпина, мужа своего. И поэтому есть только три линии в каждой стороне, и их двенадцать, а не шестнадцать.

И это означает сказанное: «Любое построение, оно не иначе как по три», т.е. по три линии. «Это три построения, которые разделяются в каждой стороне», – в каждой из четырех сторон, ХУГ ТУМ, есть три линии. «И в каждом из построений в каждой стороне», т.е. в каждой из линий, «есть три других построения», ибо три линии в каждой стороне включают друг друга, и есть в каждой линии три линии. Таким образом, есть девять линий в каждой стороне.

134) И объясняет: «"Первый порядок, который в восточной стороне", т.е. Тиферет, – "это три порядка, три линии, и это девять порядков, поскольку каждый порядок из этих трех", т.е. каждая линия из трех линий, "имеет три порядка", т.е. три линии, поскольку они включают друг друга, "и получается, что их девять, т.е. девять линий. И множество тысяч и десятков тысяч ступеней находится под ними".

"И эти девять порядков", т.е. три линии, каждая из которых состоит из трех, "все они управляются записанными буквами", двадцатью семью буквами алфавита, т.е. двадцатью двумя буквами и пятью двойными, МАНЦЕПАХ (конечные мем-нун-цади-пэй-хаф מנצפך),[166] "и каждый порядок", каждая линия, "следит" за тем, чтобы получить свое наполнение "для этих записанных букв", всех двадцати семи относящихся к нему букв. "И это объяснялось, и так – в каждом порядке", т.е. в каждой линии, "и все они передвигаются благодаря записанным буквам, и одни находятся выше других, и стоят одни над другими"».

Объяснение. Поскольку корень трех линий – это три действия, совершаемые в трех точках холам-шурук-хирик, которые в Бине. И вхождение буквы йуд (י) в свет (ор אור) Бины, в результате чего она становится воздухом (авир אויר), которое делит эту ступень, – это точка холам. А выход йуд (י) из

---
[166] См. далее, п. 142.

воздуха (авир אויר), который снова делает полной ступень, однако перекрывает свет (ор אור), – это точка шурук. А подъем Зеир Анпина в качестве МАН и экран де-хирик, чтобы объединить эти две точки друг с другом и раскрыть их свечение, – это точка хирик. И это было подробно разъяснено раньше.[167]

И известно, что огласовки (некудот) – в Бине, а в ЗОН – буквы (отиёт). Когда те три действия, от которых исходят три линии, – это три буквы, стоящие в построении «правая-левая-средняя» таким образом, что корни этих девяти линий в каждой стороне из трех сторон юг-север-восток – это двадцать семь букв, т.е. девять букв в каждой стороне. А западная сторона, Малхут, принимает в себя их все.[166]

135) "И когда эти буквы воспаряют в воздух той стороны, которая назначена над всем", т.е. при вхождении йуд (י) в свет (ор אור), в результате чего образуется воздух (авир אויר), который в правой букве, а выход йуд (י) из воздуха (авир אויר), который снова становится свойством свет (ор אור), в левой букве, как объяснялось в предыдущем пункте, что этот воздух (авир אויר) назначен над всем порядком выхода мохин, когда все они выходят согласно порядку трех линий, распространяющихся вследствие изменений, происходящих в этом воздухе. "Тогда все" буквы "совершают движение, и это уже объяснялось. И одна буква производит ударение снизу", т.е. средняя буква от точки хирик, и это Зеир Анпин, который поднимается в МАН, и происходит зивуг на его экран де-хирик, выводящий ступень хасадим, объединяющую правую и левую. "И эта буква поднимается" в прямом свете, "и опускается" в отраженном свете. "А две буквы", т.е. правая буква от точки холам и левая буква от точки шурук, "воспаряют над ней", над средней буквой.

"И та буква, что внизу", средняя, "поднимается снизу вверх", т.е. Зеир Анпин, который поднимается в Бину и объединяет две линии, правую и левую, что в Бине. "И соединяется с ними, и становятся тремя буквами, все они соответствуют буквам йуд-хэй-вав (יהו), и это три внутри светящего зеркала", т.е. Зеир Анпина, где йуд (י) – это правая, а хэй (ה) – левая, и вав (ו) – средняя. "От них отделяются три порядка", т.е. три линии, "и это две буквы", которые исходят от холама и шурука, правой

---

[167] См. Зоар, главу Берешит, часть 1, п. 9. «Высшая точка, Арих Анпин, посеяла внутри чертога ИШСУТ три точки: холам, шурук, хирик...»

и левой (линий) Бины, "и одна буква, которая поднимается", т.е. Зеир Анпин, который поднимается снизу к Бине, "соединяется с ними, и их – три"».

136) «"Смотри, эти две высшие буквы, поднимающиеся в воздух", и это правая буква и левая буква, "они включены друг в друга, милость (хесед) и суд (дин)", где правая – это милость (хесед), а левая – суд. "И поэтому их две. И они – от высшего мира", т.е. правая и левая (линии) в Бине, как объяснено в предыдущем пункте, "в свойстве захар". Ибо считаются поэтому (свойствами) зхарим, так как Бина – это мир захара. "А эта буква", средняя, "которая поднимается и соединяется с ними", и соединяет их друг с другом, – "это некева". Ведь поскольку она является свойством Зеир Анпина, который поднимается в МАН (мей нуквин) к Бине, поэтому считается, относительно двух точек Бины, свойством некева. "И она включается в них обеих"».

137) «"Так же как нуква", Малхут, "состоит из двух сторон, правой и левой Зеир Анпина, "и соединяется с ними"», как сказано: «Левая рука его у меня под головою, а правая обнимает меня»[168], «"так же и эта" средняя "буква, некева, соединяется с двумя другими буквами, находящимися с двух сторон", правой и левой. "Эти" две буквы – "высшие", от Бины, "а эти", средние, соединяющие каждые две высшие буквы, – "они нижние", от Зеир Анпина. И всё является одним целым – захар и некева"», поскольку любые две высшие буквы – это зхарим, а каждая буква, объединяющая их, поднимающаяся от нижнего, – это некева.

138) «"Ибо, когда создавался мир", т.е. когда Бина создала Зеир Анпин, называемый мир, две "эти буквы", правая и левая, исходящие от холама и шурука, "которые от высшего мира", от Бины, – "они породили всё, что внизу", в Зеир Анпине, "в точности по своему подобию". Однако средняя буква, исходящая от хирика, – нет в ней никакой новой формы, кроме того, что соединяет правую и левую. "Поэтому тот, кто знает их и осторожен с ними, любим наверху и любим внизу"».

---

[168] Писания, Песнь песней, 8:3. «Левая рука его у меня под головою, а правая обнимает меня».

Объяснение. Создание мира, Зеир Анпина, произошло благодаря подъему Зеир Анпина в МАН к Бине, и образовалась там средняя линия, чтобы соединить две линии Бины, правую и левую, и благодаря этому он получил все мохин, находящиеся в двух линиях Бины, в виде «трое выходят благодаря одному, один находится в трех»[169]. Таким образом, все формы, находящиеся в двух линиях, правой и левой (линиях) Бины, находятся в Зеир Анпине. Однако от средней линии Бины, нисходящей в Зеир Анпин, нет оттуда никакой новой формы, поскольку она является свойством самого Зеир Анпина, который поднялся туда. И поэтому две буквы, правая и левая, считаются свойствами захарим, т.е. дающими, а средняя буква считается некевой, получающей от захарим. И все три, они как один гуф.

139) «Рабби Шимон сказал: "Все эти буквы", т.е. все двадцать семь букв алфавита, – "это захар и нуква", т.е. часть из них – захарим, а часть – некевот, "чтобы включиться (как) одно целое в свойство высшие воды", т.е. захарим, "и нижние воды", некевот, "и всё это – одно целое. И это – совершенное единство. И поэтому тот, кто знает их и осторожен с ними, счастлив в этом мире и счастлив в мире будущем. Ибо это – основа совершенного единства в надлежащем виде. По три с этой стороны и с этой стороны", т.е. буквы делятся на группы по три: два свойства захар наверху, и одна некева посередине внизу. По три – в каждой из сторон. "В полном единстве", когда правая и левая стороны соединяются с помощью средней в полном единстве, "в совершенстве всего. И все они тайна высшего порядка, который в Бине, как полагается, подобно тому, что наверху, где этот порядок по три в свойстве единого"». **Объяснение.** Так же, как в то время, когда вышли три корневые линии в Бине, они включили в себя друг друга и стали в ней тремя группами по три линии, так же и двадцать семь букв в Малхут, называемой Скиния, разделились вслед за ними на трехбуквенные группы.

140) «"Второй порядок, который в южной стороне", Хеседе, – "три порядка у этого порядка", т.е. три линии, "и в каждом порядке", т.е. в каждой линии, "по три", ибо каждая из трех линий состоит из всех трех, "и их – девять. Как мы уже

---

[169] См. Зоар, главу Берешит, часть 1, п. 363. «Трое выходят благодаря одному, один находится в трех, входит между двумя, двое питают одного, и один питает многие стороны ...»

говорили" о восточной стороне.[170] "И так же делятся буквы в каждой стороне", т.е. на правую, левую и среднюю, как в восточной стороне, "чтобы соединиться всем вместе. Поскольку есть буквы в свойстве "некева" и буквы в свойстве "захар", и все они соединяются, как одно целое, и составляют одно целое в тайне святого совершенного имени", т.е. йуд-хэй-вав (יהו).[171]

"У них установленные порядки", группы по три, "как мы уже сказали", в восточной стороне.[172] "И все они исходят от порядка основ, которые наверху", т.е. трех линий Бины, "как тот порядок, в каком установились буквы йуд-хэй-вав (יהו) в святом имени, как мы уже говорили.[171] Эти девять порядков, все они управляются этими известными буквами", тремя группами букв по три, правая-левая-средняя, как и в восточной стороне, "и передвигаются благодаря им. И многочисленные воинства и десятки тысяч ангелов, все они – внизу, передвигаются и управляются согласно этому порядку"».

141) «"Третий порядок, который в северной стороне", Гвуре, "три порядка в этой стороне, и их девять, ибо в этих трех порядках у каждой стороны есть по три", т.е. три линии, где каждая линия состоит из трех линий, "всего девять. Эти порядки находятся в трех сторонах", правой-левой-средней, "как мы уже говорили"» о восточной и южной сторонах.

142) «"Двадцать семь" порядков "в тайне букв, которых двадцать семь. И хотя их только двадцать две буквы" в алфавите, "но совершенство букв", т.е. вместе с двойными МАНЦЕПАХ (מנצפ״ך), "это двадцать семь. Таким образом, так же, как и число букв – двадцать семь, так же и построение этих порядков – двадцать семь, по три порядка в каждой стороне" из трех сторон восток-юг-север. "И получается, что эти три – с этой стороны", южной, "их девять", поскольку каждая из трех линий сама состоит из трех, всего – девять. "А эти три, этой стороны", северной, – "их девять, и эти три, этой стороны", восточной, – "их девять. Таким образом, всех вместе – двадцать семь"».

---

[170] См. выше, п. 134.
[171] См. выше, п. 135.
[172] См. выше, п. 139.

143) «"И тайна в том, что эти двадцать семь – это девять букв в свойстве некева, которые соединились с этими восемнадцатью другими буквами в свойстве захар. И всё как подобает"».

Объяснение. Ибо выяснилось, что каждые три буквы – это три линии, нисходящие от Бины так, что две высшие буквы, правая и левая, это зхарим, а каждая третья буква, расположенная под ними и объединяющая их, это некевот.[172] И девять букв, находящиеся в каждой стороне, это три группы по три. И получается, что в каждой стороне есть шесть букв зхарим, т.е. трижды по две высшие буквы в каждой группе, и три буквы некевы, т.е. три средние буквы в каждой группе. Таким образом, имеются шесть зхарим и три некевы в восточной стороне, и также шесть зхарим и три некевы в южной стороне, и также шесть зхарим и три некевы в северной стороне, и всего их – восемнадцать зхарим и девять некевот.

И это смысл сказанного: «И тайна в том, что эти двадцать семь – это девять букв в свойстве некева», потому что три буквы некевы находятся в каждой из трех сторон, и трижды три – это девять. «Которые соединились с этими восемнадцатью другими буквами в свойстве захар», – потому что есть шесть букв зхарим в каждой из трех сторон, и трижды шесть – это восемнадцать. Таким образом, двадцать семь букв делятся на девять некевот и восемнадцать зхарим.

144) «"Смотри, наподобие этим буквам, расположенным в высшем мире", Бине, "есть другие буквы внизу", в Малхут. "Высшие буквы", расположенные в Бине, – "это большие буквы. А нижние буквы", расположенные в Малхут, – "малые. И всё это – одно как другое". Всё, что есть в буквах Бины, имеется также в буквах Малхут, и также есть в них "все те свойства, которые есть в захаре и некеве", имеющихся в буквах. "И всё полностью едино. И поэтому" всё, что есть в Малхут, – "всё это в высшем свойстве"», которое в Бине.

ГЛАВА ПКУДЕЙ

Сорок пять оттенков светов

145) «"На сорок пять оттенков светов делится мир"», Малхут.

Объяснение. Ибо Бина называется МИ из-за пятидесяти врат, которые в ней. То есть, в каждой из пяти ее сфирот КАХАБ ТУМ есть десять сфирот, а всего – пятьдесят. А Малхут называется МА, поскольку недостает ей пять сфирот парцуфа Малхут в ней, и есть у нее только четыре парцуфа и половина (парцуфа Малхут). Как выяснилось ранее, в главе Берешит, во второй части.[173] И вся статья отпечатана там, и подробно выяснена там, в комментарии Сулам. А здесь мы выясним ее вкратце.

146) «"Семь сфирот", ХАГАТ НЕХИМ Зеир Анпина, "разделяются на семь бездн", т.е. Малхиёт, т.е. каждая сфира из ХАГАТ НЕХИМ Зеир Анпина распространяется в десять, и есть в них семь Малхиёт, т.е. Малхут у каждой (его) сфиры. "Каждая из них ударяет по своей бездне", т.е. производит ударное соединение (зивуг де-акаа́) с экраном Малхут в ней, называемой бездной. И они поднимают десять сфирот отраженного света, облачающих десять сфирот прямого света, и они называются десятью сфирот де-рош. "И камни", т.е. экраны, "скатываются в бездну", т.е. переворачиваются, чтобы светить от экрана Малхут де-рош и ниже, до Малхут де-Малхут, и получается, что "когда входит тот свет" от десяти сфирот де-рош, "в эти камни", т.е. экраны, "и пробивает их, воды", т.е. света, "выходят через них", через отверстия экрана, "пока не погружаются каждый над бездной", и это Малхут де-Малхут, т.е. десять сфирот гуф до хазе.[174] "И эти воды покрывают два свойства бездны"», т.е. экран мифтехи (ключа) и экран манулы (замка).[175] И таким образом выяснился порядок создания парцуфа Зеир Анпин, рош и гуф.

---

[173] См. Зоар, главу Берешит, часть 2, статью «В мире различаются сорок пять оттенков и светов», пп. 269-280.

[174] См. «Введение в науку Каббала», п. 27. Там выясняется на примере парцуфов АК, и так происходит на всех ступенях.

[175] См. «Предисловие книги Зоар», статью «Манула и мифтеха», п. 42, со слов: «Поэтому сказано: "И эта печать" – которая утвердилась в Бине, "была утверждена и скрыта в ней, подобно тому, как кто-то прячет всё, закрывая под один ключ". "Ключ (мифтеха)" – это Малхут атэрет Есода...», и п. 44. «В этих воротах есть один замок и одно узкое место, чтобы вставить в него этот ключ...»

147) Теперь он приводит порядок создания нуквы, который был только на одну сторону бездны, т.е. только на экран мифтехи, не на экран манулы, и поэтому у нее есть только сорок пять оттенков светов, как говорилось выше. И говорит: «"Выходят воды через эти отверстия", что в камнях Зеир Анпина, как уже было сказано, "и свет входит" через них "и ударяет по четырем свойствам бездны", и выводит четыре парцуфа Малхут – КАХАБ и Тиферет. "И включились каждый свет в другой, и встречаются в одном", т.е. в пятом ее парцуфе, в Малхут де-Малхут. "И разделяются воды"», так как нисходят в него только до хазе, т.е. только до Есода Малхут, представляющего собой экран мифтехи, что над хазе, и там прекращается свет, ибо от хазе и ниже Малхут де-Малхут – это распространение экрана манулы, и этого ей недостает. И поэтому у нее имеется только четыре с половиной парцуфа, и это означает: «Сорок пять оттенков светов».

148) Теперь он выясняет порядок мохин, которые Зеир Анпин передает Малхут. Вначале – левая сторона, и это смысл сказанного: «Левая рука его у меня под головою»[176], а затем – объятие правой, и это смысл сказанного: «А правая обнимает меня». И говорит: «"И удерживают все семь" сфирот Зеир Анпина, "в семи безднах", т.е. в семи их Малхиёт, которые считаются левой линией Зеир Анпина "и прорывают тьму этих бездн", т.е. Малхиёт этой Малхут, иначе говоря, притягивают в нее левую линию от Бины, которая является тьмой. И таким образом, отпечаталась в Малхут тьма Имы, "и эти виды тьмы перемешались" со сфирот Малхут, "и поднимаются воды", т.е. хасадим правой линии Зеир Анпина, "и опускаются, и распространяются благодаря этим светам" левой линии, являющимся тьмой, "и перемешиваются вместе света" Хохмы слева "и тьма", которая соединена со светами Хохмы, "и воды", т.е. хасадим справа, "и образовались из них света, которые не видны, и являются тьмой"», т.е. мохин Малхут, называемой «зеркало, которое не светит».

149) После того, как выяснил воздействие левой, выясняет теперь мохин правой, которые Зеир Анпин передает Малхут. И говорит: «"Каждое свойство" в Зеир Анпине "ударило по другому" и влияет на свойство, противостоящее ему в Малхут.

---

[176] Писания, Песнь песней, 8:3. «Левая рука его у меня под головою, а правая обнимает меня».

Свойства Зеир Анпина "делятся на семьдесят пять потоков бездны, по которым текут воды"».

Объяснение. Семь сфирот ХАГАТ НЕХИМ Зеир Анпина, в каждой из которых десять,[177] и это семьдесят, и половина парцуфа Малхут де-Малхут, которой недостает в Малхут,[178] т.е. пять сфирот от ее хазе и ниже, она тоже добавилась к семи сфирот Зеир Анпина, в котором есть два свойства бездны,[177] поэтому есть в нем семьдесят пять свойств, т.е. семьдесят пять потоков, передающих воды, т.е. свет хасадим, Малхут.

150) «"Каждый поток" в Зеир Анпине "возносит голос, и содрогаются бездны", т.е. Малхиёт этой Малхут, получающие (наполнение) от потоков Зеир Анпина. "И когда этот голос слышен, каждая бездна взывает к другой, говоря: "Раздели воды свои, и я войду в тебя". И это смысл сказанного: "Бездна взывает к бездне шумом (досл. голосом) потоков Твоих"[179]».

Объяснение. Ты уже узнал, что есть два вида Малхут в Зеир Анпине – мифтехи и манулы.[180] И поэтому считается, что у него два голоса, т.е. два вида воздействия Зеир Анпина, называемого «голос». Голос мифтехи, у которого есть свойство, противостоящее ему в Малхут. И голос манулы, у которого нет свойства, противостоящего ему в Малхут, так как в Малхут нет манулы, и поэтому ей недостает половины парцуфа Малхут де-Малхут.[181]

И это означает сказанное: «Каждый поток возносит голос», часть из них – голос мифтехи, часть из них – голос манулы, поэтому «и содрогаются бездны», т.е. бездны Малхут, так как нет у них места, чтобы вместить наполнение голосов манулы, являющихся свойством суда, и они содрогаются перед ними. «И когда этот голос слышен», – когда слышен голос свойства суда от манулы, «каждая бездна взывает к другой, говоря: "Раздели воды свои, и я войду в тебя"», т.е. Малхиёт Зеир Анпина взывают к Малхиёт Нуквы: «Раздели воды свои» – т.е. не получай во весь свой парцуф, но только до хазе, а от хазе

---

[177] См. выше, п. 146.
[178] См. выше, п. 145.
[179] Писания, Псалмы, 42:8. «Бездна взывает к бездне шумом потоков Твоих, все валы Твои и волны Твои прошли надо мной».
[180] См. п. 146, конец комментария Сулам.
[181] См. п. 147, конец комментария Сулам.

и ниже не получай, и тогда: «И я войду в тебя» – т.е. наполню тебя. Но если ты захочешь получить во весь парцуф, также от хазе и ниже, тогда я не войду в тебя, так как недостает тебе там исправления Малхут манулы. Ведь у нее есть только сорок пять видов оттенков светов.

151) Теперь он выясняет исправление Есода Малхут, происходящее под воздействием Зеир Анпина. И говорит: «"Под ними", т.е. под воздействием этих потоков, "находятся триста шестьдесят пять сухожилий, часть из них – белые, часть – черные, часть – красные, и они включаются друг в друга и становятся одного цвета. Эти сухожилия переплетаются в семнадцать решеток, и каждая решетка называется сухожилиями, переплетаются друг с другом и опускаются в конец бездны", т.е. в Есод, который в Малхут, называемый бездной. "Под ними – две решетки, с виду железные, и еще две решетки, с виду медные"».

Объяснение. Эти триста шестьдесят пять сухожилий являются свечением Хохмы в левой линии Бины, которое низошло в Малхут, и поэтому они называются сухожилиями, так как они от Бины, ведь КАХАБ (Кетер-Хохма-Бина) называются моха (мозг), ацамот (кости), гидим (сухожилия), и их триста шестьдесят пять, поскольку каждая левая линия – от Бины и ТУМ, которые упали со ступени при выходе точки холам и вернулись к ней при выходе точки шурук, и тогда стали эти Бина и ТУМ левой линией ступени.[182] А в отношении парцуфа считаются келим, находящиеся от хазе и ниже, Биной и ТУМ, ибо Тиферет – это Бина, а Нецах и Ход – это ТУМ (Тиферет и Малхут). Таким образом, левая линия Бины – это половина Тиферет и Нецах-Ход-Есод ее от хазе и ниже, и это три с половиной сферы. А сфирот Бины исчисляются в сотнях, и поэтому вместе они – три с половиной сотни. И свечение «йуд-хэй יה (пятнадцать)» от Бины располагается над ними. Поэтому всех вместе – триста шестьдесят пять. И это свойство «триста шестьдесят пять сухожилий (гидим)». И в них три цвета – белый, красный, черный, и это – Хесед, Гвура и Малхут. И не упоминается зеленый цвет, поскольку он придает оттенки.

---

[182] См. Зоар, главу Ваякель, п. 131, со слов: «И это означает сказанное им: "Что молитва человека пересекает воздушные пространства и пересекает небосводы, открывает проходы и возносится наверх"...»

И он говорит: «Эти сухожилия переплетаются в семнадцать решеток» – т.е. прежде, чем левая подсластилась от хасадим Зеир Анпина, ибо тогда была Малхут в левой, без правой, и стала тьмой и застыванием,[183] и считается у нее тогда свойство левой словно решеткой, и это смысл сказанного: «Сеть приготовили ногам моим»[184]. Но теперь, благодаря свечению Зеир Анпина свойством хасадим, смягчились решетки, и стали семнадцать решеток, т.е. свечение Есода Малхут, свойством Йосеф, и это смысл сказанного: «Йосеф, семнадцати лет»[185]. И также образовались четыре решетки свойства Биньямин: две во внутреннем свойстве, и они медные на вид, и две во внешнем, которые с виду железные.

152) "Два престола стоят на них", на всех перечисленных выше свойствах, "один – справа, а другой – слева. Все эти решетки соединяются вместе, и воды", т.е. света, "нисходят от потоков и входят в эти решетки. Эти два престола, один – престол черного небосвода, а другой – престол небосвода, подобного тахашевому покрытию; эти два престола, когда они поднимаются, то поднимаются с престолом черного небосвода, а когда опускаются, опускаются с престолом небосвода, подобного тахашевому покрытию"».

Объяснение. Это состояние известного единства – четырех сторон небес, верха и низа. Четыре стороны небес – это ХУГ ТУМ, верх и низ – это Нецах и Ход, где свечение Нецаха светит всем четырем сторонам ХУГ ТУМ снизу вверх, а свечение Хода светит всем четырем сторонам, Хеседу-Гвуре-Тиферет и Малхут, сверху вниз.[186] И это происходит на каждой ступени. И это означают два престола, упоминаемые здесь: правый

---

[183] См. Зоар, главу Берешит, часть 1, п. 301. «Воды застывшего моря, т.е. Малхут, вбирают все воды мира и собирают их в себе...»

[184] Писания, Псалмы, 57:7. «Сеть приготовили ногам моим, согнул (враг) душу мою, выкопали предо мной яму – (сами) упали в нее. Сэла!»

[185] Тора, Берешит, 37:2. «Вот потомство Яакова – Йосеф, семнадцати лет, пас с братьями своими мелкий скот, и он, отрок, – с сыновьями Билги и с сыновьями Зилпы, жен отца его. И доводил Йосеф худую славу о них до отца их».

[186] См. Зоар, главу Берешит, часть 2, п. 14, со слов: «И сказано, что свет, включающий все четыре оттенка ХУБ ТУМ, светит сверху вниз, и это состояние единства шести окончаний: четырех сторон неба, южной-северной-восточной-западной, называемых ХУБ ТУМ, а также верха и низа, называемых Нецах и Ход...»

престол – это свечение Нецах, которое светит снизу вверх, левый престол – свечение Ход, которое светит сверху вниз.

И это означает сказанное: «Когда они поднимаются, то поднимаются с престолом черного небосвода, а когда опускаются, опускаются с престолом небосвода, подобного тахашевому покрытию». Ты также узнал, что есть два вида экрана, экран манулы и экран мифтехи. И «черный небосвод» – это экран манулы, являющейся сущностью Малхут и имеющей черный цвет. А «небосвод, подобный тахашевому покрытию» – это экран мифтехи, который смягчен Биной. И престол свечения Нецах, светящий снизу вверх, стоит на черном небосводе, манулы, а престол свечения Ход стоит на небосводе, подобном тахашевому покрытию, мифтехи.

153) «"Эти два престола расположены – один справа, другой слева. И престол черного небосвода", т.е. Нецах, "расположен справа. А престол небосвода, подобного тахашевому покрытию", т.е. Ход, "расположен слева. Когда поднимаются" света "с престолом черного небосвода, опускается престол левого небосвода, и" света "опускаются с ним"» сверху вниз.

154) «"Эти престолы включаются друг в друга и содержат в себе все эти решетки, и вводят их в окончание нижней бездны"». Объяснение. Ибо левый престол достигает большого свечения благодаря взаимовключению престолов, и свечение его нисходит и наполняет всё, вплоть до окончания ступени, т.е. до нижней бездны.

155) «"Один престол стоит, возвышаясь над всеми этими безднами, а другой стоит под всеми безднами. Между двумя этими престолами распространяются все эти бездны. И все потоки помещены между двумя этими престолами"».

Объяснение. Свечение престола Нецах, направленное снизу вверх, достигает ГАР, и оттуда оно светит. Таким образом, получается, что престол Нецах стоит над всеми этими безднами, т.е. Малхиёт, которые в гуф парцуфа. А свечение престола Ход, направленное сверху вниз, опускается до конца ступени и светит там. И получается поэтому, что престол Ход стоит под всеми безднами. И между ними восполняются все эти описываемые выше свойства – бездны и потоки.

156) «"Это семьдесят пять потоков. Семь – это те, что выше всех, а все остальные включены в них". То есть, главные в них – это семь сфирот ХАГАТ НЕХИМ, а все остальные – они от взаимовключения, когда каждая (сфира) включила в себя десять, и их семьдесят. А пять – они от дополнительной половины парцуфа, которого недостает в Малхут де-Малхут. "И все они помещены в колеса престола в одной стороне и помещены в колеса престола в другой стороне"», т.е. получают свое свечение от двух престолов.

157) «"С ними", с престолами, "эти воды поднимаются и опускаются", т.е. светят снизу вверх, и сверху вниз, как уже говорилось. "Те, что опустились, прорывают бездны и рассекают их. Те, что поднимаются, входят в эти отверстия камней", находящихся в экране пэ де-рош Зеир Анпина.[177] "И они поднимаются и наполняют семь дней", т.е. семь Малхиёт, от хазе и выше. "До сих пор – семь оттенков светов в свойстве высшего"». То есть ХАГАТ НЕХИ, расположенные от хазе и выше.[187]

---

[187] Недостает окончания статьи, и оно находится, в главе Берешит, часть 2, в статье «В мире различаются сорок пять оттенков и светов», пп. 280-288. «Семь других светов делятся на семь морей, и одно море включает их, т.е. высшее море, в которое включены все семь морей...»

ГЛАВА ПКУДЕЙ

Медные горы

158) «"Смотри, медь приношения, о которой мы говорили, – это медные горы, которые называются" в сказанном пророком "горы медные"[188], и это две горы, т.е. ЗОН (захар и нуква) парцуфа но́га, "и они называются медными подножиями[189]. И они являются стражами входов на всех этих входах, и окружают всех тех, кто стоит внутри, потому что они стражи входов, стоящие на входах снаружи". Ведь но́га окружает святость и охраняет ее от клипот. "И они входят в дом Царя и выходят"», т.е. в Малхут. Ибо сторона добра в но́ге полностью является святостью, но она (находится) за пределами святости, а иногда входит внутрь.

159) «"И из этой меди", т.е. ЗОН де-но́га, – "все принадлежности жертвенника, чтобы пользоваться ими. И эти принадлежности жертвенника, в час, когда души приближаются, чтобы взойти на жертвенник", т.е. Малхут, "это те, что проделывают работу жертвенника, и все они помогают этим душам совершить это служение, и называются они принадлежностями жертвенника.[190] И все эти принадлежности, и все эти колья Скинии", тоже расположенные снаружи Скинии, "все они называются принадлежностями для служения святости. И над этим стоят все известные правители, и известные строения (меркавот), и известные рухот (силы духа), каждый" на своем месте, "как подобает ему. И в чертогах святости, которые являются известными чертогами, все они исчисляются"». То есть, как сказано: «Выводящий по числу воинства их»[191].

160) «"Золото", которое в Скинии, "связано с золотом" высшим, т.е. Гвурой. "И также серебро – с серебром" высшим, т.е.

---

[188] Пророки, Зехария, 6:1. «И снова поднял я глаза свои и увидел: и вот четыре колесницы выходят из (ущелья) меж двух гор; а горы эти – горы медные».

[189] Тора, Шмот, 26:37. «И сделай для полога пять столбов из (дерева) шитим, и покрой их золотом, их крюки из золота; и отлей для них пять медных подножий».

[190] Тора, Шмот, 38:3. «И сделал все принадлежности жертвенника: котелки и лопатки, и кропильные чаши, вилки и жаровни; все его принадлежности сделал он из меди».

[191] Пророки, Йешаяу, 40:26. «Поднимите глаза ваши ввысь и посмотрите, Кто создал их. Выводящий по числу воинства их, всех их по имени называет Он; от Великого могуществом и Мощного силой никто не скроется».

Хеседом. "А медь", которая в Скинии, – "с медью" высшей, т.е. Тиферет. Ибо "те, что относятся к меди внизу", т.е. ЗОН де-нога, "берут силу от высшей меди", Тиферет. "И также всё – все эти оттенки смешиваются друг с другом для того, чтобы объединиться и связаться друг с другом"».

161) «"Золотые скрепы ставятся, чтобы связать эти полотнища", из синеты, пурпура, червленицы и виссона,[192] "одно с другим", соединение к соединению. "Медные скрепы ставятся, чтобы связать Скинию", т.е. полотнища из козьего волоса.[193] "Одни расположены напротив других, и все они расположены, подобно звездам на небосводе. Так же, как звезды на небосводе светят, появляясь, так же светят и эти скрепы в Скинии. И мы это уже объясняли. Эти скрепы светят, и выглядят как звезды, которые установились, и выделяются и сверкают. Пятьдесят из золота и пятьдесят из меди, светят одни напротив других"».

162) «"От света высшего", Зеир Анпина, "выходит одна искра, которая сверкает и светит в зеркале, которое не светит", т.е. светит (свойству) Малхут. "И эта искра содержит все светящие краски, и называется пурпур. И когда этот пурпур ударяет", т.е. отдает, "по этому темному свету", Малхут, "тогда выходит другая искра, которая не пламенеет", т.е. синета, "и они смешиваются друг с другом. И это одеяния святости, в которые облачается Михаэль, великий коэн"».

163) «"И когда" Михаэль "облачился в эти одеяния величия, он входит для совершения служения в Святилище. Но пока он не облачился в эти одеяния, он не входит в Святилище. Подобно этому: "И вошел Моше в облако, и взошел на гору"[194]. То есть он облачился в облако, тогда "и взошел на гору"[194]. Но пока не облачался в него, не мог войти внутрь. Подобно этому, великий коэн не входил в Святилище, пока не облачался в эти одеяния, дабы войти в Святилище"».

---

[192] Тора, Шмот, 26:1. «А Скинию сделай из десяти полотнищ. Из крученого (в шесть сложений) виссона и синеты, и пурпура, и червленицы (с) херувимами работы парчевника сделай их».

[193] Тора, Шмот, 26:7. «И сделай полотнища козьего (волоса) для шатра поверх Скинии; одиннадцать полотнищ сделай таких».

[194] Тора, Шмот, 24:18. «И вошел Моше в облако, и взошел на гору. И был Моше на горе сорок дней и сорок ночей».

164) «"И поскольку исходят от высших свойств и находятся в высшем подобии, они называются облачениями служебными (бигдей срад בִּגְדֵי שְׂרָד)[195]"» от слова «остаток (сарид שָׂרִיד)», "ибо они остались от этих высших облачений, так как относились к тому, что осталось от светов высших свечений. Синета", т.е. Малхут, "и пурпур", т.е. Зеир Анпин, "представляют собой цвета святого имени, которое называется полным именем АВАЯ-Элоким", где АВАЯ – это пурпур, а Элоким – синета. "И это смысл того, что облачался в него великий коэн, чтобы войти в Святилище: "червленица" – это красный цвет", соответствующий Гвуре, "и синета и пурпур", соответствующие Малхут и Зеир Анпину, "которые включены во все эти цвета. И благодаря тому, что великий коэн облачается в одеяния этих цветов, он входил внутрь, и не выставляют его наружу"».

165) «"Смотри, всё служение совершается на основе веры", т.е. на ступенях Малхут, называемой верой, "чтобы всё находилось в высшем подобии. И поэтому сказано: "Облачения служебные, чтобы служить в Святилище"[195]. И называются они служебными облачениями потому, что они не называются святостью, но только когда в них находятся те цвета, о которых написано: "Это священные одежды"[196]. И сказано: "Исраэль – святыня Творцу, начаток урожая Его"[197]. "Исраэль – святыня"[197] – это потому, что в Исраэле проявляются все цвета, т.е. коэны, левиты, Исраэль", и это цвета де-ХАГАТ, белый-красный-зеленый: коэны – белый, левиты – красный, а Исраэль – зеленый; "и это те цвета, в которых надо было представать внутри"», в Святилище.

---

[195] Тора, Шмот, 39:1. «А из синеты, пурпура и червленицы сделали облачения служебные, чтобы служить в Святилище; и сделали священные одеяния, которые для Аарона, как повелел Творец Моше».

[196] Тора, Ваикра, 16:4. «Хитон льняной, священный, пусть наденет, и льняные штаны пусть будут на теле его, и поясом льняным пусть опояшется, и тюрбан льняной пусть наденет – это священные одежды; пусть омоет тело свое в воде и наденет их».

[197] Пророки, Йермияу, 2:3. «Исраэль – святыня Творцу, начаток урожая Его. Все поедающие его будут осуждены; бедствие придет на них, – сказал Творец».

ГЛАВА ПКУДЕЙ

Одеяния святости

166) «"Смотри, душа не поднимается, чтобы предстать пред святым Царем, прежде чем удостаивается облачиться в высшие одеяния, чтобы предстать там. И также она не опускается вниз, пока не облачается в облачения этого мира"».

167) «"И также высшие святые ангелы, о которых написано: "Делает Он ветры посланниками Своими, служителями Своими – огонь пылающий"[198]. Когда они выполняют миссию свою в этом мире, они не опускаются вниз, пока не облачатся в одеяния этого мира, и всё это – в соответствии с тем местом, куда отправляется. Ведь мы объясняли, что душа не восходит иначе, как в светящемся облачении"».

168) «"Смотри, когда Адам Ришон находился в Эденском саду, он был облачен в одеяние, подобное высшему, одеяние высшего света. После того, как он был изгнан из Эденского сада и стал нуждаться в окрасках этого мира, что написано: "И сделал Творец Всесильный Адаму и жене его одеяния кожаные, и одел их"[199]. Вначале это было одеянием света, света – того высшего света, которым он пользовался в Эденском саду"».

169) «"Поскольку в Эденском саду он пользовался высшим сияющим светом, поэтому, когда явился Адам Ришон в Эденский сад, облачил его Творец в одеяния этого света и ввел его туда. И если бы он вначале не облачился в этот свет, то не мог бы войти туда. Когда он был изгнан оттуда, он стал нуждаться в другом одеянии. Тогда: "И сделал Творец Всесильный Адаму и жене его одеяния кожаные, и одел их"[199]. И здесь тоже, подобно этому, сделали "облачения служебные, чтобы служить в Святилище"[195]. Для того чтобы привести его к святости"».

170) «"И мы уже объясняли, что добрые деяния человека, которые он совершает в этом мире, притягивают свет высшего сияния, чтобы исправить ему одеяние для того мира и предстать пред Творцом. И в этом одеянии, которое он облачает, он

---

[198] Писания, Псалмы, 104:2-4. «Окутан светом, как плащом, простер небеса, как завесу. Покрывает водами верхние пределы Его, тучи делает колесницей Своей, шествует на крыльях ветра. Делает Он ветры посланниками Своими, служителями Своими – огонь пылающий».

[199] Тора, Берешит, 3:21. «И сделал Творец Всесильный Адаму и жене его одеяния кожаные и одел их».

наслаждается и смотрит в зеркало, которое светит, как написано: "Созерцать благо Творца и обозревать обитель Его"[200]».

171) «"И поэтому душа облачается в особые одеяния в двух мирах, чтобы было у нее совершенство во всем: в этом мире, находящемся внизу, и в мире, находящемся наверху. И поэтому написано: "Но праведники воздадут благодарность имени Твоему, справедливые обитать будут пред Тобой"[201]. "Но праведники воздадут благодарность имени Твоему"[201] – в этом мире, "справедливые обитать будут пред Тобой"[201] – в том мире"».

---

[200] Писания, Псалмы, 27:4. «Об одном я спрашиваю у Творца и лишь того прошу, чтобы пребывать мне в доме Творца все дни жизни моей, созерцать благо Творца и обозревать обитель Его».

[201] Писания, Псалмы, 140:14. «Но праведники воздадут благодарность имени Твоему, справедливые обитать будут пред Тобой».

ГЛАВА ПКУДЕЙ

Хошен и эфод

172) «"И сделал он эфод из золота"²⁰². Это уже объяснялось". Сказал рабби Йоси: "Эфод (накидка) и хошен (наперсник) были, как одно целое", потому что эфод – это Малхут, а хошен – это Зеир Анпин. "И объяснялось, что в месте, которое является становлением", т.е. в месте, где есть совершенные мохин, "находятся все эти двенадцать камней, носящие имена сынов Исраэля. И все двенадцать высших границ", двенадцать сочетаний АВАЯ, т.е. ХУГ ТУМ, в каждом из которых три линии, всего двенадцать, – "все они в свойстве "колена сынов Исраэля"». Ибо двенадцать колен сынов Исраэля – это также двенадцать сочетаний имени АВАЯ, передаваемых Малхут.

173) «"И это смысл сказанного: "Куда восходили колена, колена Творца, – свидетельство Исраэлю для вознесения благодарности имени Творца"²⁰³. "Куда восходили колена"²⁰³ – это двенадцать высших колен, которые наверху", т.е. двенадцать границ, которые в Зеир Анпине, являющиеся корнями двенадцати колен, как объяснялось выше. "И это – "колена Творца (йуд-хэй יָ"ה)"²⁰³. Ибо имя "йуд-хэй יָ"ה(Ко)" – это "свидетельство Исраэлю"²⁰³», так как свидетельство – это ГАР.

174) «Сказал рабби Хия: "Дважды написано "колена"»: «Колена, колена Творца»²⁰³, «но "куда восходили колена"²⁰³ – это колена, которые внизу", в Малхут. "Колена Творца"²⁰³ – это колена наверху", в Зеир Анпине. "Свидетельство Исраэлю"²⁰³ – это тайна этого святого высшего имени", йуд-хэй (יָ"ה), "называемого свидетельством, как сказано: "И это свидетельство Мое, которому Я научу их"²⁰⁴. И поэтому есть имена двенадцати колен на хошене (наперснике), который соответствует Зеир Анпину, а есть имена двенадцати колен на эфоде (накидке), соответствующие Малхут. "И эти двенадцать высших святых колен", которые в Зеир Анпине, – "это те самые двенадцать святых камней", в хошене, и поэтому они располагаются внизу в хошене,

---

²⁰² Тора, Шмот, 39:2. «И сделал он эфод из золота, синеты и пурпура, и червленицы, и виссона, крученого (в шесть сложений)».
²⁰³ Писания, Псалмы, 122:4. «Куда восходили колена, колена Творца, – свидетельство Исраэлю для вознесения благодарности имени Творца».
²⁰⁴ Писания, Псалмы, 132:12. «Если соблюдать будут сыновья твои союз Мой и это свидетельство Мое, которому Я научу их, то и сыновья их во веки веков сидеть будут на престоле твоем».

по высшему подобию, и все эти имена двенадцати колен, – все они вырезаны на этих камнях, и великий коэн носит их"».

175) «"Смотри, когда Яаков шел в Харан, что написано: "И взял он из камней этого места и положил себе в изголовье"[205]. Это те двенадцать святых камней", являющиеся свойством двенадцати колен в Малхут, т.е. ХУГ ТУМ, в каждом из которых – три линии, "и все они стали одним камнем, как написано: "И камень этот, который я поставил памятником"[206]. И называет его камнем, почему? Это потому, что все двенадцать камней включились в один высший камень святости, находящийся над ними", – т.е. в Малхут, называемую камнем, "как написано: "И камень этот, который я поставил памятником, станет домом Всесильного"[206]». Поэтому и ее свойство двенадцати колен тоже называется камнями.

176) «"И поэтому здесь великий коэн возлагает его на сердце свое, чтобы помнить их всегда. Как написано: "И будет носить Аарон имена сынов Исраэля на сердце своем пред Творцом всегда"[207]. Поэтому всё по двенадцать. Двенадцать высших" камней "скрыты наверху, т.е. укрыты в высшей святости", Зеир Анпине. "И они – это Тора", т.е. Зеир Анпин, называемый Торой, "и исходят от одного тонкого голоса", Бины, "и это уже объяснялось. Двенадцать других камней укрыты внизу", в Малхут, "наподобие тех", что наверху, в Зеир Анпине, "и выходят из другого голоса, и это камень, как написано: "Оттуда оберегает камень Исраэля"[208]», т.е. Малхут.

177) «"И поэтому объяснялся уже скрытый смысл сказанного: "И собирались туда все стада, и отваливали камень"[209].

---

[205] Тора, Берешит, 28:11. «И достиг он этого места, и заночевал там, когда зашло солнце. И взял он из камней этого места и положил себе в изголовье, и лег на этом месте».

[206] Тора, Берешит, 28:22. «И камень этот, который я поставил памятником, будет домом Всесильного, и из всего, что дашь мне, я дам Тебе десятую часть».

[207] Тора, Шмот, 28:29. «И будет носить Аарон имена сынов Исраэля на судном напернике на сердце своем при входе своем в Святилище, для памятования пред Творцом всегда».

[208] Тора, Берешит, 49:24. «Но тверд остался лук его, и распространилась сила его при поддержке Могучего Яакова; оттуда оберегает камень Исраэля».

[209] Тора, Берешит, 29:3. «И собирались туда все стада, и отваливали камень от устья колодца, и поили овец, и возвращали камень на устье колодца, на свое место».

Это Шхина, называемая проверочным камнем, камнем Исраэля, которую отстраняют и вынуждают уйти в изгнание. А затем сказано: "И возвращали камень на устье колодца, на свое место"[209] – во время избавления. "И все они называются именем ее", т.е. все ступени, которые выходят из нее, "называются камнями"».

178) «"И сколько" видов "камней среди камней. Есть камни, и есть камни. Есть камни, являющиеся основами дома"», т.е. Малхут, в свойстве Хохмы, называемой домом, как сказано: «Мудростью (бе-хохма) устраивается дом»[210], «"как сказано: "Повелел тогда царь, и привозили камни большие, камни дорогие, чтобы заложить основание дома из тесаных камней"[211]». То есть Хохма и Бина в ней называются «камни большие, камни дорогие»[211]. «"И есть высшие драгоценные камни, которых двенадцать, и это четыре ряда, по три в каждом ряду, в четырех сторонах мира", т.е. ХУГ ТУМ, в каждом из которых есть три линии, итого двенадцать. "Подобно этому, было четыре знамени, когда шли по пустыне, т.е. двенадцать колен, по три в каждой из четырех сторон мира". В восточной стороне – Йегуда, Исасхар и Звулун. В южной стороне – Реувен, Шимон, Гад. В северной стороне – Эфраим, Менаше и Биньямин. В западной стороне – Дан, Ашер, Нафтали. И четыре стороны мира – это ХУБ ТУМ, а три колена в каждой стороне – это три линии. "И всё является одним целым. И это уже объяснялось"».

179) «"Смотри, в час, когда великий коэн возлагал эти двенадцать камней, и надевал их с хошеном и эфодом, пребывала над ним Шхина. На этих двенадцати камнях были выгравированы имена колен Исраэля, и каждое колено вырезалось на отдельном камне, а буквы были в виде углублений в камнях, и когда камни светились, эти буквы становились выпуклыми, и высвечивали то, что должны были"».

180) «"И во всех именах колен отсутствовали две буквы, хэт (ח) и тэт (ט)"», т.е. буквы слова «грех (хэт חטא)», «ибо во всех них не было греха». Сказал рабби Хизкия: "В случае, когда это буква хэт (ח), которая вызвана именем", потому что имя Хета означает нисхождение или понижение, "то хорошо", что ее нет

---

[210] Писания, Притчи, 24:3-4. «Мудростью устраивается дом и разумом утверждается, и знанием покои наполняются, всяким достоянием, драгоценным и приятным».
[211] Пророки, Мелахим 1, 5:31. «Повелел тогда царь, и привозили камни большие, камни дорогие, чтобы заложить основание дома из тесаных камней».

в именах колен. "Однако тэт (ט) считается хорошей буквой. И мы учили – тот, кто видит букву тэт (ט) во сне, это хороший знак ему, поскольку ею Он открыл Тору, ибо "он хорош (тов טוב)", как написано: "И увидел Всесильный свет, что он хорош"[212]. Но если она считается хорошей буквой, то почему не пишется в именах колен?"»

181) «Сказал ему: "Потому что две эти буквы находятся рядом друг с другом". Иначе говоря, близость ее говорит о грехе. Поэтому их не было в коленах. "И еще потому, что буква тэт (ט) упрятана и скрыта", так как она указывает на Есод Бины, "и она светит свечением всех, и свет находится лишь в этой букве", ибо все света выходят из Есода Бины, "как сказано: "И увидел Всесильный свет, что он хорош"[212], и это свечение этого света", что в букве тэт (ט), "упрятанное и скрытое. И об этой" букве "написано: "Не лишит блага идущих в непорочности"[213], и это свет всех колен", и поскольку она настолько скрыта, она не находится в коленах. "И еще потому, что все двенадцать колен выходят из этого прохода", Есода Бины, "который скрыт, и он в свойстве буквы тэт (ט), и потому она скрыта и упрятана, и не видна в коленах"».

182) «"Смотри, все эти камни", которые были в хошене, "были установлены путем знамения и чуда. И все они, когда светили, то освещали лицо великого коэна, и буквы во время свечения становились выпуклыми, т.е. заметно выступали из камней наружу. И когда они освещали лицо великого коэна, было ясно, что выступание наружу этих букв – во благо, и тем самым узнавался коэн – праведник он или нет. Поэтому всё происходило благодаря знамению и чуду. И это уже объяснялось"».

183) «Рабби Аба находился перед рабби Шимоном. Сказал ему: "То, что написано: "И вложи в судный наперсник (хошен) урим и тумим"[214]. И мы учили, "урим (досл. светящие)", так как они высвечивают то, что нужно", т.е. то, что спрашивают. "Тумим

---

[212] Тора, Берешит, 1:4. «И увидел Всесильный свет, что он хорош, и разделил Всесильный между светом и тьмой».

[213] Писания, Псалмы, 84:12. «Ибо солнце и защита – Творец Всесильный, милость и славу дарует Творец, не лишит блага идущих в непорочности».

[214] Тора, Шмот, 28:30. «И вложи в судный наперсник урим и тумим, и будут они на сердце Аарона, когда он предстанет пред Творцом; и будет носить Аарон суд сынов Исраэля на своем сердце пред Творцом всегда».

(досл. восполняющие)" – т.е. они восполняют их слова". Однако этого объяснения недостаточно, "нам необходимо узнать еще"».

184) «Сказал ему: "Конечно, это так. Хошен и эфод соответствуют урим и тумим. И это тайна: тфилин и узел тфилин, которые соответствуют этим двум". Провозгласил и сказал: "И увидишь Меня сзади, но лика Моего не будет видно"[215]. "И увидишь Меня сзади"[215]. Мы ведь учили, что Творец показал Моше узел тфилина. "Но лика Моего"[215] – это сами тфилин". И объясняет: "Но лика Моего"[215] – это тфилин, являющиеся высшей тайной, святым именем. "Сзади"[215] – это узел тфилин, но ведь известно среди товарищей, что это", тфилин, – "светящее зеркало", Зеир Анпин. "А это", узел тфилин, – "зеркало, которое не светит"», Малхут.

185) «"В соответствие этому, урим – светящие их словами", т.е. Зеир Анпин, светящее зеркало. "Тумим – восполняющие слова их"», т.е. Малхут, светящая свечением Хохмы, как сказано: «И увидишь Меня сзади»[215], в которой содержится всё совершенство. «"Это – паним", урим, "а это – ахор", тумим. "И это – голос и речь, голос", Зеир Анпин, "светит речи", Малхут, "чтобы произносить речь. Ибо речь восполняет слово". То есть, голос является главной сутью, а речь восполняет его. "И они всегда поднимаются друг в друге и не отделяются друг от друга никогда". Ведь нельзя отделить голос от речи. "И поэтому хошен и эфод, это – паним (лицевая сторона), а это – ахор (обратная сторона). И всё это – одно целое, без всякого разделения"», так же как голос и речь.

186) «Сказал ему: "В таком случае, если" хошен и эфод "не разделяются никогда, и о том, кто разделяет их, мы учили, что сказано: "Отвергает Властелина"[216], – поскольку они указывают на Зеир Анпин и Малхут, если так, "что значит сказанное: "И было, когда бежал Эвиатар, сын Ахимелеха, к Давиду в Кеилу, он держал эфод при себе"[217] – ведь о хошене не говорит?"» Получается, что они отделены друг от друга.

---

[215] Тора, Шмот, 33:22-23. «И будет, когда проходить будет слава Моя, укрою тебя в расселине скалы, и заслоню тебя ладонью Своею, пока не пройду. И отведу ладонь Свою, и увидишь Меня сзади, но лика Моего не будет видно».
[216] Писания, Притчи, 16:28. «Коварный человек сеет раздор, а ропщущий отвергает Властелина».
[217] Пророки, Шмуэль 1, 23:6. «И было, когда бежал Эвиатар, сын Ахимелеха, к Давиду в Кеилу, он держал эфод при себе».

187) «Сказал ему: "Конечно же, это так. Всё, что важно, держится в тайне и укрывается, и не очень-то упоминается. Подобно этому написано: "Носивших льняной эфод"[218], а хошен не упоминается из-за важности его, – "то, что более открыто, упоминается для того, чтобы прикрыть то, что держится в тайне и скрывается. Поэтому упоминается то, что более открыто, т.е. эфод"».

188) «"И потому, высшее имя – это то, что укрывается и держится в тайне, и не упоминается иначе, как посредством открытого имени. Одно упоминается, а другое скрывается. И скрываемое имя – это АВАЯ (הויה), а имя, которое открыто, – это Адни (אדני). И поэтому пишется скрытыми буквами АВАЯ (הויה), а читается этими буквами – Адни (אדני). И скрывается одно в другом", т.е. имя Адни (אדני) скрывает имя АВАЯ (הויה), "чтобы высшее величие всегда было скрыто и упрятано. И все пути Торы раскрыты и скрыты таким образом. И всё происходящее в мире, как в этом мире, так и в высшем мире, находится в скрытии и раскрытии"». Иначе говоря, во всем есть внутренняя суть.

189) «Провозгласил и сказал: "И сказали они ему: "Расскажи теперь нам, ибо кому послано это бедствие, постигшее нас"[219]. Это изречение следует рассмотреть внимательно, всё они спрашивали со скрытой мудростью. Как написано: "Расскажи теперь нам, ибо кому"[219]. "Ибо"[219] – спросили о скрытой мудрости. Здесь спросили его о скрытом, которое находится в раскрытии, чтобы знать, происходит ли он от семени Йосефа, – так как море, когда увидело ковчег Йосефа, сразу же расступилось и стало сушей. Как сказано: "Увидело море и побежало"[220]. "Увидело море"[220] того, о ком написано: "И побежал и вышел наружу"[221], сразу же расступилось, "Ярден обратился вспять"[220]».

---

[218] Пророки, Шмуэль 1, 22:18.

[219] Пророки, Йона, 1:8. «И сказали они ему: "Расскажи теперь нам, ибо кому послано это бедствие, постигшее нас: какое занятие твое и откуда пришел ты, что за страна твоя и из какого народа ты?"»

[220] Писания, Псалмы, 114:3. «Увидело море и побежало, Ярден обратился вспять».

[221] Тора, Берешит, 39:12. «И схватила она его за одежду его и сказала: "Ложись со мной". Но он оставил одежду свою в руке ее, и побежал и вышел наружу».

190) «"И поэтому спросили его: "Ибо"²¹⁹, то есть: «Расскажи теперь нам, ибо кому послано это бедствие, постигшее нас»²¹⁹, «"как написано о Йосефе: "Ибо ты жена его"²²²». И намекнул ему этим словом «ибо»: «"Если ты происходишь от этого семени" Йосефа, "молись, чтобы утихло море от него. "Кому"²¹⁹», т.е. как написано: «Кому послано это бедствие, постигшее нас»²¹⁹. Намекнул ему: «"А если ты происходишь от семени Яакова, как сказано о нем: "Кому ты служишь и куда идешь?"²²³ И они", те, кому говорил это Яаков, "были святыми ангелами, которых он послал к Эсаву с посланием своим, и был спасен от этой беды. Молись и ты Господину своему, и Он пошлет ангелов своих, и мы спасемся от этой беды"».

191) «"А если нет", скажи нам, "какое занятие твое"²¹⁹, – то есть, чем занят ты каждый день. "И откуда пришел ты"²¹⁹, – то есть, что нравится тебе. "Что за страна твоя"²¹⁹, – то есть, "та ли эта страна, что заслуживает наказания. "И из какого народа ты"²¹⁹, – из амалекитян или от одного из семи народов, заслуживших наказание. Обо всём расспросили его, как полагается"».

192) «"Что ответил им" Йона. "И сказал им: "Иври я"²²⁴, – т.е. от того самого потомства Авраама-иври, который освящал имя Господина своего в мире каждый день. "И Творца, Всесильного небес, я страшусь"²²⁴. Они спрашивали его только то, что было открыто и скрыто, чтобы узнать о нем"». То есть, намекнули ему словом «ибо»²¹⁹ и словом «кому»²¹⁹, и это в скрытии, а остальное спросили у него открыто. «"А он", Йона, "ответил им всё открыто"».

193) «"Что написано: "И устрашились эти люди страхом великим"²²⁵. Когда услышали имя Творца, тотчас устрашились, ибо все они знали о чудесах и могуществе, явленных Творцом

---

²²² Тора, Берешит, 39:9. «Не ставит он себя выше меня в этом доме, и не отстранил он меня ни от чего, разве только от тебя, ибо ты жена его. Как же сделаю я это великое зло, и провинюсь пред Всесильным?»

²²³ Тора, Берешит, 32:18. «И повелел он первому, говоря: "Когда встретит тебя Эсав, брат мой, и спросит тебя: кому ты служишь и куда идешь? и кому эти, перед тобой?"»

²²⁴ Пророки, Йона, 1:9. «И сказал им: "Иври я, и Творца, Всесильного небес, я страшусь, Того, Кто создал море и сушу"».

²²⁵ Пророки, Йона, 1:10. «И устрашились эти люди страхом великим, и сказали они ему: "Что же ты сделал!" Ибо узнали люди, что от Творца он бежит, поскольку сказал он им».

на море, и когда сказал им имя Творца, сразу же устрашились пред Ним страхом великим. Еще сказал им, что он убегает от Творца. Поэтому сказали ему: "Что же ты сделал?"[225] – ведь ты убегаешь от Него и не выполняешь заповеди Его? И поэтому" сказали: "Что же ты сделал?"[225] – ведь ты нарушаешь заповеди Господина своего!"»

194) «"Смотри, все они затем приняли сторону веры, когда увидели чудеса и могущество, явленные Йоне в море Творцом. И все они видели, как он падает в море, и ту рыбину, которая всплыла и проглотила его перед ними, и когда появилась эта огромная рыбина, на глазах у всех, и изрыгнула его на сушу, подошли к нему и приняли все сторону веры. И это смысл сказанного: "Чтущие суетную ложь оставят бесчестие свое"[226]».

195) «"Смотри, все они вернулись к праведности и обучились мудрости Торы, и стали высшими мудрецами. Поскольку Творец желал их, и всех тех, кто приближается к Нему и открыто освящает имя Его. Ведь когда освящают имя Его открыто, Его скрытое имя", АВАЯ (הויה), "возносится на престоле величия Его", т.е. Адни (אדני), и образуется единство АВАЯ-Адни (הויה-אדני) "Как сказано: "Чтобы освятился Я среди сынов Исраэля"[227]».

196) «"И скрепили хошен от его колец к кольцам эфода шнуром из синеты"[228]. Спрашивает: "Почему "шнуром из синеты"[228]?" И отвечает: "А чтобы показать, что эта синета", т.е. Малхут в свойстве суда в ней, "соединенная с милосердием (Хеседом), соединяется со всем. И поэтому всё – в высшем свойстве"». То есть свойство «синета» соединяет хошен, Зеир Анпин, с эфодом, Малхут.

197) «"И сделали колокольчики из чистого золота, и поместили эти колокольчики между гранатами"[229]. И мы объясняли, что всё это в высшем свойстве, как мы сказали, что написано:

---

[226] Пророки, Йона, 2:9. «Чтущие суетную ложь оставят бесчестие свое».
[227] Тора, Ваикра, 22:32. «И не бесчестите святого имени Моего, чтобы освятился Я среди сынов Исраэля. Я, Творец, освящающий вас».
[228] Тора, Шмот, 39:21. «И скрепили хошен от его колец к кольцам эфода шнуром из синеты, чтобы ему быть на поясе эфода и чтобы не сдвинулся хошен с эфода, – как повелел Творец Моше».
[229] Тора, Шмот, 39:25. «И сделали колокольчики из чистого золота, и поместили колокольчики между гранатами на подоле мантии вокруг, между гранатами».

"И будет слышен его звук (досл. голос) при входе его в Святилище пред Творцом"[230]. И это потому, что необходим голос, который слышен", т.е. Зеир Анпин, "и благословения будут пребывать над миром благодаря коэну, который благословляет всё и выполняет всё. "Золотой колокольчик" – мы уже объясняли", что это голос, который слышен, Зеир Анпин. "Гранат" – это Малхут, "когда наполнилась всем", т.е. получает от всех высших, "и все это мы объясняли"».

198) «"И сделал он накидку к эфоду работы ткача, всю из синеты"[231]. Мы уже выяснили относительно хошена и эфода, и всё это – одно целое". Иначе говоря, накидка к эфоду – это то же свойство, что и эфод, т.е. Малхут. "Всю из синеты"[231] – так должно быть, как мы уже объясняли.[232] И синета – это свет престола", Малхут, являющейся черным светом свечи, сжигающим и уничтожающим всё, что находится под ним; "синета, когда она связана с белым светом" свечи, Хеседом. "И поэтому синета – она для эфода"», поскольку он является светом Малхут.

199) «Сказал рабби Шимон: "Эти принадлежности одежды коэна – всё это в высшей тайне, чтобы нижние облачения были подобны тому, что свыше. Смотри, если Михаэль является великим коэном и исходит от правой стороны, почему написано о Гавриэле: "Муж, одетый в льняные одежды"[233], ведь облачения – они для великого коэна, но Михаэль является коэном, и он исходит от правой стороны?" И отвечает: "Однако отсюда следует, что левая всегда включается в правую, и поэтому облачился Гавриэль", левая сторона, "в эти облачения"» от правой.

200) «"Еще" следует объяснить, "что Гавриэль был назначен посланником в этот мир, а любой посланник, назначаемый в этот мир, должен облачиться в одеяния этого мира. И мы объясняли это относительно души, что когда поднимается наверх,

---

[230] Тора, Шмот, 28:35. «И будет на Аароне для служения; и будет слышен его звук при входе его в Святилище пред Творцом и при его выходе, чтобы он не умер».

[231] Тора, Шмот, 39:22. «И сделал он накидку к эфоду, работы ткача, всю из синеты».

[232] См. Зоар, главу Берешит, часть 2, пп. 249-268.

[233] Писания, Даниэль, 12:7. «И услышал я, как муж, одетый в льняные одежды, что был над водами реки, подняв свои правую и левую руки к небесам, клялся Вечноживущим, что к (назначенному) сроку, к срокам и половине (срока), когда полностью сокрушены будут силы народа священного, закончится все это».

она облачается в высшие одеяния, чтобы находиться там, и так же, когда она опускается сверху вниз", она облачается в одеяние, "и всё", любое одеяние, "соответственно тому месту, куда она направляется. Подобно этому, все те посланники, которые направляются с миссией в этот мир", нуждаются в одеянии этого мира. "И мы это уже объясняли"».

201) «"И смотри, это "облачение к эфоду"[231] было для того, чтобы укрыть его" вокруг его тела. "И когда он надевал его, написано: "Сзади и спереди Ты объемлешь меня и возложил на меня руку Твою"[234]"». Поскольку хошен был спереди, а эфод сзади.

202) «"Это изречение"», «сзади и спереди»[234], «"уже объяснялось. Но посмотри, в час, когда Творец создал Адама Ришона, были созданы захар (мужчина) и некева (женщина). И оба они были связаны друг с другом, некева – в обратной стороне (ахор), а захар – с лицевой стороны (кедем). Пока не разделил" и не разлучил "их Творец, и не исправил ее, не ввел ее к Адаму, чтобы созерцать паним бе-паним (лицом к лицу). И после их созерцания паним бе-паним (лицом к лицу) умножилась любовь в мире, и начали производить порождения в мире, – то, чего не было прежде. И мы это уже объясняли"».

203) «"А после того, как согрешили Адам и жена его, и змей вошел к Хаве и привнес в нее скверну, Хава родила Каина. И был образ его образом высшего и нижнего, из-за этой скверны ситры ахра, и от нижней стороны", от внешних (свойств). "И потому он был первым, кто произвел смерть в мире, поскольку его сторона привела к этому", так как он происходит от нечистоты змея. "Змею свойственно утаиваться, чтобы убить. Тот, кто произошел от него", Каин, "пошел тем же путем. И поэтому написано: "И когда они были в поле, восстал Каин на Эвеля, брата своего, и убил его"[235]».

---

[234] Писания, Псалмы, 139:5. «Сзади и спереди Ты объемлешь меня и возложил на меня руку Твою».
[235] Тора, Берешит, 4:8. «И говорил Каин Эвелю, брату своему... И когда они были в поле, восстал Каин на Эвеля, брата своего, и убил его».

204) «"Нашел я в самых первых книгах: когда Каин убивал Эвеля, он наносил ему укусы, словно змей, пока не вынул из него душу и не убил его"».[236]

205) «"И всё возвращается к первооснове", откуда это вышло. "И если бы не был Каин со стороны змея, он бы так не поступил с братом своим. И поэтому, когда увидел Адам, что Эвель убит, а Каин изгнан, сказал: "Зачем мне рождать отныне и впредь?" Расстался он с женой своей на сто тридцать лет, и женские нечистые духи стали являться к нему и разгорячались от него, и он порождал духов и демонов, и называются они наказанием людским.[237] И мы это объясняли"».

206) «"А затем возревновал, и охваченный ревностью, соединился с женой своей, и породил Шета, уже "подобного себе, по образу своему"[238], чего не было прежде, с теми первыми сыновьями, которые были до этого"».

207) «"Ибо вначале", до Хавы, "у него была другая связь", с Лилит, "как уже объяснялось. Пока не пришла Хава, которую создал Творец для Адама, и они соединились паним бе-паним (лицом к лицу). И поэтому написано: "Эта наречена будет женой"[239]. Но другая", Лилит, "не зовется женой"».

208) «"И поскольку Адам и Хава были сотворены, как одно целое, написано: "Мужчиной и женщиной (захар и некева) сотворил Он их и благословил их"[240] – поскольку оба они были вместе. И поэтому написано: "Сзади и спереди Ты объемлешь меня (ахор ва-кедем цартани)"[234]».

---

[236] См. Зоар, главу Берешит, часть 2, п. 341. «В час, когда Каин убил Эвеля, он не знал, как выйдет из него душа, т.е. не знал, что его действия приведут к тому, что душа Эвеля выйдет из него, и тот умрет. И он впился в него своими зубами подобно змею...»

[237] Пророки, Шмуэль 2, 7:14. «Я буду ему отцом, и он будет Мне сыном. А если согрешит он, то накажу Я его ударами палки сынов человеческих, наказанием людским».

[238] Тора, Берешит, 5:3. «И жил Адам сто тридцать лет и родил подобного себе, по образу своему, и нарек ему имя Шет».

[239] Тора, Берешит, 2:23. «Эта на сей раз – кость от костей моих и плоть от плоти моей. Эта наречена будет женой (иша), ибо от мужа (иш) взята она».

[240] Тора, Берешит, 5:2. «Мужчиной и женщиной сотворил Он их и благословил их, и нарек им имя Адам в день сотворения их».

209) «"Смотри, эфод (накидка) и хошен (наперсник) "сзади и спереди (ахор ва-кедем)"²³⁴ были", т.е. хошен был спереди, а эфод сзади.²⁴¹ "И когда коэн облачался в них, он был подобен высшему образу", Зеир Анпину и Малхут, которые являются свойствами обратной и лицевой стороны (ахор ва-кедем). "И тогда лицо его светилось, и буквы становились выпуклыми, светились и поднимались вверх, и тогда он узнавал слово"», которое было нужно.

210) «"И поэтому исправление хошена и исправление эфода связываются вместе. И это несмотря на то, что исправление одного не похоже на исправление другого. И всё это – одно целое. И связывание друг с другом состояло в том, чтобы соединился хошен", Зеир Анпин, "с эфодом", Малхут, "с помощью четырех колец, соединяющихся в месте одного и в месте другого", т.е. в хошене и в эфоде, "и они являются теми строениями (меркавот), которые связываются в нижней стороне с теми, что наверху. И всё это – в тайне офаним (колеса) и хайот (создания)"». И два кольца в хошене относятся к свойству хайот (создания), и это Ецира, а два кольца в эфоде относятся к свойству офаним (колеса), и это Асия. И они связаны друг с другом, как сказано: «И когда шли эти создания, двигались колеса подле них, а когда поднимались создания эти снизу (вверх), поднимались и колеса»²⁴².

211) «"Написано: "Вначале сотворил Всесильный небо и землю"²⁴³, и это уже объяснялось"²⁴⁴», что «небо» – это Зеир Анпин, а «земля» – Малхут. «"И всё было в подобие этому сделано в Скинии, которую он сделал подобной как нижнему миру", Малхут, "так и высшему миру", Зеир Анпину. "И все деяния Его", Творца, "которые Он сделал" в этом мире, "подобны высшему. И также в Скинии – все действия Его производятся по действию и подобию высшего мира"».

---

²⁴¹ См. выше, п. 201.
²⁴² Пророки, Йехезкель, 1:19. «И когда шли эти создания, двигались колеса подле них, а когда поднимались создания эти снизу (вверх), поднимались и колеса».
²⁴³ Тора, Берешит, 1:1-2. «Вначале сотворил Всесильный небо и землю. Земля же была пуста и хаотична, и тьма над бездною, и дух Всесильного витал над водою».
²⁴⁴ См. Зоар, главу Берешит, часть 1, пп. 10-12.

212) «"И это является сутью всего возведения Скинии – все действия и исправления, производимые наверху и внизу, (необходимы) для того, чтобы пребывала Шхина в мире как в высших обитателях", ангелах, "так и в нижних", людях. "И также нижний Эденский сад", Малхут, "подобен высшему", Бине. "Все образы и все формы мира – все они находятся там. И поэтому создание Скинии и создание неба и земли", Зеир Анпина и Малхут, – "все они являются одним целым"».

ГЛАВА ПКУДЕЙ

Поднимите глаза ваши ввысь

213) «"Написано: "Поднимите глаза ваши ввысь и посмотрите, Кто (МИ) создал их (ЭЛЕ)"[245]. Это изречение уже объяснялось. Но посуди сам: разве из-за того, что человек смотрит вверх своими глазами, и поднимает их вверх, он может знать и созерцать то, что не позволено ему знать и видеть?"»

214) И отвечает: «"Однако, "Поднимите глаза ваши ввысь"[245] означает – "тот, кто просит о том, чтобы созерцать и знать деяния Творца, вознесет глаза свои вверх и увидит множество воинств и множество станов", и множество "отличающихся друг от друга деяний, одни величественнее других, и тогда вы увидите и спросите, и воскликните: "Кто (МИ) создал их?"[245] "Кто (МИ) создал их", – мы ведь уже объясняли эту тайну, что МИ", т.е. парцуф Бина, "создал их"[245], что Бина – "это место, находящееся в выси, и оно упрятано и скрыто, и неизвестно, и всегда предстает для вопроса, поскольку место это не открылось"».

215) «"Выводящий по числу воинства их, всех их по имени называет Он"[245]. Спрашивает: "Что значит: "Выводящий"[245]?" И отвечает: "Потому что это место, которое скрыто и упрятано", т.е. Бина, "оно выводит всё в свойстве "голос, выходящий из шофара"[246]», т.е. Зеир Анпин, называемый «голос», выходит из Бины, называемой «шофар», в тайне «Трое выходят благодаря одному, один находится в трех»[247]. «"И этот голос", т.е. Зеир Анпин с мохин свечения Хохмы, – "это число всех высших воинств и счет всего". Число и счет – это мохин свечения Хохмы, но они не раскрываются в месте Зеир Анпина, однако "оттуда раскрывается высшая вера", Малхут, "во всех этих высших сторонах", как хасадим с правой, так и Хохмы в левой, где находится место раскрытия Хохмы, "пока нисходят эти ступени" от Зеир Анпина, "и они нисходят вниз", в Малхут.

---

[245] Пророки, Йешаяу, 40:26. «Поднимите глаза ваши ввысь и посмотрите, Кто создал их. Выводящий по числу воинства их, всех их по имени называет Он; от Великого могуществом и Мощного силой никто не скроется».

[246] См. «Предисловие книги Зоар», п. 239, со слов: «И поэтому сказано: "Это открытие, произведенное буквой "йуд ʾ" в чертоге, необходимо для того, чтобы услышать в нем голос, выходящий из шофара, потому что этот шофар закрыт со всех сторон"...»

[247] См. Зоар, главу Берешит, часть 1, п. 363. «Трое выходят благодаря одному, один находится в трех, входит между двумя, двое питают одного, и один питает многие стороны ...»

"И различается множество различных войск, и все они исчисляются и называются по имени. "От Великого могуществом и Мощного силой никто не скроется"[245]. "От Великого могуществом"[245] – это правая сторона, "и Мощного силой"[245] – это левая сторона. "Никто не скроется"[245] – от сторон, нисходящих от двух направлений"», т.е. от двух линий, правой и левой. И не будет ни малейшего недостатка, поскольку эти две стороны включают всю действительность. И даже в средней линии не добавляется ничего нового к ним, так как она включает только то, что есть в двух линиях, правой и левой.

216) «Другое объяснение сказанного: "Поднимите глаза ваши ввысь и посмотрите, Кто (МИ) создал их (ЭЛЕ)"[245]. Это изречение – оно, когда возводилась Скиния и была установлена. И каждый, кто видел Скинию, созерцал в ней" то, что "наверху, и" то, что "внизу, и всё видел в Скинии. Поскольку все деяния высшего мира и нижнего мира – все они были установлены в Скинии. И мы объясняли, что каждый, кто видел скрепы в Скинии и всматривался в них, видел в их свечении свечение звезд, ибо так расположены звезды на небосводе"».

ГЛАВА ПКУДЕЙ

Восславьте Творца с небес

217) «Провозгласил и сказал: "Восславьте Творца (алелуйа), восславьте Творца (АВАЯ) с небес"[248]. Смотри, это прославление Давид произнес соответственно свойству святого имени", имени АВАЯ, т.е. Зеир Анпину, "являющемуся совокупностью прославления всего. Это два прославления, подобные свойству высшего святого имени" АВАЯ, "являющемуся совокупностью прославлений всего. И они – вот это"», «Восславьте Творца (АВАЯ) с небес»[248], «"и последнее прославление" в книге псалмов, "являющееся совокупностью всех прославлений, как написано: "Восславьте Творца (алелуйа), восславьте Творца (Эль) в святилище Его"[249]. Однако, это – о десяти видах, в которых десять раз сказано о Нем "восславьте (алелу)"», т.е. написано в нем десять раз «восславьте (алелу)», соответственно десяти сфирот Зеир Анпина. «"А это"», «Восславьте Творца (АВАЯ) с небес»[248] – «"оно о семи"», т.е. написано в нем семь раз «восславьте», соответственно семи сфирот ХАГАТ НЕХИМ Зеир Анпина. «"И всё является одним целым в святом имени"».

218) «"Восславьте Творца (алелуйа), восславьте Творца (АВАЯ) с небес"[248], – это начало шести окончаний", ХАГАТ НЕХИ, "чтобы распространиться вниз, и это означает, что предстает для вопроса", иначе говоря, для постижения, т.е. Зеир Анпин. "Как сказано: "Ибо спроси о днях прежних, что были до тебя"[250] – и это семь дней ХАГАТ НЕХИМ Зеир Анпина. "До сих пор позволено спрашивать, с того дня, когда сотворил (Всесильный человека на земле, и от края неба)"[250], и до края неба"[250] – сфиры

---

[248] Писания, Псалмы, 148:1. «Восславьте Творца (алелуйа)! Восславьте Творца с небес, восславьте Его в высях. Восславьте Его, все ангелы Его, восславьте Его, все воинства Его. Восславьте Его, солнце и луна, восславьте Его, все звезды светлые. Восславьте Его, небеса небес и воды, которые над небесами».

[249] Писания, Псалмы, 150:1-6. «Восславьте Творца (алелуйа)! Восславьте в святилище Его, восславьте Его в небесах мощных. Восславьте Его за могущественные (деяния) Его, восславьте Его по множеству величия Его. Восславьте Его звуком шофара, восславьте Его арфой и кинором. Восславьте Его тимпаном и танцем, восславьте Его мэйнами (струнными инструментами) и свирелью. Восславьте Его цимбалами звенящими, хвалите Его цимбалами громкогласными. Всякая душа (человеческая) восславит Творца. Восславьте Творца (алелуйа)!»

[250] Тора, Дварим, 4:32. «Ибо спроси о днях прежних, что были до тебя, с того дня, когда сотворил Всесильный человека на земле, и от края неба и до края неба: было ли что-либо, подобное этому великому делу, или слыхано ли подобное сему?!»

Хесед Зеир Анпина. "Отсюда и далее", т.е. о КАХАБ Зеир Анпина, "не предстает, чтобы спрашивать, так как это место скрытое и утаенное"».

219) «"И поэтому: "Восславьте Творца (АВАЯ) с небес, восславьте Его в высях"[248], – это две стороны, правая и левая", т.е. Хесед и Гвура Зеир Анпина. "И отсюда распространяются вниз все остальные сфирот в тайне ступени, чтобы установиться, как подобает. "Восславьте Его, все ангелы Его", – это два столба", Нецах и Ход, "стоящие под гуф", Тиферет, "чтобы гуф опирался на них"».

220) «"Смотри, эти столбы, на которые опирается гуф, стоят здесь в виде ангелов"», о которых сказано: «Восславьте Его, все ангелы Его»[248], "потому что ноги являются посланниками" тела, "чтобы перемещаться с места на место. И от этого свойства происходят те, что называются ангелами, которые являются посланниками, чтобы ходить с посланием Господина своего с места на место"».

221) «"Восславьте Его, все воинства Его"[248], – это место, из которого выходят все святые высшие воинства, это знак союза святости", т.е. Есод Зеир Анпина. "И оно записано во всех остальных десятках тысяч", выходящих из него, "как мы уже сказали, ибо написано: "Властелин воинств – имя Его"[251], поскольку "является знаком во всех остальных воинствах и десятках тысяч"».

222) «"Восславьте Его, солнце и луна"[248], – в нем", в солнце, "пребывает эта тайна", – все сфирот Зеир Анпина, потому что солнце – это Тиферет Зеир Анпина, являющаяся основой Зеир Анпина, а остальные сфирот являются лишь включением в Тиферет. "И оно солнце, чтобы светить, и в нем находятся высшие светящие звезды и созвездия, как мы уже объясняли. Затем возвращается наверх, в то место, которое находится в далеких высях", т.е. в Бину, "и там помещено все", – т.е. все мохин Зеир Анпина и Малхут, и БЕА выходят оттуда. "И о ней говорит: "Восславьте Его, небеса небес"[248]», ибо «небеса» – это Зеир Анпин, «небеса небес» – это Бина. «"После этого: "Восславьте Творца

---

[251] Пророки, Йешаяу, 48:2. «Ибо (происходящими) из святого города называют они себя и на Всесильного Исраэля полагаются; Властелин воинств – имя Его».

с земли"²⁵², – это Малхут Зеир Анпина, "которая соответствует тем, что приводятся после: "Огонь и град, снег и пар, ураганный ветер, исполняющий слово Его"²⁵²».

223) «"Смотри, эти звезды внизу пребывают в притяжении, т.е. они притягиваются от высших свойств" Зеир Анпина, "поскольку всё находится в высшем образе. И мы уже это объясняли. И поэтому все эти звезды и созвездия из вышины небосвода", т.е. Зеир Анпина, "все они пребывают, чтобы управлять с помощью них миром, находящимся ниже него, и оттуда распространяются ступени до тех пор, пока эти ступени не устанавливаются в нижних звездах", в этом мире, "и все они не находятся во власти их (звезд), и мы уже объясняли это, а все они находятся во власти Высшего. И об этом написано: "Пусть же предстанут и спасут тебя наблюдатели небес, созерцающие по звездам"²⁵³. И всё это находится во власти" свыше, "и это уже выяснилось"».

---

[252] Писания, Псалмы, 148:7-8. «Восславьте Творца с земли, рыбы великие и все бездны, огонь и град, снег и пар, ураганный ветер, исполняющий слово Его».

[253] Пророки, Йешаяу, 47:13. «Утомилась ты от множества советников твоих, пусть же предстанут и спасут тебя наблюдатели небес, созерцающие по звездам, предвещающие по месяцам то, что произойдет с тобой».

ГЛАВА ПКУДЕЙ

Станет гора храма Творца вершиной гор

224) «"И сделали хитоны из виссона... и кидар из виссона..."[254] Рабби Йоси провозгласил: "И будет в конце дней: станет гора храма Творца вершиной гор, и возвысится над холмами"[255]. "И будет в конце дней"[255], – т.е. когда Творец вспомнит дочь Яакова и поднимет ее из праха, и солнце соединится с луной", т.е. Зеир Анпин с Малхут, "тогда "станет гора храма Творца"[255] – это высший Йерушалаим", Малхут, "когда будет исправлена в исправлениях своих, чтобы светить высшим светом, ибо все света ее исправляются только лишь с помощью высшего света", Зеир Анпина, "и в это время будет светить над ней высший свет, в семь раз больший, чем был прежде, как написано: "И будет свет луны как свет солнца, а свет солнца станет семикратным"[256]». «Свет солнца»[256] – это Зеир Анпин, а «свет луны»[256] – Малхут.

225) «"Вершиной гор"[255]. Спрашивает: "Следовало сказать: "Вершинами гор", что значит: "Вершиной"[255]?" И отвечает: "Однако тот свет, который будет у нее тогда, будет "вершиной гор"[255]. И кто это "вершина гор"? Это великий коэн", т.е. Хесед Зеир Анпина, "который является "вершиной гор"[255]. Ибо ХАГАТ называются горами, а Хесед – это их вершина (рош). "И весь он – правая сторона", Хесед, "и он – тот, кто всегда исправляет Храм", Малхут, "и благословляет ее, дабы светил лик ее. И об этом говорится: "Станет"[255]».

226) «"И чем исправит ее? Теми облачениями, которые в высшем подобии", как свойство Зеир Анпина, "как уже объяснялось. А эти облачения, все они находятся в тайне шеш (שש шесть)"», в ХАГАТ НЕХИ, содержащихся в Хеседе, и это свойство великого коэна. И это скрытый смысл: «И сделали они хитоны из виссона (шеш שש), и кидар (мицнефет) из виссона

---

[254] Тора, Шмот, 39:27-29. «И сделали хитоны из виссона ткацкой работы для Аарона и для сыновей его, и кидар из виссона, и нарядные наглавники из виссона, и нижнее льняное платье из виссона, крученого (в шесть сложений), и пояс из виссона, крученого (в шесть сложений), и синеты, и пурпура, и червленицы, работы вышивальщика, – как повелел Творец Моше».

[255] Пророки, Йешаяу, 2:2. «И будет в конце дней: станет гора дома Творца вершиной гор, и возвысится над холмами, и устремятся к Нему все народы».

[256] Пророки, Йешаяу, 30:26. «И будет свет луны как свет солнца, а свет солнца станет семикратным, как свет семи дней, в день, когда Творец исцелит народ Свой от бедствия и рану его от удара излечит».

(шеш שש), и нарядные наглавники (мигбаат) из виссона (шеш שש)»²⁵⁴. «"И когда этот Храм будет установлен "вершиной гор"²⁵⁵, и это – великий коэн", Хесед Зеир Анпина, "тогда соединяется" Храм "и поднимается наверх в действительность Высшего", Бины, "и будет светить мир от этого высшего света", что в Бине. "И это означает: "Возвысится над холмами"²⁵⁵, – т.е. над всеми остальными высшими воинствами и станами, и тогда: "И устремятся к Нему все народы"²⁵⁵».

227) «"Смотри, в час, когда коэн внизу, в этом мире, простирает руки, тогда высший дух", т.е. Бина, "светит и выходит. И все свечи", т.е. все сфирот Зеир Анпина, "светят. И света нисходят и светят, и соединяются друг с другом до тех пор, пока не начнет светить лик Кнессет Исраэль", Малхут. "И всё это – благодаря главному свету, коэну", т.е. Хеседу. "И когда коэн пробуждается внизу, пробуждается наверху, и деяниями внизу вызывается пробуждение наверху"».

228) «"Поэтому: "И будет в конце дней: станет гора храма Творца вершиной гор, и возвысится над холмами, и устремятся к Нему все народы"²⁵⁵ – ибо теперь у всех остальных народов-идолопоклонников есть правитель на небосводе, расположенном над ними, и в это время искоренит их Творец и повергнет правление их. Как написано: "Накажет Творец воинство небесное в вышине"²⁵⁷. И когда все они будут отстранены от своего правления, тогда возвеличится только один Творец, как сказано: "И возвеличен будет один только Творец в тот день"²⁵⁸. И тогда: "И устремятся к Нему все народы"²⁵⁵. Как сказано: "И пойдут многие народы и скажут: "Давайте взойдем на гору Творца, в храм Всесильного Яакова"²⁵⁹».

229) «"И всё это – в час, когда коэн, являющийся "вершиной гор"²⁵⁵, т.е. Хесед, "будет светить ей", Малхут, "и всё это в тайне шеш (שש шесть), т.е. во всех" шести "окончаниях будет ей светить"».²⁶⁰

---

²⁵⁷ Пророки, Йешаяу, 24:21. «И будет в тот день: накажет Творец воинство небесное в вышине и царей земных на земле».

²⁵⁸ Пророки, Йешаяу, 2:11. «Гордость очей человеческих унижена будет, и поникнет надменность людей; и возвеличен будет один только Творец в тот день».

²⁵⁹ Пророки, Йешаяу, 2:3. «И пойдут многие народы и скажут: "Давайте взойдем на гору Творца, в храм Всесильного Яакова, чтобы Он научил нас путям Своим и чтобы пошли мы стезями Его"».

²⁶⁰ См. выше, п. 226.

ГЛАВА ПКУДЕЙ

Иногда восславляет себя, а иногда принижает

230) «Рабби Эльазар и рабби Ицхак, и рабби Йегуда находились в пути. Сказал рабби Эльазар: "Это время идти со Шхиной, потому что Шхина будет пребывать над нами только благодаря речениям Торы". Сказал рабби Йегуда: "Тот, кто первый, пусть начнет первым"».

231) «Провозгласил рабби Эльазар и сказал: "Мал я и презрен, но повелений Твоих не забыл"[261]. "Мал я и презрен"[261], – царь Давид иногда восславлял себя, как написано: "И оказывает Он милость помазаннику Своему, Давиду, и потомству его вовеки"[262]. И написано: "Речения Давида, сына Ишая, речение мужа, вознесенного высоко, помазанника Всесильного Яакова"[263]. А иногда показывал свою беспомощность, как написано: "Ибо беден и обездолен я"[264]. И написано: "Мал я и презрен"[261]. И он же сказал: "Камень, который отвергли строители, стал краеугольным"[265]».

232) И отвечает: «"Но в то время, когда он восходил на ступень (установления) мира, и возвышался в праведном суде, и властвовал над врагами своими, он восславлял себя. А когда видел себя в беде, и враги притесняли его, он принижал себя и называл себя самым беспомощным и малым. И в чем причина. Это потому, что иногда он властвовал, а иногда был притесняем врагами своими"».

233) «"И вместе с тем, он властвовал над ними всегда, и они не могли его одолеть. И царь Давид всегда принижал себя пред Творцом, а каждого, кто принижает себя пред Творцом,

---

[261] Писания, Псалмы, 119:141. «Мал я и презрен, но повелений Твоих не забыл».
[262] Писания, Псалмы, 18:51. «Великое спасение творит Он (для) царя Своего, и оказывает Он милость помазаннику Своему, Давиду, и потомству его вовеки».
[263] Пророки, Шмуэль 2, 23:1. «И вот последующие (пророческие) слова Давида – речение Давида, сына Ишая, речение мужа, вознесенного высоко, помазанника Всесильного Яакова и благозвучного песнопениями Исраэля».
[264] Писания, Псалмы, 86:1. «Молитва Давида. Приклони, Творец, ухо Твое, ответь мне, ибо беден и обездолен я».
[265] Писания, Псалмы, 118:22. «Камень, который отвергли строители, стал краеугольным».

Творец возносит над всем. Поэтому Творец благоволил к нему", к Давиду, "в этом мире и в мире будущем. В этом мире, как написано: "И защищу город этот, чтобы спасти его ради Себя и ради Давида, раба Моего"[266]. И в будущем мире, как написано: "И будут искать Творца Всесильного своего, и Давида, царя своего, и вострепещут пред Творцом и благом Его в конце тех дней"[267]. Давид является царем в этом мире, и Давид будет царем в мире будущем. Поэтому сказано: "Камень, который отвергли строители, стал краеугольным"[265]».

234) «"Смотри, в час, когда солнце", Зеир Анпин, "отворачивает лик свой и не светит луне", Малхут, "уходит свет от луны, и она не светит. Тогда она в бедности со всех сторон, и меркнет, и нет у нее света вообще. А когда солнце снова напротив нее и светит ей, тогда лик ее светит, и она украшается для него", для солнца, "как женщина украшается для мужчины. И тогда она правит в мире"».

235) «"И поэтому Давид украшал себя в точности подобно этому", т.е. подобно луне, потому что Давид является свойством Малхут. "Иногда он беден, а иногда он – в богатстве над всем. И поэтому говорил он: "Мал я и презрен"[261], но вместе с тем "повелений Твоих не забыл"[261]. И подобно этому, человек должен быть презренным в глазах своих и принижать себя во всем, чтобы было желание (кли), к которому благоволит Творец. И уже объяснялось сказанное: "С тем, кто сокрушен и смирен духом"[268]. Теперь", после этого предисловия, "начну (истолковывать) Тору первым"». Это было ответом на то, что сказал рабби Йегуда: «Тот, кто первый, пусть начнет первым».

---

[266] Пророки, Йешаяу, 37:35. «И защищу город этот, чтобы спасти его ради Себя и ради Давида, раба Моего».

[267] Пророки, Ошеа, 3:5. «Потом вернутся сыны Исраэля и будут искать Творца Всесильного своего, и Давида, царя своего, и вострепещут пред Творцом и благом Его в конце тех дней».

[268] Пророки, Йешаяу, 57:15. «Ибо так говорит Возвышенный и Превознесенный, Существующий вечно и Святой – имя Его: (в месте) высоком и священном обитаю Я, но с тем, кто сокрушен и смирен духом, чтобы оживлять дух смиренных и оживлять сердце сокрушенных».

ГЛАВА ПКУДЕЙ

Мерный шнур и мерная трость

236) «Провозгласил и сказал: "И привел Он меня туда. И вот – муж, вид его подобен виду меди, и шнур льняной в руке его и мерная трость, и стоит он в воротах"[269]. Это видел Йехезкель в том пророческом образе, а муж этот – посланец в этих облачениях"», т.е. Гавриэль.

237) «"И здесь он говорит только "муж"[269], и не говорит: "Муж, облачённый в льняные одежды"[270]. Ибо когда он выполняет послание вершить суд или показать суд" в прорицании, "называется "облачённым в льняные одежды"[270]. А в час, когда приходит не для этого, представляется в другом виде, – в зависимости от послания изменяется его вид в этих облачениях, и меняется от одних облачений к другим", согласно посланию. "Но он всегда с левой стороны", так как Гавриэль – с левой стороны меркавы, "и есть множество образов, в которые он облачается, и все они исходят с его стороны"».

238) «"Здесь он облачился в то одеяние, которое представляет собой медные горы, называемые в Писании: "Горы медные"[271]. И это нóга со стороны святости. "И он", Гавриэль, "принес меру, чтобы производить измерения"».

239) «"Она", мера, т.е. мерная трость, – "это не твердая искра, которая скрыта и упрятана, однако оттуда", из твердой искры, "выходит эта мерная трость внизу, затвердевшая от света, оставленного святой искрой в момент, когда она ушла наверх и запечатлелась там в сапфировом свечении, сверкающем и непознаваемом". И это рош Атика, который непознаваем (РАДЛА). "И поэтому эта мерная трость используется при измерениях меры, находящейся внизу"», в этом мире.

---

[269] Пророки, Йехезкель, 40:3. «И привел Он меня туда. И вот – муж, вид его подобен виду меди, и шнур льняной в руке его и мерная трость, и стоит он в воротах».
[270] Пророки, Йехезкель, 10:2. «И обратился Он к мужу, облаченному в льняные одежды, и сказал: "Войди меж колесами под херувимом, и наполни пригоршни твои угольями, горящими меж херувимами, и брось на этот город". И он вошел на моих глазах».
[271] Пророки, Зехария, 6:1. «И снова поднял я глаза свои и увидел: и вот четыре колесницы выходят из (ущелья) меж двух гор; а горы эти – горы медные».

Объяснение. Мера означает экран, вследствие соударения которого с распространением высшего света выходят все меры ступеней, имеющиеся в АК и АБЕА.[272] И этот экран установился в кли Малхут. Однако существует два свойства Малхут: Малхут де-манула и Малхут де-мифтеха,[273] поэтому есть также два вида экранов: экран де-мифтеха и экран де-манула, и экран де-мифтеха называется мерным шнуром, а экран де-манула называется мерной тростью. И также называется твердой искрой в большинстве речений Зоара.[274]

И известно, что экран де-манула был сокрыт в РАДЛА и использовался только в парцуфах АК, но не в АБЕА, и ему было трудно понять, как может быть, чтобы этот экран был в руке Гавриэля, и мало того, чтобы им пользовались внизу, в этом мире, для строительства Храма, – ведь он сокрыт в РАДЛА и нет его даже в мире Ацилут? И это то, что он говорит, объясняя: «Она – это не твердая искра, которая скрыта и упрятана», – что мерная трость не является самим экраном де-манула, который скрыт и упрятан в РАДЛА, «однако оттуда выходит эта мерная трость внизу», но из твердой искры выходит мерная трость, «затвердевшая от света, оставленного святой искрой в момент, когда она ушла наверх». Объяснение. Ведь когда экран де-манула удалился наверх, в РАДЛА, и скрылся, он ушел и оставил внизу вместо себя свое свечение, и это свечение, которое он оставил, называется мерной тростью. И поскольку место той Малхут, которая использовалась парцуфами АК, было в точке этого мира, выходит, что это свечение, которое Малхут де-манула оставила, пребывает в этом мире внизу, и это смысл сказанного: «И поэтому эта мерная трость используется при измерениях меры, находящейся внизу», и можно измерять ею Храм в этом мире.

240) «"И иногда" пользуются "мерной тростью, а иногда – мерным шнуром"», как выяснилось в предыдущем пункте. "И поэтому "шнур льняной"[269], т.е. мерный шнур, "и мерная

---

[272] См. «Введение в науку Каббала», п. 16.
[273] См. «Предисловие книги Зоар», п. 42, со слов: «Поэтому сказано: "И эта печать была утверждена и скрыта в ней, подобно тому, как кто-то прячет всё, закрывая под один ключ". "Ключ (мифтеха)" – это Малхут атэрет Есода...», и п. 44. «В этих воротах есть один замок и одно узкое место, чтобы вставить в него этот ключ...»
[274] См. «Предисловие книги Зоар», п. 1, со слов: «Когда света желают раскрыть себя, эта искра, в которой содержится сила судов...»

трость – всё это меры для измерения. Все измерения Йехезкеля были посредством этой мерной трости", а не льняного шнура, т.е. мерного шнура. "А при возведении Скинии все они были посредством мерного шнура"», т.е. экрана де-мифтеха, как объяснялось в предыдущем пункте.

241) «"В Скинии, в измерении внизу, т.е. в мерном шнуре, подобном этому шнуру", льняному, "когда он разворачивался, на каждый локоть приходился один узел" – т.е. до узла была величина локтя. "И этой мерой" локтя "он измерял"». И поэтому, даже когда отмеряли несколько локтей, это называется «локоть», а не «локти», «"и потому написано: "Длина одного полотнища – двадцать восемь по локтю (вместо локтей), а ширина – четыре по локтю "[275], и не написано: "Четыре локтя", потому что отмеряли локтем в каждой стороне"». Иными словами, тут нет нового локтя, а всякий раз шли и добавляли тот же самый локоть в любой требуемой стороне.

242) «"Этот мерный шнур происходит от высшего светила", Бины, "и то измерение, что внизу", в Малхут, "берется от измерения наверху", в Бине. "Нижнее измерение содержит тысячу пятьсот свойств, и каждое свойство – двенадцать тысяч локтей, поэтому во всех них употребляется один локоть", т.е. каждый локоть содержит эту меру. "И тот локоть", что в мерной линии, "который измерял это", используется дальше, "и мерная линия распространяется, и раскрывается второй локоть" в ней, "и отмеряет" еще локоть. "И так со всеми этими мерами"».

Объяснение. Мерный шнур – его мера не исходит от самой Малхут, как у мерной трости, которая является экраном де-манула, как мы уже объясняли. Но он является видом экрана де-мифтеха, что означает, что Малхут подслащена Биной, и она приняла форму Бины. И это означает сказанное: «И то измерение, что внизу», – что измерение, имеющееся внизу в Малхут, не собственными силами, как мерная трость, «берется от измерения наверху», т.е. благодаря подъему Малхут в Бину, она получила от нее катнут и гадлут, и все измерения на своей ступени.

---

[275] Тора, Шмот, 26:2. «Длина одного полотнища – двадцать восемь по локтю, а ширина – четыре по локтю; так одно полотнище. Единая мера для всех полотнищ».

И каждый локоть означает: величина меры мохин, которую можно притянуть сверху вниз. И вот мохин приходят в трех линиях, где правая линия – это хасадим, левая – Хохма, а средняя линия состоит из них обеих, из хасадим и из Хохмы. И известно, что полотнища – это свойство «небеса», т.е. Зеир Анпин, в котором Хохма скрыта, и только лишь хасадим светят в нем. И мохин свечения Хохмы – их сфирот исчисляются в тысячах (элеф אֶלֶף), в тайне сказанного: «И я научу тебя (ва-аалефха וַאֲאַלֶּפְךָ) мудрости (хохма)»[276]. И это смысл сказанного: «Нижнее измерение», – т.е. измерение, которое притягивается сверху вниз, «содержит тысячу пятьсот свойств», – т.е. линию и пол-линии, и это правая линия целиком, т.е. тысяча, и половина средней линии в свойстве ее хасадим, и это пол-тысячи, т.е. пятьсот. Однако тысяча пятьсот, идущие от левой линии и от половины средней линии, в свойстве ее Хохмы, не раскрываются в нем.

Однако, хотя мы и говорим, что притягиваются только правые тысяча пятьсот, т.е. только хасадим, не ошибись, думая, что это лишь хасадим без включения от левой линии, т.е. Хохмы. Поэтому говорит: «И каждое свойство – двенадцать тысяч локтей», так как двенадцать – это четыре сфиры ХУГ ТУМ, в каждой из которых есть три линии, правая-левая-средняя, и говорит, что каждое свойство из этих полутора тысяч содержит двенадцать тысяч таких, в которых обязательно есть свечение левой стороны. Тем не менее, то, что они считаются только полутора линиями правой стороны, это из-за власти, так как власть есть только у правой стороны, а левая – она только путем включения.

243) «"Двадцать восемь по локтю"[275] – это длина, относящаяся к одному локтю. "А ширина его – четыре по локтю"[275], – в том же локте". Другими словами, нет разницы между одним локтем и другим, потому что каждый из них светит только (светом) хасадим, как объяснялось в предыдущем пункте. И поэтому они считаются одним локтем. "Выходит, что один локоть – это тридцать две меры (шалиш שָׁלִישׁ), как сказано: "И вместил в

---

[276] Писания, Иов, 33:31-33. «Внимай, Иов, слушай меня и молчи, (пока) я говорю. Если есть у тебя слова, – ответь мне, говори, ибо я хотел бы тебя оправдать. Если же нет, – ты слушай меня и молчи, и я научу тебя мудрости».

меру (шалиш שָׁלִשׁ) прах земли"²⁷⁷, и мера (шалиш שָׁלִשׁ) означает – свечение Хохмы в левой линии. И также здесь мера длины и ширины – это свечение левой линии, облаченной в хасадим. Ведь свет Хохмы называется длиной, а свет хасадим – шириной. Поэтому он называет их тридцатью двумя мерами, т.е. это двадцать восемь и четыре. "И это тридцать два соответственно тридцати двум путям Хохмы, исходящим свыше"». Однако власть – только лишь у свечения хасадим.

244) «"И когда образовалась мера длины посредством этого измерения, это четыре стороны той же длины", соответствующие ХУГ ТУМ, "и каждая сторона – это семь локтей", т.е. ХАГАТ НЕХИМ, "и поэтому поднимаются эти семь локтей в четыре стороны в свойстве семи, и получается двадцать восемь в длину, ведь семь – это свойство, высшее во всём". Ибо семь – это свойство Малхут, т.е. нижней Хохмы. "И все тридцать два пути" Хохмы "содержатся в семи, в тайне святого имени"», т.е. в свойстве Малхут, называемой «святое имя».

245) «"И если скажешь, что ведь написано: "Единая мера для всех полотнищ"²⁷⁵?" – То есть, что в каждом полотнище есть много локтей, и Писание должно сказать, что у всех у них одна мера. И отвечает: "Безусловно, это одна мера", т.е. единый локоть. "Хотя мерный шнур и разворачивался локоть за локтем и один за другим", это ничего не прибавляет к первому локтю, ибо все они светят только светом хасадим, и получается, что тот же самый локоть постоянно умножается. И Писание дает нам это понять. "И всё проявляется в свойстве" мохин "высшего светила", т.е. Бины, "чтобы и наверху и внизу", и в Бине и в Малхут, "была единая мера"».

246) «"Эта мера, которая в большей святости, ибо существует другая мера – для покрытия этой", десяти полотнищ, "которая внутри", т.е. покрывающая, из козьей шерсти. "И другая мера, покрывающая эту, поднимается в числовом значении, – в числовом значении ל"ד (34). А те" полотнища, "что внутри, они в числовом значении ל"ב (32)", как уже говорилось. "И это внутренний смысл того, что одни покрывают другие: тридцать два – внутри, тридцать четыре – снаружи"».

---

²⁷⁷ Пророки, Йешаяу, 40:12. «Кто отмерил воды горстью своей, и небеса пядью измерил, и вместил в меру прах земли, взвесил весами горы, и холмы – на чаше весов?!»

247) И объясняет: «"Потому что первая мера, которая является святостью в святости красок: "крученого виссона и синеты, и пурпура, и червленицы"²⁷⁸, – которые указывают на ХАГАТ и Малхут, ибо виссон – это Хесед, червленица – Гвура, пурпур – Тиферет, а синета – Малхут. "И всё его числовое значение равно לְ"ב (32)", двадцать восемь в длину и четыре в ширину, итого тридцать два. "А вторая мера" полотнищ из козьей шерсти, "наружная, покрывающая первую, равна по числовому значению ל"ד (34)", т.е. тридцать локтей в длину и четыре в ширину, итого тридцать четыре. "И это смысл изречения: "Счастлив понимающий бедного (даль דַל), в день бедствия спасет его Творец"²⁷⁹, что означает – именно "в день бедствия"²⁷⁹, т.е. вместе с самими судами, "спасет его Творец"²⁷⁹». Ведь полотнища из козьей шерсти, указывающие на бедность и суды, они покрывают и защищают святость, т.е. полотнища из крученого виссона, и синеты, и пурпура, и червленицы, чтобы не питались от них внешние (желания).

248) «"Численное значение тех, что внутри", полотнищ из крученого виссона, и синеты, и пурпура, и червленицы, – "это свойство тридцати двух" путей Хохмы. "А о численном значении тех, что снаружи, что написано: "И сделай полотнища из козьей шерсти"²⁸⁰. Почему козьей"²⁸⁰?"» Ведь слово «козьей (изи́м עִזִים)» указывает на сильные (ази́м עַזִים) и суровые суды. И отвечает: «"Однако у него такой цвет, который дает ему место в святости", т.е. чтобы он укрывал святость, "и поэтому" нужны "полотнища из козьей шерсти"²⁸⁰, разумеется". И суды в них оберегают святость, чтобы внешние не могли прилепиться к ней, т.е. к Скинии из полотнищ из крученого виссона, и синеты, и пурпура, и червленицы. "Написано: "Спустилась я в сад ореховый"²⁸¹. И объяснялось, что так же как в орехе есть скорлупа (клипа), покрывающая его сердцевину, и сердцевина эта – внутри, точно так же и в любой святой вещи: святость – внутри, а ситра ахра – снаружи. И это означает: "Грешник

---

[278] Тора, Шмот, 26:1. «А Скинию сделай из десяти полотнищ. Из крученого (в шесть сложений) виссона и синеты, и пурпура, и червленицы (с) херувимами работы парчевника сделай их».

[279] Писания, Псалмы, 41:2. «Счастлив понимающий бедного, в день бедствия спасет его Творец».

[280] Тора, Шмот, 26:7. «И сделай полотнища из козьей шерсти для шатра поверх Скинии; одиннадцать полотнищ сделай таких».

[281] Писания, Песнь песней, 6:11. «Спустилась я в сад ореховый взглянуть на побеги прибрежные, посмотреть, зацвела ли лоза, распустились ли гранаты».

окружает праведника"[282]. И потому называется "ореховый"[281], и это уже объяснялось"».

249) «"Смотри, в том, что снаружи", т.е. в полотнищах из козьей шерсти, "любое прибавление убавляет. И признак тебе – "праздничные быки"[283], которых становится всё меньше", поскольку их приносят в жертву за народы мира, являющиеся внешними (свойствами). "Так же и здесь, о том, что внутри, написано: "А Скинию сделай из десяти полотнищ"[278], о том, что снаружи, написано: "Одиннадцать (аштéй-эсрэ́ עַשְׁתֵּי עֶשְׂרֵה) полотнищ"[280], – добавляет буквы", т.е. добавляет аин (ע) к двенадцати (штей-эсрэ́ שתי עשרה) "и уменьшает счет", т.е. общий счет уменьшился на один из-за добавления аин (ע) к двенадцати. "А добавляя к счету, убавляет. Добавляя к счету, – т.е. как написано: "Длина одного полотнища – тридцать локтей, а ширина – четыре локтя"[284], а внутренние полотнища были только двадцать восемь в длину. "И когда счет растет, это убавляет, так как возрастает до числового значения ד"ל (даль бедный). И нет тяжелее во всех видах" названия "бедности, чем тот, кто зовется "даль". И поэтому, когда больше прибавляет в счете, он еще больше убавляется"».

250) «"А когда убавляет в счете, он растет в возвышении, потому что восходит к тридцати двум (ל"ב)" путям Хохмы, "что является тайной всей веры", Малхут, "и тайной святого имени. И поэтому этот", убавляющий, "восходит, а этот", добавляющий, "уменьшает. Этот – добавляя, убавляет, а этот – убавляя, добавляет. Этот – внутри", т.е. полотнища из крученого виссона, и это свойство – убавляя, добавляет. "А этот снаружи"», т.е. полотнища из козьей шерсти, и это свойство – добавляя, убавляет.

251) «"Этот мерный шнур начинал разворачиваться и измерял меру для брусьев. Как написано: "И сделал он брусья для

---

[282] Пророки, Хавакук, 1:4. «Поэтому потеряла силу Тора, и вовек не осуществится правосудие, – ибо грешник окружает праведника; поэтому суд происходит превратный».

[283] В Суккот приносили в жертву семьдесят быков, соответственно семидесяти народам мира. В первый день – тринадцать, во второй – двенадцать, и т.д., в седьмой – семь. См. Бемидбар, 29.

[284] Тора, Шмот, 26:8. «Длина одного полотнища – тридцать локтей, а ширина – четыре локтя; так одно полотнище. Единая мера для одиннадцати полотнищ».

Скинии из дерева шитим, стоячие"²⁸⁵. И эти" брусья – "это свойство "серафимы", что в мире Брия. "И уже объяснялось", здесь "написано: "Из дерева шитим, стоячие"²⁸⁵, и написано: "Серафимы стоят"²⁸⁶», как там серафимы, так и здесь серафимы.

252) «"Измерение этой мерой – это: "Десять локтей длина бруса, и полтора локтя ширина (одного бруса)"²⁸⁷. Здесь написано: "Десять локтей", а не "десять по локтю (вместо локтей)", как о полотнищах. "Эти" десять локтей – "это три, три, три, т.е. девять", соответствующие сфирот ХАБАД ХАГАТ НЕХИ серафимов, "и одна, пребывающая над ними, и это один дух (руах), пребывающий над ними"», т.е. ахораим Малхут мира Ацилут, где преобладает власть Хохмы. И поскольку тут присутствуют две власти, власть хасадим и власть Хохмы, – они называются «локти», во множественном числе. Иначе обстоит дело с полотнищами, где была одна лишь власть хасадим, поэтому они называются «локоть», как уже объяснялось.

253) «"И мы уже сказали, какова мера локтя", то есть, что она содержит двадцать восемь в длину и четыре в ширину, всего тридцать два. "А та, что здесь, это мера – одиннадцать с половиной", т.е. десять – в длину, и полтора локтя – в ширину, и вместе они равняются одиннадцати с половиной локтям, "которые поднимаются" до меры двенадцать, "и не поднимаются", так как им недостает половины, "поскольку им не хватает этих офаним", т.е. им недостает их Малхут, называемой офаним. Ведь в них есть только трижды три, т.е. девять – ХАБАД, ХАГАТ, НЕХИ, и им недостает их Малхут. "И объяснялось в строении (меркава) святости, что это двадцать" брусьев, "в правой стороне – десять, и в левой стороне – десять, пока они не поднялись к высшим серафимам", – т.е. две линии серафимов, правая и левая, считаются высшими, а средняя линия считается нижней.²⁸⁸ "А затем святость возвышается, пока не поднимаются все они в свойстве "средний засов", т.е. получают среднюю линию. Эти три линии есть в рош-тох-соф, поэтому они вклю-

---

²⁸⁵ Тора, Шмот, 36:20. «И сделал он брусья для Скинии из дерева шитим, стоячие».

²⁸⁶ Пророки, Йешаяу, 6:2. «Пред Ним серафимы стоят; шесть крыльев, шесть крыльев у одного (у каждого из них): двумя прикрывает он лицо свое и двумя прикрывает он ноги свои, и двумя летает».

²⁸⁷ Тора, Шмот, 36:21. «Десять локтей длина бруса и полтора локтя ширина одного бруса».

²⁸⁸ См. выше, п. 136.

чают ХАБАД, ХАГАТ, НЕХИ, но отсутствует в них Малхут. "И поэтому в них есть одна половина без восполнения"», и они – только одиннадцать с половиной, и нет полных двенадцати.

Объяснение. Недостающая Малхут – это Малхут де-манула, ибо в них есть только Малхут де-мифтеха, являющаяся свойством Есод, и поэтому считается, что Малхут недостает половины своего парцуфа от хазе и ниже, как мы уже говорили в свойстве сорока пяти светов.[289] Двенадцать – это три линии, и в каждой линии есть четыре свойства ХУГ ТУМ. Но поскольку Малхут, являющаяся их двенадцатым парцуфом, представляет собой только пол-парцуфа до хазе, получается, что в них есть лишь одиннадцать с половиной парцуфов. И это означает сказанное им: «Одиннадцать с половиной, которые поднимаются и не поднимаются, поскольку им не хватает этих офаним», т.е. из-за того, что им недостает сути самой Малхут, у них есть только половина парцуфа Малхут, до ее хазе, и до этого места она считается девятью первыми сфирот в ней до Есода, а половины парцуфа от хазе и ниже недостает, и поэтому они только одиннадцать с половиной. А затем продолжает объяснять это, что поэтому брусья – они в свойстве трех линий линии, десять справа и десять слева, и средний засов, а Малхут в них не упоминается, потому что она у них отсутствует. «И поэтому в них есть одна половина без восполнения», как выяснилось.

254) «"Эта мера" одиннадцати с половиной, "для двадцати брусьев – двести тридцать", поскольку двадцать раз по одиннадцать с половиной – это двести тридцать, "и все это подлежит измерению при исчислении. И так восходит всякий счет, исходящий из данного измерения в свойстве серафимов"».

255) «"Полотнища Скинии, о которых мы говорили, являющиеся высшими тайнами, это свойство "небеса", т.е. Зеир Анпин, "как объяснялось, в скрытом значении сказанного: "Простер небеса, как полотнище"[290].[291] Они подлежат измерению, как мы сказали", и это тридцать два (ל"ב), как говорилось выше.[292] "И есть полотнища, о которых мы сказали, что

---

[289] См. выше, п. 145.
[290] Писания, Псалмы, 104:2. «Окутан светом, как плащом, простер небеса, как завесу (досл. как полотнище)».
[291] См. Зоар, главу Трума, п. 701.
[292] См. выше, п. 250.

они в одном свойстве", т.е. полотнища из крученого виссона, и синеты, и пурпура, и червленицы, "а есть полотнища в другом свойстве", т.е. полотнища из козьей шерсти. "И всё это относится к высшим свойствам, т.е. к свойствам "небеса". Поэтому всё это позволяет познать мудрость (хохма), заключенную в каждой части и в каждой принадлежности (Скинии). И потому человек отличает добро от зла", т.е. полотнища из крученого виссона и т.д., являющие собой добро, от полотнищ из козьей шерсти, являющих собой зло,[293] "свойство Хохмы от того, что не пребывает в Хохме", а в хасадим. То есть полотнища из крученого виссона и т.д., находящиеся под властью хасадим, от брусьев, которые находятся еще и под властью Хохмы.[294] "Таким образом, выяснилось, сколько свойств содержит первое измерение"», которое было в мере «локоть», – т.е. тысячу пятьсот свойств, и в каждом из них двенадцать тысяч локтей.[295]

256) «"Эта тайна – это тайна ковчега, в отношении которого производится расчет: от кого он берет, от кого получает, и от того, что есть в нем". И объясняет. "От того, что он получает, – это две стороны", правая и левая. И также от того, "что он берет, – это от тех же двух сторон. Поэтому это локоть с этой стороны", правой, "и это локоть с этой стороны", левой, "и половина локтя – его собственная. И поэтому написано: "Два с половиной локтя его длина"[296]. Два локтя – от двух сторон", правой и левой. "А половина – его собственная. Это в длину. В ширину и в высоту – полтора локтя". Один "локоть – с той стороны, от которой он берет больше, так же как он брал справа и слева. И половина – его собственная. Потому что одно может пребывать только над другим. И поэтому, это половина в каждом счете. И поэтому ковчег", т.е. Малхут, "получает от всех, и находится в счете всех"».

Объяснение. Мера длины указывает на свечение Хохмы, мера ширины указывает на свечение хасадим, а мера высоты указывает на свечение Хохмы, которое притягивается посредством средней линии. Мера длины считается взятием без получения, так как вначале он берет хасадим в правой линии, а

---

[293] См. выше, п. 247.
[294] См. выше, п. 252.
[295] См. выше, п. 242.
[296] Тора, Шмот, 25:10. «И пусть сделают ковчег из дерева шитим, два с половиной локтя его длина, и полтора локтя его ширина, и полтора локтя его высота».

потом – Хохму в левой. И пока Хохма не облачилась в хасадим, не может быть получено свечение Хохмы. И также хасадим не могут быть получены, из-за того, что между правой и левой линиями существует разногласие.[297]

Таким образом, есть взятие, поскольку он уже взял свечение двух линий, однако нет получения, поскольку они не светят в нем. Но затем, когда он получает хасадим посредством средней линии, хасадим приходят к получению. И это означает «ширина». А потом, когда он получает свечение Хохмы, установленной в хасадим посредством средней линии, Хохма приходит к получению.

И также следует отличать свойство самого получающего эти три меры. И это означает сказанное: «Эта тайна – это тайна ковчега, в отношении которого производится расчет: от кого он берет», и это ковчег, «от кого получает», и это ширина и высота, «и от того, что есть в нем», и это собственное свойство получающего эти меры, т.е. Малхут.

И объясняет: «От того, что он получает, – это две стороны», т.е. правая – в ширину, а левая – в высоту. И «берет от тех же двух сторон», правой и левой, когда он берет в длину, «поэтому это локоть с этой стороны», т.е. с правой стороны, являющейся хасадим, «и это локоть с этой стороны», т.е. с левой стороны, являющейся Хохмой. «А половина локтя – его собственная», т.е. половина самого получающего, и это Малхут, которая считается половиной меры, как мы уже объясняли в свойстве «одиннадцать с половиной».[298] И поэтому написано: «Два с половиной локтя его длина»[296]. Два локтя – это с двух сторон, с правой и с левой, которые он берет в длину, «и половина – его собственная», эта половина – получающего, т.е. Малхут, «его собственная», т.е. половина локтя.

«В ширину и в высоту – полтора локтя», – иными словами, полтора локтя ширина его, и полтора локтя – высота, где локоть указывает, что это «с той стороны, от которой он берет больше», – так как ширина получает больше сторону хасадим,

---

[297] См. Зоар, главу Берешит, часть 1, п. 44, со слов: «А правая линия является совершенством всего, потому что все сфирот получают от нее жизненные силы...»
[298] См. выше, п. 253.

т.е. правую, а высота получает больше левую сторону, т.е. свечение Хохмы. «Так же как он брал справа и слева», – они как правая и левая, которые он берет в длину, так же и ширина желает больше правую, а высота желает больше левую. Поэтому каждая из них – локоть, «и половина его собственная», т.е. свойство самого получающего, и это пол-локтя, которые добавляются как в ширину, так и в высоту. «Потому что одно может пребывать только над другим», так как должно пребывать над чем-то. Поэтому нужно упомянуть каждого, также и меру самого получающего, над которым пребывает правая линия, или левая, или обе вместе. «И поэтому, это половина в каждом счете», и поэтому в длину, которая включает обе линии, одну за другой, это два с половиной локтя. А в ширину, которая представляет собой только хасадим от средней линии, – полтора локтя. И в высоту, которая является Хохмой в средней линии, – полтора локтя.

257) «"Ведь уже объяснялось, почему" ковчег "покрыт золотом изнутри и снаружи", так как это включение свечения Хохмы, называемое золотом. "И это мера, используемая в первом измерении", что в полотнищах, как уже говорилось. "И всё это пребывает в одной тайне. Стол, он тоже подобен тому, что измерялось этой первой мерой"», как полотнища.

258) «"Однако, в том измерении, что в ковчеге, который пребывает в свойстве Торы, и в первом измерении", как в полотнищах, "о котором говорил мой отец", т.е. рабби Шимон, "не следует применять большей меры, чем та, что он раскрыл высшим мудрецам, чтобы познать с помощью нее тайну мудрости и отличать добро от зла, и высшую мудрость от другой мудрости", которая в Малхут. "Все другие работы в Скинии измерялись локтем с помощью этой меры", как и полотнища. "За исключением меры хошена (наперсника), которой является пядь.[299] И это уже объяснялось"».

259) «"Смотри, хитоны всех", Аарона и его сыновей, "были сделаны в свойстве святости", даже несмотря на то, что в них не упомянута мера, "поскольку всё было в свойстве шести", т.е. в Хеседе, включающем шесть окончаний, ХАГАТ НЕХИ, как было сказано выше, "и в работе шести", т.е. шестью нитями, и

---

[299] «Зерет» (букв. «мизинец»), древняя мера длины, равная расстоянию между растянутыми мизинцем и большим пальцем, примерно 20 см.

это ХАГАТ НЕХИ Зеир Анпина, и установлено "и осуществляется в шести. И все исправления" Скинии были, "чтобы с их помощью облачились и исправились шесть", т.е. ХАГАТ НЕХИ Зеир Анпина, "и в свойстве шести"», т.е. Хеседа.

260) «"И всё", т.е. все измерения в Скинии, "производилось мерным шнуром. А мерная трость применялась в том измерении Йехезкеля, поскольку это Храм, который должен восстать на своем месте с этими стенами, с этими защитными сооружениями, с этими входами, с этими дверьми, чтобы всё было согласно мере, однако в грядущем будущем", т.е. об измерении Храма Йехезкеля, который (будет установлен) в грядущем будущем, "что написано об этой мере: "И расширяется и становится все выше и выше"[300]. Ибо, когда начнут строить согласно мерной трости, она возрастет все выше и выше в длину и в ширину, чтобы Храм расширялся во все стороны, и на нее не смотрели бы плохо, как объяснялось, как написано: "И в Дамесеке пребудет оно"[301], ибо всё станет святым. Иначе говоря, несмотря на то, что мерная трость – это свойство свечения экрана манулы, на которую нет зивуга до наступления окончательного исправления из-за суда в ней, всё же в будущем в Храме Йехезкеля, уже не будет суда в мануле, и в ней не будет видно никакого зла, поэтому измерение будет с помощью мерной трости. "Поскольку в это время в мире не будет суда, поэтому всё будет пребывать в своем совершенном существовании. Как сказано: "И не будет тревожиться больше, и не станут больше злодеи притеснять его, как прежде"[302]».

261) «"И смотри, все меры и все измерения", о которых говорится в Храме Йехезкеля, "все они пребывают в этом мире, чтобы этот мир мог существовать по высшему подобию и связать этот мир с высшим миром, чтобы всё было едино в свойстве

---

[300] Пророки, Йехезкель, 41:7. «И расширяется, и становится все выше, выше, к боковым комнатам, потому что витая (лестница) дома (устремляется) выше, выше, кругом, кругом дома; поэтому комнаты, (которые) выше, расширяются; и так из нижнего (этажа) поднимаются в верхний через средний».

[301] Пророки, Зехария, 9:1. «Пророческое слово Творца: в земле Хадрах и в Дамесеке пребудет оно, ибо к Творцу (обращен) глаз человека и всех колен Исраэля».

[302] Пророки, Шмуэль 2, 7:10. «И Я приготовлю место для народа Моего, для Исраэля, и насажу его, и будет он жить на месте своем, и не будет тревожиться больше, и не станут больше злодеи притеснять его, как прежде».

Единого. Но в то время, когда Творец пробудится, чтобы обновить мир, все миры сами будут находиться в свойстве Единого", подобно высшему миру, и будет "слава Творца во всех них. И тогда написано: "В тот день будет Творец един, и имя Его – едино"[303]». Ибо имя Его, Малхут, едино со своей стороны, как АВАЯ, как говорились выше.[304]

---

[303] Пророки, Зехария, 14:9. «И будет Творец царем на всей земле, в тот день будет Творец един и имя Его – едино».

[304] См. Зоар, главу Берешит, часть 1, п. 126, со слов: «Зоар выясняет сказанное: "И был вечер, и было утро – день один (эхад)"...»

ГЛАВА ПКУДЕЙ

Сорокадвухбуквенное и семидесятидвухбуквенное имя

262) «Провозгласил за ним рабби Йегуда и сказал: "Тайна Творца – для боящихся Его, и союз Его, чтобы сообщить им"[305]. То есть высшая тайна, пребывающая в сокрытии, существует лишь "для боящихся Его"[305], которые всегда боятся Его и достойны этих высших тайн, и того, чтобы эти высшие тайны были у них скрыты и упрятаны как должно, поскольку это высшие тайны. Однако: "И союз Его, чтобы сообщить им"[305], – тайну, пребывающую в святом союзе, "чтобы сообщить им"[305], – поскольку это то место, которое надлежит раскрывать и познавать"». Объяснение. Потому что Есод раскрывает свечение Хохмы в Малхут, т.е. «чтобы сообщить им»[305] через Малхут.

263) «"Еще" объяснение изречения: "Тайна Творца – для боящихся Его"[305]. Ибо эти тайны предстают в виде страха, и эти боящиеся греха находятся в страхе пред этими высшими тайнами", чтобы не заниматься ими. "Однако: "И союз Его, чтобы сообщить им"[305], – для познания и объяснения этих вещей, поскольку это те вещи, которые должны будут быть объяснены"». Так как с помощью Есода эти тайны разъясняются. И нет страха заниматься ими.

264) «"Смотри, сорока двумя буквами был высечен мир", т.е. Малхут, "и воплотился". Укрытие светов и их скрытие называется высечением. А раскрытие светов называется воплощением, т.е. мохин, которые воплощают ступень. "И все они – венец святого имени". Так как сорокадвухбуквенное имя – это ГАР, КАХАБ, которые становятся венцом для Малхут, называемой именем. "Когда соединяются" сорок две буквы, чтобы стать дающими, "они поднимаются в Его буквы наверх", в Бину, где они впервые раскрываются, "и опускаются вниз", в Зеир Анпин, "и украшаются венцами" в нем, "в четырех сторонах мира", т.е. ХУГ ТУМ до хазе. И это три линии и Малхут, которая их получает. "И он может воплотиться"», т.е. получить эти мохин от Бины, с помощью которых он воплощается.

---

[305] Писания, Псалмы, 25:14. «Тайна Творца – для боящихся Его, и союз Его, чтобы сообщить им».

Объяснение. В сорокадвухбуквенном имени есть три свойства, как выяснено в Тикуней Зоар.³⁰⁶

Основная его форма, т.е. мохин КАХАБ, находящиеся в высших Абе ве-Име, являющимися свойством Хохмы. И это четыре буквы простой АВАЯ (הויה), являющиеся свойством Кетер; и десять букв, которые в наполненной АВАЯ (הויה), являющиеся свойством Хохма; и двадцать восемь букв в наполнении наполнения имени АВАЯ, являющиеся свойством Бина. И вместе это сорок две буквы.

Образ царя, высеченный на печати. Это три линии, вышедшие в ИШСУТ, т.е. Бине. И в этих трех линиях Бины отпечатались все миры, т.е. они подобны им так же, как формы на оттиске подобны формам на печати. Однако высшие Аба ве-Има, хотя и являются главной частью мохин де-ГАР, всё же не считаются печатью, мохин миров, и это потому, что в них йуд (י) не выходит из их воздуха авир (אויר).³⁰⁷ И это сорокадвухбуквенное имя – это два имени Эке (אהיה), которые есть в «Эке ашер Эке (Я буду таким, как Я буду)»³⁰⁸, и они в гематрии «мем-бет (42)».

Сорокадвухбуквенное имя в виде восковой печати. И это три линии Зеир Анпина, которые показывают, что в нем есть два действия:

1. Что он оттиснут исконной печатью, т.е. Биной.

2. Что он отпечатывает формы мохин в Малхут. Подобно воску, который после того, как оттиснут печатью, сам может выступать в роли печати на чем-то другом. И все это уже подробно выяснялось.³⁰⁹

И тут он начинает с сорокадвухбуквенного имени в Бине, являющегося исконной печатью, а после нее (переходит) к сорокадвухбуквенному имени в Зеир Анпине, и это смысл сказанного: «Они поднимаются в Его буквы наверх», т.е. в Бину,

---

[306] См. Тикуней Зоар, исправления 69, 103, 72.
[307] См. Зоар, главу Берешит, часть 1, п. 308. «Теперь выясняется различие между зивугом высшего мира Бины и зивугом нижнего мира Бины...»
[308] Тора, Шмот, 3:14. «И Всесильный сказал Моше: "Я буду таким, как Я буду". И сказал Он: "Так скажи сынам Исраэля: "Я пребуду" послал меня к вам"».
[309] См. Зоар, главу Берешит, часть 1, п. 319, со слов: «Здесь необходимо различать три особенности...»

«и опускаются вниз», т.е. в Зеир Анпин. И в сказанном после этого он выясняет, как буквы сорокадвухбуквенного имени, что в Зеир Анпине, выходят и отмечают печатью Малхут, а потом[310] он указывает на сорокадвухбуквенное имя в Абе ве-Име.

265) «"А затем выходят буквы" из сорокадвухбуквенного имени, что в Зеир Анпине, представляющего собой десять речений и тридцать два имени Элоким действия начала творения, и вместе это сорок два, которые светят в Зеир Анпине, "и создают мир", т.е. Малхут, "наверху и внизу", и это точка холам, которая делит Малхут надвое, когда Кетер и Хохма остались наверху, а Бина и ТУМ спустились вниз в мир Брия, "в мире единства", т.е. Кетер и Хохма ее остались в мире единства, т.е. в Ацилуте, "и в мире разделения", а Бина и ТУМ ее спустились в мир Брия, являющийся миром разделения. А после этого Бина и ТУМ снова поднялись из мира Брия в Ацилут в качестве точки шурук, "и тогда они называются горами разделения"[311]. Поскольку Бина и ТУМ после своего подъема в Ацилут отделены от правой линии, т.е. от Кетера и Хохмы, так как между ними возникло разногласие, и они как будто бы отделены друг от друга. "И это горы разделения, которые орошаются, когда южная сторона", т.е. правая линия, "начинает приближаться к нему", к левой линии, "и тогда текут воды", и горы разделения, т.е. левая линия, орошаются. "И благодаря той силе, что наверху", т.е. в Зеир Анпине, "нисходят" воды. "И все пребывают в радости"».

266) Здесь он намекает на сорокадвухбуквенное имя, которое в Абе ве-Име, и говорит: «Когда мысль", т.е. Хохма, "поднимается в желании радости от скрытого из всех скрытых", т.е. Кетера, "приходит и изливается от него один свет", т.е. Бина, "и они сближаются друг с другом", т.е. Хохма соединяется с Биной, "и это уже объяснялось"». И это основа формы сорокадвухбуквенного имени, т.е. мохин Кетера, Хохмы и Бины, представляющие собой четыре буквы простой АВАЯ, и десять букв АВАЯ в наполнении, и двадцать восемь букв наполнения наполнения, т.е. КАХАБ, и вместе это сорок две буквы.[312]

---

[310] См. п. 266.
[311] Писания, Песнь песней, 2:17. «Пока не повеял день и не побежали тени, обернись, будь подобен газели или молодому оленю на расселинах гор (досл. на горах разделения)».
[312] См. выше, п. 264.

267) «"И эти сорок две буквы – это высшая тайна, и ими был создан высший мир", т.е. Зеир Анпин, "и нижний мир", т.е. Малхут. "И они – существование и тайна всех миров, и о том, что они являются тайной миров, написано: "Тайна Творца – для боящихся Его, и союз Его, чтобы сообщить им"[305]. Это тайна, что высеченные буквы" сорокадвухбуквенного имени "в Его высечениях – в раскрытии"». Объяснение. Высечение указывает на скрытие и тайну, а буквы сорокадвухбуквенного имени высечены и углублены, как будет объяснено далее, поскольку Хохма не раскрывается в них. И поэтому сказано о них: «Тайна Творца – для боящихся Его»[305]. Однако они раскрываются в семидесятидвухбуквенном имени, в Малхут. И в соответствии с мерой их высечения в сорокадвухбуквенном имени, так они раскрываются в семидесятидвухбуквенном имени в Малхут. И с помощью этого выясняется написанное: «Тайна Творца – для боящихся Его»[305], т.е. сорокадвухбуквенное имя. «И союз Его, чтобы сообщить им»[305] – в семидесятидвухбуквенном имени, которое в Малхут. И это смысл сказанного: «Тайна, что высеченные буквы» сорокадвухбуквенного имени «в Его высечениях – в раскрытии», т.е. в мере Его высечений, сорокадвухбуквенного, это раскрывается в семидесятидвухбуквенном имени, как уже выяснено.

268) «"Написано: "И вложи в судный наперсник урим и тумим"[313]. И уже объяснялось, что "урим"[314], – означает, "что они светят, и это свойство "светящее зеркало", т.е. Зеир Анпин, "и это высечение букв святого имени в тайне сорока двух букв, которыми были созданы миры, и буквы эти были углублены в нем", т.е. были в скрытии Хохмы. "И тумим"[303], – это те буквы, которые содержатся в месте зеркала, которое не светит", т.е. Малхут, "и оно светит семидесятью двумя высеченными буквами, т.е. святым именем", поскольку семидесятидвухбуквенное имя – это раскрытие света Хохмы в Малхут, "и все вместе они называются "урим и тумим"[313]».

269) «"Смотри, когда эти буквы" сорокадвухбуквенного имени "углублены там", в судном наперснике, "благодаря этой силе", что были углублены, "светят другие буквы, которые в

---

[313] Тора, Шмот, 28:30. «И вложи в судный наперсник урим и тумим, и будут они на сердце Аарона, когда он предстанет пред Творцом; и будет носить Аарон суд сынов Исраэля на своем сердце пред Творцом всегда».
[314] «Урим» от слова «ор», «свет».

коленах.³¹⁵ Светят они или гаснут – всё это в этих буквах святых имен, как мы сказали" т.е. сорокадвухбуквенное имя. "И эти буквы святых имен" сорока двух букв "являются в Торе", т.е. раскрываются в Зеир Анпине, который называется Торой. "И все миры были созданы этими буквами. Эти имена" сорока двух букв "были скрыты и углублены там", в наперснике, "а буквы имен колен выступали наверх. И поэтому всё (исходит) от свойства этих букв. И мы уже всё объясняли"».

270) «"И вот мы учили о тайнах букв Торы, что буква бет (ב), с которой начинается Тора"», т.е. бет (ב) слова «берешит (בְּרֵאשִׁית вначале)»³¹⁶, «"и объяснялось, что бет (ב) сотворила, безусловно, посредством высшей силы, силой свойств этих букв", т.е. сорокадвухбуквенного имени. "Бет (ב) – это некева", т.е. Малхут. "Алеф (א) – захар", т.е. Зеир Анпин. "Как бет (ב) сотворила, так алеф (א) породила совокупность двадцати двух букв"», и это «эт (алеф-тав) אֵת»³¹⁶, которая содержит двадцать две буквы от алеф (א) до тав (ת).

271) «"Буква хэй (ה)"» слова «небо (а-шамáим הַשָּׁמַיִם)»³¹⁶ указывает на «"один зивуг (слияние) с небом", т.е. на Бину, которая передает небу, Зеир Анпину, "чтобы даровать ему жизнь и простереть над ним" мохин. "Буква вав (ו)"» из «и землю (ве эт а-арец וְאֵת הָאָרֶץ)»³¹⁶, т.е. Зеир Анпин, «"чтобы давать пищу" Малхут, называемой землей, "и установить для нее пропитание, которое подобает ей. И это скрытый смысл: "Вначале (берешит בְּרֵאשִׁית)"³¹⁶ и т.д., до "небо (а-шамáим הַשָּׁמַיִם) и землю (ве эт а-арец וְאֵת הָאָרֶץ)"³¹⁶. "Вав (ו)", которая вместе с "ве эт (ואת)"», которая согласно вышесказанному должна была быть вместе с «и землю (а-арец הָאָרֶץ)»³¹⁶, «"указывает на совокупность двадцати двух букв"», которые вывела вав (ו), так как «эт (את) алеф-тав»³¹⁶ указывает на двадцать две буквы от алеф (א) до тав (ת), «"от которых питается земля", т.е. Малхут. "И эта земля включает их в себя, как сказано: "Все реки текут в море"³¹⁷, – т.е. все потоки изобилия Зеир Анпина идут в Малхут, называемую морем. "И это скрытый смысл" того, что написано: "И землю (ве эт а-арец ואת הארץ)"³¹⁶, – что Малхут "собирает

---

³¹⁵ Тора, Шмот, 28:21. «И камни эти будут соответствовать именам сынов Исраэля: двенадцать – по числу их имен, и на каждом будет вырезано, как на печати, имя – для двенадцати колен».

³¹⁶ Тора, Берешит, 1:1. «Вначале сотворил Всесильный (эт) небо и землю».

³¹⁷ Писания, Коэлет, 1:7. «Все реки текут в море, но море не переполняется; к месту, куда реки текут, туда вновь приходят они».

в себя всё и получает их. Земля взяла вав (ו) и получила ее, чтобы питаться"» от нее.

272) «"И это смысл того, что Скиния возводилась только лишь посредством Моше, потому что с этой стороны Моше", т.е. Зеир Анпина, "пробудилась другая высшая ступень", т.е. Бина, "воплотить Скинию", т.е. Малхут, "чтобы было становление всего. И это означает: "И возвел Моше Скинию"[318], – и возведение ее происходило посредством тех же букв, которыми были созданы небо и земля"», т.е. сорокадвухбуквенного имени.

273) «"Поэтому все работы для Скинии Бецалель производил высечением тех букв, которыми были созданы небо и земля", т.е. сорокадвухбуквенным именем. "И потому он звался Бецалель, поскольку владел Бецалель высечением букв, которыми были созданы небо и земля. И если бы не знал их Бецалель, не мог бы выполнить этих работ в Скинии. И почему? Потому что, так же как высшая Скиния не была бы, и не установились бы все эти деяния иначе, как посредством этих букв", сорокадвухбуквенного имени, "так же и нижняя Скиния не была бы и не установилась иначе, как посредством этих букв"».

274) «"Бецалель сочетал буквы" сорокадвухбуквенного имени "и посредством каждого сочетания совершал работу. И в любой работе Скинии, посредством каждого сочетания, он совершал одну работу и всё, что подобает для нее. И так со всеми работами в Скинии. И все эти части и исправления в Скинии – всё это производилось посредством сочетания букв святого" семидесятидвухбуквенного "имени"».

275) «"И когда пришел возвести" Скинию, "не мог возвести ее. И в чем причина? Это потому, что желание" и намерение, "восходящее к этим буквам" сорокадвухбуквенного имени, "было передано одному лишь Моше, и он знал желание, восходящее к этим буквам. И поэтому Скиния была возведена им, как написано: "И возвел Моше"[318], "и установил"[318] – Моше, "и поставил"[318] – Моше. А Бецалель не умел, и не мог возвести ее"».

---

[318] Тора, Шмот, 40:18. «И возвел Моше Скинию: и установил ее подножия, и поставил ее брусья, и вложил ее засовы, и возвел ее столбы».

ГЛАВА ПКУДЕЙ

Жизни просил он у Тебя

276) «Провозгласил рабби Ицхак после него, и сказал: "Творец! Силе Твоей радуется царь и при спасении Твоем как сильно ликует!"[319] "Он жизни просил у Тебя – Ты дал ему долгоденствие на веки вечные"[320]. Эту песнь Давид произнес во славу Кнессет Исраэль", т.е. Малхут, "когда Творец радует ее веселием Торы, которая называется силой. Как написано: "Творец даст силу народу Своему"[321]». И это означает то, что сказал: «Творец! Силе Твоей радуется царь»[319]. «Радуется царь»[319] – это Творец, называемый царем, как написано: "И стал Он в Йешуруне царем"[322]».

277) «"И при спасении Твоем как сильно ликует!"[319], – это спасения правой (линии)", т.е. хасадим, "так же как ты говоришь: "Спаси десницей Твоей и ответь мне!"[323] "Помогла Ему десница Его"[324]. "Как сильно ликует (йагейль יָגִיל)"[319], написано "с дополнительной йуд (י), поскольку надо было сказать "йагель (יגל)", а не "йагейль (יָגִיל)", и это – знак святого союза, который является радостью всего", т.е. Есод. "И всё это говорится об этом царе"», т.е. о Зеир Анпине.

278) «"Он жизни просил у Тебя"[320]. Отсюда мы учили, что у царя Давида вообще не было жизни, кроме той, которую Адам Ришон отдал ему от своей собственной (жизни). Царь Давид прожил семьдесят лет, и эти семьдесят лет Творец дал ему от тех самых лет Адама Ришона"», который должен был прожить тысячу лет, как написано: «В день, когда станешь есть от него»[325], – и это день Творца, тысяча лет, а прожил он всего девятьсот тридцать лет, т.е. меньше на те семьдесят, которые

---

[319] Писания, Псалмы, 21:2. «Творец! Силе Твоей радуется царь и при спасении Твоем как сильно ликует!»

[320] Писания, Псалмы, 21:5. «Он жизни просил у Тебя – Ты дал ему долгоденствие на веки вечные».

[321] Писания, Псалмы, 29:11. «Творец даст силу народу Своему, Творец благословит народ Свой миром».

[322] Тора, Дварим, 33:5. «И стал Он в Йешуруне царем, когда собрались главы народа – вместе колена Исраэля».

[323] Писания, Псалмы, 60:7. «Чтобы избавлены были любимые Тобой, спаси десницей Твоей и ответь мне!»

[324] Писания, Псалмы, 98:1. «Псалом. Пойте Творцу песнь новую, ибо чудеса сотворил Он, помогла Ему десница Его и мышца Его святая».

[325] Тора, Берешит, 2:17. «Но от Древа познания добра и зла, не ешь от него; ибо в день, когда станешь есть от него, смерти предан будешь».

он отдал царю Давиду. «"И благодаря им жил Давид, и было дано ему долгоденствие в этом мире и в будущем мире. И об этом говорит он: "Он жизни просил у Тебя – Ты дал ему долгоденствие на веки вечные"[320]».

279) «"Велика слава его (в спасении Твоем)"[326], – это потому, что Он велик, как написано: "Велик Господин наш и могуч силой"[327]. Конечно", Зеир Анпин "называется великим, и это смысл сказанного: "И создал Всесильный два великих светила"[328], – разумеется, они были большими". Ведь даже Малхут, называемая луной, тоже была большой как Зеир Анпин, называемый солнцем. "И вместе с тем, Он", Зеир Анпин, "называется великим, как сказано: "Велик Господин наш и могуч силой"[327]. Однако Малхут не называется великой, поскольку она снова уменьшилась.[329] "И Творец называется великим только лишь благодаря тому, как написано: "Велик Творец (АВАЯ) и очень прославлен в городе Всесильного нашего (Элокейну), (на) горе святой Его"[330]. То есть, "в чем Он", Зеир Анпин, "велик?" Только "в городе Всесильного нашего (Элокейну), (на) горе святой Его"[330]», и это Малхут.

Объяснение. Сам Зеир Анпин всегда пребывает в хасадим, укрытых от Хохмы. И только во время зивуга с Малхут в нем появляется Хохма, чтобы передавать ее Малхут. И не может быть большим иначе, как в свете Хохмы. Получается, что Зеир Анпин считается великим только «в городе Всесильного нашего (Элокейну)»[330], т.е. во время зивуга с Малхут.

280) «"Ибо Ты дашь ему благословения навек"[331]. "Ибо Ты дашь ему благословения"[331] – это потому, что она", Малхут,

---

[326] Писания, Псалмы, 21:5-6. «Он жизни просил у Тебя – Ты дал ему долгоденствие на веки вечные. Велика слава его в спасении Твоем, красоту и великолепие Ты возложил на него».

[327] Писания, Псалмы, 147:5. «Велик Господин наш и могуч силой, беспределен разум Его».

[328] Тора, Берешит, 1:16. «И создал Всесильный два великих светила: светило великое для правления днем и светило малое для правления ночью, и звезды».

[329] См. Зоар, главу Берешит, часть 1, пп. 110-115. «Когда луна была вместе с солнцем в едином слиянии...»

[330] Писания, Псалмы, 48:2. «Велик Творец и очень прославлен в городе Всесильного нашего, (на) горе святой Его».

[331] Писания, Псалмы, 21:7. «Ибо Ты дашь ему благословения навек, возвеселишь его радостью лика Твоего».

"является благословением всего мира, и все благословения во всем мире исходят отсюда. И она является благословением. И это смысл сказанного: "И быть тебе благословением"[332]. Ибо здесь", в Малхут, "пребывают все высшие благословения, и отсюда выходят во весь мир. И поэтому она называется благословением"».

---

[332] Тора, Берешит, 12:2. «И Я сделаю тебя великим народом, и благословлю тебя, и возвеличу имя твое. И быть тебе благословением».

ГЛАВА ПКУДЕЙ

И доставили Скинию к Моше

281) «"Написано здесь: "Возвеселишь его радостью"[331]. В другом месте сказано: "И возрадовался Итро"[333]. Так же как там была радость вследствие избавления Исраэля из Египта, так же и здесь она вследствие избавления, "потому что в будущем Творец поднимет Кнессет Исраэль", Малхут, "из праха, и будет поддерживать ее в свойстве правой стороны, и будет обновлять ее новолунием, (приходящим) от солнца"».

282) «"Написано: "Возвеселишь его радостью лика Твоего"[331]. "Лика Твоего"[331] – означает, "что будет пред Тобой, и будет в радости пред ликом Твоим в таком же совершенстве, которое будет достигнуто в то время", т.е. в будущем. "Ибо в то время, когда был разрушен Храм, опустошилась" Малхут "от всего, чем была наполнена, как сказано: "Несчастна родившая семерых"[334], и написано: "Я наполнюсь, ибо опустошен он"[335]». А в будущем она опять обновится и наполнится.

283) «"Смотри, в то время, когда Моше возводил Скинию, он наблюдал за всеми совершаемыми работами, чтобы они были в надлежащем виде, и тогда он возвел ее. И все те работы, которые проводились в Скинии, каждую из них доставляли Моше. И это смысл сказанного: "За ней – девицы, подруги ее, к тебе приводят их"[336]. "К тебе приводят их"[336] – т.е. как написано: "И доставили Скинию к Моше"[337]». И это смысл того,

---

[333] Тора, Шмот, 18:9. «И возрадовался Итро всему тому благу, которое содеял Творец Исраэлю, – что Он спас его от руки Египта».

[334] Пророки, Йермияу, 15:9. «Несчастна родившая семерых, испускает дух; закатилось солнце ее среди дня; пристыжена она и посрамлена; а остаток их (Иудею) предам Я мечу пред врагами их, – говорит Творец».

[335] Пророки, Йехезкель, 26:2. «Сын человеческий! За то, что сказал Цор о Йерушалаиме: "Ага! Сокрушен он, врата народов, (торговля) обращена ко мне; я наполнюсь, (ибо) опустошен он!"»

[336] Писания, Псалмы, 45:15. «В узорчатых одеждах подведут ее к царю, за ней – девицы, подруги ее, к тебе приводят их».

[337] Тора, Шмот, 39:33. «И доставили Скинию к Моше – шатер и все его принадлежности: его крючки, его брусья, его засовы, и его столбы, и его подножия».

что семь девушек доставляют Малхут, называемую Скинией, к Моше, Зеир Анпину.[338]

284) Спрашивает: «"Почему "доставили Скинию"[337]?" И отвечает: "Потому что в это время был зивуг Моше", Зеир Анпина, "чтобы соединиться в зивуге, и доставили Скинию", Малхут, "Моше, подобно тому, как невеста входит в дом жениха. Ведь сначала надо привести невесту к жениху, как сказано: "Дочь мою отдал я этому человеку в жены"[339], а затем он уже входит к ней, как сказано: "И он вошел к ней"[340]. И написано: "И вошел Моше в Шатер откровения"[341]», – Малхут.

285) «"А здесь что написано: "И не мог Моше войти в Шатер откровения, ибо пребывало над ним облако"[342]. И в чем причина? Поскольку она исправляла себя, как жена, оправляющая и украшающая себя для мужа своего. И в час, когда она украшается, не приличествует мужу ее входить к ней. Потому: "И не мог Моше войти в шатер откровения, ибо пребывало над ним облако"[342]. Поэтому: "И доставили Скинию к Моше"[337]. И еще написано: "И увидел Моше всю работу"[343]».

286) «"Смотри, во всех работах Скинии использовался цвет синеты, поскольку синета является цветом для украшения всех цветов", так как это – черный свет свечи, в который включен белый свет.[344] "Что написано: "И сделали они начелок, священный венец из чистого золота, и начертали на нем письменами печатной резьбы: "Святыня Творцу". И присое-

---

[338] См. Зоар, главу, Ваякель, п. 53, со слов: «Объяснение. "Девственницы" – это ступени, исходящие от свойства ахораим Малхут, и это семь чертогов Брия, и это семь девиц, предназначенные приносить ей из дома Царя. И это смысл сказанного: "За ней – девицы, подруги ее, к тебе приводят их"...»

[339] Тора, Дварим, 22:16.

[340] Тора, Берешит, 29:23. «И было вечером: и взял он Лею, свою дочь, и привел ее к нему. И он вошел к ней».

[341] Тора, Бемидбар, 17:23. «И было на следующий день, и вошел Моше в шатер откровения, и вот расцвел посох Аарона от дома Леви, и расцвел цветами, пустил почки, и созрел на нем миндаль».

[342] Тора, Шмот, 40:35. «И не мог Моше войти в Шатер откровения, ибо пребывало над ним облако, и слава Творца наполняла шатер».

[343] Тора, Шмот, 39:43. «И увидел Моше всю работу, и вот, сделали они ее; как повелел Творец, так сделали они; и благословил их Моше».

[344] См. Зоар, главу Берешит, часть 2, пп. 249-268. «В поднимающемся пламени есть два света. Один – это сияющий белый свет, а другой – это свет, в котором удерживается этот белый свет, и это черный свет или синий...»

динили к нему шнур из синеты"³⁴⁵. И мы ведь уже объясняли смысл сказанного: "И сделай начелок из чистого золота, и вырежь на нем резьбою печатной: "Святыня Творцу". И наложи его на шнур из синеты"³⁴⁶».

---

[345] Тора, Шмот, 39:30-31. «И сделали они начелок, священный венец из чистого золота, и начертали на нем письменами печатной резьбы: "Святыня Творцу". И положили на него шнур из синеты, чтобы возложить на тюрбан сверху, – как Творец повелел Моше».

[346] Тора, Шмот, 28:36-37. «И сделай начелок из чистого золота, и вырежь на нем резьбою печатной: "Святыня Творцу". И положи его на шнур из синеты, и будет он на тюрбане; на лицевой стороне тюрбана будет он».

ГЛАВА ПКУДЕЙ

Существуют крепости-ловушки (Тосефта)

287) «"В высших тайнах", т.е. высших светах, "существуют крепости-ловушки", т.е. суды, содержащиеся в левой линии. "Эти", света, "поднимаются и опускаются, а эти", крепости, "находятся на своей позиции". Эти света – это "вращающие колеса, и они появились с того времени, когда собрался прах земной. Эти колеса вращают мир по кругу"».

Объяснение. ХУГ ТУМ Зеир Анпина называются четырьмя опорами престола, т.е. Бины, а по отношению к колеснице (меркава) они называются четырьмя колесами, и это три линии и Малхут, получающая их. И называются они вращающими колесами, потому что они светят только при вращении и движении своем.[347] И они были завершены в третий день начала творения, когда Малхут стала исправленной по сравнению с тем, какой она была до выхода средней линии, в свойстве «прах сухой и сыпучий», и при произнесении буквы далет (ד) в слове «эхад (אחד один)» собирается вместе этот прах и становится землей, извлекающей плоды благодаря получению от средней линии,[348] и тогда были завершены четыре колеса.

И это смысл сказанного: «Появились с того времени, когда собрался прах земной», – т.е. с того момента, когда было сказано: «Да произрастит земля поросль»[349]. И они светят, вращая Малхут, называемую мир, т.е. нукву Зеир Анпина. И это смысл сказанного: «Эти колеса вращают мир по кругу», потому что они светят миру, нукве Зеир Анпина, только во вращении. И поэтому

---

[347] См. Зоар, главу Бешалах, п. 137, со слов: «И три эти линии не раскрывают Хохму иначе, как с помощью своих движений, т.е. когда свечение каждой из них раскрывается специально одно вслед за другим в месте трех точек: холам, затем шурук, а затем хирик...»

[348] См. «Предисловие книги Зоар», п. 206, со слов: «"И тогда то, что было сушей, стало землей, чтобы производить плоды и порождения" – потому что для раскрытия совершенной любви, пребывающей в двух сторонах, милосердия и суда, "свет начала творения вышел, а затем был укрыт". "И когда укрылся он, проявился суровый суд. И соединились вместе обе стороны, милосердие и суд, чтобы раскрыть совершенство"...»

[349] Тора, Берешит, 1:11. «И сказал Всесильный: "Да произрастит земля поросль, траву семяносную, плодовое дерево, производящее плод по виду его, семя которого в нем, на земле"».

считается, что они вращают мир. И они пребывают в свойстве судов левой линии, так как левая линия установилась над ними.[350]

288) «"Когда они вращают по кругу пустоши, власть восприятия" Хохмы – "в них. Одно колесо есть в них, и это колесо вращает и не вращает, стоит в двенадцати тысячах мирах. Оно находится среди них", среди колес, "поднимается и передвигается внутри них"».

Объяснение. Мир делится на поселение и пустоши. Правая линия относится к поселению, левая линия относится к пустошам. И это смысл сказанного: «Когда они вращают по кругу пустоши», т.е. левую линию, "власть восприятия – в них", – власть восприятия, т.е. постижения Хохмы, в них. Ибо вследствие кругообращений левой линии притягивается, как известно, Хохма.

И известно, что четвертое колесо, Малхут, не считается отдельной линией, но она получает от трех линий, и в ней тоже есть три линии. И это означает: «Одно колесо есть в них», – т.е. четвертое колесо, Малхут, «это колесо вращает и не вращает», – ибо со стороны трех линий, которые получает, считается вращающим, но со своей стороны, т.е. Малхут, нет у него вращения, поэтому считается, что «не вращает». И написано: «Стоит в двенадцати тысячах мирах», – так как три линии в нем светят в его ХУГ ТУМ, и трижды четыре – это двенадцать, а свечение Хохмы в них называется тысячами (элеф אֶלֶף), в тайне сказанного: «И я научу тебя (ва-аалефха́ וַאֲאַלֶּפְךָ) мудрости»[351], и поэтому есть двенадцать тысяч миров, над которыми стоит это четвертое колесо. «Оно находится среди них, поднимается и передвигается внутри них», – он объясняет сказанное им тем, что говорит: «Вращает и не вращает», и говорит, что из-за этого считается это колесо вращающим, несмотря на то, что само оно не вращает, и это по той причине, что оно находится между ними, т.е. тремя линиями, оно поднимается и передвигается внутри них. Иначе говоря, вращение его происходит вследствие его нахождения в трех линиях, внутри которых оно передвигается.

---

[350] См. Зоар, главу Ваякель, п. 324. «"Небосвод наверху", и это парса в месте хазе Бины, т.е. ИШСУТ, "он устанавливается над высшими созданиями"...»

[351] Писания, Иов, 33:31-33. «Внимай, Иов, слушай меня и молчи, (пока) я говорю. Если есть у тебя слова, – ответь мне, говори, ибо я хотел бы тебя оправдать. Если же нет, – ты слушай меня и молчи, и я научу тебя мудрости».

Но в отношении того, что оно находится в двенадцати тысячах миров, а не в шестнадцати тысячах, считается, что «не вращает», поскольку недостает ему своего собственного свойства. Ибо даже в Малхут нет более, чем три линии, и нет свойства Малхут.

289) «"Под этим колесом", четвертым, "стоит один столб, вогнанный до великой бездны, в ней", в великой бездне, "переворачиваются камни, внутри этих бездн они поднимаются и опускаются. Этот столб стоит на них, перемещается и не перемещается, вогнанный сверху вниз. Двести двадцать (рейш-хаф כ"ר) других колес вращаются вокруг этого столба"».

Объяснение. Ты уже узнал, что «великая бездна» – это Малхут, подслащенная в Бине. «Вогнанный столб» – это Есод Зеир Анпина. И это смысл сказанного: «Под этим колесом» – т.е. под четвертым колесом, Малхут, расположенной от хазе Зеир Анпина и выше, вот под ней, т.е. от хазе Зеир Анпина и ниже, «стоит один столб, вогнанный», – т.е. Есод Зеир Анпина, «до великой бездны», – подслащенной Малхут.

«В ней переворачиваются камни» – т.е. экраны, «внутри этих бездн» – внутри этих Малхут, «они поднимаются» – когда эти камни, т.е. экраны, поднимают отраженный свет, «и опускаются» – когда опускается прямой свет. Как обычно происходит зивуг высшего света на экран, имеющийся в кли Малхут.[352] «Этот столб стоит на них» – т.е. высший свет нисходит через Есод на эти камни.

И вот этот Есод получает все свойства, имеющиеся в парцуфе Зеир Анпин, а сам он является свойством средней линии от хазе Зеир Анпина и ниже. Поэтому он тоже считается среди трех перемещающихся линий, как мы уже сказали, поэтому говорит: «Перемещается и не перемещается», – так как с одной стороны считается, что перемещается, поскольку является средней линией, и также получает высшие ХУГ ТУМ, и поэтому перемещается как они, а с другой стороны считается, что не перемещается, ибо в месте от хазе и ниже нет перемещения линий, но лишь в силу свечения колес, находящихся выше хазе. И это означает: «Вогнанный сверху вниз» – то есть он проводит всё, что имеется выше хазе Зеир Анпина, «вниз», – в место, которое ниже хазе Зеир Анпина.

---

[352] См. «Введение в науку Каббала», п. 14.

И сфира Есод состоит из Хохмы и хасадим, и поэтому Есод называется «аврех (אַבְרֵךְ)»[353], это буквы ав рах (אב רך): так как со стороны Хохмы называется «ав (אב основатель)», а со стороны хасадим называется «рах (רך мягкий)». Однако власть в нем – у хасадим, а Хохма всего лишь во включении (в них). И это смысл сказанного: «Двести двадцать (рейш-хаф ר"כ) других колес вращаются вокруг этого столба», т.е. не как четвертое колесо, в котором власть у Хохмы, но колёса, которые крутятся и светят вокруг Есода, – это двести двадцать (рейш-хаф ר"כ) колёс, то есть только лишь хасадим, называемые «рах (רך мягкий)». И еще, это указывает на общее свечение всех двадцати двух букв, в каждой из которых есть десять сфирот, а десять раз по двадцать две, это – двести двадцать (рейш-хаф ר"כ).

290) И объясняет: «"То другое колесо, находящееся над ним", над вогнанным столбом, т.е. четвертое колесо, о котором говорилось выше, "стоящее в двенадцати тысячах мирах", как мы уже сказали, "оно вращает внутри Скинии", и это нуква Зеир Анпина, "вращает и не вращает", по вышеуказанной причине,[354] "и эта Скиния стоит на двенадцати тысячах мирах. В ней", в Скинии, "раздается призыв, гласящий: "Берегитесь вращающего колеса"», о чем упоминалось выше.[355]

291) «"Тот, кто обладает глазами разума (твуна), познает и будет созерцать мудрость Господина своего, и познает эти высшие вещи, ибо ключи Владыки его находятся там, и они укрытые в святой Скинии. Счастливы они в этом мире, и счастливы они в мире будущем. О них написано: "Счастлив человек, чья сила в Тебе, пути к Тебе – в сердце их"[356]. "Счастлив избранный Тобой и приближенный к Тебе, обитать будет он во дворах Твоих! Насытимся мы благами дома Твоего, святостью храма Твоего!"[357]»

---

[353] См. Тора, Берешит, 41:43. «И велел он везти его на колеснице второй (после) своей, и возглашали пред ним: "Аврех!" И он поставил его над всей землею Египта».

[354] См. выше, п. 288.

[355] См. выше, п. 3.

[356] Писания, Псалмы, 84:6. «Счастлив человек, чья сила в Тебе, пути к Тебе – в сердце их».

[357] Писания, Псалмы, 65:5. «Счастлив избранный Тобой и приближенный к Тебе, обитать будет он во дворах Твоих! Насытимся мы благами дома Твоего, святостью храма Твоего!»

ГЛАВА ПКУДЕЙ

Буквы де-АВАЯ как буквы де-Адни

292) «"В Скинии находятся высшие тайны, скрытые в святом имени Адни (אדני). Эта тайна Скинии как высшая тайна, тайна ковчега. Как написано: "Вот ковчег союза – Господин всей земли"[358]. "Господин всей земли"[358] – это тайна святого имени "алеф-далет-нун-йуд (אדני Адни)". И оно находится в подобии святому имени АВАЯ (הויה). Ибо буквы" Адни (אדני) "как буквы"» АВАЯ (הויה).

293) И объясняет: «"Алеф (א)" де-Адни (אדני) "как йуд (י)" де-АВАЯ (הויה), т.е. Аба. "Свойство йуд (יוד)" с наполнением – оно "как алеф (א)". Так как форма алеф (א) – это йуд (י) сверху, вав (ו) посередине, далет (ד) внизу, то есть йуд (יו״ד). "И это уже объяснялось. Далет (ד)" де-Адни (אדני) – "это свойство хэй (ה)" де-АВАЯ (יהוה), т.е. Има. Ибо в то время, когда Малхут облачает левую линию Имы, она называется далет (ד). "И одна подобна другой, и все пребывает в одном виде и в одном свойстве", как выяснилось. "Нун (נ)" де-Адни (אדני) – "это свойство буквы вав (ו)" де-АВАЯ (הויה), т.е. это Тиферет, средняя линия. "И хотя это захар", т.е. вав (ו), "а это", нун (נ) – "нуква, но одна включилась в другую", т.е. Тиферет де-Адни (אדני), Малхут, свойство нун (נ), включилась в Тиферет де-АВАЯ (הויה), Зеир Анпин, свойство вав (ו). "И уже ведь объяснялось, что нун (נון) вав (ואו) находятся посередине", так как нун (נון) находится посреди букв, исчисляющихся в десятках, и это йуд-каф-ламед-мем-**нун**-самех-аин-пэй-цади (יכלמנסעפצ), а вав (ואו) находится посреди букв, исчисляющихся в единицах, и это алеф-бет-гимель-далет-хэй-**вав**-заин-хэт-тэт-йуд (אבגדהוזחטי). И нун (נ), являющаяся некевой, находится в первой половине, а вав (ו), являющаяся захаром, – во второй половине, "поскольку являются одним включением. Хэй (ה)" де-АВАЯ (הויה) – "это свойство буквы йуд (י)" де-Адни (אדני), т.е. Малхут, "поскольку йуд (י) здесь – это малая Хохма, называемая мудростью (хохма) Шломо"», т.е. свечение Хохмы, раскрывающееся в Малхут.

294) «"И включились буквы одни в другие", т.е. четыре буквы Адни (אדני) включились в четыре буквы АВАЯ (הויה). "И все они являются одним свойством, включены одни в другие, и всё это – одно целое. И всё является одним свойством в святых

---

[358] Пророки, Йеошуа, 3:11. «Вот ковчег союза – Господин всей земли пойдет пред вами через Ярден».

буквах. И поэтому Скиния, которая внизу на земле, пребывает в свойстве высшей Скинии", т.е. Малхут, называемой Адни, "и эта высшая Скиния находится в свойстве другой Скинии, самой высшей над всеми", т.е. Бины. "И всё включено друг в друга, чтобы быть одним целым, поэтому сказано: "И будет Скиния единым целым"[359]».

---

[359] Тора, Шмот, 26:6. «И сделай пятьдесят крючков золотых, и соедини полотнища друг с другом крючками, и будет Скиния единым целым».

И возвел Моше Скинию

295) «"Написано: "Первый из народов Амалек, но конец его – пока не будет уничтожен"[360]. Смотри, в день, когда возводилась Скиния, которую возвел Моше, как мы учили: "И возвел Моше Скинию"[361], что не могли возвести ее, пока не возвел ее" Моше. "Подобно тому, как нет права иному человеку возвести Царицу, кроме как мужу ее, так же и здесь – все мастера пришли, чтобы возвести Скинию, и не могла быть возведена ими, пока не явился Моше", являющийся строением (меркава) для Зеир Анпина, и он муж Царицы, "и возвел ее, поскольку он – хозяин дома"».

296) «"После того, как возвел Моше Скинию внизу, была возведена другая Скиния наверху, как уже объяснялось. И написано: "Была возведена Скиния"[362], и не объясняет кем, потому что возведена была от свойств высшего мира, непонятного и скрытого, посредством свойства Моше", т.е. Зеир Анпина, "для того чтобы установиться с ним"».

297) «"Что написано выше: "И пришли все мудрецы, исполнители всей священной работы"[363]. Спрашивает: "(Если говорится о высшей Скинии), кто же те мудрецы, которые исполняют там священную работу?" И отвечает: "Это правая и левая (стороны) и все остальные окончания" Зеир Анпина, "являющиеся путями и тропинками, чтобы войти к морю", т.е. к Малхут, называемой Скиния, "и наполнить его. Именно они – те, кто сделали Скинию наверху и установили ее"».

298) «"Подобно этому", о Скинии "внизу: "И сделают Бецалель и Оолиав"[364]. Один – с правой стороны", т.е. хасадим, "другой – с левой стороны", Хохма. "Бецалель был в правой,

---

[360] Тора, Бемидбар, 24:20. «И увидел он Амалека, и произнес притчу свою, и сказал: "Первый из народов Амалек, но конец его – пока не будет уничтожен"».

[361] Тора, Шмот, 40:18. «И возвел Моше Скинию: и установил ее подножия, и поставил ее брусья, и вложил ее засовы, и возвел ее столбы».

[362] Тора, Шмот, 40:17. «И было в первом месяце во втором году, в первый (день) месяца была возведена Скиния».

[363] Тора, Шмот, 36:4. «И пришли все мудрецы, исполнители всей священной работы, каждый в своем деле, какое он выполнял».

[364] Тора, Шмот, 36:1. «И сделают Бецалель и Оолиав, и всякий мудрый сердцем, кому дал Творец мудрость и разумение знать, как исполнить все дело священной работы во всем, что повелел Творец».

а Оолиав – в левой. Один – от Йегуды", т.е. Малхут в свойстве правой линии, "а другой – от Дана", левой. И они соответствуют свойствам правой и левой (линий) Зеир Анпина. "А затем: "И всякий мудрый сердцем"³⁶⁴. "И пришли все мудрецы, исполнители всей священной работы"³⁶³, которые соответствуют свойствам остальных сторон Зеир Анпина, как упоминалось в предыдущем пункте, "и это мы уже объясняли, и всё" в Скинии внизу – "в подобие высшей"» Скинии.

299) «"В тот день, когда возводилась Скиния, устранилась смерть из мира. Не говори "устранилась", а ушла смерть из мира, и не может властвовать. Как мы объясняли, что не устраняется из мира злое начало", являющееся ангелом смерти, "пока не придет царь Машиах, и не возрадуется Творец деяниям его, и тогда: "Уничтожит Он смерть навеки"³⁶⁵. Когда была возведена Скиния посредством Моше, была отделена сила злого начала, и покорилась, и не могла властвовать. В этот час отделил Сам силу гнева левой стороны от силы злого змея, и поэтому не может змей зла властвовать над миром, и не может соединиться с человеком и совратить его"».

300) «Рабби Йегуда сказал: "Когда Исраэль сделали золотого тельца, что написано: "А Моше брал шатер и разбивал его вне стана"³⁶⁶. И в чем причина? Поскольку, когда видел злое начало, которое находилось среди них, говорил себе Моше: "Сторона святости не будет пребывать в стороне скверны". Сказал рабби Эльазар: "Всё то время, когда властвует сторона святости, не может властвовать сторона скверны и покоряется" святости. "И поэтому мы учили, что всё то время, пока Йерушалаим будет полон, нечестивый Цур будет опустошен"».

---

³⁶⁵ Пророки, Йешаяу, 25:8. «Уничтожит Он смерть навеки, и отрет Творец Всесильный слезы со всех лиц, и позор народа Своего устранит Он на всей земле, ибо (так) сказал Творец».

³⁶⁶ Тора, Шмот, 33:7. «А Моше брал шатер и разбивал его вне стана, далеко от стана, и назвал его Шатром собрания. И было, всякий ищущий Творца выходил к Шатру собрания, который вне стана».

ГЛАВА ПКУДЕЙ

И спустилась с верблюда

301) «"Провозгласил и сказал: "И сказала она рабу: "Что это за человек, который идет по полю нам навстречу?" И сказал раб: "Это господин мой"[367]. Что написано выше: "И подняла Ривка глаза свои и увидела Ицхака, и спустилась с верблюда". Спрашивает: "Почему это изречение написано в Торе?" И еще: "Разве потому, что увидела красоту Ицхака, сошла с верблюда?"»

302) «"Однако, это изречение является тайной. Смотри, в час, когда Ривка пришла к Ицхаку, это был час послеполуденной молитвы (минха), и в это время пробуждается суд в мире, и увидела она его в гневе сурового суда, и увидела, что окончание этого суда внизу – это "верблюд", и это является знаком смерти. И поэтому она спустилась и отошла от этого "верблюда", ибо при виде грозного суда усиливается этот "верблюд", и поэтому отошла от него, и не сидела там"».

303) «"Смотри, этот "верблюд", т.е. тайный смысл сказанного: "И воздаянием (за благодеяния) его отплатит Он ему"[368]». Слово «верблюд (гамаль גָּמָל)» происходит от слова «воздаяние (гмуль גְּמוּל)», «"и это воздаяние грешникам. Как написано: "Горе нечестивому, творящему зло, ибо воздаст Он по делу рук его"[369]. И это "верблюд", собирающийся съесть всё и уничтожить всё, и он всегда уготован против людей. Поэтому тот, кто видел во сне верблюда, показали ему, что ему угрожала смерть, и он спасся от нее"».

304) «"Смотри, эта сторона скверны называется так", верблюд, "ибо она вызвала смерть во всем мире, и она подтолкнула Адама и жену его" к Древу познания. "А тот, кто восседал на ней, это Сам, который явился, чтобы сбить мир с правильного пути, и он навлек смерть на всё. Поэтому он явился и

---

[367] Тора, Берешит, 24:63-65. «И вышел Ицхак при наступлении вечера помолиться в поле, и поднял глаза и увидел – вот, идут верблюды. И подняла Ривка глаза свои и увидела Ицхака, и спустилась с верблюда. И сказала рабу: "Кто этот человек, идущий по полю нам навстречу?". И сказал раб: "Это господин мой"; и взяла она покрывало, и закрылась».

[368] Писания, Притчи, 19:17. «Заимодавец Творца – милующий бедного, и воздаянием за благодеяния его отплатит Он ему».

[369] Пророки, Йешаяу, 3:11. «Горе нечестивому, творящему зло, ибо воздаст Он по делу рук его».

властвовал над всем. Адам привлек его к себе, и после того, как привлек его к себе, тогда тот увязался за ними, пока не совратил их. И поэтому сказал Шломо: "Не приближайся ко входу в дом ее (нечестивой женщины)"[370] – ибо каждый, кто приближается к дому ее, она выходит и привязывается, и неотступно следует за ним"».

305) «"И поэтому Ривка, когда увидела" Ицхака, "что предстояло ему соединиться с суровым судом, поскольку увидела Ицхака в свойстве сурового суда, и видела, что с этой стороны выходит другой сильный суд от нечистоты золота", смысл которого выяснился выше,[371] "и как только увидела это, сразу же: "И спустилась с верблюда"[367] – чтобы излечиться от суда этой нечистоты. Написано: "Голос Творца, воздающего возмездие врагам своим"[372] – т.е. "этой нечистотой"».

306) «"Смотри, когда Исраэль совершили это деяние, и вызвали этот грех, что означает "телец", а не другое свойство? И если скажешь, что они выбрали тельца, это не так. Ведь они сказали: "Встань, сделай нам божество, которое пойдет перед нами"[373]. А желанием Аарона было остановить их"». И если так, кто же выбрал тельца?

307) «"Но, разумеется, работа была выполнена, как следует. Ибо со стороны золота", левой линии, "получаются отходы в тот момент, когда выявлено золото",[371] и оттуда", от отходов золота, "распространяются все эти свойства левой, являющиеся расплавлением этих отходов золота, и отделяются в многочисленных свойствах, и во всех тех, у которых есть красный цвет, имеющий вид золота, находящегося в горах, в то время, когда солнце в силе своей, ибо сила солнца показывает золото и порождает его в земле. А правитель над силой солнца видом своим похож на тельца, и называется "чумой, похищающей в

---

[370] Писания, Притчи, 5:8. ««Отдали от нее путь твой и не приближайся ко входу в дом её».

[371] См. выше, п. 75.

[372] Пророки, Йешаяу, 66:6. «Клик шумный из города, голос из Храма, голос Творца, воздающего возмездие врагам своим».

[373] Тора, Шмот, 32:1. «И увидел народ, что медлит Моше спускаться с горы, и собрался народ против Аарона, и сказали ему: "Встань, сделай нам божества, которые пойдут пред нами; ибо этот муж, Моше, который вывел нас из земли Египта, – не знаем мы, что стало с ним"».

полдень"[374]. И это красный расплав золота, который выходит из этого тельца", т.е. из вышеуказанного правителя, "и (также) все те, которые исходят со стороны этого красного цвета, являющегося духом нечистоты, и (также) все те, которые выходят из духа нечистоты и рассеиваются по миру"». И поэтому был сделан телец вследствие расплавления золота, которое Аарон бросил в огонь. Объяснение. ХУБ ТУМ левой линии – это бык-корова-телец-телица. А сила солнца – это Тиферет левой линии, т.е. телец. И о свойствах тельца он не сообщает, оттуда исходит ситра ахра и золотой телец.

---

[374] Писания, Псалмы, 91:5-6. «Не устрашишься ужаса ночного, стрелы, летящей днем, мора, во мраке ходящего, чумы, похищающей в полдень».

ГЛАВА ПКУДЕЙ

Отходы золота

308) «"И этот дух нечистоты – это змей зла. И есть тот, кто восседает на нем", т.е. Сам, "и они – захар и нуква, и называются "ЭЛЕ (эти אלה)". Они встречаются в мире во всех этих своих свойствах. А дух святости называется "зот (эта זאת)", и это союз (обрезания), знак святости, всегда пребывающий с человеком", т.е. венец (атара) Есода. "И также" называется "зэ (это זה)", как написано: "Это – Творец (АВАЯ)"[375], "Это Всесильный (Эль) мой"[376]. Однако эти называются "ЭЛЕ (אלה)", и об этом написано: "Эти (ЭЛЕ אלה) твои божества, Исраэль"[377]. И поэтому написано: "Эти-то забудут"[378] – что указывает на деяние тельца. "Но Я"[378] – свойство "зот (זאת)", "не забуду тебя"[378]. И написано: "Об этих (ЭЛЕ אלה) я плачу"[379], потому что грех" тельца, называемого ЭЛЕ (эти אלה), "привел их к тому, что плакали они многими видами плача"».

И грех тельца называется «ЭЛЕ (אלה)» по той причине, что корнем этих букв являются Бина и ТУМ, упавшие с каждой ступени на ступень под ней, когда Кетер и Хохма, оставшиеся на ступени, – это МИ (מי) де-Элоким (אלהים), а Бина и ТУМ, которые упали, – это ЭЛЕ (אלה) де-Элоким (אלהים).[380] Однако затем они вернулись на ступень и стали левой линией.[381] А затем, благодаря средней линии, снова соединились буквы ЭЛЕ (אלה) с

---

[375] Пророки, Йешаяу, 25:9. «И скажет в тот день: "Вот, это – Всесильный наш, на которого мы надеялись, и Он спасет нас! Это – Творец, на Него уповали мы, будем ликовать и радоваться спасению Его!"»

[376] Тора, Шмот, 15:2. «Моя сила и ликование – Творец. Он был спасением мне. Это Всесильный мой – буду прославлять Его; Всесильный отца моего – буду превозносить Его».

[377] Тора, Шмот, 32:4. «И взял он из их рук и увязал это в платок, и сделал это тельцом литым. И сказали они: "Вот (досл. эти) твои божества, Исраэль, которые вывели тебя из земли египетской"».

[378] Пророки, Йешаяу, 49:14-15. «А говорил Цион: "Оставил меня Творец, и забыл меня Господин мой!" Забудет ли женщина младенца своего, не жалея сына чрева своего? Эти-то забудут, но Я не забуду тебя».

[379] Писания, Мегилат Эйха, 1:16. «Об этих я плачу, льются слезы из очей моих как вода, ибо удалился от меня утешитель, отрада души моей; сыны мои покинуты, ибо враг победил».

[380] См. «Предисловие книги Зоар», п. 13, со слов: «Таким образом, в результате подъема точки, ставшей мыслью, разделилась каждая ступень на две половины...»

[381] См. Зоар, главу Ваякель, п. 131, со слов: «И это означает сказанное им: "Что молитва человека пересекает воздушные пространства и пересекает небосводы, открывает проходы и возносится наверх"...»

буквами МИ (מי), и восполнилось имя Элоким (אלהים).[382] Однако прегрешение тельца состояло в том, что они прилепились только к левой линии и не желали средней линии. Получается, что буквы ЭЛЕ (אלה), являющиеся левой линией, не соединились с буквами МИ (מי) в правой, чтобы восполнилось имя Элоким (אלהים), но создали разделение в имени Элоким (אלהים) из-за того, что взяли только левую линию, т.е. ЭЛЕ (אלה). Таким образом, всё прегрешение тельца произошло из-за того, что они отделили буквы ЭЛЕ (אלה) от Элоким (אלהים) и взяли их к себе. И это смысл сказанного: «Эти (ЭЛЕ) твои божества, Исраэль»[377]. И в этом также заключался грех Древа познания, когда Сам и змей совратили ее отделить ЭЛЕ (אלה) от Элоким (אלהים), и поэтому они называются ЭЛЕ (эти).

309) «"Другое объяснение" сказанного: "Об этих (ЭЛЕ) я плачу"[379]. Что это означает? Поскольку дано разрешение этому месту", называемому "ЭЛЕ (אלה), властвовать над Исраэлем и разрушить Храм. И поскольку дано им разрешение властвовать, написано: "Об этих (ЭЛЕ) я плачу"[379]. И внутренний смысл слов "об этих"[379] – это сторона скверны, называемая ЭЛЕ (אלה), которым дано разрешение властвовать. "Я плачу"[379] – это дух святости", Малхут, "называемой "Я"».

310) «"И если скажешь, что ведь сказано" наставительно: "Эти (ЭЛЕ) слова союза"[383]?" И отвечает: "Безусловно, так оно и есть", что также и здесь это указывает на ситру ахра, ибо все эти проклятия исполняются не иначе как в свойстве ЭЛЕ (אלה), в котором все проклятия, как мы объясняли. Ситра ахра – "она проклятая", как сказано: "Проклят ты более всякого скота"[384]. Поэтому он сначала сказал (слово) "ЭЛЕ (אלה эти)", стоящее над тем, кто преступил слова союза. И также: "Эти (ЭЛЕ) заповеди, которые Творец заповедал Моше"[385], – ибо заповеди Торы нужны для того, чтобы очистить человека, чтобы не уклонил-

---

[382] См. «Предисловие книги Зоар», п. 14, со слов: «"И создал ЭЛЕ, и поднялись буквы ЭЛЕ в имя" – Элоким…»

[383] Тора, Дварим, 28:69. «Вот (досл. эти) слова союза, который Творец повелел Моше заключить с сынами Исраэля на земле Моав, кроме союза, который заключил Он с ними у Хорэва».

[384] Тора, Берешит, 3:14. «И сказал Творец Всесильный змею: "За то, что ты сделал это, проклят ты более всякого скота и всякого зверя полевого! На чреве твоем передвигаться будешь и прах будешь есть все дни жизни твоей"».

[385] Тора, Ваикра, 27:34. «Вот (досл. эти) заповеди, которые Творец заповедал Моше для сынов Исраэля на горе Синай».

ся он на путь этих ЭЛЕ, и оберегал себя от них, и отделился от них"». И сказанное: «Эти (ЭЛЕ) заповеди»[385] означает, что заповеди призваны очистить ЭЛЕ.

311) «"И если скажешь: "Эти (ЭЛЕ) порождения Ноаха"[386], несомненно, что так оно и есть", и здесь это указывает на ситру ахра, ибо вышел Хам, а это "отец Кнаана"[387], и написано: "Проклят Кнаан!"[388] Именно поэтому написано: "Эти (ЭЛЕ)"[386]», – поскольку он проклят, как уже сказано.

312) «"И поэтому все они являются расплавом отходов золота. Но Аарон принес в жертву золото, являющееся его стороной", в отношении того, что "он ведь включен в силу огня". То есть, правая здесь включена в левую, и поэтому Аарон, являющийся правой, был включен в левую, т.е. силу огня. "И все это одно целое, и эта сторона", левая, – "это золото и огонь"».

---

[386] Тора, Берешит, 6:9. «Вот (досл. эти) порождения Ноаха. Ноах – муж праведный, непорочным он был в поколениях своих, пред Всесильным ходил Ноах».

[387] Тора, Берешит, 9:18. «И были сыновья Ноаха, вышедшие из ковчега: Шем, Хам и Йефет. А Хам – это отец Кнаана».

[388] Тора, Берешит, 9:25. «И сказал: "Проклят Кнаан, раб рабов будет он у братьев своих!"»

ГЛАВА ПКУДЕЙ

Телец

313) «"И дух нечистоты, всегда пребывающий в пустыне, нашел в это время место, чтобы набраться в нем сил. И хотя Исраэль были чисты от первого вида скверны, которую привнес змей в мир и навлек на всех смерть, с того времени, когда они стояли на горе Синай, но сейчас" этот грех тельца "привел к тому, что сделал их нечистыми, как и раньше, чтобы возобладать над ними, и" снова "навлек смерть на них, и на весь мир, и на поколения после них. И это смысл изречения: "Я сказал: "Ангелы вы, и сыновья Всевышнего все вы. Однако, как человек, умрете"[389]. И поэтому Аарон затем снова очистился в высшей вере, во время этих семи святых дней", дней посвящения, "и затем очистился посредством" принесения в повинную жертву "тельца"».

314) «"И посмотри, главным образом, должен был очиститься Аарон, – ведь если бы не он, не вышел бы телец. А какова причина? Потому что Аарон – это правая (сторона), которая является силой солнца, а золото происходит от солнца". Ибо солнце, Тиферет, состоит из правой и левой (сторон), и поэтому из левой выходит золото, однако сила и власть солнца – это правая (сторона). "Дух нечистоты опустился и включился там" в золото, когда был сделан телец. "И были осквернены Исраэль, и был осквернен он", Аарон, "до тех пор, пока не очистились"».

315) «"Какова причина того, что он осквернился?" И отвечает: "Потому что вышел телец, который от левой стороны, и это бык, и от него произошел телец". Ибо четыре свойства в левой стороне: бык-корова-телец-телица, и это ХУБ ТУМ левой (стороны). "Это левая, как мы учили в сказанном: "И лик быка – слева у (всех) четырех"[390]. И в Аарона, являющегося правой стороной, включилась левая сторона и вышла с его помощью. И поэтому дан был ему телец" для принесения в повинную жертву, "подобно тому, как он привел к этому"».

316) «"И поэтому, когда этот дух нечистоты усилился и" снова "стал властвовать над миром, как и вначале, так как в

---

[389] Писания, Псалмы, 82:6-7. «Я сказал: "Ангелы вы, и сыновья Всевышнего все вы. Однако, как человек, умрете и, как любой сановник, упадете"».

[390] Пророки, Йехезкель, 1:10. «И образ их ликов – лик человека, и лик льва – справа у (всех) четырех, и лик быка – слева у (всех) четырех, и лик орла у (всех) четырех».

то время, когда Исраэль совершили грех тельца, они навлекли на себя это злое начало, как и раньше, – поэтому когда очищались Исраэль и хотели очиститься, требуется принести в жертву козла, ибо козел – это доля того злого начала, того духа нечистоты, о котором мы сказали"».

317) «"Написано: "И променяли славу свою на изображение быка, едящего траву"[391]. Что такое "изображение быка"[391]? Это телец. Бык – он от левой стороны. Аарон – правая (сторона). Левая включилась в него и, усилившись в нем, вышла благодаря ему. Смотри, "и променяли славу свою"[391] – это Шхина, которая шла перед ними, и подменили ее, взяв вместо нее нечистоту, другое божество. Поэтому не отойдет скверна от мира до тех пор, пока Творец не устранит ее из мира, как сказано: "И дух скверны удалю Я с земли"[392]. И мы это уже объясняли"».

318) «"Написано: "И сделал его тельцом литым"[393]. И написано: "И я бросил его в огонь, и вышел этот телец"[394] – это означает, что не он сделал его", а он был сделан другим. "В таком случае, что означает: "И сделал его"[393]? И отвечает: "Но, безусловно, как мы уже объясняли, что если бы не Аарон, не усилился бы дух нечистоты, чтобы включиться в золото. Однако для совершения всего необходимого исправления, нужно было создать его"». И этот был создан колдунами, как нам еще предстоит выяснить.

319) «"Смотри, есть тот, кто совершает колдовства и делает это успешно, а есть тот, кто совершает их точно в таком же виде, но неудачлив в этом. Поскольку для такого занятия нужен подходящий человек"».

320) «"Посмотри на примере Билама, который подходил для этого своего колдовства, чтобы оно было успешным. Поскольку

---

[391] Писания, Псалмы, 106:20. «И променяли славу свою на изображение быка, едящего траву».

[392] Пророки, Захария, 13:2. «И будет в тот день, – слово Властелина воинств, – истреблю имена идолов с земли, и не помянут их более, а также лжепророков и дух скверны удалю Я с земли».

[393] Тора, Шмот, 32:4. «И взял он из их рук и увязал его в платок, и сделал его тельцом литым. И сказали они: "Вот твои божества, Исраэль, которые вывели тебя из земли египетской"».

[394] Тора, Шмот, 32:24. «И сказал я им: "У кого золото?" Они сняли и дали мне, и я бросил его в огонь, и вышел этот телец».

написано: "Речь мужа с зияющим оком"³⁹⁵. "С зияющим оком (штум а-аин שְׁתֻם הָעָיִן)"³⁹⁵ и "с невидящим оком (стум а-аин סְתֻם הָעָיִן)" – всё одно, ибо один глаз у него был всегда незрячим, и взгляд его был непрямым, порок был в глазах у него", и поэтому он подходил для своего колдовства. "И написано: "И отошлет его с на́рочным"³⁹⁶, – т.е. этот человек "будет полностью подходить" для его послания, "чтобы взгляд его был непрямым". То есть, чтобы в нем был еще и порок, потому что ситра ахра прилеплена к пороку и недостатку. "Но дух святости – о том, кто будет пользоваться им, что написано: "Никто, у кого есть порок, не приблизится – ни слепой, ни хромой"³⁹⁷».

---

[395] Тора, Бемидбар, 24:3. «И изрек он притчу свою, и сказал: "(Вот) речь Билама, сына Беора, и речь мужа с зияющим оком"».

[396] Тора, Ваикра, 16:21. «И возложит Аарон обе руки свои на голову живого козла, и признается над ним во всех прегрешениях сынов Исраэля и во всех грехах их, и во всех провинностях их, и возложит их на голову козла, и отошлет его с нарочным в пустыню».

[397] Тора, Ваикра, 21:18. «Никто, у кого есть порок, не приблизится: ни слепой, ни хромой, ни плосконосый, ни уродливый».

ГЛАВА ПКУДЕЙ

Красная корова

321) «"А здесь", в деянии с тельцом, "всё было устроено для духа нечистоты, чтобы дать ему место властвовать. Ибо нашел он пустыню, которая лишена всего, как сказано: "По пустыне великой и страшной, где змей ядовитый и скорпион"[398], и оттуда власть его. Нашел он достаточно золота, как положено. Нашел Аарона, чтобы получить силу в правой стороне и включиться в нее. Тогда довершилось надлежащим образом место его", ситры ахра, "и вышло, и завершилась эта работа"».

322) «"И откуда нам известно, что был дух нечистоты? Потому что сказано: "О, совершил этот народ грех великий"[399] – это дух нечистоты, первородный змей, как мы уже говорили во многих местах. И в час, когда Аарон хотел очиститься, он принес тельца" в повинную жертву "от этой стороны, чтобы совершить над ним суд" посредством заклания и возложения на жертвенник. "Вначале он сделал ему, чтобы властвовал, а теперь производит над ним суд, чтобы смирить его, ибо, когда производится суд в этой стороне, смиряются все те, кто властвует в его стороне"».

323) «"Смотри, в Египте, об этой их стороне", т.е. ягненке, которому поклонялись египтяне, "написано: "Не ешьте от него недопеченного и сваренного в воде, но только испеченное на огне"[400], – чтобы поднимался его приятный запах. И сказано: "Его голова с его ногами"[400], – чтобы сокрушить его и смирить его. И тогда все, приходящие с его стороны, не смогут властвовать. Подобно этому, "корову красную без изъяна"[401], которая для того, чтобы смирить все эти стороны нечистоты, чтобы не властвовали"».

---

[398] Тора, Дварим, 8:15. «И провел Он тебя по пустыне великой и страшной, где змей ядовитый и скорпион, где жажда и нет воды, извлек для тебя воду из скалы кремнистой».

[399] Тора, Шмот, 32:31. «И возвратился Моше к Творцу, и сказал: "О, совершил этот народ грех великий, и сделали они себе божества золотые"».

[400] Тора, Шмот, 12:9. «Не ешьте от него недопеченного и сваренного в воде, но только испеченное на огне; его голова с его ногами и с его внутренностями».

[401] Тора, Бемидбар, 19:2. «Вот закон Учения, которое заповедал Творец так: "Говори сынам Исраэля, чтобы взяли тебе корову красную без изъяна, у которой нет увечья, на которой не было ярма"».

324) «Сказал ему рабби Аба: "Но ведь святая корова, она чистая, зачем же?"» тебе сравнивать ее с тельцом и с ягненком, которому поклонялись египтяне. И почему ее сжигание усмирит стороны нечистоты? «Сказал ему: "Это так", что корова указывает также и на их сторону. "И уже объяснялось, что корова была совокупностью четырех царств. "Корову"[401] – это как сказано: "Ибо как строптивая корова упрямился Исраэль"[402]. "Красную"[401] – это вавилонское царство, как сказано: "Голова его из чистого золота"[403]. "Без изъяна"[401] – это мидийское царство. "У которой нет увечья"[401] – это греческое царство. "На которой не было ярма"[401] – это эдомское царство, на котором не было ярма. И скрытый смысл этого: несмотря на то, что много вещей даны для объяснения в изречениях, всё это является одним целым"».

325) «"Мы ведь учили сказанное: "Кто станет чистым от нечистого? – Ни один"[404]. "Кто станет чистым от нечистого?" Эта тайна объясняется так, что эта" красная корова, "она – чистое (свойство), выходящее из нечистого. Ибо вначале она была нечистым (свойством)", т.е. совокупностью четырех Малхут, как мы уже сказали, "но теперь, когда совершен над ней суд, и она отдана на сожжение огнем, огнем пылающим, и превращается в прах, теперь она "чистое от нечистого"[404] – чистое, которое вышло из нечистого"».

326) «"И поэтому все, кто занимаются ею, становятся нечистыми, ибо это именно так", – что она нечиста. "Но, когда превращается в пепел, тогда, прежде чем она умрет и вознесется из этого места, она делает нечистыми всех. Как сказано: "И вымоет собиравший пепел коровы одежды свои, и нечист он"[405]. Что означает пепел?" – которым она должна стать. "Это как сказано: "И будете попирать грешников, ибо станут они

---

[402] Пророки, Ошеа, 4:16. «Ибо как строптивая корова упрямился Исраэль, теперь как овцу (одинокую) на просторе будет пасти их Творец».
[403] Писания, Даниэль, 2:32-33. «(Вот) идол этот: голова его из чистого золота, грудь и руки из серебра, чрево и бедра из меди, голени из железа, а ступни его частью из железа, а частью из глины».
[404] Писания, Иов, 14:4. «Кто станет чистым от нечистого? – Ни один».
[405] Тора, Бемидбар, 19:10. «И вымоет собиравший пепел коровы одежды свои, и нечист он до вечера. И будет это для сынов Исраэля и для пришельца, живущего среди них, законом вечным».

пеплом под ступнями ног ваших"[406]. Но когда выливают на этот пепел воду, тогда он "чистое от нечистого"[404]».

327) «"И смысл этого заключен в том, что написано: "Водой грехоочистительной"[407], и это как сказано: "У входа грех лежит"[408]". Так же и корова, это (свойство): «У входа грех лежит»[408]. «"И поскольку она, безусловно, вход, у которого грех лежит", поэтому "написано вначале: "И выведет ее за пределы стана"[409], и поэтому поручается" выполнение этого "помощнику великого коэна. И это – "чистое от нечистого"[404]. Вначале – нечистое, а теперь – чистое. И всякая сторона духа нечистоты, когда это видит, убегает и не поселяется в этом месте"». И поэтому она очищает нечистых.

328) «"И поэтому, безусловно, она является "водой грехоочистительной"[407], "водой очищающей"[410], все это – нечистота. И поэтому" после того, как совершается суд над ней, "властвует дух святости, а дух нечистоты смиряется и не властвует вовсе. И этот суд", который вершится "над духом нечистоты, происходит "за пределами стана"[409], поскольку это дух нечистоты, и написано: "И будет стан твой свят"[411]. Подошел рабби Аба и поцеловал его».

---

[406] Пророки, Малахи, 3:21. «"И будете попирать грешников, ибо станут они пеплом под ступнями ног ваших в тот день, который определю Я", – сказал Властелин воинств».

[407] Тора, Бемидбар, 8:7. «И так поступи с ними, чтобы очистить их: окропи их водой грехоочистительной, и пусть обреют все тело свое, и вымоют одежды свои, и очистят себя».

[408] Тора, Берешит, 4:7. «Ведь если исправишься, прощен будешь, а если не исправишься, у входа грех лежит, и к тебе его влечение, – но ты властвуй над ним!»

[409] Тора, Бемидбар, 19:3. «И передайте ее Эльазару-коэну, и выведет ее за пределы стана, и зарежет ее перед ним».

[410] Тора, Бемидбар, 19:9. «А человек чистый соберет пепел коровы и положит вне стана на чистое место, дабы было это у общества сынов Исраэля на хранении для воды очищающей: это жертва грехоочистительная».

[411] Тора, Дварим, 23:15. «Ибо Творец Всесильный твой ходит среди стана твоего, чтобы избавлять тебя и низлагать врагов твоих перед тобой. И будет стан твой свят, чтобы не увидел Он у тебя наготы и не отступился от тебя».

ГЛАВА ПКУДЕЙ

Волос в тфилине

329) «Сказал рабби Шимон: "Несмотря на то, что все это так, как мы сказали, ведь Творец дает ему власть", ситре ахра, "и необходимо смирить дух нечистоты со всех сторон. Подойди, и я скажу тебе одну тайну, которую нельзя раскрывать никому, кроме этих высших праведников (досл. святых)"».

330) «"Смотри, этому месту, представляющему собой дух нечистоты, дал ему Творец власть, чтобы тот властвовал в мире множеством способов, и он может вредить, и у нас нет права пренебрежительно относиться к нему, потому что необходимо остерегаться его, чтобы он не стал обвинять нас в нашей святости. И поэтому есть у нас одна тайна: нужно дать ему небольшое место в нашей святости, ибо из святости выходит власть его"».

331) То есть «нужно в свойстве тфилин спрятать один волос тельца, чтобы он выходил наружу и был виден, потому что толщина этого волоса не делает нечистым, кроме того случая, когда этот волос соединяется и достигает меры, но менее этого он не делает нечистым. И этот волос надо ввести в нашу высшую святость, дав ему место для того, чтобы не стал обвинять нас в нашей святости"».

332) «"И кончик волоса должен выходить наружу" из тфилин, "чтобы был виден. Ибо, когда ситра ахра видит этого человека в высшей святости, и есть доля ее участия в этом, она уже не станет обвинять его, и не сможет причинить ему зла наверху и внизу, ведь он дал ей место. А если не дают ей долю в этой святости, она может причинить ему зло внизу, и поднимается и обвиняет его наверху, говоря: "Такой-то, совершающий освящение сейчас, так-то и так-то поступил в такой-то день, и таковы грехи его". Пока не начинается суд над этим человеком, и не получает наказание из-за нее"».

Пояснение сказанного. Вначале необходимо понять следующее: иногда мы говорим, что проявление Малхут свойства суда, называемой манула, является исправлением для всех мохин,[412]

---

[412] См. Зоар, главу Лех леха, п. 22, со слов: «Экран де-хирик, на который выходит средняя линия, происходит от свойства суда, имеющегося в Малхут, которое не подслащается милосердием Бины и называется манула...»

а иногда мы говорим, что раскрытие судов манулы оскверняет и отделяет святой зивуг,[413] и также несет смерть человеку. И дело в том, что раскрытие манулы, несущее нечистоту или смерть человеку, происходит не за один раз, но своими прегрешениями человек вызывает раскрытие манулы наверху много раз, и вследствие соединения всех этих раскрытий они достигают достаточной меры даже для того, чтобы лишить человека духа жизни.[414]

И вместе с этим ты поймешь, что раскрытие манулы в свойстве экрана де-хирик, исправляющего мохин,[412] оно меньше меры, которая осквернит и изгонит света, и поэтому можно пользоваться ею для исправления мохин. Но мало того, исправление мохин вообще не может произойти без нее.[412]

И «волосы тельца» – это раскрытие Малхут меры суда, потому что телец указывает на золотого тельца, который сделали Исраэль, провозгласив: «Эти (ЭЛЕ) божества твои, Исраэль»[415]. И это притяжение Хохмы сверху вниз, о котором сказано: «Если не исправишься»[408], а будешь притягивать Хохму сверху вниз, тогда: «У входа грех лежит»[408] – т.е. раскроешь в конце всего Малхут меры суда. И поэтому она называется волосом (сеара שַׂעֲרָא) тельца. То есть это гроза (сеара סְעָרָה), которая приходит вместе с деянием тельца.

И это смысл сказанного: «И у нас нет права пренебрежительно относиться к нему», и так далее, «ибо из святости выходит власть его», так как раскрытие манулы – это исправление святости, производимое средней линией. Поэтому мы не можем вести себя с пренебрежением по отношению к обвинителю, т.е. смеяться над ним и не иметь с ним никаких дел. Ведь в силу того, что уже находится раскрытие манулы в святости, он может

---

[413] См. Зоар, главу Ноах, п. 103. «Как левая рука наверху, в Зеир Анпине, обнимает Нукву, и он соответственно пробуждается в любви к ней, также есть снизу, от Нуквы, этот змей, являющийся левой рукой духа скверны и Нуквой скверны...»

[414] См. Зоар, главу Ваеце, п. 27, со слов: «И мы должны знать, что у Малхут свойства суда нет достаточной силы, чтобы умерщвлять людей в начале своего раскрытия, и она должна много раз раскрываться над человеком, пока их соединение вместе не соберется в меру достаточную, чтобы умертвить человека...»

[415] Тора, Шмот, 32:4. «И взял он из их рук и увязал его в платок, и сделал его тельцом литым. И сказали они: "Вот (досл. эти) твои божества, Исраэль, которые вывели тебя из земли египетской"».

всегда обвинять, т.е. поминать грехи человека, достаточные для такой меры, чтобы изгнать у него света жизни.[414] И это смысл сказанного им, – поскольку корень этого раскрытия уже находится в святости, поэтому нужно бояться его обвинения.

И это смысл сказанного: «Нужно в свойстве тфилин спрятать один волос тельца, чтобы он выходил наружу и был виден». Ибо волос тельца указывает на раскрытие манулы. Однако тфилин, представляющие собой три линии, уже исправлены наверху вследствие этого раскрытия.[412] И поэтому мы должны поместить волос тельца внутри тфилин, и необходимо оставить его видимым снаружи тфилин, и тогда увидит обвинитель, что мы рассматриваем его обвинение, как часть, включаемую в исправление святостью. В таком случае, он не сможет сделать из этого обвинение во зло человеку.

И чтобы не удивляться: как может быть, чтобы раскрытие меры суда манулы находилось в святости, если нам известно, что в любом месте, где она раскрывается, она делает нечистым,[413] – поэтому говорит: «Потому что толщина этого волоса не делает нечистым, кроме того случая, когда этот волос соединяется и достигает меры», то есть, когда у нечистоты есть мера, образовавшаяся вследствие многочисленных прегрешений нижних,[414] «но менее этого он не делает нечистым». И исправление «во́лос тельца», оно меньше этой меры, и поэтому не делает нечистым.

333) «"И так поступали Исраэль, зная эту тайну. Когда они начинали освящаться высшей святостью в День искупления, они следили за тем, чтобы сразу же дать его часть этому месту, и дать ему часть среди них для того, чтобы не пребывал над ними обвинитель и не явился напомнить о грехах Исраэля.[416] Ведь сколько есть отрядов и станов, готовых воспользоваться его обвинением. Благословенна участь того, кто может уберечься, чтобы не упоминали грехов его наверху и не подстерегали его с целью причинить зло"».

334) «Тем временем слезы текли из глаз рабби Абы», ибо он не понял этой тайны в самой ее основе. «Сказал ему (рабби Шимон): "Аба, Аба! Пойди и разреши свое недоразумение,

---

[416] См. объяснение в Зоар, главе Ноах, п. 104. «И тогда Исраэль внизу приносят в жертву козла на новомесячье...»

и тщательно проверь свое постижение. Ибо тайны Торы даны удостаивающимся, как написано: "Тайна Творца для боящихся Его"[417]».

335) «"Смотри, в день Рош а-шана (начала года) производится суд в мире, и Творец восседает и судит весь мир. И ситра ахра находится на этой стороне и следит за всеми приговоренными к смерти, и они внесены в список перед ней. И в час, когда Исраэль пробуждают милосердие звуком шофара, она входит в полное замешательство,[418] т.е. не знает и не следит за теми, кто осужден. И тогда, если после всего они не совершают возвращение, им выносится смертный приговор, и выходят списки из дома Царя и передаются ей", ситре ахра. "Когда" эти списки "переданы ей, то уже не возвращаются, пока суд не приводится к исполнению"».

336) «"И Исраэль должны беречь себя от него", обвинителя, "все (вместе), тем более один человек. Ведь они должны беречь себя согласно высшему закону", поскольку у него есть корень в святости,[419] "и давать ему каждый месяц, когда луна", Малхут, "должна обновиться, одного козла, чтобы он не мог жаловаться на обновление,[416] и взял свою долю от этого козла, как положено ему.[416] И святая луна", Малхут, "будет питаться от святости, чтобы обновиться, как подобает"».

337) «"И когда она обновляется каждый месяц, то называется поэтому отроком (наар), и мы это уже объясняли. А этот другой", ситра ахра, "всегда пребывающий в скверне и не выходящий из нее, называется "царь старый, да глупый"[420]. И поэтому святому Исраэлю, которые являются одним народом в единстве святости, Творец дает совет, как спастись от всего. Счастливы они в этом мире и в мире будущем, как написано: "И народ твой, все праведники, навеки унаследуют землю, ветвь насаждения Моего, дело рук Моих для прославления"[421]».

---

[417] Писания, Псалмы, 25:14. «Тайна Творца для боящихся Его, и союз Свой Он объявляет им».

[418] См. Зоар, главу Ваера, п. 383. «И обвинитель находится в замешательстве – ведь он думал править в мире с помощью суда и обвинения...»

[419] См. выше, п. 330.

[420] Писания, Коэлет, 4:13. «Лучше отрок бедный, но умный, чем царь старый, да глупый, не умеющий остерегаться».

[421] Пророки, Йешаяу, 60:21. «И народ твой, все праведники, навеки унаследуют землю, ветвь насаждения Моего, дело рук Моих для прославления».

ГЛАВА ПКУДЕЙ

И доставили Скинию к Моше

338) «"И доставили Скинию к Моше"⁴²². Написано: "А над небосводом, (который над головами их, словно образ сапфирового камня, в виде престола)"⁴²³ – это небосвод, расположенный над четырьмя созданиями, и когда они поднимаются благодаря воздуху, погоняющему их", чтобы поднять трон, Малхут, "они не поднимают свои головы наверх"», чтобы смотреть на Шхину, т.е. престол, из-за небосвода, который над ними.

339) «"Поскольку этот дух жизни", Малхут, "погонял все" создания и офаним, "и благодаря этому духу (руаху) поднимаются все они", все создания и офаним, что в БЕА, "как написано: "А когда поднимались эти создания над землей, поднимались и офаним"⁴²⁴ перед ними. И сказано: "Ибо дух этого создания был в офаним"⁴²⁵». Таким образом, дух этого создания, т.е. Малхут, поднимает всех.

340) Спрашивает: «"Почему они поднимаются?" в Ацилут. И отвечает: "Но когда этот воздух (авир)", Малхут, "ударяет по ним", по четырем созданиям, "он поднимает эти четыре создания, которые под этим созданием", Малхут, "и они поднимают это создание, пока не приводят его к высшему сиянию", Зеир Анпину. "И это смысл сказанного: "За ней – девицы, подруги ее, к тебе приводят их"⁴²⁶, поскольку эти четыре создания называются так. И они не отходят от этого создания, от престола", т.е. Малхут, "никогда. И поднимают его", Малхут, "снизу вверх, чтобы исправить престол", Малхут, "по отношению к высшему", Зеир Анпину. "И это смысл слов: "И понесли они ковчег,

---

⁴²² Тора, Шмот, 39:33. «И доставили Скинию к Моше – шатер и все его принадлежности: его крючки, его брусья, его засовы, и его столбы, и его подножия».

⁴²³ Пророки, Йехезкель, 1:26. «А над небосводом, который над головами их, словно образ сапфирового камня, в виде престола, и над образом престола – образ, в облике человека, на нем сверху».

⁴²⁴ Пророки, Йехезкель, 1:19. «И когда шли эти создания, двигались колеса подле них, а когда поднимались создания эти над землей, поднимались и колеса».

⁴²⁵ Пророки, Йехезкель, 1:20. «Куда направлял их этот дух идти, туда и шли они. Желание (досл. дух) идти и офаним поднимались перед ними, ибо дух этого создания был в офаним».

⁴²⁶ Писания, Псалмы, 45:15. «В узорчатых одеждах подведут ее к царю, за ней – девицы, подруги ее, к тебе приводят их».

и поднялся он над землей"[427]. И когда" Малхут "поднимается наверх", к Зеир Анпину, "и эти четыре создания поднимают ее, тогда сказано: "И доставили Скинию к Моше"[422]». Малхут называется Скинией. А Моше – это Зеир Анпин, и четыре создания, они доставляют ее.

Пояснение сказанного. Четыре создания – это НЕХИМ Нуквы Зеир Анпина, которые упали в мир Брия во время ее сокращения. И пока они еще не вернулись к ней, Нуква непригодна к зивугу с Зеир Анпином, ибо когда недостает ей НЕХИМ ее келим, которыми и являются четыре вышеназванных создания, недостает ей ГАР светов. И этот подъем НЕХИ Малхут происходит благодаря возвращению Малхут из Бины на свое место. И тогда исходит руах (дух) от Нуквы Зеир Анпина и поднимает четыре ее кли НЕХИМ, т.е. четыре создания, и тогда она пригодна к зивугу. И считается, что четыре эти создания возносят престол, Малхут, т.е. восполняют ее для зивуга с Зеир Анпином. И это подобно тому, что возносят ее к зивугу.

И это означает сказанное им: «Когда этот воздух (авир) ударяет по ним», – когда руах (дух) Нуквы Зеир Анпина ударяет по четырем созданиям, «он поднимает эти четыре создания, которые под этим созданием», – она поднимает эти четыре создания, которые под этим созданием, т.е. под Нуквой Зеир Анпина. Другими словами, она поднимает их и присоединяет их к себе, чтобы восполнить десять сфирот своих келим. «И они поднимают это создание, пока не приводят его к высшему сиянию», т.е. благодаря тому, что они восполняют десять сфирот ее келим, облачаются в нее ГАР, и она достойна зивуга с Зеир Анпином. И считается, будто эти создания подняли Нукву к Зеир Анпину. И это означает сказанное: «И когда поднимается наверх, и эти четыре создания поднимают ее, тогда сказано: "И доставили Скинию к Моше"», так как эти четыре создания доставляют Скинию, т.е. Нукву Зеир Анпина, к Моше, свойству Зеир Анпина.

И известно, что хотя оканчивающая Малхут и опускается из Бины на свое место, все же в результате этого не отменяется окончание, образованное ею, и это окончание, которое

---

[427] Тора, Берешит, 7:17. «И был потоп на земле сорок дней, и умножились воды, и понесли они ковчег, и поднялся он над землей».

не отменяется, называется небосводом.[428] И это то, что он говорит: «А над небосводом, – это небосвод, расположенный над четырьмя созданиями, и когда они поднимаются благодаря воздуху, погоняющему их, они не поднимают свои головы наверх»[429], – так как небосвод, находящийся над ними, являющийся окончанием второго сокращения, которое не отменяется, становится причиной того, что хотя они поднимаются и соединяются с Нуквой Зеир Анпина, всё же не соединяются окончательно, так чтобы отменился небосвод, который над их головами. И поэтому «не поднимают головы, чтобы смотреть». И потому: «Это смысл сказанного: "За ней – девицы, подруги ее, к тебе приводят их"[426], поскольку эти четыре создания называются так».

341) «"И доставили Скинию"[422], это как сказано: "К тебе приводят"[426], – то есть, что эти создания приводят Малхут. "И написано: "И понесли они ковчег"[427], – т.е. эти создания возносят Малхут. "К Моше"[422], – это как сказано: "Образ, в облике человека, на нем сверху"[423], т.е. свойство "человек (адам)", Зеир Анпин. "И откуда нам известно, что" Моше "называется "человек (адам)"? Это как написано: "Не будет дух Мой судить человека вечно, ведь к тому же он – плоть"[430], – т.е. Моше"». Ибо буквы «Ведь к тому же (бешагáм בְּשַׁגַּם)»[430] – это буквы Моше (משה). «"И поэтому на этом престоле", Малхут, "стоит образ человека, т.е. Моше", и это Зеир Анпин. И поэтому говорит Писание: "А над небосводом, который над головами их"[423] – этих четырех созданий, "словно образ сапфирового камня, в виде престола"[423], т.е. Малхут, "и над образом престола – образ, в облике человека, на нем сверху"[423]», – т.е. Зеир Анпин, являющийся свойством АВАЯ (הויה) де-МА (מה), в гематрии Адам (человек אדם). Ибо эти четыре создания возносят и доставляют Малхут для зивуга с Зеир Анпином, как нам предстоит выяснить.

342) «"И доставили Скинию"[422] – это те четыре создания", доставляющие Малхут, "когда поднимаются" в Ацилут, "как мы уже сказали". Еще: "И доставили Скинию"[422] – это все части

---

[428] См. Зоар, главу Ваякель, п. 131.
[429] См. выше, п. 338.
[430] Тора, Берешит, 6:3. «И сказал Творец: "Не будет дух Мой судить человека вечно, ведь к тому же он – плоть; пусть будут дни его сто двадцать лет"».

тела (гуф)", т.е. сфирот Зеир Анпина, "когда все они находятся в святом устремлении, и все они поддерживают ее", Скинию, т.е. Малхут, "чтобы соединились захар и нуква вместе". Еще: "И доставили Скинию"[422] означает – доставить невесту", Малхут, "к хупе (пологу)", т.е. к зивугу ВАК, называемому хупой.[431] "Вначале они должны поднять ее и доставить к нему, а затем он уже входит к ней всегда,[432] и мы это уже объясняли"».

343) «"То есть все те" праведники, "кто создает связи единства и устанавливает единство веры" – Малхут, которая называется Скинией, "каждый день, они возносят этот престол" – Малхут, "пока не доставляют ее к Моше"» – Зеир Анпину. О них сказано: «И доставили Скинию к Моше»[422]. «"И когда соединяют ее с Моше, тогда они", праведники, "удостаиваются благословения от источника жизни, благодаря установленным ими связям единства, и это состояние, когда связывают всё воедино, как подобает, это то состояние, о котором написано: "И увидел Моше всю работу"[433], т.е. единство всего, "и тогда: "И благословил их Моше"[433], т.е. они удостоились благословений от места, в котором установлена ступень Моше", т.е. от Зеир Анпина. "И это мудрецы, которые совершают всю святую работу, поскольку они умеют выстраивать работу в святости, как подобает"», с помощью совершаемых ими соединений.

344) «"И поэтому, за каждым, кто возносит молитву и устанавливает связи единства, наблюдают за ним, в надлежащем ли виде его молитва и связь. И если эта молитва и эта связь как подобает, тогда он сначала благословляется от места, из которого исходят все благословения. Это означает сказанное: "И вот, сделали они ее; как повелел Творец, так сделали они"[433], сразу же: "И благословил их Моше"[433]».

345) «"И поэтому написано: "И доставили Скинию к Моше: шатер, и все его принадлежности"[422] – Зеир Анпину, "поскольку он хозяин дома, чтобы он осмотрел исправления дома",

---

[431] См. Зоар, главу Трума, п. 126. «"Тогда это Древо", Зеир Анпин, "возносит благоухания и ароматы", свечение Хохмы, называемое благоуханием, "и все деревья в Эденском саду", т.е. в Малхут, "все они возносят благоухания и восславляют Господина своего", Зеир Анпина, "ибо тогда исправляется Малхут, чтобы войти под хупу с мужем своим"...»

[432] См. выше, п. 284.

[433] Тора, Шмот, 39:43. «И увидел Моше всю работу, и вот, сделали они ее; как повелел Творец, так сделали они; и благословил их Моше».

т.е. Малхут. "И он должен осмотреть ее исправления и тайны, поскольку не дано другому созерцать и видеть ее в этих скрытиях и тайнах, но только лишь Моше"».

346) «"И поэтому: "И доставили Скинию к Моше – шатер и все его принадлежности"[422]. И когда доставили Моше всё, доставили ему известные части (досл. органы), чтобы установить каждую и соединить все части друг с другом. И когда они" сами "хотели установить их и соединить друг с другом, не получалось у них. Но когда доставили ее к Моше, всё сразу же получилось у него – каждая часть поднималась и вставала на свое место. И это смысл слов: "И возвел Моше Скинию"[434]. И написано: "Была возведена Скиния"[435]. И мы это уже объясняли"». [436]

347) «"Смотри, в час, когда Моше начал возводить Скинию, и начал осуществлять установку частей и составлять их друг с другом, то ослабли все части и все установки другой стороны, нечистой. Когда начала усиливаться эта сторона, святости, ослабла другая сторона, нечистоты. Одна усиливается, другая ослабляется. И мы уже объясняли, что всё время, пока" эта святость, "она крепка, ослабляются все части другой стороны, – одна полна, другая опустошается. И это – Йерушалаим и нечестивый Цор. В то время, как один наполнен, другой опустошен. И поэтому, когда" святость "укрепляется, ослабляется"» ситра ахра.

348) «"Поэтому: "И возвел Моше Скинию"[434], – чтобы укрепиться от высшего свойства", от Зеир Анпина, поскольку Моше является строением (меркава) Зеир Анпина, "и не получать укрепления от нижнего свойства. Поэтому Моше, исходивший от свойства "светящее зеркало", т.е. Зеир Анпина, "он должен был возвести Скинию, чтобы светила от него, а не от другого. Поскольку луна", Малхут, "должна светить от солнца, а не от другого. Смотри, Кнессет Исраэль", т.е. Малхут, "должна подняться наверх и слиться с солнцем"», Зеир Анпином.

---

[434] Тора, Шмот, 40:18. «И возвел Моше Скинию: и установил ее подножия, и поставил ее брусья, и вложил ее засовы, и возвел ее столбы».

[435] Тора, Шмот, 40:17. «И было в первом месяце во втором году, в первый (день) месяца была возведена Скиния».

[436] См выше, п. 296.

ГЛАВА ПКУДЕЙ

Закон о жертве всесожжения

349) «Провозгласил, сказав: "Вот закон о жертве всесожжения. Эта жертва всесожжения должна находиться на огне жертвенника всю ночь"[437]. Сказал рабби Шимон: "Написано: "Человека и скотину спасаешь Ты, Творец!"[438] Жертва всесожжения – это подъем и связь Кнессет Исраэль", Малхут, "наверху", с Зеир Анпином, "и слияние ее с будущим миром", Биной, "чтобы всё стало единым. Жертва всесожжения называется "святая святых", благодаря соединению с Биной. "Поэтому называется" Малхут "жертвой всесожжения (олá עוֹלָה), поскольку поднимается (олá עוֹלָה) и украшается" в Зеир Анпине и Бине, "чтобы всё стало одним целым в единой связи, в радости"».

350) «"И поскольку она поднимается всё выше и выше", в Зеир Анпин и в Бину, "написано: "Вот закон о жертве всесожжения"[437], и это захар и нуква вместе"», так как «вот (зот)»[437] – это нуква, «закон (торат)»[437] – это Зеир Анпин, называемый Торой, «"т.е. письменная Тора", Зеир Анпин, "и устная Тора", Малхут. "Жертва всесожжения (олá עוֹלָה)"[437], – то есть, что она поднимается (олá עוֹלָה) в будущий мир", Бину, "чтобы соединиться внутри нее, ибо" Бина "называется "святая святых", и жертва всесожжения это тоже "святая святых"».

351) «"И поэтому установленный порядок заклания ее – на северной стороне, и это левая сторона, так как устная Тора эта", т.е. Малхут, "восходит в любви только когда пробуждается северная сторона", являющаяся свойством левой линии, откуда берет начало ее строение, "как написано: "Левая рука его у меня под головою, а правая обнимает меня"[439]. И тогда она поднимается в любви и украшается в правой", и это свет Хесед. "И соединяется со средней линией", объединяющей правую и левую, "и светит всем, от свойства "святая святых", Бины. "И всё это, исходя из свойства "человек (адам)", в благоволении коэнов", и это правая линия, "в песнопении левитов" – левая линия, "и в молитве Исраэль"» – средняя линия.

---

[437] Тора, Ваикра, 6:2. «Повели Аарону и его сыновьям, говоря: "Вот закон о жертве всесожжения. Эта жертва всесожжения должна находиться на огне жертвенника всю ночь"».

[438] Писания, Псалмы, 36:7. «Справедливость Твоя как высочайшие горы; правосудие Твое – бездна великая! Человека и скотину спасаешь Ты, Творец!»

[439] Писания, Песнь песней, 8:3. «Левая рука его у меня под головою, а правая обнимает меня».

352) «"И мы ведь уже объясняли, что жертва всесожжения – это "святая святых" в свойстве высшего духа (руах), который она облачает, так как три духа (руах) связаны вместе" в жертве всесожжения:

1. "Нижний дух (руах), называемый духом святости", т.е. Малхут.

2. "Дух (руах), расположенный внутри, посередине, дух (руах) мудрости и знания (Хохмы и Бины)", т.е. Зеир Анпин, являющийся порождением Хохмы и Бины. "И он тоже называется нижним духом (руах)" относительно Бины, которая выше него. "Однако этот", Зеир Анпин, "называется духом, выходящим из шофара и состоящим из огня и воды".[440]

3. "Высший дух (руах), пребывающий в скрытии", т.е. Бина, "благодаря которому существуют все духи святости и все светящие лики. И поэтому жертва всесожжения возвращается в действительности к этому" высшему "духу (руах)"».

353) «"А затем от свойства "животное", которое приносится в жертву, получают пищу и питание" внешние, чтобы извлечь из скверны дух (руах) и "чтобы соединить другой дух, который внутри нечистоты", то есть, чтобы извлечь искры святости, находящиеся в ситре ахра, "и это с помощью тука и внутреннего жира", приносимых в жертву, "как мы учили. Поэтому жертва всесожжения – это "святая святых", и вся она – для возвышенного, и нет в ней пищи для внешних. "Однако остальные жертвоприношения совершаются для установления мира во всем мире, от множества свойств и от подлежащих суду" в мире, "чтобы устранить их, и освятить, исходя из желания смягчить" их с помощью этих жертвоприношений. "И они называются легкой святостью, поскольку не украшаются наверху, в "святая святых", Бине, "и поэтому являются легкой святостью. И заклание их (разрешается) в любом месте, как мы объясняли. Однако жертва всесожжения, являющаяся свойством "святая святых", она не как остальные жертвоприношения, все ее действия – святость"».

354) «"Смотри, что написано: "И пусть наденет коэн свое облачение льняное"[441] – это облачения, предназначенные для

---

[440] См. «Предисловие книги Зоар», п. 239, со слов: «И поэтому сказано: "Это открытие, произведенное буквой "йуд י" в чертоге, необходимо для того, чтобы услышать в нем голос, выходящий из шофара, потому что этот шофар закрыт со всех сторон"...»

[441] Тора, Ваикра, 6:3. «И пусть наденет коэн свое облачение льняное, и льняное нижнее платье наденет на тело свое, и снимет пепел от всесожжения, которое сжег огонь на жертвеннике, и положит его возле жертвенника».

святости. "Льняное"⁴⁴¹ – означает "особое, т.е. предназначенное для святости. И написано: "Это священные одежды; пусть омоет тело свое в воде и наденет их"⁴⁴². В чем причина" того, что все это необходимо? "Однако смысл этого, как мы сказали, в том, что" жертва всесожжения – "это "святая святых", так как вся она поднимается и украшается в "святая святых", в Бине, "единой связью. И затем выводится и устраняется дух нечистоты, оскверняющий всё, и не властвует и не приближается к святости, и устраняется ото всех сторон святости, и остается всё освященным только лишь святостью"».

355) «Сказал рабби Шимон: "Мы ведь учили сказанное: "Человека и скотину спасаешь Ты, Творец"⁴⁴³. И так поднимается, безусловно, свойство "человек" со стороны человека", т.е. с помощью Торы и молитвы, "свойство "животное" со стороны животного", т.е. посредством вознесения на жертвенник. "И поэтому" написано: "Человек, который принесет от вас жертву"⁴⁴⁴. "Человек (адам)"⁴⁴⁴, разумеется, и это жертвоприношение его" от Торы и молитвы, "чтобы создать наверху связь в свойстве "адам (человек)"», и это Зеир Анпин в свойстве АВАЯ (הויה) де-МА (מ"ה), которая составляет в гематрии «адам (אדם 45)». «"А затем: "Из скота (бээма בהמה)"⁴⁴⁴», – чтобы вознести его на жертвенник, и он поднимается наверх, в Малхут, называемую АВАЯ (הויה) де-БОН (ב"ן), которая составляет в гематрии «бээма (בהמה 52)». «"И всё это в тайне "человека и скотину"⁴⁴³, и поэтому жертвоприношение требует "человека и скотину"⁴⁴³. Потому что при сотворении мира Творец создал так – "человека и скотину"⁴⁴³».

356) «"И если скажешь – ведь написано: "И птица будет летать над землею"⁴⁴⁵, а их приносят в жертву, и даже в жертву всесожжения, как написано: "А если из птиц всесожжение

---

⁴⁴² Тора, Ваикра, 16:4. «Хитон льняной, священный, пусть наденет, и льняные штаны пусть будут на теле его, и поясом льняным пусть опояшется, и тюрбан льняной пусть наденет – это священные одежды; пусть омоет тело свое в воде и наденет их».

⁴⁴³ Писания, Псалмы, 36:7. «Справедливость Твоя как высочайшие горы; правосудие Твое – бездна великая! Человека и скотину спасаешь Ты, Творец!»

⁴⁴⁴ Тора, Ваикра, 1:2. «Обратись к сынам Исраэля и скажи им: "Человек, который принесет от вас жертву Творцу, – из скота крупного или мелкого приносите жертву вашу"».

⁴⁴⁵ Тора, Берешит, 1:20. «И сказал Всесильный: "Да воскишат воды кишением существа живого, и птица будет летать над землею по своду небесному"».

жертва его"⁴⁴⁶. Смотри, из всех птиц приносят в жертву только горлиц и молодых голубей. То, что пригодно в одном, непригодно в другом". Краснота пригодна у горлиц и непригодна у молодых голубей.⁴⁴⁷ И это "потому, что одно", молодые голуби, – "это правая", и краснота считается непригодной в них, "а другое", горлицы, – "это левая"», поэтому краснота у них считается пригодной, поскольку является цветом левой (стороны).

357) «"Но мы объясняли эту тайну, написано: "И птица будет летать над землею"⁴⁴⁵. И это колесница (мерках), ангелы Михаэль и Гавриэль, на которых восседает Малхут, и они называются птицей. "И с помощью них возвышается дух святости", Малхут, "чтобы подняться наверх", к Зеир Анпину. "И их двое, один – справа, другой – слева. "Птица"⁴⁴⁵ относится к правой, и это – Михаэль. "Будет летать"⁴⁴⁵ относится к левой, и это – Гавриэль. Поэтому приносят в жертву два этих вида птиц", горлиц и молодых голубей, "чтобы возвысить дух святости", Малхут. "И левая (сторона)" Зеир Анпина "украшает и питает внизу ту левую сторону" Малхут, "а правая – правую. И соединяется жена", Малхут, "со своим мужем", Зеир Анпином, "чтобы быть единым целым, и всё возвышается и соединяется вместе наверху и внизу, и Творец один возвышается и усиливается"».

358) «"И в книгах основоположников" сказано: "Бедный", приносящий в жертву горлиц и молодых голубей, "не дает своей доли" для питания миров, "но только для соединения наверху. Однако все, наверху и внизу, – каждый соединяется со своей стороной. И мы это уже объясняли"».

359) «Рабби Эльазар спросил рабби Шимона, сказав: "Связь жертвы всесожжения со "святая святых", Биной,⁴⁴⁸ "устанавливается для того, чтобы светить. А слияние желания коэнов, левитов и исраэлитов наверху", во время принесения жертвы, "до какого уровня восходит?"»

360) «Сказал ему: "Мы ведь объясняли, что" слияние их "возвышается до Бесконечности, ибо всякая связь и единство, и совершенство, – для того чтобы скрыть Того, кто непостижим

---

⁴⁴⁶ Тора, Ваикра, 1:14. «А если из птиц всесожжение жертва его Творцу, то принесет он из горлиц или из молодых голубей жертву свою».
⁴⁴⁷ См. Вавилонский Талмуд, трактат Хулин, лист 22:2.
⁴⁴⁸ См. выше, п. 252.

и неведом, ведь желание всех желаний – в Нем", т.е. в Бесконечности. "Бесконечность не собирается быть познанной, и образовывать конец (соф), и образовывать начало (рош)", и она не "как первый "Неизвестный (айн אַיִן)", то есть Кетер, "вывел начало (рош) и конец (соф). И что представляет собой начало (рош)? Это высшая точка, начало всего скрытого, находящегося внутри замысла"», и это Хохма, потому что Хохма вышла из Кетера, как сказано: «И мудрость (хохма) из неизвестного (ме-айн מֵאַיִן) пребывает»[449]. «"И он образовал конец (соф), называемый "конец всего"[450], т.е. Малхут, являющуюся концом всех светов. "Но там", в Бесконечности, "нет конца"».

361) «"Нет желаний и нет светов, и нет свечей" – т.е. светов Гвуры, "в этой Бесконечности. Все те свечи и света", что в Ацилуте, "зависимы" от Бесконечности, "чтобы существовать в них. Однако она не поддается постижению, – та, о которой известно, но она неизвестна", иначе говоря, знание принадлежит ей, но сама она неизвестна, "она неведома, только высшее желание, скрытое более всего скрытого", называемое "неведомое"». И это сфира Кетер, однако о самой Бесконечности невозможно сказать ни одного слова, так как она вовсе непостижима.

362) «"И когда высшая точка", т.е. Хохма, "и будущий мир", т.е. Бина, "возвышаются" в свечении своем, "они познают лишь запах", т.е. ВАК свечения Хохмы, а не ГАР, как известно, "подобно обоняющему запах и наполняющемуся ароматом. Но это не" понятие "наслаждение", называемое "благоухание", ведь сказано: "И не стану обонять запах благоухания жертв ваших"[451]. Таким образом, запах и благоухание – это два понятия, ибо запах благоухания" означает – "дух желания, т.е. все эти желания молитвы и желание воспевания, и желание коэна, и все они свойство "человек". Тогда все они становятся единым желанием, тем" желанием, "которое называется благоуханием", что означает "желание, как перевод его. Тогда всё связывается и светит вместе надлежащим образом, как мы учили"».

---

[449] Писания, Иов, 28:12. «И мудрость откуда (досл. из неизвестного) пребывает, и где место разума?»

[450] Писания, Коэлет, 12:13. «В конце всего всё (будет) услышано; Всесильного бойся, и заповеди Его соблюдай, ибо в этом – весь человек!»

[451] Тора, Ваикра, 26:31. «И предам города ваши разрушению, и опустошу святилища ваши, и не стану обонять запах благоухания жертв ваших».

363) «"И за это ситра ахра отдана в руки коэна, как написано: "Повели Аарону и его сыновьям, говоря: "Вот закон о жертве всесожжения"[437]. Здесь есть скрытый смысл, ведь мы объясняли, что "повели" указывает только лишь на идолопоклонство", т.е. ситру ахра. "И здесь она дается ему, чтобы сжечь эту скверную мысль и устранить ее из святости посредством того желания, которое поднимается наверх, и посредством дыма и сжигаемых туков. С тем, чтобы были устранены из святости. Это повеление находится в их власти, чтобы отделить его от святости посредством жертвоприношения. И если скажешь: "Повели сынам Исраэля"[452]». Как же истолковывать слово «повели», что оно указывает на ситру ахра? И отвечает: «"Также и здесь оно означает, что" ситра ахра "находится в их власти. Ведь всё то время, пока Исраэль исполняют желание Господина их, не может ситра ахра властвовать над ними"».

364) «"И это изречение полностью приводится, чтобы показать смысл этого, – украшать тот дух святости", Малхут, "всё выше и выше, и отделять этот дух нечистоты, опуская его всё ниже и ниже. Это", исраэлиты, – "посредством желания и молитвы, это", коэны, – "посредством действия" принесения жертвы, "каждый – как положено ему"».

365) «"А это изречение наставляет их, как написано: "Повели Аарону и его сыновьям, говоря"[437]. "Повели"[437] – это идолопоклонство, т.е. дух нечистоты. "Говоря"[437] – это жена, называемая "боящаяся Творца"[453], т.е. Малхут. "Здесь написано: "Говоря"[437], и там написано: "Говоря: "Если муж отошлет жену свою"[454]. Как там «говоря»[454] указывает на жену, так и «говоря»[437] здесь – это жена. «И мы это уже объясняли. И поэтому всё сказано", т.е. для того, чтобы украсить Малхут и опустить ситру ахра. "И коэн должен произвести все исправления в тайне "человека и скотину"[443].[455] Благословенна участь праведников в этом мире и в мире будущем, поскольку знают они

---

[452] Тора, Бемидбар, 28:2. «Повели сынам Исраэля и скажи им: "Жертву Мне, хлеб Мой в огнепалимые жертвы Мне, в благоухание, приятное Мне, – соблюдайте вы, принося Мне в положенное время"».

[453] Писания, Притчи, 31:30. «Обманчива прелесть, и суетна красота; жена, боящаяся Творца, – она будет прославлена».

[454] Пророки, Йермияу, 3:1. «Говоря: "Если муж отошлет жену свою, и она уйдет от него, и выйдет за другого, разве он возвратится к ней снова? Не осквернится ли (этим) совершенно вся земля та?! А ты прелюбодействовала со многими любовниками, и возвращаешься ко Мне?" – сказал Творец».

[455] См. выше, п. 355.

пути Торы и идут благодаря ей путем истины. О них написано: "Творцом над собой жить будут"[456]. "Над собой"[456] – это пути Торы. "Жить будут"[456] – будут существовать в этом мире и в мире будущем"».

366) «"Смотри, написано: "Вот закон о жертве всесожжения"[437]. Сказал рабби Хия: "Это изречение я объяснил следующим образом. "Вот закон (торат)"[437] – это Кнессет Исраэль", т.е. Малхут. "О жертве всесожжения (олá עוֹלָה)"[437], – так как она поднимается (олá עוֹלָה) и украшается всё выше и выше, чтобы соединиться как подобает, до места, называемого "святая святых"», и это Бина.

367) «"Другое объяснение. "Вот закон (торат)"[437] – это Кнессет Исраэль", т.е. Малхут. "О жертве всесожжения (олá עוֹלָה)"[437] – это скверная мысль, которая поднимается (олá עוֹלָה) над желанием человека, чтобы сбить его с пути истины. "Эта жертва всесожжения (олá עוֹלָה)"[437] – она поднимается (олá עוֹלָה) и обвиняет человека. И требуется сжечь ее в огне, чтобы не дать ей места для умножения"».

368) «"И поэтому: "На огне жертвенника всю ночь"[437]. Что это за "ночь"[437]? Это Кнессет Исраэль", т.е. Малхут, "приходящая, чтобы очистить человека от этого желания. "На огне"[437], – потому что река Динур (досл. огненная) является местом сжигания всех тех, кто не находится в существовании своем", то есть те, которым нанесен вред ситрой ахра, "ибо проводят их через этот сжигающий огонь и устраняют их власть в мире. И для того, чтобы она не властвовала, нужно (сжигать ее) "на огне жертвенника всю ночь"[437], и тогда смиряется и не властвует"».

369) «"И поэтому, когда она смиряется", т.е. ситра ахра, "восходит Кнессет Исраэль, т.е. дух святости", Малхут, "и украшается наверху, так как ее подъем происходит, когда смиряется эта другая сила и отделяется от нее. И поэтому требуется во время жертвоприношения отделить ту сторону от духа святости", Малхут, "и дать ей долю,[457] чтобы дух святости поднялся наверх"».

---

[456] Пророки, Йешаяу, 38:16. «Творцом над собой жить будут, и во всем этом жизнь духа моего; Ты исцелишь меня и оживишь меня».
[457] См. выше, п. 333.

ГЛАВА ПКУДЕЙ

И возвел Моше Скинию

370) «"Смотри, в то время, когда Храм был построен и завершен, покорилась ситра ахра и устранилась из мира. И когда она устранилась из мира, и была возведена Скиния с помощью Моше, то была возведена наверху и внизу. Это смысл сказанного: "И возвел Моше Скинию"[458]. Что значит: "И возвел"[458]? Но он возвел ее", Малхут, "чтобы она поднималась всё выше и выше. И поэтому" говорит Писание: "И возвел Моше"[458], – того, кто был принижен, возвел, подобно тому, как поднимают того, кто упал. Подобно этому, в грядущем будущем, написано: "Возведу Я падающий шалаш Давида"[459]».

371) «"Написано: "Пала, не встанет вновь дева Исраэля"[460]. Спрашивает: "Что значит: "Не встанет вновь"[460]? И отвечает: "Однако в другое время она встала, т.е. встала сама, а не возвел ее Творец. Ибо во время египетского изгнания возвел ее Творец и явил множество чудес, чтобы возвести ее. А во время вавилонского изгнания" Творец "не возвел ее, поскольку не являл им чудес по причине греха, но она", Малхут, "поднялась сама и изгнанники вернулись" в Йерушалаим, "как будто не было у них изгнания, и не было над ними воли Творца, вызванной грехом (брачных уз) с женами-иноверками"».

372) «"Поэтому Творец не возвел Кнессет Исраэль и не явил ей чудес и могущества должным образом в то время, когда они вернулись из Вавилона. Однако в грядущем будущем, сказано: "Не встанет вновь"[460] – т.е. "не встанет вновь"[460] сама", как после вавилонского изгнания, "но Творец возведет ее, как написано: "Возведу Я падающий шалаш Давида"[459]. И написано: "И Давиду, царю своему, которого Я возведу для них"[461]. И поэтому написано здесь: "И возвел Моше Скинию"[458]. "И возвел Моше"[458]», – т.е. Творец возвел Скинию. Ибо Моше является строением (мерκава) для Зеир Анпина. И так же, как Моше

---

[458] Тора, Шмот, 40:18. «И возвел Моше Скинию: и установил ее подножия, и поставил ее брусья, и вложил ее засовы, и возвел ее столбы».

[459] Пророки, Амос, 9:11. «В тот день возведу Я падающий шалаш Давида, и заделаю проломы их, и разрушения его восстановлю, и отстрою его, как в былые дни».

[460] Пророки, Амос, 5:2. «Пала, не встанет вновь дева Исраэля; повержена она на землю свою, некому поднять ее».

[461] Пророки, Йермияу, 30:9. «А будут они служить Творцу Всесильному своему, и Давиду, царю своему, которого Я возведу для них».

возвел Скинию внизу, так Творец возвел Скинию, т.е. Малхут, наверху, как он выясняет далее.

373) «"Смотри, когда Моше возвел Скинию, была возведена другая Скиния вместе с ней", Малхут. "И высшая Скиния", Бина, "возводит и поддерживает всё, так как высшая Скиния скрыта и упрятана высоко-высоко, а другая Скиния", Малхут, "возводится над нижней Скинией", которую сделал Моше, "и стоит над ней благодаря силе той самой высшей над всеми Скинии", Бины. "И так же, как возведена Скиния внизу, посредством Моше, так же и наверху" Малхут "возведена тем, у кого ступень Моше", Зеир Анпином. "Откуда нам известно? Потому что написано: "И возвел Моше Скинию (эт а-мишкан)"[458]. Именно "эт", чтобы указать, что две Скинии были возведены ступенью Моше"». И это нижняя Скиния и высшая Скиния, Малхут, которая тоже была возведена ступенью Моше, т.е. Зеир Анпином.

374) «Сказал рабби Йоси: "Разве: "И возвел Моше"[458], – ведь еще не было установлено всё?"» Поскольку после этого сказано: «И установил ее подножия, и поставил ее брусья, и вложил ее засовы, и поставил ее столбы»[458]. «"И возведение может быть лишь после того, как завершено всё, и одна часть соединена с другой. Что же означает" сказанное в Писании: "И возвел"[458]?" Сказал рабби Ицхак: "В трех сторонах возвел Моше Скинию. Что написано: "И возвел Моше Скинию"[458], – это средняя линия, называемая Моше. "И установил ее подножия"[458]» – левая линия, ибо «подножия (аданав אֲדָנָיו)» от слова «суд (дин דִּין)», который происходит в левой линии. «"И поставил ее брусья"[458] – это правая линия. "В трех этих сторонах возвел Моше Скинию, и в этих трех сторонах поднялась Скиния", Малхут, "и покорилась ситра ахра. И поэтому, когда возводил Моше эту сторону", святости, "покорилась другая сторона", нечистоты. "И потому Моше возводил ее, а не другой"».

375) «"Смотри, написано: "И установил ее подножия"[458]. В это время содрогнулся Сам с места его, и сорок колесниц (меркавот) вместе с ним, и бежал четыреста парсаот в укрытие проема праха. Моше доставил эти подножия, и укрепилась эта сторона, и тогда пали эти подножия ситры ахра и потеряли силу свою"».

Объяснение. Ты уже узнал, что раскрытие Хохмы бывает лишь в то время, когда раскрываются суды левой линии,[462] являющиеся судами над грешниками, удерживающимися в левой линии без правой и притягивающими Хохму сверху вниз, как это делает Сам и вся сторона скверны. И исправлением судов, которые раскрываются, являются подножия, установленные Моше. Поэтому в то время, когда поставил Моше подножия, убежали Сам и вся его клика из-за страха перед этими судами. Поскольку нет у них больше сил совращать создания удерживаться только лишь в левой линии, как это свойственно им, из-за наказаний и судов, раскрывающихся этим грешникам. И эти сорок колесниц (меркавот), которые с Самом, – это его сфирот ХУГ ТУМ, каждая из которых состоит из десяти, притягиваемые им из левой линии без правой. А четыреста парсаот – это граница святости, сфирот ХУБ ТУМ, относящиеся к Бине, каждая из которых состоит из ста.

376) «Провозгласил и сказал: "В тот день возведу Я падающий шалаш Давида"[459]. Спрашивает: "Что значит: "В тот день"[459]?" И отвечает: "Это в день, когда Творец будет вершить суд в мире и воздаст грешникам мира по деяниям их. Ибо не может подняться из праха Кнессет Исраэль", т.е. свечение Хохмы, "пока эти грешники находятся в мире". Как объяснялось в предыдущем пункте, "что написано выше: "Погибнут от меча все грешники народа моего, говорящие: "Не придет из-за нас вскоре это бедствие"[463] – т.е. раскроются суды и наказания для них.[464] "Что написано затем: "В тот день возведу Я падающий шалаш Давида"[459]», – т.е. с помощью свечения Хохмы, называемой возведением, потому что с раскрытием судов грешникам раскрывается свечение Хохмы.[462]

377) «"В это изречение нужно всмотреться внимательно". Написано: "Проломы их"[459], следовало сказать: "Пролом", написано: "И разрушения его"[459], следовало сказать: "И разрушение его", ведь говорится о шалаше Давида. И отвечает: "Однако: "И заделаю проломы их"[459], – чьи? То есть, тех грешников, о которых написано: "Погибнут от меча все грешники народа

---

[462] См. Зоар, главу Ваякель, п. 324, со слов: «Объяснение. Ты уже узнал, что небосвод означает – новое окончание, установившееся в середине ступени вследствие подъема Малхут каждой ступени в Бину этой ступени ...»

[463] Пророки, Амос, 9:10. «Погибнут от меча все грешники народа моего, говорящие: "Не придет из-за нас вскоре это бедствие"».

[464] См. п. 375.

моего"⁴⁶³. Ибо тогда будет исправлен их пролом, который они сделали в Исраэле", т.е. свечением Хохмы. "И поэтому написано: "И заделаю проломы их"», но не написано: «Пролом». «"И разрушения его восстановлю"⁴⁵⁹. Чьи разрушения? То есть разрушения шалаша Давида, ибо" мы учили, что "когда усиливается правление (малхут) зла в мире, тогда ослабевает правление (малхут) святости, и разрушается строение шалаша Давида. И поэтому сказано: "И разрушения его восстановлю"⁴⁵⁹».

378) «"Ибо мы учили: всё то время, пока эта усиливается", т.е. нечистота, "эта ослабевает", т.е. святость. "Одна наполнена, другая опустошена. Поэтому до того дня", о котором говорилось выше, "правление (малхут) зла будет усиливаться, в тот день усилится и будет возведено Творцом правление (малхут) святости. И поэтому сказано: "И разрушения его восстановлю"⁴⁵⁹. "И отстрою его, как в былые дни"⁴⁵⁹, – что значит: "И отстрою его, как в былые дни"⁴⁵⁹? То есть, как написано: "И будет свет луны как свет солнца"⁴⁶⁵».

379) «"И возвел Моше Скинию"⁴⁵⁸. Спрашивает: "Каким образом возвел ее?" И отвечает: "Как написано: "И установил ее подножия"⁴⁵⁸ – т.е. положил подножия, которые под брусьями, чтобы поставить на них и вкрутить в них оси для входов, так как эти подножия, которые расположены под ними, являются основой и становлением для того, чтобы вращать на них. Написано: "И установил"⁴⁵⁸ – поскольку он закрепил и установил их своими силами. В этот час были устранены другие подножия, ситры ахра"», как говорилось выше.

Объяснение: Оси – это колья, ибо два колышка для одного бруса (переводчик) переводит: две оси. А брусья называет входами, поскольку они являются входами для свечения Хохмы от Малхут.⁴⁶⁶ И известно, что свечение Хохмы раскрывается только с помощью вращения и кругообращения.⁴⁶⁷ И это смысл

---

⁴⁶⁵ Пророки, Йешаяу, 30:26. «И будет свет луны как свет солнца, а свет солнца станет семикратным, как свет семи дней, в день, когда Творец исцелит народ Свой от бедствия и рану его от удара излечит».

⁴⁶⁶ См. выше, п. 252.

⁴⁶⁷ См. Зоар, главу Ваехи, п. 507, со слов: «Объяснение. Так же как в начале выхода мохин, они выходят в трех следующих друг за другом местах, называемых тремя точками холам-шурук-хирик, от которых протягиваются три линии, правая-левая-средняя, так же и в час, когда мохин светят, они светят только благодаря кругообращению в трех этих местах, которые все время сменяются в них, одно за другим...»

слов: «И вкрутить в них оси для входов», что это вращение происходит в кольях, т.е. в судах левой линии,[468] с раскрытием которых раскрывается Хохма.

380) «"Смотри, написано: "Припомни, Творец, день Йерушалаима сынам Эдома, кричавшим: "Разрушайте, разрушайте до основания его"[469]. И поэтому в будущем Творец отстроит основы Йерушалаима из других основ, чтобы они властвовали над всем. И что они собой представляют? Это сапфиры, как написано: "И сделаю основание твое из сапфиров"[470]. И они – это основания и подножия прочные и высшие, в которых не бывает слабости, как в первых. И в чем причина? В том, что первые камни, которые в этих основах, – могли властвовать над ними остальные народы. И в чем причина? Потому что нет в них высшего свечения в надлежащем виде". Так как свечение в них не является их свечением, а нисходит к ним из Бины,[471] "но эти будут светить от высшего свечения", т.е. будут светить благодаря своим свойствам, и не будут нуждаться в участии Бины.[471] "И это свечение погружается в самые бездны", т.е. в экраны, "над которыми не смогут властвовать" народы. "И это те сапфиры, которые будут светить наверху и внизу, так как в это время добавится высшее свечение наверху и внизу"».

381) «"И если скажешь, что эти первые основы", служившие до окончательного исправления, "будут отменены", это не так, "ведь написано: "Вот, Я уложу в сурьму камни твои"[470]. "Уложу"[470], – то есть исправить разбитое. Что такое "в сурьму"[470]? Это как сказано: "И насурьмила глаза свои"[472]. Есть камни, называемые сурьмой", и они черного цвета, и женщины красят ими свои глаза. "Какой смысл этого?"» – того, что берет это. «Сказал рабби Эльазар: "Это тайна. И тайна эта известна жнецам в поле"», – т.е. тем, кто уже удостоился произвести все исправления в поле, в Малхут, и уже пожинают урожай в поле и наслаждаются плодами его.

---

[468] См. выше, п. 374.
[469] Писания, Псалмы, 137:7. «Припомни, Творец, сынам Эдома день Йерушалаима, говорившим: "Разрушайте, разрушайте до основания его"».
[470] Пророки, Йешаяу, 54:11. «Бедная, встревоженная, безутешная! Вот Я уложу в сурьму камни твои и сделаю основание твое из сапфиров».
[471] См. выше, п. 261.
[472] Пророки, Мелахим 2, 9:30. «И прибыл Йеу в Изреэль. Изевель же, услышав (об этом), насурьмила глаза свои и украсила голову свою, и глядела в окно».

382) «"Смотри, эти камни основ Циона и Йерушалаима, над которыми, не приведи Бог, властвовали остальные народы, – их не сожгли, и они не были сожжены, но все они были упрятаны, и упрятал их Творец. И все эти основы святого Храма были упрятаны, не исчезла ни одна из них. И когда Творец снова возведет Йерушалаим на месте его, эти основы первых камней вернутся на место свое, и не сможет иной глаз властвовать над ними, т.е. видеть их, кроме того времени, когда человек нанесет эту сурьму на глаза свои, наполнив ею глаза свои, и тогда увидит все камни и все основы Йерушалаима, – что они установлены на месте своем, и не властвовали над ними остальные народы. И все эти остальные драгоценные камни, и все строения из камня, все они существуют, как и прежде"».

Объяснение. Экран Малхут со стороны ее собственного свойства является суровым судом и непригоден для того, чтобы притягивать света для Исраэля, но всё его исправление происходит благодаря соединению с Биной.[471] И поскольку со стороны ее собственного свойства она непригодна для светов, то в час, когда Исраэль испортили свои деяния, и исчезла связь с Биной, народы смогли властвовать над ее экраном, и из-за этого был разрушен Храм, а Шхина ушла в изгнание. Однако в будущем, когда будет исправлена Малхут также и в собственном свойстве, раскроется задним числом, что и прежде исправления не было в ней вообще никакого суда и удержания внешних (свойств), как сказано: «Камень, который отвергли строители, стал краеугольным»[473].

Но как удостаиваются завершения исправления и возможности увидеть это? Это посредством того, что насурьмятся глаза его. Ибо левая линия, в которой раскрывается Хохма, относится к свойству «эйнаим (глаза)». Однако всё то время, пока в них еще нет хасадим, отсутствует способность видеть у таких глаз. И это смысл изречения: «Глаза у них – а не видят»[474], сказанного о тех, кто привязан к левой линии, без правой. Однако, с помощью экрана де-хирик, имеющегося в средней линии, он объединяет левую линию с правой, и эйнаим (глаза) левой облачаются в хасадим и обретают зрение. И свойство манула, содержащееся в этом экране де-хирик, называется сурьмой, поскольку она исправляет и украшает глаза.

---

[473] Писания, Псалмы, 118:22. «Камень, который отвергли строители, стал краеугольным».

[474] Писания, Псалмы, 115:5. «Уста у них – а не говорят, глаза у них – а не видят».

И это означает сказанное им: «И не сможет иной глаз властвовать над ними» – то есть, хотя они и вернулись на свое место, и раскрылось, что нет в них никакого суда, не сможет глаз увидеть это, «кроме того времени, когда человек нанесет эту сурьму на глаза свои». То есть, только праведники, которые получают свечение экрана де-хирик, имеющегося в средней линии, который символизируется сурьмой, исправляющей и украшающей «глаза (эйнаим)». «Наполнив ею глаза свои» – т.е. восполнит все зивуги, которые должны выйти на этот экран де-хирик, называемый сурьмой. И тогда он удостоится увидеть экран в Малхут, в ее собственном свойстве, и все ступени и строения, которые выйдут на этот экран. И увидит, что народы не властвовали в ней никогда, но она скрылась.

383) «"И тогда написано: "Ибо воочию увидят при возвращении Творцом Циона"[475]. Что означает: "При возвращении Творцом"[475]?" И отвечает: "Однако, когда властвовали над ним остальные народы, Творец поднял его наверх, но в это время Он вернет его на место свое, как написано: "При возвращении Творцом Циона"[475]», что Он вернет его на свое место.

384) «"И посмотри, всё, что скрыто от глаза, и глазу не позволено властвовать над этим", т.е. когда левая, она без правой, "глаз не может овладеть этим, иначе как наведением тени на глаз", т.е. сурьмы, о которой мы говорили, "в вещах известных.[476] И поэтому сказано: "Вот Я уложу в сурьму камни твои"[470].[476] Смотри, все те камни", которые до конца исправления, "будут пребывать на месте своем, и будут основаниями как вначале. А основания сапфира будут пребывать в другом месте, вокруг (по периметру), в ширину и длину. Это смысл сказанного: "И сделаю основание твое из сапфиров"[470]».

385) «"В то время, когда воздвигнет Творец храм Свой", т.е. Малхут, "об этом времени что написано: "Уничтожит Он смерть навеки"[477]. "Уничтожит"[477], – это как сказано: "Уничтожил

---

[475] Пророки, Йешаяу, 52:8. «Голос стражей твоих – возвысили они голос, вместе ликовать будут, ибо воочию увидят при возвращении Творцом Циона».
[476] См. выше, п. 382.
[477] Пророки, Йешаяу, 25:8. «Уничтожит Он смерть навеки, и отрет Творец Всесильный слезы со всех лиц, и позор народа Своего устранит Он на всей земле, ибо (так) сказал Творец».

Творец и не пожалел"⁴⁷⁸. Ту чашу, которую испил один, изопьет другой"». Так же как ангел смерти уничтожал жителей мира, так же будет уничтожен и ангел смерти.

386) «"И если скажешь, что "уничтожит"⁴⁷⁷ – это на известное и отведенное время, как и Исраэль" находились в изгнании отведенное время, "то это не так, поскольку написано: "Навеки"⁴⁷⁷. Что значит: "Навеки"⁴⁷⁷? Это во все поколения, а не как Исраэль, и не как то время, когда возвел Моше Скинию", которое продолжалось только определенный срок, "а навечно, навсегда"».

387) «"И тогда возведет Творец Кнессет Исраэль", Малхут, "и Он возведет подножия, пороги и все эти перекрытия Храма на своем месте, навсегда и на веки вечные. И написано: "Расширь место шатра своего"⁴⁷⁹, поскольку будет уничтожена ситра ахра и больше не восстанет вовек. И тогда: "И позор народа Своего устранит Он на всей земле, ибо так сказал Творец"⁴⁷⁷».

388) «"И возвел Моше Скинию"⁴⁵⁸ – в то время, когда эти подножия были возведены и установлены на своё место, в то же время ослабли и исчезли со своих мест подножия, которые в месте ситры ахра, и поэтому написано: "И установил ее подножия"⁴⁵⁸».

389) Спрашивает: «"Что значит: "И установил"⁴⁵⁸?"», как сказано: «И установил ее подножия»⁴⁵⁸. И отвечает: «"Но мы учили. Когда Моше увидел перед собой нечестивого Сама, который шел к нему, чтобы выступить с обвинениями против него, тогда напал на него Моше, и связал его перед собой, и возвел Скинию, и установил ее подножия. Как написано: "И установил ее подножия"⁴⁵⁸. "И установил"⁴⁵⁸ означает – прочно, т.е. не может другой человек возобладать над ним", над Самом, "и установить подножия на место свое", как Моше. Ибо благодаря большой силе возвел их Моше"».⁴⁸⁰

---

[478] Писания, Мегилат Эйха, 2:2. «Уничтожил Творец и не пожалел все жилища Яакова, разрушил в ярости Своей крепости дочери Йегуды, сровнял с землей, хуле предал царство и его сановников».

[479] Пророки, Йешаяу, 54:2. «Расширь место шатра своего, и покровы жилищ твоих прострутся, не жалей, удлини веревки свои и колья свои укрепи».

[480] См. выше, п. 375.

390) «"В тот день, когда была возведена Скиния, когда Моше начал возводить Скинию, было первое Нисана, когда сила ситры ахра пребывает в мире. Ибо в дни Нисана мы изучаем", что даже "если голова быка погружена в ясли", и человек поднялся наверх, нужно сбросить лестницу, чтобы он не поднялся за тобой и не причинил тебе вреда.[481] "И в месяце Нисан Моше начал возводить" Скинию "и увидел Сама, ходящего вокруг нее, чтобы запутать его, но одолел его Моше, и тогда: "И установил ее подножия"[458], – то есть он начал и установил внизу подножия ее, и начал тот, кто начал", т.е. Творец, "и установил наверху подножия ее,[480] одно в соответствии другому"».

391) «"В день, когда была возведена эта Скиния внизу, была возведена святая Скиния наверху", Малхут. "И высшая Скиния, скрытая и упрятанная", Бина, "вывела света в каждой стороне, и стали светить миры"».

392) «Рабби Йоси спросил рабби Шимона, сказал ему: "Три Скинии упоминаются в Писании, как написано: "И в день возведения Скинии покрывало облако Скинию, над шатром свидетельства, а с вечера было над Скинией словно видение огненное до утра"[482]. Три Скинии здесь. И" еще, "почему она называется Скинией, а не Храмом?"»

393) «Провозгласил и сказал: "Так сказал Творец: "Небо – престол Мой"[483]. Смотри, Творец избрал Исраэль в наследие Себе и в удел Свой, и приблизил их к Себе. И мы ведь уже объясняли, что Он сделал из них известные ступени в этом мире", т.е. праотцев и т.д., "по высшему подобию, чтобы сделать миры совершенными, все как один, наверху и внизу. Как написано: "Небо – престол Мой, а земля – подножие Мое"[483], – чтобы сделать совершенными наверху и внизу, чтобы быть одним целым"».

394) «"Смотри, "небо – престол Мой"[483] – это небосвод, на котором пребывает Яаков, являющийся высшей формой святого высшего престола", т.е. ХАГАТ Зеир Анпина. "А земля –

---

[481] См. Вавилонский Талмуд, трактат Псахим, лист 112:2.
[482] Тора, Бемидбар, 9:15. «И в день возведения Скинии покрывало облако Скинию, над Шатром свидетельства, а с вечера было над Скинией словно видение огненное до утра».
[483] Пророки, Йешаяу, 66:1. «Так сказал Творец: "Небо – престол Мой, а земля – подножие Мое. Что это за дом, который вы (можете) построить Мне, и где место покоя Моего?"»

подножие ног Моих"[483] – это небосвод, на котором пребывает царь Давид", т.е. Малхут, "чтобы насладиться от свечения светящего зеркала", Зеир Анпина. "И поскольку он хотел распространиться ниже" свойства высшего престола, "сказал: "Подножие Мое"[483]", и это Малхут. "Что это за дом, который вы можете построить Мне"[483], – это строение Храма. "И где место покоя Моего»[483] – это место святая святых, которое внизу"».

395) «"Но смотри, всё то время, когда Исраэль шли по пустыне, была у них Скиния, пока не пришли в Шило, и пребывала" Скиния "там". Эта Скиния – "для того, чтобы извлекать одно из другого, и вводить одно в другое, и объединять одно с другим, чтобы светить, но не для покоя. Ибо нет покоя, кроме того времени, когда был построен Храм в дни царя Шломо, и тогда это покой наверху и внизу, ибо там сила покоя, а не передвижения с места на место, как Скиния"».

396) «"И поэтому есть Скиния, и есть Храм. Скиния, это как ты говоришь: "И установлю обиталище Мое среди вас, и не отвергнет вас душа Моя"[484]. Что значит "обиталище Мое"[484] – это обиталища Творца, которые будут в Исраэле. И в чем причина? Это потому, что написано: "И не отвергнет вас душа Моя"[484]». Таким образом, это свечение не настолько большое, поскольку Он обусловил его мерой: «Не отвергнет вас душа Моя»[484].

397) Спрашивает: «"В чем отличие между тем и другим?" – между Скинией и Храмом. И отвечает: "Однако Скинию можно уподобить царю, пришедшему к любимцу своему и не приведшему с собой всё несметное множество, но чтобы не слишком нагружать его, он пришел к нему с небольшими войсками. Храм – это когда все войска свои и всё свое несметное множество он приводит с собой, чтобы обитать в этом Храме. И в этом отличие Скинии от Храма. Ибо Храм – это обитель для вечного покоя со всеми этими строениями (меркавот), со всеми этими формами и со всеми этими деяниями, подобными высшим, чтобы соединить нижние деяния наподобие высших. Скиния – она в малых формах, в малочисленных деяниях, при перемещениях с места на место. И всё это – в высшей тайне"».

---

[484] Тора, Ваикра, 26:11. «И установлю обиталище Мое среди вас, и не отвергнет вас душа Моя».

398) «"Смотри, когда Творец повелел Моше о Скинии, не мог он выполнить это, пока Творец не показал всё в своем виде, каждую деталь. И в чем показал ему? – В белом огне, и в черном огне, и в красном огне, и в зеленом огне", которые соответствуют ХУГ ТУМ. "Что написано: "И смотри и сделай по их образцу, какой показан тебе на горе"⁴⁸⁵. И вместе с тем Моше было трудно"» установить по ним.

399) «"Смотри, хотя показал ему воочию, не хотел Моше делать их. И если скажешь, что он не знал, как делать, или мудрость не сопутствовала ему, смотри – Бецалель и Оолиав и все остальные, хотя и не видели" эти формы, "как Моше, что написано: "И увидел Моше всю работу, и вот, сделали они ее"⁴⁸⁶. Если те, которые не видели ее, так выполнили ее, то Моше, который видел" все эти образы на горе, "тем более знал, как выполнить всё это. Однако Моше, хотя сам и не выполнял работу в Скинии, всё было в его руках, и под его руководством выполнялось всё, и называется она именем его. И поэтому написано: "И смотри и сделай"⁴⁸⁵».

400) «"Другое объяснение. Моше устранился от этого", от работы в Скинии, "и отдал свое место другому", т.е. хотел удостоить других. "Пока не сказал ему Творец: "Смотри, Я призвал по имени Бецалеля"⁴⁸⁷ и "с ним Оолиава"⁴⁸⁸. И написано: "И сделают Бецалель и Оолиав, и всякий мудрый сердцем"⁴⁸⁹. И если эта слава была (славой) Моше, чтобы он сделал"» Скинию, как написано: «И смотри и сделай»⁴⁸⁵, «"она пребывала бы с ним всегда"». Зачем же повелел затем Творец: «И сделают Бецалель и Оолиав»⁴⁸⁹? Однако отсюда видно, что Моше сам отстранился от этой работы, поскольку хотел удостоить других.

---

⁴⁸⁵ Тора, Шмот, 25:40. «И смотри и сделай по их образцу, какой показан тебе на горе».

⁴⁸⁶ Тора, Шмот, 39:43. «И увидел Моше всю работу, и вот, сделали они ее; как повелел Творец, так сделали они; и благословил их Моше».

⁴⁸⁷ Тора, Шмот, 31:2. «Смотри, Я призвал по имени Бецалеля, сына Ури, сына Хура, из колена Йегуды».

⁴⁸⁸ Тора, Шмот, 31:6. «И Я, вот Я поставил с ним Оолиава, сына Ахисамаха, из колена Дана, и в сердце каждого мудрого сердцем вселил Я мудрость; и они сделают все, что Я повелел тебе».

Тора, Шмот, 36:1. «И сделают Бецалель, и Оолиав, и всякий мудрый сердцем, кому дал Творец мудрость и разумение знать, как исполнить все дело священной работы во всем, что повелел Творец».

401) «"Но вместе с тем, поскольку он повелел, и по его указанию это было сделано", считается, "словно он сделал всё. И еще. Вся работа считается состоявшейся только по завершении этой работы", и называется по имени того, кто завершил ее. "Поэтому: "И возвел Моше Скинию"[458] – т.е. хотели возвести ее все мудрые сердцем, но она не становилась из-за славы Моше, пока не пришел Моше и не возвел ее". И поскольку он завершил эту работу, она называется именем его. "И это уже объяснялось"».

ГЛАВА ПКУДЕЙ

Хотя упала я, встану

402) «"И возвел Моше Скинию"[458]. Провозгласил рабби Йегуда: "Не радуйся, противница моя, мне: хотя упала я, встану"[490]. Что значит: "Противница моя, мне"[490]? Это нечестивая Малхут, являющаяся противницей Малхут святости. И это изречение, – Кнессет Исраэль", т.е. Малхут святости, "произнесла его: "Не радуйся, противница моя, мне: хотя упала я, встану"[490], – тогда как другая, нечестивая Малхут, после того, как падает, уже больше не встанет никогда. Однако Кнессет Исраэль, вопреки тому, что упала, встанет, и вставала много раз. Как написано: "Хотя упала я, встану"[490]».

403) «"Ведь сколько раз попадала Кнессет Исраэль в изгнание, и находилась среди этих врагов, и остальные народы-идолопоклонники вставали на Исраэль, чтобы искоренить их из мира, как сказано: "Против народа Твоего злоумышляют они втайне"[491]. И написано: "Ибо все вместе замышляют в сердце своем"[492]. "Сказали: "Давайте истребим их из числа народов"[493]. И вместе с тем, хотя остальные народы вставали против них, Творец их не оставил в их руках, и если упали, встанут, как написано: "Хотя упала я, встану"[490]. Ибо Творец поднимает ее всегда"».

404) «"И предстоит Кнессет Исраэль", Малхут, "сказать в то время, когда Творец поднимет ее из праха изгнания, и она выйдет из него", скажет: "Не радуйся, противница моя, мне: хотя упала я, встану"[490]. "Хотя упала я"[490] – в изгнание, и были порабощены сыновья мои, "встану"[490] – в это время. Поэтому в то время, когда Моше вывел Исраэль" из Египта, "когда явил им Творец те чудеса и могущество, которые совершил для них, тогда "и возвел Моше Скинию"[458], – написано. Ибо с помощью Моше", т.е. свойства Зеир Анпина, "каждый раз возводилась Скиния"», Малхут.

---

[490] Пророки, Миха, 7:8. «Не радуйся, противница моя, мне: хотя упала я, встану, хотя сижу во мраке, Творец – свет для меня».

[491] Писания, Псалмы, 83:4. «Против народа Твоего злоумышляют они втайне и совещаются о сберегаемых Тобой».

[492] Писания, Псалмы, 83:6. «Ибо все вместе замышляют в сердце своем, против Тебя заключают союз».

[493] Писания, Псалмы, 83:5. «Сказали: "Давайте истребим их из числа народов, и не будет больше упоминаться имя Исраэля"».

ГЛАВА ПКУДЕЙ

Когда двигались, двигались

405) «Рабби Шимон провозгласил и сказал: "При движении их, они двигались, и при остановке их, они стояли"[494]. В это изречение стоит всмотреться. "При движении их, они двигались"[494], – разве я не знаю, что при движении их, они двигались, а при остановке их, они стояли?" И отвечает: "Но при движении кого? Это при движении созданий, когда эти создания двигаются, эти офаним двигаются, поэтому "при движении их, они двигались, и при остановке их, они стояли"[494], – поскольку все передвижения этих офаним происходят при передвижении созданий, и их существование не на их" собственном "месте, но все зависит от созданий. И так написано, что при вознесении созданий над землей, возносились офаним соответственно им. Потому что создания и офаним движутся вместе"».

406) «"Смотри, двадцать четыре проема", пространства проходов "высших страж, находящихся в одном проеме, который в восточной стороне. Этот проход охраняют двадцать четыре стражи, скрытые внутри силы пламени, охватывающего и окружающего изнутри тот проем, что в восточной стороне. Проем означает пространство"».

407) «"Двадцать четыре подножия под ними, и на этих подножиях стоят двадцать четыре столба. Это те, которые стоят всегда, и не воспаряют в воздухе, как те другие. И это те, что называются стоящими, как сказано: "И Я дам тебе ходить между стоящими этими"[495]. И эти столбы стоят на этих подножиях. И они зависят от них, чтобы пребывать на своем месте"».

Объяснение. Четыре создания, относящиеся к свойству от хазе Зеир Анпина и выше, – считается, что у них есть двенадцать ликов, ведь хотя и есть там в каждом из них лик человека, всё же все свойства Малхут, которые от ее хазе и выше, считаются сфирот ХАГАТ этой Малхут, а это лики лев-бык-орел. А свойство самой Малхут, от хазе и ниже, отсутствует там, так

---

[494] Пророки, Йехезкель, 1:21. «При движении их, они двигались, и при остановке их, они стояли, а при вознесении их над землей, возносились офаним соответственно им, ибо дух этого создания в офаним».

[495] Пророки, Зехария, 3:7. «Так сказал Властелин воинств: "Если путями Моими ходить будешь и если исполнять будешь службу Мою, а также судить будешь ты дом Мой, а также стеречь дворы Мои, то и Я дам тебе ходить между стоящими этими"».

что считается, что есть четыре создания лев-бык-орел-человек, в каждом из которых есть только ХАГАТ от хазе и выше, и это лев-бык-орел. Итого – двенадцать ликов. Но также от хазе и ниже есть эти двенадцать свойств, только они в свойстве ШиНАН[496], в котором есть лишь включение лика человека, т.е. последней буквы нун (ן) слова ШиНАН (שנ״ן), но не настоящий лик человека.[497] И это двенадцать ликов Малхут, которые называются офаним.

Эти дважды двенадцать, находящиеся в Зеир Анпине и Малхут, включаются друг в друга. И они становятся двадцатью четырьмя. Поэтому есть двадцать четыре свойства в Зеир Анпине и двадцать четыре свойства в Малхут, т.е. создания и офаним в Зеир Анпине, и создания и офаним в Малхут. И также только создания в Зеир Анпине включают двадцать четыре, и только офаним включают двадцать четыре. И таким же образом создания и офаним – в Малхут. И эти создания и офаним называются также столбами и подножиями, где столбы – это создания, а подножия – это офаним. И также называются проемами и стражами, где проемы – это подножия и офаним, а стражи – это столбы и создания. Ибо проемы – это пространства, в которых находятся стражи, подобно тому, как колья стоят внутри полого пространства подножий.

И это смысл сказанного: «Двадцать четыре проема высших страж, находящихся в одном проеме, который в восточной стороне»[498], – т.е. в Зеир Анпине, являющимся восточной стороной. Ибо проем состоит из сфирот ХУГ ТУМ, в каждой из которых – ХАГАТ, всего двенадцать. И когда они соединяются с двенадцатью, которые в Малхут, их двадцать четыре. Как сказано выше: «Этот проход», включающий двадцать четыре, «охраняют двадцать четыре стражи, скрытые внутри силы пламени, охватывающего и окружающего изнутри тот проем»[498]. Поскольку проем – это подножия, т.е. силы суда, раскрывающиеся в левой линии,[499] и поэтому называют их здесь силой

---

[496] Слово ШиНАН включает начальные буквы слов «шор (бык)», «нешер (орел)», «арье (лев)», а «нун» означает «человек».

[497] См. Зоар, главу Берешит, часть 1, п. 83. «Имя ШиНАН включает все образы, т.е. все существа, и это – бык (шор), орел (нешер), лев (арье), начальные буквы ШНА имени ШиНАН. А конечная буква "нун" имени ШиНАН указывает на лик человека, включенный в них...»

[498] См. выше, п. 406.

[499] См. выше, п. 375.

пламени, и эти стражи, т.е. свойство «столбы», скрыты в этом пламени. «Что в восточной стороне» – в Зеир Анпине, являющимся восточной стороной. И поэтому он выяснил свойства – «двадцать четыре столба» и «двадцать четыре подножия» Зеир Анпина, а теперь выясняет «двадцать четыре столба» и «двадцать четыре подножия» Малхут.

И это означает сказанное им: «Двадцать четыре подножия под ними», – что под столбами и подножиями Зеир Анпина тоже находятся двадцать четыре подножия, «и на этих подножиях стоят двадцать четыре столба», – т.е. точно так же, как в Зеир Анпине, ибо они состоят одни из других. Однако различие в том, что «это те, которые стоят всегда, и не воспаряют в воздухе, как те другие», – потому что столбы и подножия Зеир Анпина, т.е. свойства «проемы» и «стражи», воспаряют в «воздухе (авир אויר)», т.е. воспаряют и перемещаются в порядке трех линий в трех местах, посредством вхождения буквы йуд (י) в свет (ор אור) в месте холам, и он становится свойством «воздух (авир אויר)», и выхода йуд (י) из «воздуха (авир אויר)» в месте шурук.[500] Однако эти столбы и подножия Малхут не воспаряют в воздухе, поскольку сама Малхут не производит никакого действия, а получает три линии, которые в Зеир Анпине. И поэтому они находятся в ней в состоянии покоя, т.е. стоят.

Однако это не означает, что столбы и подножия, т.е. свойства «создания» и «офаним» в Малхут, они в ней всегда стоят. И дело в том, что есть два состояния в Малхут:

1. Когда Малхут в свойстве ВАК, т.е. когда светят в ней ХАГАТ НЕХИ Зеир Анпина, и тогда ее создания и офаним считаются созданиями и офаним Зеир Анпина, которые воспаряют в воздухе (авир אויר), как и в Зеир Анпине.

2. Когда Малхут в состоянии «седьмой день», и тогда она достигает НЕХИ келим и ГАР светов в такой мере, что облачает высшую Иму. И тогда она светит в собственном свойстве от высшей Имы, и тогда ее столбы и подножия пребывают в покое, и не воспаряют в воздухе (авир אויר), как столбы и подножия Зеир Анпина. И здесь он говорит о втором состоянии Зеир Анпина.

---

[500] См. Зоар, главу Берешит, часть 1, п. 33. «Когда от Арих Анпина есть первая точка, "йуд י", его "свет (ор אור)" раскрывается над ней...»

И вот из-за этого он приводит здесь всю эту статью о проемах и стражах. Потому что с помощью этого выясняет далее[501] различие между Скинией, которую сделал Моше, т.е. Зеир Анпин, и между Храмом, который построил Шломо, Малхут. Ибо Скиния – это ВАК Малхут, и построил ее Моше с помощью своих ВАК, сфирот ХАГАТ НЕХИ Зеир Анпина. Поэтому столбы и подножия Скинии не находятся в покое, а разбираются при каждом переходе и устанавливаются снова во время каждой остановки, как свойственно созданиям и офаним Зеир Анпина, которые перемещаются с места на место. Однако Храм, который построил Шломо, был в свойстве ГАР, так же, как и в субботу, столбы и подножия которого находятся в свойстве «стоящие», т.е. в вечном покое. Поскольку тогда она светила в своем собственном свойстве вследствие ее облачения на высшую Иму. И тогда Шломо, Малхут, называется человеком покоя.[502]

408) «"Когда эти столбы стоят на своем месте, все правители, стоящие на них", т.е. упоминаемые выше стражи, которые в Зеир Анпине, "летают и парят по всему миру, и смотрят во все глаза, а те, кто слышат голоса, возносят речи наверх, как сказано: "Ибо птица небесная донесет голос"[503]. И поэтому эти подножия существуют всегда"». Объяснение. Они делятся на свойство «ви́дение», т.е. Хохма, и свойство «слышание голоса», т.е. хасадим. И есть среди них такие, кто находится во власти хасадим, а есть такие, кто находится во власти Хохмы.

409) «"Смотри: "При движении их, они двигались"[494], т.е. как мы уже сказали",[504] что означает – при движении этих созданий. "А при вознесении их над землей, возносились офаним соответственно им"[494], – ибо так же, как эти создания передвигаются и поднимаются, так же и они", офаним. "Ибо дух этого создания в офаним"[494]. "Дух этого создания"[494], – т.е. дух святости", Малхут, "который поднимается и ударяет по всем этим офаним, чтобы двигались. Таким образом, каждый, кто

---

[501] См. ниже, п. 414.
[502] Писания, Диврей а-ямим 1, 22:9. «Вот сын родится у тебя, он будет человек мирный. И дам Я ему покой от всех врагов его вокруг, поэтому Шломо будет имя его. И мир и тишину дам Я Исраэлю в дни его».
[503] Писания, Коэлет, 10:20. «Даже в мыслях своих не кляни царя, и в спальных покоях своих не кляни богача, ибо птица небесная донесет голос и обладающий крыльями перескажет слово».
[504] См. выше, п. 405.

находится на высшей ступени, он возносит тех, кто несет его. Ковчег возносил тех, кто нес его. Так же и здесь – эти создания несли офаним"».

410) «"И если скажешь: "Ибо дух этого создания в офаним"[494], – написано", а не дух этих созданий. И откуда следует, что эти создания возносят офаним? И отвечает: "Но так оно и есть", что и создание тоже означает – четыре создания. "Ибо оно в правой стороне и в левой стороне, и со стороны паним (спереди), и со стороны ахор (сзади)", т.е. четыре сферы ХУГ ТУМ, которые в этом создании, и это правая и левая (стороны), передняя (паним) и задняя (ахор), и они считаются четырьмя созданиями. "И поэтому, это – создание, и это – четыре создания"». Поскольку это одно и то же.

411) «"Написано: "Это создание, которое видел я под Всесильным Исраэля у реки Квар"[505], – это четырехстороннее создание для четырех сторон мира", т.е. ХУГ ТУМ, как объяснено в предыдущем пункте, "и оно представляет собой престол", Малхут, "для образа человека (адам)", Зеир Анпина, т.е. АВАЯ (יהוה) с наполнением алеф (א), в гематрии Адам (אדם 45). Как сказано: "И над образом престола – образ, в облике человека, на нем сверху"[506]. И все это – у высшей скрытой ступени святости, называемой "Всесильный Исраэля"[505]», Бины. Таким образом, сказанное: «Это создание, которое видел я»[505], – это Малхут, на которой восседает Зеир Анпин, называемый «человек (адам)», и оба они «под Всесильным Исраэля»[505], т.е. Биной.

412) И это создание, о котором написано: «Это создание, которое видел я»[505] – «"это создание внизу", т.е. Малхут, "стоящее под всеми высшими святыми созданиями", т.е. ХАГТАМ Зеир Анпина, являющегося свойством Адам (человек), "поскольку есть высшие создания, одни над другими". То есть над созданиями Малхут есть высшие создания Зеир Анпина. "А престол, который "под Всесильным Исраэля"[505], – это образ Яакова", Зеир Анпина, являющийся престолом для Бины, называемой Всесильным Исраэля. "А нижний престол", который под Зеир Анпином, – "это образ Давида", Малхут, "являющийся

---

[505] Пророки, Йехезкель, 10:20. «Это создание, которое видел я под Всесильным Исраэля у реки Квар. И я узнал, что это херувимы».

[506] Пророки, Йехезкель, 1:26. «А над небосводом, который над головами их, словно образ сапфирового камня, в виде престола, и над образом престола – образ, в облике человека, на нем сверху».

четырехсторонним – на четыре стороны мира. И поэтому дух (руах) нисходит свыше", из Бины, "выходя и передаваясь от ступени к ступени", от Бины – к Зеир Анпину, а от Зеир Анпина – к Малхут, "пока не ударяет по тем нижним, что внизу", по БЕА. "И этот дух (руах) управляет всем и производит исправления всех, чтобы быть исправленными"».

413) «"Именно таким образом устанавливаются они внизу", в Скинии. "Что написано свыше: "Ибо дух этого создания в офаним"[494]. И написано: "Куда направлял их этот дух, туда и шли они"[507]. А внизу что написано: "И возвел Моше Скинию"[458]. С помощью чего" возвел ее? То есть, "стал духом для той ступени, что внизу", для Скинии, "по тому образу высшего духа", о котором сказано: "Это создание, которое видел я под Всесильным Исраэля"[505], – т.е. от этого создания исходит дух для исправления всего", как уже объяснялось выше. "И также Моше – это создание, передающее дух вниз", в Скинию, "чтобы исправить всё. Поэтому написано: "И возвел"[458], "И установил"[458], "И поставил"[458] – и во всех них он внес дух для исправления всего"».

---

[507] Пророки, Йехезкель, 1:12. «И каждый шел в направлении своего лика; куда направлял их этот дух, туда и шли они; не оборачиваясь в шествии своем».

Скиния и Храм

414) «"Смотри, вначале в Скинии, которую возвел Моше, – он установил ее в свойстве той высшей ступени, на которой стоит он сам". То есть на ступени Зеир Анпина. "В Храме, который построил Шломо, он установил его в тайне той реки, которая вытекает из Эдена,[508] и это "мир в доме", т.е. Есод, "и это "покой этого дома", т.е. Малхут. "И поэтому в тайне Скинии – это близость расположения в свойстве гуф", и это Тиферет, т.е. "ступень Моше, на которой есть близость расположения, но не спокойствия". И поэтому Скиния переносилась во время переходов. "Когда явился Шломо и установил Храм, он был установлен в расположении к покою. И поэтому написано о Шломо: "Он будет человек мирный"[509]».

Объяснение. Моше установил Скинию в свойстве ВАК, т.е. в ХАГАТ НЕХИ светов и ХАБАД ХАГАТ келим. И поэтому считается, что это исправление от Зеир Анпина, от его свойства Тиферет, а не от его свойства Есод, потому что Малхут, т.е. Скинии, недостает НЕХИ де-келим. Поэтому Скиния в состоянии перемещений и переносов, как создания и офаним Зеир Анпина, как объяснялось выше.[510] Однако в дни Шломо уже были исправлены НЕХИ де-келим парцуфа Малхут, и поэтому она получила от Есода Зеир Анпина, являющегося свойством «река, вытекающая из Эдена»[508]. И тогда раскрылось ее собственное свойство, как уже говорилось, когда ее создания и офаним находятся в состоянии покоя.

415) «"И поэтому один", Моше, "установил ее на одной ступени", Тиферет, "а другой", Шломо, – "на другой ступени", Есод, "и поэтому образ одного находится в другом", т.е. образ Тиферет – в Есоде. "И это смысл изречения: "Вот потомство Яакова – Йосеф"[511]», – так как образ Яакова, сфиры Тиферет, подобен образу Йосефа, сфире Есод.

---

[508] Тора, Берешит, 2:10. «Река вытекает из Эдена, чтобы орошать сад, и оттуда разделяется и образует четыре главных реки».

[509] Писания, Диврей а-ямим 1, 22:9. «Вот сын родится у тебя, он будет человек мирный. И дам Я ему покой от всех врагов его вокруг, поэтому Шломо будет имя его. И мир и тишину дам Я Исраэлю в дни его».

[510] См. п. 407.

[511] Тора, Берешит, 37:2. «Вот потомство Яакова – Йосеф, семнадцати лет, пас с братьями своими мелкий скот, и он, отрок, – с сыновьями Билги и с сыновьями Зилпы, жен отца его. И доводил Йосеф худую славу о них до отца их».

416) «"Началом, когда Моше начал исправлять в этом месте, являющимся местом святости, было то, что он осуществил восстановление точки, находящейся в центре", т.е. Малхут, "которая была темной и погруженной на своем месте, и не была видна, и не светила вовсе. Прежде всего, он восстановил эту точку, которая была погруженной на своем месте, а затем исправил все остальные, которые представляют собой строение этой точки"».

417) «"И если бы эта точка", Малхут, "не была бы исправлена вначале, то всё, что распространилось от нее, не могло бы быть исправлено. А когда эта точка была восстановлена и начала светить, были произведены все остальные исправления, и она установилась на своем месте. И поэтому" сначала сказано: "И возвел Моше Скинию"[512], – т.е. точку, которая была темной и погруженной на своем месте, а затем: "И установил подножия ее"[512], – т.е. подножия, расположенные с той и другой стороны", со всех сторон Скинии, "число их всех равнялось ста, все они распределялись по своим местам", по сторонам Скинии, "как написано: "Сто подножий в сто талантов, по таланту на подножие"[513]"».

418) «"И эти подножия мы уже объясняли,[514] но не написано о них, что они были возведены, а (написано): "И установил"[512], поскольку это является предоставлением (места), чтобы поставить на них то, что нужно", т.е. брусья. "Поскольку есть нижние и высшие, "восседающие" друг на друге, поэтому говорится о них, как о предоставлении (места)"».

419) «"В час, когда эта точка была установлена, погрузилась другая сторона", однако "она не устраняется полностью, но только в то время, которое наступит в будущем, и тогда она будет устранена из мира, как мы уже объясняли". А здесь "была установлена одна и погрузилась другая"», ситра ахра.

420) «"Тогда начала усиливаться эта сторона святости, и когда были установлены эти подножия, погрузились все подножия

---

[512] Тора, Шмот, 40:18. «И возвел Моше Скинию: и установил ее подножия, и поставил ее брусья, и вложил ее засовы, и возвел ее столбы».
[513] Тора, Шмот, 38:27. «И было сто талантов серебра для отлива подножий Святилища и подножий разделительной завесы – сто подножий в сто талантов, по таланту на подножие».
[514] См. выше, п. 375.

ситры ахра, и вошли в проем великой бездны. Ибо, благодаря подъему высшей стороны святости, и ее часть" пришла к тому, "чтобы подняться, тогда другая сторона погрузилась и вошла в этот проем бездны"». Поскольку, когда устанавливается одна, погружается другая.

421) «"И если бы не прегрешили Исраэль, не могла бы" ситра ахра "больше властвовать в мире. И после того как они так прегрешили и также притянули ситру ахра, как и вначале, с того самого дня не было иного способа" против ситры ахра, "кроме как дать ей долю от всего: от жертвоприношений, от возлияний и от всесожжений.[515] И посмотри, поэтому жертва всесожжения полностью сжигается в огне, для того чтобы покорить эту сторону и возвысить сторону святости. И поэтому, когда Моше возвел это место" святости, "погрузилось то место"», скверны.

422) «"Смотри, "и возвел Моше"[512] эту сторону святости, погрузилась другая сторона, скверны. "И установил"[512] подножия "в этой стороне святости, и ослабла эта сторона скверны. "И поставил"[512] брусья "в этой стороне святости, и покорилась эта сторона скверны. А затем – "и вложил ее засовы"[512]».

423) «"А затем" снова сказано: "И возвел"[512] – для того, чтобы начало и конец пребывали в возведении. Поэтому начал возведением и закончил возведением, так как во всем", в обоих (случаях), "требуется возведение, в начале и в конце", поскольку "возведение вначале, – чтобы ослабла ситра ахра. А то", что в конце, – "это возведение в стороне святости, для того чтобы пребывать (наверху) и подниматься наверх, и быть единой связью, как подобает. Ибо каждый раз, когда святость властвует и поднимается, скверна принижена и опускается вниз"».

Объяснение. Возведение означает ГАР. И есть два вида возведения у Малхут:

1. Когда она была в состоянии «два великих светила»[516].[517]

---

[515] См. Зоар, главу Ноах, пп. 104-110. «И тогда Исраэль внизу приносят в жертву козла на новомесячье, продлевая подслащение Малхут в Бине и свечение левой линии снизу вверх...»
[516] Тора, Берешит, 1:16. «И создал Творец два великих светила: светило великое для правления днем и светило малое для правления ночью, и звезды».
[517] См. Зоар, главу Берешит, часть 1, пп. 110-115.

2. После того, как уменьшилась и отстроилась снова, в свойстве от хазе и ниже.

И поэтому сказано дважды: «И возвел»[512]. Первое возведение считается (свойством) ГАР де-ВАК. А второе возведение, – еще не было здесь, в Скинии, истинного свойства ГАР, а только в ВАК де-ГАР.

И это смысл сказанного: «Возведение вначале, – чтобы ослабла ситра ахра», и это возведение в состоянии «два великих светила»[516], и оно происходит только для ослабления ситры ахра, ибо она не сможет существовать в этом состоянии.[517] «А то, – это возведение в стороне святости, для того чтобы пребывать (наверху) и подниматься наверх», – т.е. второе возведение, когда она выстраивается повторно, чтобы подняться наверх, к Зеир Анпину, и слиться с ним, ибо тогда сможет существовать.

ГЛАВА ПКУДЕЙ

Шесть ступеней ситры ахра

424) «"Начало точки, находящейся под ступенями ситры ахра", т.е. Малхут ситры ахра, стоящая под всеми ступенями ситры ахра, начало ее – "это рош ступеней ситры ахра, которые вне святости, и это рош захара ситры ахра, который восседает на одном верблюде". И это Сам, восседающий на верблюде. "И это – рош, находящийся вовне" святости, "от одного распространяющегося во тьме смешения"», – то есть, когда дым смешивается с тьмой, и они распространяются вместе, как нам предстоит выяснить.

Объяснение. Суды не завершаются за один раз, т.е. тотчас в начале их раскрытия, но должны раскрыться много раз, пока не достигнут силы действовать и обвинять.[518] Начало раскрытия находящихся в Малхут ситры ахра судов – в рош захара ситры ахра, и они довершаются в Малхут ситры ахра, находящейся в конце ступеней. И это смысл сказанного: «Начало точки, находящейся под ступенями ситры ахра, – это рош ступеней ситры ахра, которые вне святости, и это рош захара ситры ахра», – т.е. начало раскрытия судов, имеющихся в Малхут ситры ахра, происходит в рош захара, как выяснилось.

425) «"Ибо, когда дым выходит вследствие сильного гнева, распространяется этот дым, и приходит гнев за гневом, один за другим, и один возвышается и господствует над другим, в виде захара и некевы, чтобы всему этому быть сильным гневом"».

Объяснение. Ты уже узнал, что все наказания и суды исходят от левой линии святости прежде, чем она соединилась с правой. И те, кто удерживается в ней, наказываются вначале состоянием тьмы, когда их света превращаются в тьму. А затем раскрывается над ними Малхут меры сурового суда, и это смысл сказанного: «У входа грех лежит»[519]. И первое наказание называется судами захара, а второе называется судами нуквы.

---

[518] См. Зоар, главу Ваеце, п. 27, со слов: «И мы должны знать, что у Малхут свойства суда нет достаточной силы, чтобы умерщвлять людей в начале своего раскрытия, и она должна много раз раскрываться над человеком, пока их соединение вместе не соберется в меру достаточную, чтобы умертвить человека...»

[519] Тора, Берешит, 4:7. «Ведь если исправишься, прощен будешь, а если не исправишься, у входа грех лежит, и к тебе его влечение, – но ты властвуй над ним!»

А когда эти два наказания смешаны вместе, они называются дымом. Потому что огонь, т.е. суды нуквы, смешан с тьмой, подобно дыму, представляющему собой огонь, и он наводит тьму, так как тьма смешана с ним.

И это смысл сказанного: «Ибо, когда дым выходит вследствие сильного гнева», и объясняет, что такое сильный гнев, – «распространяется этот дым, и приходит гнев за гневом». Первый гнев наводит на них тьму, на прилепившихся к левой линии, а второй гнев несет им раскрытие Малхут меры суда, как сказано выше. «Один за другим» – т.е. они близки друг к другу, как сказано: «У входа грех лежит»[519]. «И один возвышается и господствует над другим», – т.е. тьма господствует над судами Малхут меры суда, поскольку они «в виде захара и некевы», и тьма – это свойство судов захара, а мера суда в Малхут – это суды нуквы, как мы уже сказали. Поэтому захар господствует над нуквой. «Чтобы всему этому быть сильным гневом», – иначе говоря, два этих гнева соединяются вместе и становятся одним сильным судом. И это называется дымом. Как сказано выше: «Ибо, когда дым выходит вследствие сильного гнева». Другими словами, от соединения двух указанных выше гневов вместе, становящихся одним «сильным гневом», возникает дым.

426) «"И когда этот дым начинает распространяться, он давит вследствие этого гнева, чтобы распространиться под давлением одной точки, а затем распространяется дым этого гнева по диагонали, подобно одному змею, который коварен в причинении вреда"».

Объяснение. Есть два вида судов нуквы: первый – это Малхут меры суда, которая не подслащается в Бине; второй – Малхут, которая подслащается в Бине. И это означает сказанное: «И когда этот дым начинает распространяться, он давит вследствие этого гнева, чтобы распространиться под давлением одной точки», – т.е. в начале распространения дыма в двух наказаниях, упомянутых выше, судов захара и судов нуквы, были суды нуквы от свойства точки Малхут меры суда. «А затем распространяется дым этого гнева по диагонали», – а затем он распространился в судах, исходящих от Малхут, подслащенной в Бине, которая называется диагональю.[520] И так же змей удерживается в этих судах Малхут, подслащенной в Бине, чтобы он смог подняться и удерживаться в Бине.[521] И это смысл сказанного: «Подобно одному змею, который коварен в причинении вреда», – ибо таков путь коварного змея, как уже выяснилось.

427) После того, как выяснил суть дыма в двух его свойствах, возвращается к тому, чтобы выяснить, что является сутью захара ситры ахра, и говорит: «"Рош, который выходит, чтобы распространиться", т.е. рош захара, "это ступень, являющаяся тьмой", т.е. суды захара,[522] "поднимается и опускается, переходит с места на место и покоится на своем месте. То есть он не находит себе места, в котором он мог бы успокоиться, пока не устанавливается ступень, чтобы успокоиться", благодаря его соединению "с дымом, исходящим от этого гнева, как выяснилось выше. И тогда он называется тенью", т.е. смешением тьмы.[523] Это "тень (цель צֵל) над другим местом, называемым смерть (мавет מָוֶת)", и в нем самом суды еще вообще не раскрываются, но оно является началом их.[523] И они раскрываются в виде его нуквы, которая называется смертью. "А когда они оба соединяются вместе, называются тенью смерти (цальмавет צַלְמָוֶת). И мы ведь объясняли, что это две ступени, соединяющиеся вместе"».

428) «"Эта тень – это начало нижней точки ситры ахра, которая снаружи", т.е. ее нуквы, как объяснялось в предыдущем пункте. И эта тень – "это тьма, отдаляющая от точки святости, находящейся в центре", т.е. от Малхут святости. И это (происходит) из-за судов, которые она получает от дыма. "И это", т.е. суды нуквы, которые в этой тени, – "это точка, которая не устанавливается и не проявляется, и не запечатлелась в цветах". Ибо она только начало, и никакой суд не различим в ней.[523] "И от нее произошло распространение наружу и вниз, и" сама эта точка "погрузилась и не проявляется, и не запечатлевается"».

429) «"Она", та точка, о которой говорится, "распространилась вниз, в правой и левой (сторонах), и распространилась

---

[520] См. Зоар, главу Лех леха, п. 10, со слов: «Вследствие подъема Малхут и подслащения ее в Бине, получилась диагональная линия…»
[521] См. Зоар, главу Ваэра, пп. 109-110, в комментарии Сулам.
[522] См. выше, п. 425.
[523] См. выше, п. 424.

в середине, внутри тьмы", т.е. это ХАГАТ ситры ахра, "против тысячи и ста. Два столба устанавливаются в одной стороне и в другой стороне", соответствующие Нецах и Ход, "и эта тьма распространяется в черном цвете, но она не черная". То есть суды нуквы в ней, смешанные с тьмой, называются черным цветом, но она еще не черная, "ведь у нее нет никакого цвета, чтобы существовать в нем", как объяснялось в предыдущем пункте. "И в распространении этой тьмы присутствуют те виды тьмы, которые действовали в Египте. Как написано: "Не видели друг друга, и не поднимался никто со своего места три дня"[524], и написано: "И осязаема будет тьма"[525]».

Объяснение. В египетской тьме было смешение судов захара и судов нуквы. И со стороны судов захара, в которых есть ГАР, сказано: «Не видели друг друга»[524], поскольку из-за судов тьмы не могли видеть. А со стороны судов нуквы, уменьшающих ГАР, сказано: «Не поднимался никто со своего места»[524], поскольку подъем означает ГАР. И также сказано: «И осязаема будет тьма»[525] – это означает, что в этой тьме есть реальная сущность, т.е. суды нуквы в ней. Все они являются распространением, исходящим от тени, упомянутой выше.

И сказанное: «Против тысячи и ста» – намекает на тайну (числа) «одиннадцать», в котором ситра ахра убавляет от парцуфа двенадцати, являющимся захаром кетер. Потому что «всякий добавляющий убавляет», то есть добавляющий «аин ע» к двенадцати (штей-эсре שְׁתֵּי עֶשְׂרֵה) превращает их в одиннадцать (аштéй-эсре עַשְׁתֵּי עֶשְׂרֵה). И это тайна – «одиннадцать (аштéй-эсре עַשְׁתֵּי עֶשְׂרֵה) полотнищ из козьего волоса».[526] И каждое из них состоит из ста, всего «тысяча и сто».

430) «"Это распространение, о котором мы сказали, происходит во множестве видов, отличающихся друг от друга". И объясняет. "Внутри этого распространения выходит свет, который окрашен в золото, и это красное золото. Распространяется этот свет и скрывает тьму, которая в его рош", – то есть смешивается с ней. И потому "это золото, в которое включилась тьма"».

---

[524] Тора, Шмот, 10:23. «Не видели друг друга, и не поднимался никто со своего места три дня, а у всех сынов Исраэля был свет в жилищах их».

[525] Тора, Шмот, 10:21. «И Творец сказал Моше: "Простри руку свою к небесам, и настанет тьма в земле египетской, и осязаема будет тьма"».

[526] См. выше, п. 249.

Объяснение. Выясняет здесь порядок ХАГАТ НЕХИ захара ситры ахра другим способом, отличающимся от приводимого выше. И говорит, что сначала вышло в нем золото, то есть Гвура, и это левая (линия), которая питается свечением Хохмы от левой (линии) нуквы. И это означает сказанное: «Внутри этого распространения выходит свет, который окрашен в золото», т.е. Гвура, которая в его левой (линии). А затем включается золото во тьму и смешивается с ней. И это правило: все сфирот в нем – они в состоянии тьмы.

431) «"Эта тьма", которая в его Гвуре, "распространяется в правой и в левой (сторонах). И с двух этих сторон вышел один цвет серебра", т.е. Хесед в нем, "который не светит. И распространился этот цвет серебра и скрыл тьму", т.е. смешался с ней, "и включились" тьма и серебро "друг в друга, и спустился вниз"», чтобы установиться в его свойстве Хесед.

Объяснение. Хесед ситры ахра отличается от сфиры Хесед святости, называемой серебром. Ибо сфира Хесед святости целиком является правой (стороной), однако Хесед ситры ахра включает также и левую, поскольку основа ситры ахра – это только левая (сторона). И это смысл сказанного: «Эта тьма распространяется в правой и в левой (сторонах). И с двух этих сторон вышел один цвет серебра», т.е. тьма распространилась вначале в правой и левой (сторонах), и от взаимного включения их обоих получилось это серебро, являющееся Хеседом ситры ахра. И поэтому, это серебро, которое не светит, потому что нет в нем свечения хасадим из-за включения в левую (сторону), и нет в нем свечения Хохмы из-за включения в правую. А после того, как включилось во тьму и смешалось с ней, оно установилось, чтобы быть Хеседом ситры ахра.

432) «"Распространилась тьма" от этого Хеседа, т.е. цвета серебра, и "образовались две тьмы", в правой и левой (сторонах), "стоящие в начале черного (цвета), и оттуда распространяется и выходит один цвет меди"», т.е. Тиферет ситры ахра.

Объяснение. Свойство Тиферет ситры ахра вышло из правой и левой (сторон), так же как Тиферет святости. И это означает сказанное: «И образовались два вида тьмы, стоящие в начале черного (цвета), и оттуда распространяется и выходит один цвет меди», – ибо из двух видов тьмы образовалась Тиферет ситры ахра. И свойство судов Малхут меры суда, включенное в захара ситры ахра, находится в этой Тиферет, так как Тиферет включает весь парцуф, и кроме того, свойства Хесед и Гвура считаются включением со стороны высших, и в них еще не раскрылись эти суды. И ты уже узнал, что в первый раз, когда они раскрылись, эти суды, они были только в состоянии начала, т.е. тенью, и еще не были различимы в ней.[527] И это смысл сказанного: «И образовались две тьмы, стоящие в начале черного (цвета)», т.е. образуются две тьмы, в правой и левой (сторонах), которые стоят в начале черного цвета, так как цвет Малхут меры суда – это черный цвет. Однако здесь, это начало этого черного цвета, и он еще неразличим в ней, как выяснилось выше.

433) «"И оттуда", от Тиферет, "распространяется эта тьма вниз", в ее Малхут, "и пребывает в становлении, и выходит один черный цвет в виде железа", что является завершением раскрытия Малхут меры суда в ситре ахра, которая называется смертью, "и всё это в свойстве тьмы"». Ибо основа строения этой ситры ахра – оно в свойстве тьмы.

434) «"Между двумя столбами", и это Нецах и Ход ситры ахра, "выходит один столб, и это тьма во тьме", т.е. в нем есть два вида египетской тьмы.[528] "И все эти цвета", о которых говорилось выше, т.е. золота, серебра и т.д., "проявляются в нем", поскольку он – свойство Есод (основа), включающий пять сфирот ХАГАТ Нецах Ход. "И это – крайняя плоть", так как Есод ситры ахра является крайней плотью, "поскольку захар направляет нукву, чтобы произвести зивуг и стать одним целым"».

435) «"Эти" семь ступеней "находятся в семи больших известных ступенях. Первая ступень – это ступень, находящаяся в свойстве этой тьмы", о которой говорится выше, "и эта тьма поднимается, скрытая в дыме огня, она включена в цвет дыма, в цвет огня и в черный цвет. Три этих цвета отличаются многими свойствами, чтобы проникать в извращения мира"», т.е. наказывать за них.

Объяснение. Суть ситры ахра – это свойство тьмы. Но когда эта тьма воздействует наказаниями на людей внизу, она

---

[527] См. выше, п. 427.
[528] См. выше, п. 429.

скрывается в трех этих цветах и действует судом, соответственно их делам. И дым – это суды захара, смешанные с судами нуквы.[529] А огонь – это суды нуквы, удерживающиеся в Бине, в подслащении Малхут в Бине. Черный (цвет) – это суды нуквы в ее собственном свойстве, т.е. в мере сурового суда.[530] И первая эта ступень – это рош ситры ахра.

436) И объясняет: «"Цвет дыма, это нисходит в мир и является в многочисленных свойствах. И это распространяется по миру, и подстрекает духи людей, приводя их в гнев, с целью сбить их с пути, чтобы усилились они в гневе своем. И поэтому написано: "Не будет у тебя бога чужого, и не будешь ты поклоняться богу чужеземному!"[531] "Не будет у тебя бога чужого"[531] – это захар ситры ахра. "И не будешь ты поклоняться богу чужеземному"[531] – это нуква ситры ахра. "Это", дым, – "гнев, который властвует и усиливается в мире, и входит в людей, и нападает на них, чтобы причинить им вред"».

437) «"Цвет огня, этот цвет спускается в мир и является в различных видах: причинять вред, убивать, проливать кровь и уничтожать людей. Об этом сказано: "Идем с нами, устроим кровопролитие, беспричинно подстережем невинного"[532]. Ибо есть проливающие кровь и убивающие беспричинно, а есть проливающие кровь и убивающие в войнах. Одно – со стороны захара" ситры ахра, "а другое – со стороны некевы" ситры ахра. "Сторона захара проливает кровь беспричинно, как мы сказали. Сторона некевы – чтобы устраивать войны, и чтобы одни убивали других. И все войны и убийства исходят со стороны этой некевы"».

438) «"Черный цвет, этот цвет спускается в мир, и спускается, чтобы установиться над всеми раненными и убитыми, и чтобы забирать тела" в тюрьмы, "и (над) повесившимися и

---

[529] См. выше, п. 425.
[530] См. выше, п. 432.
[531] Писания, Псалмы, 81:10. «Не будет у тебя бога чужого, и не будешь ты поклоняться богу чужеземному!»
[532] Писания, Притчи, 1:11-15. «Если скажут: "Идем с нами, устроим засаду для кровопролития, беспричинно подстережем невинного. Проглотим их живьем, как преисподняя, и целиком, как сходящих в могилу; найдем всякое драгоценное имущество, наполним дома свои добычею. Жребий твой ты будешь бросать с нами, один кошелек будет для всех нас". Сын мой, не ходи (одним) путем с ними, удержи ногу твою от стези их!»

удушившимися, чтобы всегда нести зло людям. Эти три цвета", дыма, огня и черный, "расходятся по миру в различных видах и распространяются в людях"».

439) «"Цвет дыма спускается в мир, и это тот первый цвет, который исходит из точки, погруженной в эту тень, о которой мы сказали", т.е. суды нуквы в ней.[533] "И это Сам, восседающий на верблюде, как мы уже сказали.[534] И этот цвет дыма называется великий Кацпиэль. От него исходит гнев людей, удерживающих сердце свое в гневе"». И поэтому называется Кацпиэль (קְצָפִיאֵל) – гнев (קצף) Владыки (אל).

440) «"Ему", Кацпиэлю, "подчиняются тысяча шестьсот отрядов" ангелов-губителей, "представляющих собой гнев", раскрывающийся "в телах людей. Поскольку есть гнев, властвующий в мире, чтобы вершить суд, но этот гнев, он гнев властвующий, и он входит в тела людей, подвергающихся этому гневу, и этот гнев является основой всех остальных цветов" вредителей, "и с помощью него образуется всё строение вредительства, поскольку этот дым выходит из неистовства высшего пылающего огня. И он первый по отношению к этому огню"».

441) «"Четыре гнева отделяются от этого гнева. Первый называется гневом, который озлобляет сердца людей. И он спускается, и всё время подстрекает людей, и они озлобляются в гневе своем. И это тот, который навлекает на мир губителя"».

442) «"Второй гнев – это тот, который спускается в мир, и кружит и распространяется во все стороны, и этот называется ненавистью. И этот, когда входит" в человека, "называется безмолвным губителем. И это безмолвный гнев, и это тот, который взаимодействует с тем местом некевы. И это гнев безмолвия, устанавливающийся в диагонали, и он тяжелее всех, поскольку он – как змей, безмолвствующий всегда, но в конце убивающий"».

443) «"Третий гнев. Этот" гнев "является гневом, противоположным первому гневу, так как он все время усиливается и не безмолвствует, но гнев этот открывается. И чем больше раскрывается, он сокрушается, т.е. чем больше

---

[533] См. выше, п. 428.
[534] См. выше, п. 424.

раскрывается и не молчит, он сокрушается. И он называется гневом сокрушенным"».

444) «"Четвертый гнев. Вначале он сильный" гнев, "а в конце он сокрушенный. И поэтому этот гнев противоположен предыдущему" гневу. "Потому это вид, самый сокрушенный из всех. И потому все это – на первой ступени"».

Пояснение сказанного. Ты уже узнал, что дым – это два вида суда, которые соединяются друг с другом, то есть суды захара, являющиеся тьмой, с судами нуквы, являющимися раскрытием Малхут меры сурового суда.[535] Эти два вида суда опровергают друг друга, потому что тьма исходит от левой линии до ее соединения с правой, а это Хохма без хасадим, но Хохма не может светить без хасадим, и поэтому исходит оттуда тьма. И считаются эти суды исходящими от силы совершенства, т.е. от раскрытия свечения Хохмы. И поэтому они называются свечением захара, ибо захар указывает на совершенство.

Однако суды раскрытия Малхут меры суда в парцуфе, в котором пребывает сила сокращения, и раскрывается, что парцуф не способен получить свечение Хохмы из-за силы сокращения, получается, разбивают этот парцуф, приводя его из состояния ГАР в состояние ВАК. И поэтому называются судами нуквы. Таким образом, два вида судов, включенные в дым, опровергают друг друга.

И это означает сказанное им: «Цвет дыма спускается в мир, и это тот первый цвет, который исходит из точки, погруженной в эту тень»[536]. Поскольку, когда он смешивается с тьмой судов точки меры суда, эта тьма называется тенью. Это означает, что вначале суды точки меры суда не видны в нем, и они просто лишь тень в нем, пока эти раскрытия не повторяются много раз, и тогда раскрывается образ суда полностью, заставляя света уйти из парцуфа, и это называется смертью.[537]

И цвет дыма выходит из этой тени, и из точки, которая погружена в нее, как говорилось выше. И в силу этих двух опровергающих друг друга судов, раскрывается гнев в парцуфе,

---

[535] Это подробно рассматривается в п. 424.
[536] См. выше, п. 439.
[537] См. выше, п. 425.

ибо сталкиваются одни с другими, так как суды нуквы желают прогнать от него совершенство ГАР, а суды захара из-за этого восстают против них, и хотят устранить их из парцуфа. И это смысл сказанного: «И этот цвет дыма называется великий Кацпиэль»[536], – т.е. из-за сталкивания и большого гнева, раскрывающегося в цвете дыма, он называется Кацпиэль (קצפיאל), от слова «гнев (קֶצֶף)». И это означает сказанное: «От него исходит гнев людей, удерживающих сердце свое в гневе»[536], – потому что в тех, кто связан с ситрой ахра, нисходят эти ярость и гнев от цвета дыма, и они всегда находятся в ярости и гневе.

И говорит: «Четыре гнева отделяются от этого гнева»[538], – т.е. с момента раскрытия Малхут меры суда в первый раз в состоянии «тень», пока не раскроются полностью в состоянии «смерть», проходят по ним четыре состояния. Первый гнев – это цвет дыма в то время, когда он в свойстве «тень», т.е. когда суды нуквы раскрываются в первый раз. И тогда называется гневом, т.е. проявляются гнев и злость судов захара на суды нуквы. И тем более, при раскрытии судов нуквы в первый раз, когда еще нет никакого представления о них, суды захара входят в состояние большого гнева из-за вмешательства этих судов нуквы.

«Второй гнев... и этот, когда входит, называется безмолвным губителем», – ибо после того, как раскрываются суды нуквы в первый раз, чтобы уничтожить суды захара, и не могут, они приходят ко второму состоянию, когда безмолвствуют и больше не сталкиваются одни с другими. Однако ощущается ненависть между ними, «и это – гнев безмолвия, устанавливающийся в диагонали», когда из этого гнева, в состоянии только лишь гнева, без столкновений, образовалась возможность подъема судов в Бину для подслащения в свойстве диагонали.[539]

«Третий гнев... и не безмолвствует, но гнев этот открывается». То есть снова разгораются суды захара с судами нуквы, чтобы сталкиваться друг с другом. «Чем больше раскрывается и не молчит, он сокрушается», ибо вследствие этих столкновений возвращаются суды Малхут меры суда, раскрываясь до тех пор, пока не достигнут величины, достаточной для того,

---

[538] См. выше, п. 441.
[539] См. Зоар, главу Лех леха, п. 10, со слов: «Вследствие подъема Малхут и подслащения ее в Бине, получилась диагональная линия...»

чтобы сокрушить суды захара, т.е. прогнать света Хохмы, которые в них, но еще не окончательно, ибо каждый раз возвращаются суды захара и усиливаются. «И он называется гневом сокрушенным», – так как этот гнев каждый раз приводит к сокрушению.

«Четвертый гнев. Вначале он сильный, а в конце он сокрушенный», – т.е. вначале происходит сильное столкновение между двумя этими видами судов, однако в конце одерживают верх суды нуквы и сокрушают парцуф, т.е. довершается форма Малхут меры сурового суда, называемая смертью. И там больше нет столкновений. И остаются в ней два вида судов – суды нуквы, которые довершились в ней, и также суды тьмы, которые потеряли совершенство свое из-за преобладания судов нуквы.

И это смысл сказанного: «Потому это вид, самый сокрушенный из всех», – поскольку до сих пор, т.е. в трех первых состояниях, тьма находилась в совершенстве свечения Хохмы от левой линии. Однако в четвертом состоянии мало того, что не прекратились суды нуквы, но еще и исчезло совершенство тьмы. И он сокрушен с двух сторон. И поскольку дым включает эти четыре состояния гнева, находится всё это на первой ступени, называемой «дым».

445) После того, как выяснил свойство рош ситры ахра, являющийся первой ступенью, выясняет сейчас вторую ступень – Хесед ситры ахра, и говорит: "Вторая ступень, это супень, выходящая из тьмы" рош. "И эта ступень – это цвет тьмы", несмотря на то, что она Хесед и ступень правой (стороны), она также тьма, "поскольку все" сфирот ситры ахра, – "они появляются от тьмы, и находятся в известных ступенях. А эта распространяется ниже известных светов"».

446) «"На этой ступени есть триста отделяющихся друг от друга свойств". И это – правая рука, в которой содержится три вида связи, как нам предстоит выяснить, и каждая связь состоит из ста, итого – триста. "И хотя они отличаются друг от друга, и одна сильнее другой, все они включены друг в друга. Поэтому все ступени в этой стороне известны своим вредительством"».

447) «"И отсюда исходят все губители, кружащие по миру и совершающие открытый суд за скрытые деяния, которые

были совершены под прикрытием тьмы, и они кружат по миру и вершат над ними открытый суд. Поэтому все эти кружащие по миру и вершащие открытый суд, все они оказываются против людей, и посылаются всегда", чтобы воздать им "за эти скрытые грехи, как мы сказали. А те, которые называются "гнев" и "ярость", соединяются с ними и вершат суд над людьми. И это совершается в мире теми вершащими суд, о которых мы сказали"», т.е. со второй ступени.

448) «"От этой ступени, находящейся во тьме и в огне, составляющих одно целое, – от этой ступени отделяется много сильных ступеней, находящихся под свойством одного небосвода, называемого "черный цвет"», – т.е. под судами Малхут меры суда, называемыми «черный цвет». «"Третья ступень", т.е. Гвура ситры ахра, – "это небосвод, простирающийся над всеми теми ступенями, которые красны, как роза"», и это суды от подслащенной в Бине Малхут, называемой «красный цвет». «"И эти", две эти ступени, вторая и третья, "называются руками этой стороны"», вторая ступень – это правая рука, Хесед, а третья ступень – левая рука, Гвура.

449) «"Под этими" двумя руками "распространяются вниз ступени, пока не приходят к тому черному небосводу"», т.е. даже ступени левой руки, красные, тоже распространяются до черного небосвода, "потому что те, что на второй ступени", и это правая рука, "выходят из этого черного небосвода и кружат по миру"», поэтому они берут с собой также и ступени третьей ступени, т.е. левой руки.

450) «"Эти – справа, а эти – слева. Те, что в правой (стороне)", т.е. на второй ступени, "делятся на три свойства, т.е. три вида связи", имеющиеся в правой руке. "И те, что в левой", т.е. на третьей ступени, "делятся на три свойства, и это три других связи"», которые в левой руке.

451) «"Первая связь" правой руки "находится наверху", т.е. в части, соединяющейся с плечом. "И темный дым в гневе связан с ним. В этой связи имеются три темных цвета, отличающихся друг от друга и включенных друг в друга. И эта связь, она подчинена и не распространяется, кроме известных времен. Эта называется яростью"».

452) «"И эта связь находится" в гневе своем "и не успокаивается, кроме того времени, когда Исраэль приносят жертвы внизу, потому что в это время успокаивается гнев и смиряется внизу, и ослабляется гнев его, и он не может властвовать и усиливаться. И когда ослабляется эта, тогда и вторая связь, которая в середине" руки, "не может двигаться и управлять"».

453) «"Вторая связь" правой руки, "она называется "негодование". Эта связь перемещается с места на место и управляет всеми остальными связями, и все остальные связи управляются ею, и все они усиливаются благодаря этой связи. И она несет все страдания мира, ибо когда соединяется с другой ступенью, чтобы обнять нукву, опускаются на мир все страдания и все притеснения, и все бедствия, так как не могут властвовать один без другого", т.е. захар без нуквы. "И все эти ступени передаются нукве" ситры ахра, "чтобы властвовать и повергнуть мир, и если бы они не восседали друг на друге и не соединялись друг с другом, не могли бы властвовать"».

454) «"Смотри, когда Адам" Ришон "пребывал в Эденском саду, чтобы заниматься служением Господину своему, спустился этот Сам и все ступени, что в нем, и он восседал на змее зла", на своей нукве, "чтобы повергнуть их, потому что змей, находившийся под ним", под Самом, "был коварен в подстрекательстве людей и совращении их. Ибо написано: "Ибо сотовый мед источают уста чужой (женщины), и глаже елея нёбо (речь) ее"[540]. И" поэтому "этот", захар, "дает силы, а этот", некева, "умело производит свою работу в мире", т.е. соблазняя и повергая, "и один без другого не могут властвовать"».

455) «"Поэтому, когда эта средняя связь" руки "соединяется с нуквой, тогда нисходят суды и всё притеснение в мир. И когда эта (связь) не усиливается и не перемещается, всё сокрушается и усмиряется, так как не могут властвовать. И поэтому всё сокрушается и усмиряется благодаря жертвоприношениям внизу, и поднимается тот, кто поднимается", т.е. Малхут святости, "чтобы украситься наверху, и благословиться от высшей глубины", Бины, "светящей всем ликам"».

---

[540] Писания, Притчи, 5:3-4. «Ибо сотовый мед источают уста чужой (женщины), и глаже елея нёбо (речь) ее, но последствия от нее горьки, как полынь, остры, как меч обоюдоострый».

456) «"Третья связь" правой руки, "она самая сильная" из всех. "И она называется бедствием, поскольку от нее исходит власть, чтобы установить гнет и нести бедствия людям. И эти три связи, как написано: "Ярость и негодование, и бедствие"[541], – это те, что в правой"» руке, и это вторая ступень.

457) «"Три связи, которые в левой" руке, являющиеся третьей ступенью, как сказано выше, "когда они усиливаются вместе, тогда эта левая называется "нашествие ангелов злых"[541]. Поскольку от левой посылаются вниз и берут силы все эти злые ангелы, – те, что исходят от нижней стороны, как мы уже сказали. И всё это" выходит "со второй ступени и с третьей ступени"». Так как вторая ступень – это правая рука, а третья ступень – это левая рука, как уже отмечалось.

458) «"Четвертая ступень" ситры ахра. "Эта ступень устанавливается вследствие искривления гнева. Она – цвет огня, и она называется средней, и это тело (гуф)", свойство Тиферет, "расположенное посередине между двумя руками", свойствами Хесед и Гвура. "Здесь есть пылающий" огонь, "пламенеющий цветом красным, как роза. Отсюда выходит сила, которая опускается вниз, чтобы нападать и проливать кровь, потому что эта ступень дает силу и власть внизу", в мире, "чтобы нападать и проливать кровь. Эта ступень является источником" для "нуквы. И одно нуждается в другом", нуква нуждается в захаре, "как тело нуждается в душе. А душа может проделать свою работу только лишь в теле. Поэтому любая сила и любое могущество исходят отсюда", от этой ступени, являющейся захаром, "чтобы нападать и проводить вредительскую работу в мире, как некева, получающая всегда от захара"».

459) «"На каждой ступени и в каждой связи есть множество правителей, и многочисленные отряды губителей, и все они управляемы ими. И все они, управляемые ими, – все они внизу", в мире, "и это воинства нуквы" ситры ахра. "И у всех у них есть известная ступень свыше, которой они управляемы"».

460) «"Так же, как есть в высшей стороне святости известные чертоги" нуквы, "относительно высших ступеней" захара, "чтобы включаться друг в друга, так же и здесь, внизу,

---

[541] Писания, Псалмы, 78:49. «Послал Он на них пыл гнева Своего, ярость и негодование, и бедствие, нашествие ангелов злых».

в противоположность" святости, "в ситре ахра есть ступени" в захаре "относительно этих чертогов нуквы, чтобы включаться друг в друга"».

461) «"На этой ступени, являющейся четвертой, находятся жестокие суды, чтобы спуститься вниз и передаться тем" губителям, "которые вершат жестокий и суровый суд" над грешниками. "Отсюда они впитывают свою силу, чтобы сделать действенным и завершенным суд, который они проводят. И поэтому все эти ступени включены в них, во все эти нижние чертоги, находящиеся на стороне нуквы внизу. Благословенна участь праведников, избегающих этого пути и держащихся пути трепета пред Творцом, чтобы освятить себя святостью Господина своего. Счастливы они в этом мире и в мире будущем"».

462) «"Пятая ступень. Эта ступень разделилась на две ступени, правую и левую, и они называются "шока́им (שׁקַיִם) ноги)", т.е. Нецах и Ход. "Они гонятся за тем, чтобы преследовать и вредить, поскольку здесь находится сила преследования всех недугов и всего зла, которые преследуют грешников. И когда этот суд приближается, тогда: "Спешно отправились гонцы"[542]. И эти гонцы, они внизу, чтобы нагонять и вредить, и все они называются гонителями, и об этом сказано: "Легче орлов поднебесных были гонители наши"[543]».

463) «"Эта ступень разделилась на две стороны, на правую и на левую. Три связи находятся в правой, и три связи – в левой". Ибо в каждой ноге есть три связи, как объяснялось выше относительно рук. "И эти связи", которые в ногах, "и те связи, о которых мы говорили", в руках, "все они направлены в обратную сторону (ахор). Поскольку эти высшие святые связи, все они направлены вперед относительно тела (гуф). Как сказано: "А все их обратные стороны обращены внутрь"[544]. А те, что в ситре ахра, направлены в обратную сторону"», – то есть от тела наружу.

---

[542] Писания, Мегилат Эстер, 3:15 «Спешно отправились гонцы по слову царскому, и объявлен был указ этот в крепости Шушан; и царь с Аманом сели пить, а город Шушан был в смятении».

[543] Писания, Мегилат Эйха, 4:19 «Легче орлов поднебесных были гонители наши, по горам они гнались за нами, в пустыне устраивали нам засаду».

[544] Пророки, Мелахим 1, 7:25 «Стояло море на двенадцати быках: три глядели на север, три глядели на запад, три глядели на юг и три глядели на восток. И море располагалось на них сверху, а все их задние части (досл. обратные стороны) обращены внутрь».

464) «"Что", т.е. в чем различие, "между тем и этим", между связями святости и связями ситры ахра? И отвечает: "Но эти высшие святые связи, все они в свойстве "человек", и поскольку все в свойстве "человек", написано о них: "А все их обратные стороны (ахораим) обращены внутрь"[544]. А те другие связи", ситры ахра, "о которых мы сказали, те связи, которые посередине их, т.е. вторая связь в каждом, все направлены в обратную сторону, и эти находятся в свойстве "животное". И поэтому все их задние части (ахораим) направлены в обратную сторону. И это то, что мы объясняли: "Человека и скотину спасаешь Ты, Творец"[545]. Одно – на стороне человека, другое – на стороне животного. И жертва поднимается со стороны человека и животного"».[546]

465) «"Первая связь". От раглаим (ног) ситры ахра. "В ней находится цвет тьмы в тумане". Как "растущий в проклятии, из-под камня, который лежит на нем, и он не растет". Так "этот", связь, "находится, чтобы вредить достойному, у которого есть заслуги, но у него нет заслуг праотцев, чтобы они укрепили и защитили его"». И это подобно растению, растущему из-под камня, которое не вырастает, поскольку это растение растет в проклятии.

466) «"А другие связи", от раглаим (ног) ситры ахра, "преследуют грешников, которые отклонились от прежнего пути. И они преследуют их, и тех, у кого есть отличительная метка. Поскольку ко всем тем, кто заслужил наказание, спускается святой ангел-посланник со стороны Гвуры и помечает их знаком, и эта метка знакома наверху всем этим вершителям суда. Когда эта метка узнается ими, тот, кто заслужил болезни, наказывается болезнями, а тот, кому полагаются страдания и остальные наказания, так ему и делают. Всё видят они по этой метке"».

467) «"И поэтому эти связи, все они направлены в обратную сторону, и отвергают тех, кто отвергает Господина своего, и всех тех, кто заслужил быть отвергнутым. Кроме праведников и приверженцев, у которых есть заслуги праотцев, но болезни

---

[545] Писания, Псалмы, 36:7. «Справедливость Твоя как высочайшие горы; правосудие Твое – бездна великая! Человека и скотину спасаешь Ты, Творец!»
[546] См. выше, п. 355.

преследуют их, и тогда эти" связи "не властны над ними, и болезни не приходят к ним с этой стороны"».

468) «"И если скажешь: из какого места приходят к ним болезни? – Смотри, написано: "Но Творец пожелал сокрушить его болезнями"[547] – т.е. пожелал наказать его и наслать на него болезни, чтобы удостоить его будущего мира. Но они не приходят от ситры ахра. И эти называются страданиями любви. И всё это поднимается в единый счет святости"».

469) «"Шестая ступень", и это Есод ситры ахра, "она называется крайней плотью, поскольку она питается от этой стороны. И это в свойстве "змéя скользящего (барúах בָּרִיחַ)"[548], захар, "и этот питает "змéя извивающегося (акалатóн עֲקַלָּתוֹן)"[548], т.е. нукву его. "И все другие ступени, удерживающиеся в этой стороне, называются необрезанной плотью", т.е. необрезанным (недозволенным) плодом,[549] "и всё находится в одном свойстве"».

470) «"И смотри, поэтому, все те деревья, которые посажены в землю, пока они еще не укоренились, – пребывает над ними дух со стороны этой крайней плоти. И поэтому написано: "Необрезанными считайте его плоды, три года будут они для вас необрезанными, нельзя есть их"[550]. Поскольку Творец всегда испытывает любовь к Исраэлю, и Он отдалил их от всех путей зла и от всех сторон, несущих зло и оскверняющих, для того чтобы слиться со стороной святости. Счастливы они в этом мире, и счастливы они в мире будущем"».

---

[547] Пророки, Йешаяу, 53:10. «Но Творец пожелал сокрушить его болезнями. Если сделает жертвою повинности душу свою, увидит он потомство, продлит дни, и желание Творца через него осуществится».

[548] Пророки, Йешаяу, 27:1. «В тот день накажет Творец мечом своим тяжелым и большим, и крепким левиатана, змея скользящего, и левиатана, змея извивающегося, и убьет чудовище, которое в море».

[549] См. Вавилонский Талмуд, трактат Псахим, лист 25:2.

[550] Тора, Ваикра, 19:23. «И когда вступите вы на землю и посадите всякое дерево плодовое, то необрезанными считайте его плоды. Три года будут дня вас необрезанными, нельзя есть их».

ГЛАВА ПКУДЕЙ

Чертоги святости

471) «Сказал рабби Шимон: "Мы ведь учили об этих чертогах, что они стоят, чтобы выстроить последовательность прославления Творца, – как последовательность, установленную в словах, так и последовательность, установленную в желаниях. И поскольку есть принятый порядок слов, и есть принятый порядок в желании и в намерении сердца, чтобы познавать и постигать до бесконечности, к которой восходят все желания и мысли; и она непередаваема словами, но так же как она сама неведома, так же и всё это неведомо"».

472) «"Смотри, это то, что мы сказали обо всех этих чертогах: все эти порядки представляют собой единую совокупность, т.е. чтобы включить нижние чертоги в высшие"». И внимательно изучи то, что мы подробно объясняли об этом выше.[551]

473) «"Но смотри, Моше, когда выстроил молитву для Исраэля, сделал продолжительной эту молитву, поскольку эта молитва, установленная наверху", в Зеир Анпине. "А когда построил свою молитву кратко", т.е. когда молился "за сестру свою, не делал молитву долгой, поскольку она устанавливается внизу", в Малхут. "Как написано: "О, Всесильный, умоляю, исцели ее!"[552] И больше не продолжал. Потому что он хозяин дома", т.е. Малхут, называемой домом, а Моше был строением (меркава) для Зеир Анпина, являющегося Господином Малхут, "и поэтому управлял домом своим, как подобает. И потому он больше не продолжал свою молитву. И все порядки", о которых мы говорили в этих чертогах, – "они для того, чтобы Шхина воцарилась в мире"».

Объяснение. Длительность молитвы, Торы, – когда притягивал наполнение сверху вниз. И это происходит только в свойстве Зеир Анпина. И это означает сказанное: «Поскольку эта молитва, установленная наверху». А краткость молитвы, Торы, – когда притягивает только в свойстве снизу вверх, и это происходит при наполнении свечением Хохмы от Малхут. И это смыл сказанного: «Поскольку она устанавливается внизу», т.е.

---

[551] См. Зоар, главу Берешит, часть 2, Обозрение Сулам, статью «Введение в семь чертогов», пп. 1-16. «Необходимо как следует понять, что означают эти чертоги, что представляют собой и для чего установлены...»
[552] Тора, Бемидбар, 12:13. «И возопил Моше к Творцу, говоря: "О, Всесильный, умоляю, исцели ее!"»

в Малхут. И поэтому необходимо включить нижние чертоги в высшие, но нельзя напрямую притягивать наполнение от высших чертогов вниз, к нижним. И в основе своей это три вида включения.[553] И это смысл сказанного: «И все порядки – они для того, чтобы Шхина воцарилась в мире», – т.е. невозможно притянуть ее иначе, как путем включения нижних в высших, т.е. снизу вверх.

474) «Рабби Шимон встал и сказал: "Благословенна участь твоя, Адам Ришон, избранный из всех творений, находящихся в мире. Ибо возвеличил тебя Творец над всем, и ввел тебя в Эденский сад, и устроил для тебя семь хупот, чтобы радоваться с Ним наслаждением высшего блаженства. Как сказано: "Созерцать благо Творца и обозревать обитель Его"[554]. "Созерцать благо Творца"[554] – это наверху", в Зеир Анпине. "И обозревать обитель Его"[554] – т.е. внизу", в Малхут. И поясняет больше. "Созерцать благо Творца"[554] – те семь высших небосводов", Зеир Анпина. "И обозревать обитель Его"[554] – те семь нижних небосводов", Малхут. "И они устанавливаются одни в соответствии другим"».

475) «"И во всех них", в семи небосводах Зеир Анпина и в семи Малхут, "находился ты в Эденском саду. Эти семь высших святых хупот (пологов)", т.е. семь небосводов Зеир Анпина, "пребывали над тобой свыше, чтобы украситься ими", т.е. свойством хасадим. "А эти нижние", семь нижних небосводов Малхут, "ты находился в них, чтобы получать удовольствия в них", т.е. свечение Хохмы, называемое удовольствиями. "И всем этим восполнил тебя Господин твой, чтобы быть совершенным во всем"», – как в хасадим, так и в Хохме.

476) «"Пока ты не отклонился, последовав совету этого змея зла, и был изгнан из Эденского сада, и навлек смерть на себя и на весь мир, поскольку оставил ты эти наслаждения, получаемые наверху и внизу, и потянулся вслед за нечестивыми вожделениями, называемыми "яд аспидов"[555], за которыми

---

[553] См. Зоар, главу Берешит, часть 2, Обозрение Сулам, статью «Введение в семь чертогов», п. 14. «И необходимо, чтобы ты знал, что есть в основном три вида включения...»

[554] Писания, Псалмы, 27:4. «Об одном я спрашиваю у Творца и лишь того прошу, чтобы пребывать мне в доме Творца все дни жизни моей, созерцать благо Творца и обозревать обитель Его».

[555] Писания, Иов, 20:16. «Яд аспидов впитает он, язык ехидны его прикончит».

устремляется тело, а не дух, как сказано: "И безжалостный яд аспидов"[556], – который безжалостен к духу. Пока не явился праведный Авраам и не начал исправлять мир, и не вошел в святую веру, и не установил ее наверху и внизу, как в этих высших небосводах, так и в этих нижних"».

477) «"Эти нижние небосводы" Малхут, "являются чертогами для этих высших небосводов", Зеир Анпина, "чтобы объединиться друг с другом и связаться друг с другом. Как мы уже объясняли эти небосводы, о которых сказали.[557] И хотя мы там объяснили в общем виде, здесь нам следует детально во всем разобраться и установить это единство как подобает, чтобы товарищи не уклонились и шли прямым путем. Как сказано: "Ведь прямы пути Творца – праведники пройдут по ним"[558]».

---

[556] Тора, Дварим, 32:33. «Яд змеиный – вино их, и безжалостный яд аспидов».
[557] См. Зоар, главу Берешит, часть 2, п. 62. «Это семь святых чертогов, ворота которых находятся в подобающем виде, т.е. устранены от них носители суда, и они открываются всем достойным, чтобы войти в эти чертоги...»
[558] Пророки, Ошеа, 14:10. «Кто мудр, да разумеет это, благоразумный пусть поймет это: ведь прямы пути Творца – праведники пройдут по ним, а грешники споткнутся на них».

ГЛАВА ПКУДЕЙ

Чертог сапфирового камня, Есод

478) «"Первый чертог", т.е. Есод и Малхут, являющийся первым снизу вверх. "Это начало в вере", иначе говоря, этот чертог – это Малхут чертогов, называемая верой. "И это начало для свойства веры", т.е. начало для свойства Малхут де-Ацилут. "И на ступени видения, которая в вере", т.е. на ступени свечения Хохмы в ней, называемой видением, "истинные пророки видели с помощью этого зеркала, которое не светит", т.е. Малхут. "И поскольку этот", чертог, "является началом веры", т.е. началом Малхут де-Ацилут, как уже сказано, "написано: "Вначале обратился Творец к Ошее"[559]. И он видел с этой первой ступени", т.е. из первого чертога, "являющейся началом всех ступеней, чтобы подняться наверх, и концом всех ступеней, чтобы опуститься вниз"», в ситру ахра.

479) «"И поскольку Ошеа видел из этого начала", из чертогов скверны, "конец всех ступеней, должен был взять эту жену-блудницу, потому что Исраэль были отвергнуты и низошли оттуда", из этого первого чертога, "вниз, в место, называемое "жена-блудница"[559], т.е. Малхут скверны, "ибо покинули они жену добродетельную и не прилепились к ней", к Малхут святости. "И он видел оттуда все эти чертоги, которые на стороне скверны"».

480) «"Чертоги скверны, все они лишают чистоты того, кто соединен с ними. И поэтому", поскольку Ошеа должен был созерцать чертоги скверны, "написано: "Возьми себе жену-блудницу"[559]. И непонятно, "разве истинный пророк нуждается в этом? Но это потому, что нельзя человеку входить в эти чертоги" скверны, "из-за опасения: как бы не потянуться за ними. Как поступил Ноах, о котором написано: "И выпил он вина, и опьянел, и обнажился"[560]», – т.е. прилепился к ситре ахра, являющейся пьянящим вином. Объяснение. Ибо вино – это свечение Хохмы, и когда он выпивает в мере Торы, т.е. притягивает Хохму только снизу вверх, тогда это вино, радующее Творца и людей. Но когда выпивает больше этой меры, т.е. притягивает Хохму сверху вниз, тогда это – пьянящее вино.

---

[559] Пророки, Ошеа, 1:2. «Вначале обратился Творец к Ошее. И сказал Творец Ошее: "Иди, возьми себе жену-блудницу и детей блуда, ибо весьма блудодействует эта земля, отступая от Творца"».

[560] Тора, Берешит, 9:21. «И выпил он вина, и опьянел, и обнажился внутри шатра».

481) «"И Ошеа боялся созерцать эти чертоги, которыми осквернились Исраэль и прилепились к ним", из страха, "как бы не потянуться за ними, как сказано о Ноахе: "И выпил он вина, и опьянел, и обнажился"[560]. Пока не сказал ему Творец: "Иди, возьми себе жену-блудницу и детей блуда"[559]. «Жена-блудница»[559] – это Малхут ситры ахра, «и детей блуда»[559] – это ее ступени. «"И написано: "И пошел он и взял Гомэр, дочь Дивла́има"[561], – чтобы знать, каким образом Исраэль прилепились и осквернились, и оставили свойство веры", Малхут святости, "ради божества чужого", Малхут скверны. "И потому увидел он" это "из этого первого чертога, являющегося началом всех ступеней"». И поэтому сказано о ней: «У входа грех лежит»[562] – т.е. у входа в этот чертог сразу же находится ситра ахра, называемая «жена-блудница»[559]. И правитель ситры ахра стоит у этого входа.[563]

482) «"Этот чертог является началом всего, чтобы подниматься по ступеням. Этот чертог – это место, находящееся в свете, чтобы увенчаться его ступенями, созерцать эти высшие ступени, как написано: "И увидели они Всесильного Исраэля"[564]». Ведь поскольку этот чертог является свойством Малхут, к нему относится видение. Ибо видение есть только в Малхут.

483) «"В этом чертоге есть ответственный служитель по имени Таариэ́ль (טַהֲרִיאֵל). И он стоит на входе в чертог, и все души" после того, как покидают этот мир, "поднимаются" и желают войти в этот первый чертог. "Этот правитель стоит на входе, и вместе с ним множество других правителей, все они – "огонь пылающий", и огненные скипетры в их руках, и все они обладают очами"». Потому что в этом чертоге находится видение, как уже говорилось, а это свойство Хохма, называемое глазами (эйнаим), и поскольку Хохма раскрывается лишь с раскрытием

---

[561] Пророки, Ошеа, 1:3. «И пошел он, и взял Гомэр, дочь Дивлаима; и зачала она и родила ему сына».
[562] Тора, Берешит, 4:7. «Ведь если исправишься, прощен будешь, а если не исправишься, у входа грех лежит, и к тебе его влечение, – но ты властвуй над ним!»
[563] См. далее, п. 484.
[564] Тора, Шмот, 24:10. «И увидели они Всесильного Исраэля, и под ногами Его словно изделие из сапфирового камня и как небесная суть по чистоте».

судов,⁵⁶⁵ поэтому все они «огонь пылающий». «"Этот правитель стоит в этой стороне, если душа", после того как она покинула этот мир, "удостаивается войти, этот правитель открывает вход, и" душа "входит"».

484) «"А если душа недостойна", так как грешила в этом мире, "другой правитель", от ситры ахра, "стоящий с другой стороны, готов, и множество тысяч и десятков тысяч, возбуждающих судебную тяжбу (вместе) с ним"». Потому что суды мифтехи называются «тысячей», а суды манулы – «десятками тысяч», как сказано: «Падет возле тебя тысяча, и десять тысяч – по правую руку твою; но к тебе не подступятся»⁵⁶⁶. И они отмечены здесь в сказанном: «У входа грех лежит»⁵⁶². И понятия манула и мифтеха выяснялись ранее.⁵⁶⁷ «"Отвергает ее тот другой святой правитель, и принимает ее другой, который со стороны скверны, и вводит ее в эти чертоги скверны. И все возбуждающие судебную тяжбу держат ее, пока не опускают ее в преисподнюю, и осуждается она на двенадцать месяцев. Это исправление этой ситры ахра – суд, осуждающий грешников"».

485) «"Подобно этому тот святой правитель, стоящий на этом входе. Все те молитвы, которые пересекают воздушные пространства и небосводы,⁵⁶⁸ чтобы предстать перед Царем, – если это молитва многих, он открывает этот вход, вводит ее туда", и она ожидает там, "пока не станут все молитвы мира венцом на голове праведника, оживляющего миры", Есода, "как мы уже объясняли"».⁵⁶⁸

486) «"А если это молитва одиночки, она поднимается до тех пор, пока не достигает входа этого чертога, в котором стоит этот правитель. Если эта молитва достойна войти к святому Царю, он сразу открывает вход и впускает ее. А если не достойна, он

---

⁵⁶⁵ См. Зоар, главу Ваякель, п. 324. «"Небосвод наверху", и это парса в месте хазе Бины, т.е. ИШСУТ, "он устанавливается над высшими созданиями"...»

⁵⁶⁶ Писания, Псалмы, 91:7. «Падет возле тебя тысяча, и десять тысяч – по правую руку твою; но к тебе не подступятся».

⁵⁶⁷ См. «Предисловие книги Зоар», статью «Манула и мифтеха», п. 42, со слов: «Поэтому сказано: "И эта печать" – которая утвердилась в Бине, "была утверждена и скрыта в ней, подобно тому, как кто-то прячет всё, закрывая под один ключ". "Ключ (мифтеха)" – это Малхут атэрет Есода...», и п. 44. «В этих воротах есть один замóк и одно узкое место, чтобы вставить в него этот ключ...»

⁵⁶⁸ См. Зоар, главу Ваякель, п. 131.

выталкивает ее наружу, и она опускается и кружит по миру, и становится на нижнем из небосводов, которые внизу управляют миром. И на этом небосводе находится правитель Саадиэль (סָהֲדִיאֵל), который берет все эти отвергнутые молитвы, называемые негодными молитвами, и прячет их до тех пор, когда этот человек не совершит возвращение"».

487) «"Если он совершает возвращение перед Господином своим как подобает, и возносит другую молитву, хорошую, когда поднимается эта хорошая молитва, берет этот правитель Саадиэль ту молитву", непригодную, "и поднимает ее наверх, пока она не встречается с этой хорошей молитвой, и тогда поднимаются они и смешиваются вместе, и входят к святому Царю"».

488) «"А иногда отвергается молитва, потому что этот человек потянулся за ситрой ахра, и он осквернился в той стороне. И берет эту молитву правитель, который со стороны нечистой ситры ахра. И тогда поднимается эта нечистая ситра ахра и напоминает о прегрешениях человека пред Творцом, и обвиняет его наверху. И поэтому все молитвы и все души, когда поднимаются, все они восходят и предстают перед этим первым чертогом, и этот правитель стоит на входе в чертог, чтобы ввести души и молитвы, или вытолкать их наружу"».

489) «"Выше этого входа в чертог есть другой вход, который выкопал Творец"», от судов мифтехи, и это смысл сказанного: «Колодец, выкопанный старейшинами»[569]. «"И открывался он трижды в день", т.е. в нем светят три линии, "и не закрывался, стоял" открытым "для тех совершивших возвращение, которые проливали слезы в их молитве пред Господином своим. И все врата и входы закрываются, пока не получат разрешения, кроме этих ворот, называемых вратами слез"», которые открыты и не требуют разрешения.

Объяснение. Как сказано выше,[570] потому что первый вход – это тот, о котором написано: «У входа грех лежит»[562], и там находится Малхут манулы, в свойстве «десять тысяч (ревава)». И относительно этого свойства возвращение не действенно, так

---

[569] Тора, Бемидбар, 21:18. «Колодец, выкопанный старейшинами, вырытый вождями народа жезлом, посохами своими».
[570] См. выше, п. 484.

как это свойство сурового суда. Однако Творец выкопал выше него второй вход, от свойства мифтехи, т.е. Малхут, подслащенной в Бине. И оттуда возвращение действенно.

490) «"И когда эта молитва, в которой пролиты слезы, поднимается наверх в эти врата, появляется Офан", т.е. ангел от свойства Малхут, называемый Офан, "стоящий на шестистах больших созданиях, и имя его Рахмиэ́ль (רַחֲמִיאֵל). Он берет эту молитву, в которой пролиты слезы, молитва входит и связывается наверху, а слезы остаются здесь, и записываются на этом входе"», который выкопал Творец, как уже говорилось.

Объяснение. Молитва со слезами поднимает МАН для исправления мифтехи, т.е. поднять Малхут в Бину. И поэтому молитва принимается, а на этом входе остаются высеченными слезы, вызывающие там подслащение Малхут в Бине. И «слеза (дэ́ма דֶּמַע)» – от слова «примешивает (медамэ́а מְדַמֵּעַ)», поскольку примешивает и перемешивает Малхут с Биной.

491) «"И есть другие слезы, которые записаны навсегда на всех этих высших строениях (меркавот), и не стираются, – это те слезы, что были пролиты наверху и внизу, когда был разрушен Храм", и в них замешаны свойства манулы, на которых возвращение не действует, и потому они не стираются. "Как написано: "Вот ангелы-хранители их громко взывают снаружи, ангелы мира горько плачут"[571]. И эти слезы, проливаемые за праведников и достойных, когда они покидают мир, все их принимают эти строения (меркавот) и смешивают их с теми слезами, которые были пролиты из-за разрушения Храма. И поэтому" на грядущее будущее "написано: "И отрет Творец Всесильный слезы со всех лиц"[572]. Что это за "лица"[572]? – Это высшие святые строения (меркавот). А затем: "И позор народа Своего устранит Он на всей земле, ибо так сказал Творец"[572]». И это будет в конце исправления.

492) «"В этом чертоге есть дух, называемый Ситу́трия (סִטוּטְרִיָה), и у него вид сапфира, сверкающего со всех сторон. И это тот, что находится в двух сторонах"», т.е. светит в правой

---

[571] Пророки, Йешаяу, 33:7. «Вот ангелы-хранители их громко взывают снаружи, ангелы мира горько плачут».

[572] Пророки, Йешаяу, 25:8. «Уничтожит Он смерть навеки, и отрет Творец Всесильный слезы со всех лиц, и позор народа Своего устранит Он на всей земле, ибо (так) сказал Творец».

и левой сторонах, и поэтому называется Ситутрия, от слова «ситрин (стороны)». «"И от них распространяется сверкание, подобно свечению свечи, как мы объясняли", что светит "во многих сторонах", т.е. в четырех сторонах. "И множество цветов пламенеет от этого" света "в правой стороне"». Все это выяснилось выше, и не следует повторяться в одном и том же.[573]

493) «"Когда высший небосвод, и это река, берущая начало и вытекающая из Эдена",[574] т.е. Есод Зеир Анпина, "выводит души, чтобы привести их в седьмой небосвод наверху", Бину чертогов,[575] "этот седьмой чертог принимает их. И когда эти святые души выходят из седьмого чертога, они спускаются, пока не приходят в этот" первый "чертог. И забирает их дух святости Ситутрия, который в правой (стороне).[576] И все эти мужские души (зхарим), которым предстоит воспарить и облачиться в праведников-мужчин (зхарим)", т.е. "правую, все их забирает" этот дух, "и они задерживаются там, пока не соединятся с женскими душами (некевот)"».

494) «"От этого духа", имя которого Ситутрия, "отходит другой дух в левой стороне, который сначала виден" сам по себе, а затем "скрывается и включается в первый дух, и они становятся одним целым, включенными друг в друга.[577] И этот другой дух зовется Ади́рия Сану́гья (אֲדִירְיָה סָנוּגְיָא). Это дух в левой стороне. И этот стоит", чтобы принимать женские души (некевот), "когда стремление седьмого чертога – слиться с рекой, берущей начало и вытекающей (из Эдена)", т.е. Есодом Зеир Анпина мира Ацилут. "Это желание поднимается снизу вверх, создает души своим желанием, и они – женские (некевот)"». И поскольку этот дух (руах) находится в свойстве Гвура и левой линии, он называется Ади́рия (אֲדִירְיָה), от слова «величественный (адир אַדִּיר)» и «могущественный (ацум)».

---

[573] См. Зоар, главу Берешит, часть 2, пп. 63-64. «Первый чертог, чертог Есода и Малхут, является первым снизу вверх. И о нем сказано: "А под ногами его – словно белизна сапфира"…»

[574] Тора, Берешит, 2:10. «Река вытекает из Эдена, чтобы орошать сад, и оттуда разделяется и образует четыре главных реки».

[575] См. далее, п. 762.

[576] См. выше, п. 497.

[577] См. Зоар, главу Берешит, часть 2, п. 65. «В левой стороне этого чертога есть дух (руах), называемый "белизна", который включен в первый дух, называемый "сапфир". И они входят друг в друга…»

495) «"И когда желание этой реки", т.е. Есода Зеир Анпина, "спускается и прилепляется сверху вниз, "оно создает мужские души (зхарим). Желание наверху", Есода, "порождает мужские души (зхарим). А (желание) внизу", Малхут, с которой соединяется седьмой чертог, "создает женские души (некевот)"».

496) «И когда женские души (некевот) выходят из седьмого чертога, они спускаются оттуда, пока не достигают этого духа (руах) левой стороны, который зовется Адирия. И зовется" также "сапфировым камнем".[564] Первый дух (руах), Ситутрия, называется сапфиром, а дух (руах) левой стороны называется сапфировым камнем. "Как мы объясняли это другими путями"».[577] И это смысл сказанного: «И под ногами Его словно изделие из сапфирового камня»[564].

497) «"Когда женские души (некевот) достигают этого духа", Адирии, "берет их этот дух, и они пребывают в нем. А затем дух левой стороны включается в дух правой,[577] тогда эти души становятся совокупностью мужской и женской души (захар и некева) вместе, и тогда они воспаряют из этого чертога, и снова распределяются среди людей", когда приходят облачиться "в каждого согласно пути его", в мужчину (захар) облачается мужская душа, а в женщину (некева) – женская душа. "А затем" они женятся друг на друге, и "соединяются вместе"».[578]

498) «"Когда дух левой стороны приходит, чтобы включиться в дух правой, они соударяются друг с другом для того, чтобы включиться, и тогда выходят искры и расходятся во все стороны, и образуются офаним от этих искр, исходящих от духа левой стороны, о которых написано: "Вид этих офаним и свойства их, словно у драгоценного камня"[579]. И это офаним, которые пылают огнем. И предстают в песнопениях"».[580]

---

[578] Замечание Бааль Сулама: Для того чтобы не повторяться, я всегда отмечаю места выяснения, касающиеся чертогов начала творения, из второй части Берешит, и интересующийся найдет там объяснение. И так я буду поступать в том, что касается всех семи чертогов. И помни это.

[579] Пророки, Йехезкель, 1:16. «Вид этих офаним и свойства их, словно у драгоценного камня, и образ один у всех четырех; вид их и свойства их таковы, будто один офан внутри другого».

[580] См. Зоар, главу Берешит, часть 2, п. 15. «Во внутренней части этого чертога, т.е. внутри второго свойства, относящегося к ХАГАТ, находятся все те праведники, которые всеми силами освящают имя Господина своего и отвечают всеми силами: "Амен. Да будет имя Его великое благословенно!"»

499) «"Когда пропитываются благоуханием дух от духа", левый от правого, "и соединяются вместе, тогда выходит и рождается от них один свет, который поднимается и опускается, и устанавливается над четырьмя рядами офаним, и это одно создание, властвующее над ними"», о котором сказано: «Ибо дух этого создания был в офаним»[581], «"и называемое Базак (בָּזָק). Этот Базак светится светом, сверкающим в пламени, и властвует над всеми этими офаним"».[582]

500) «"И простирается от него", от Базака, "один небосвод, расположенный на двух столбах. И эти два столба – это два херувима", т.е. Матат и Сандаль, "один – с одной стороны, другой – с другой стороны, а этот небосвод над головами их, как сказано: "И вот, видел я: над небосводом, который над головами их, словно образ сапфирового камня, в виде престола"[583], и этот не тот небосвод, что над головами созданий.[584] И этот Базак – правитель над ним", над небосводом, "а высший дух", Ситутрия, "который соединился" с Адирией, – "правитель над всем"».

501) «"Все предварительные молитвы, прежде чем Исраэль завершили все молитвы, они задерживаются на этом небосводе, и этот Базак, властвующий над небосводом, исправляет их. Пока не приходит Сандаль, великий правитель, являющийся высшим духом, властвующим над всем, и когда заканчивают Исраэль все молитвы, он берет их с этого небосвода, и поднимает и соединяет их связями с Господином их, как мы уже объясняли"».

502) «"Этот Базак поставлен, чтобы сосчитывать все поднимающиеся молитвы. А все речения Торы, украшающиеся ночью, – когда пробуждается северный ветер и разделяется

---

[581] Пророки, Йехезкель, 1:20. «Куда направлял их этот дух идти, туда и шли они. Желание (досл. дух) идти и офаним поднимались перед ними, ибо дух этого создания был в офаним».

[582] См. Зоар, главу Берешит, часть 2, п. 67. «В тот момент, когда один дух включается в другой, дух "белизна" в дух "сапфир", исходит от них свет одного создания, которое возносится на четырех офаним…», и п. 71. «Дух, который имеется здесь, поднимается, чтобы связаться с духом второго чертога…»

[583] Пророки, Йехезкель, 10:1. «И вот, видел я: над небосводом, который над головами их, словно образ сапфирового камня, в виде престола».

[584] Пророки, Йехезкель, 1:22. «И над головами этих созданий – подобие небосвода, словно ужасающий лед, простертый над головами их сверху».

ночь. Каждый, кто встает в этот час и занимается Торой, – все эти речения поднимаются, и берет их этот Базак и располагает их на этом небосводе, пока не начинает светить день"».

503) «"После того, как начал светить день, восходят эти слова и пребывают в месте небосвода, на котором расположены звезды и созвездия, солнце и луна", и это Есод Зеир Анпина, ступени которого так называются. "И это называется книгой памяти, как написано: "И написана была книга памяти пред ликом Его"[585]». И «книга» – это Малхут, «память» – Есод, «"пред ликом (паним) Его"[585] – потому что "книгу"[585] и "память"[585] Он написал в единой связи"», т.е. в зивуге паним.

504) «"Четыре колеса движутся на двенадцати столбах", потому что у каждого офана четыре колеса, и у каждого колеса – три опоры.[586] Эти четыре колеса – это Аониэль (אֲהָנִיאֵל), Кдумиэль (קְדוּמִיאֵל), Малкиэль (מַלְכִּיאֵל), АВАЯАдни (יְאֲהֲדֹנָה), Йеадония (יְהֲדֹנִיָה). И ключи святого имени находятся в их руках"».

И нужно, чтобы ты знал, что основа этих чертогов выяснена в чертогах главы Берешит.[587] И здесь он добавляет к ним детали, как он сам написал выше,[588] однако и здесь он вкратце приводит то, что упоминается в чертогах Берешит, но лишь в самом кратком виде, и даже иногда что-то недоговаривает. И поэтому я тоже не выясняю это, но отмечаю во всем место в чертогах Берешит, и оттуда сможет изучить интересующийся, как я уже отмечал выше. И здесь есть милость, что нужно было сказать согласно языку чертогов Берешит: «На четырех колесах передвигаются каждый из этих четырех офанов, и у каждого колеса есть три опоры, итого двенадцать опор»[586]. И пояснение сказанного ты найдешь там в комментарии Сулам.

И найдешь там, что четыре колеса – это четыре сфиры ХУБ ТУМ, и это четыре ангела – Аониэль, Кдумиэль, Малкиэль,

---

[585] Пророки, Малахи, 3:16. «Тогда говорили друг с другом боящиеся Творца. И внимал Творец, и выслушал, и написана была книга памяти пред ликом Его для боящихся Творца и чтущих имя Его».

[586] См. Зоар, главу Берешит, часть 2, п. 67. «В тот момент, когда один дух включается в другой, дух «белизна» в дух «сапфир», исходит от них свет одного создания, которое возносится на четырех офаним...»

[587] См. Зоар, главу Берешит, часть 2, пп. 62-147.

[588] См. п. 477.

Йеадония. Аанизль – это «наслаждение мое, Творец (аани Эль)». «Наслаждение мое (аани)» – от слов «благо» и «наслаждение», поскольку он находится на стороне Хеседа, и это – правая. Кдумиэль – «будь предо мной, Творец (кдуми Эль)». Ибо перед Гвурой есть Хесед, и поскольку он со стороны Гвуры, записано в имени его включение Хеседа. И еще, потому что правая линия восседает над Гвурой, властвует над ней благодаря тому, что предшествует ей. И поэтому называется Кадмиэль. Малкиэль – Царь мой, Творец (малки Эль), и это Тиферет, называемая Царем. Йеадония – это АВАЯ и суд (дин) в сочетании их вместе. И это свойство Малхут, в которой есть суд де-Адни, и он подслащен именем АВАЯ. Буква алеф (א) слова Адни (אדני) отсутствует у этого ангела, поскольку алеф (א) указывает на имя Эке (אהיה), которое светит в Малхут мира Ацилут.

505) «"И эти четыре включены в тайну букв" имени "Адни (אדני), и Сандаль, владелец меркавот (строений), пользуется ими. Эти четыре буквы воспаряют в воздухе, и этот воздух включен в буквы святого имени АВАЯ (הויה)" с наполнением буквы алеф (א) таким: "**йуд**-вав-далет (יוד) **хэй**-алеф (הא) **вав**-алеф-вав (ואו) **хэй**-алеф (הא). И этот воздух (авир אויר) включает их", четыре буквы Адни (אדני), "и включились друг в друга", Адни (אדני) в АВАЯ (הויה). "И эти четыре" де-АВАЯ (הויה) "берут четыре" де-Адни (אדני) "благодаря свойству этого Базака"».

Объяснение. Базак – это создание, которое властвует над офаним, и происходит от включения Малхут в Есод.[589] Поэтому нисходят благодаря его силе четыре буквы АВАЯ (הויה) к четырем буквам Адни (אדני), которые в офаним.

506) «"И эти четыре" буквы Адни "входят в четыре" буквы АВАЯ, "одни в другие, как написано: "Совпадающие петли, одна к другой"[590]. И мы это уже объясняли. И это означает включить одни в другие и совместить одни с другими с помощью этого духа", Базака, "который включен в святое имя" со стороны их обоих, ибо является порождением духа Адирии, т.е. Адни,

---

[589] См. выше, п. 499.
[590] Тора, Шмот, 36:12. «Пятьдесят петель сделал он на одном полотнище, и пятьдесят петель сделал на краю полотнища, которое во втором соединении; совпадающие петли, одна к другой».

соединенного с духом Ситутрии, т.е. АВАЯ.⁵⁸⁹ И поэтому "он включает это имя", Адни, "в это имя"», АВАЯ.

507) «"И всё в этом чертоге управляется и передвигается этим духом (руах), в тайне святого имени, властвующего над всем. В этом чертоге святое имя АВАЯАдни (יְאָהֳדֹוָנַהִי), включающее два имени", Адни (אדני) и АВАЯ (הויה), совмещенных друг с другом, как было сказано выше, в предыдущем пункте, "поскольку это дух (руах) в духе", поскольку властвуют два духа – Ситутрии, и это захар, и дух Адирии, некева. И имя АВАЯ (הויה) – со стороны духа (руах) захара, а имя Адни – со стороны духа (руах) некевы. "И когда это имя" АВАЯАдни, "совмещенное" из двух этих духов (руах) "в тайне дух в духе, включенных друг в друга, светит одно в другом, тогда светит всё, и свет поднимается и опускается, подобно свету солнца в воде. И мы это уже объясняли"».⁵⁹¹

Объяснение. Так же, как свет солнца распространяется внутри воды до самого конца, и они соединяются друг с другом, как одно целое, так же свет этого духа (руах) имени АВАЯ распространяется в своем свечении внутрь духа (руах) имени Адни, и они соединены друг с другом, как одно целое.

508) «"И теперь, когда этот дух (руах) движется", т.е. Ситутрии, включенного в Адирию, "все движутся благодаря ему. И когда этот дух (руах) светит от этого имени", АВАЯАдни, "тогда входят все они друг в друга, и связываются все как один, чтобы подняться наверх, в свойство этого святого имени"».

509) «"В середине чертога стоит один столб, выходящий из этого чертога и входящий в другой, высший чертог.⁵⁹² По этому столбу дух, находящийся внизу, поднимается к духу (руах), находящемуся наверху", во втором чертоге, "чтобы соединились дух с духом. И так" дальше поднимается по этому столбу, "до духа (руах), который выше всех", находящегося в седьмом чертоге, потому что в каждом чертоге находится этот столб в

---

⁵⁹¹ См. Зоар, главу Берешит, часть 2, п. 70. «Дух "сапфир" включает в себя дух "белизна", и свет его поднимается и опускается, не прекращаясь никогда, как свет солнца в воде...»

⁵⁹² См. Зоар, главу Берешит, часть 2, п. 27, со слов: «Пояснение сказанного...»

центре его, "чтобы все они стали единым духом. Как сказано: "И дух (жизни) один у всех"[593]».

510) «"Этот столб, стоящий в центре, имя его Адрааниэль (אַדְרָהָנִיאֵל), и тайны ключей святого имени находятся в его власти. Когда молитвы поднимаются и достигают этого столба, тогда движутся все те, кто в этом чертоге, ко второму чертогу, чтобы объединиться друг с другом и быть всем одним целым, объединиться наверху и внизу вместе, чтобы быть святым совершенным именем, как подобает"». Адрааниэль (אַדְרָהָנִיאֵל) – означает «возносящий сюда», так как «Адар (אדר возвеличивающий)» означает «возносящий», а «ани הני» – это как «эна (הנה сюда)». Ибо этот ангел, сила этого столба, возносит нижних и доставляет их в высший чертог.

---

[593] Писания, Коэлет, 3:19. «Ибо участь сынов человеческих и участь скота, участь одна у них: как умереть тому, так умереть этому, и дух (жизни) один у всех, и преимущества у человека перед скотом нет, ибо все суета».

Чертог сути небесной, Ход

511) «"Второй чертог находится в свойстве веры, для того чтобы соединиться с высшим свойством. Этот чертог, он скрыт более, чем первый. В этом чертоге есть три входа и один служитель, назначенный над ними, имя которого Урпаниэль (אוּרְפָּנִיאֵל)", что означает – свет лика (ор паним אור פנים), так как он стоит на входе в восточной стороне, называемой ликом (паним). "Этот правитель властвует над тремя сторонами мира юг-север-восток. Юг – с этой стороны", правой, Хесед. "А север – с этой стороны", левой, Гвура. "И восток – посередине"», и это Тиферет, согласующая линия.

512) «"Эти три входа в трех этих сторонах: два" входа "заперты, а" вход, "который посередине, открыт, в свойстве, о котором написано: "И как небесная суть по чистоте"[594]. И это вход, расположенный посередине, который открыт, т.е. Тиферет, называемая небом. "Этот правитель" Урпаниэль "назначен и поставлен на этом входе, который открыт", т.е. в восточной стороне, "и под его властью – два других правителя, назначенные над этими двумя другими входами", в южной и северной сторонах, "которые заперты"».

513) «"Все эти души, умерщвленные по приговору суда или умерщвленные остальными народами, все они отданы в их распоряжение", трех вышеуказанных правителей, "и правитель, который над ними, отмечает образ их своими облачениями, представляющими собой горящий огонь, и поднимает их наверх, и показывает их Господину своему. И тогда берет их" Творец, "и отмечает умерщвленных остальными народами Своими облачениями"».

514) «"А этих умерщвленных по приговору суда, опускает их этот правитель, и вводит их за эти два запертых входа, где стоят два других правителя, и оттуда видят" души "величие всех тех, кто выполнял Тору и соблюдал заповеди Его. И они стыдят себя и завидуют величию их, пока правитель, стоящий над ними, не открывает им восточные врата, и светит им, и дарует им жизнь, раскрывающуюся в этих восточных вратах. И

---

[594] Тора, Шмот, 24:10. «И увидели они Всесильного Исраэля, и под ногами Его словно изделие из сапфирового камня и как небесная суть по чистоте».

в руках этого правителя одна чаша жизни, которая наполнена светами, и она называется чашей утешения,[595] чашей жизни. Ибо поскольку вначале они испили другую чашу", смерти, т.е. были умерщвлены, "удостоились этого"».

Объяснение. Поскольку эти умерщвленные по приговору суда за свои грехи испили горькую чашу, т.е. были умерщвлены четырьмя видами смерти по приговору суда. И эта смерть их – это их искупление. И поэтому правитель Урпаниэль вводит их вначале за два запертых входа, которые в южной и северной сторонах, и это две линии, правая и левая, из которых они видят завершенных праведников, слитых с правой линией и занимающихся Торой, и их хорошее вознаграждение. И они завидуют им и завидуют величию их. И тогда он раскрывает им восточные врата, т.е. среднюю линию, соединяющую две линии, и оттуда дарует душам чашу жизни за ту горькую чашу, которую они испили от клипот.

515) «"Подобно этому есть в ситре ахра, в чертоге скверны, другой правитель, и в руке его есть чаша, называемая горькой чашей, чашей гнева Его.[596] Как мы учили, что есть вино и есть вино. Так же и здесь, есть чаша и есть чаша. И всё это, одно – во благо, другое – во зло". И объясняет: "Вино во благо, как написано: "И вино, веселящее сердце человека"[597]. Вино во зло, как написано: "И вино пенистое, полное приправ"[598]. Чаша во благо, как написано: "Чашу спасений подниму"[599]. Чаша во зло, как написано: "Чашу гнева Его"[596], "чашу горькую"[596]».

---

[595] Пророки, Йермияу, 16:5-7. «Ибо так сказал Творец: "Не входи в дом скорби и не ходи причитать, и не оплакивай их, ибо отнял Я у этого народа, – сказал Творец, – мир Мой, благосклонность и милосердие. И умрут в этой стране большие и малые, не будут они погребены; и не будут причитать по ним, и не станут ни царапать себя, ни делать себе плеши ради них. И не преломят ради них хлеба в скорби для утешения по усопшем, и не напоят их из чаши утешения по отцу их и по матери их"».

[596] Пророки, Йешаяу, 51:17. «Пробудись, пробудись, встань, Йерушалаим, ты, который испил из руки Творца чашу гнева Его, остаток горькой чаши испил ты до дна».

[597] Писания, Псалмы, 104:15. «И вино, веселящее сердце человека, для просветления лика от елея, и хлеб, укрепляющий сердце человека».

[598] Писания, Псалмы, 75:8-9. «Ибо Всесильный – судья; этого унижает, а того возвышает; потому что чаша в руке Творца, и вино пенистое, полное приправ (горьких в ней), и наливает Он из нее, даже дрожжи (осадок) выпьют до дна, напьются все нечестивые земли».

[599] Писания, Псалмы, 116:13. «Чашу спасений подниму, и имя Творца призову».

516) «"Так же как со стороны святости есть чертоги и правители, все они во благо, и святые духи и святые свойства, так же и со стороны скверны есть чертоги и правители, все они во зло, и назначенные духи скверны, и все свойства скверны. И они – одно против другого, как доброе начало и злое начало, и все является одним целым"».

517) «"Этот чертог называется чертогом сияния, поскольку есть в нем дух, называемый Урпаниэль, и это сияние, которое не меняется", т.е. светит всегда только белым цветом в нем, и это Хесед.[600] "И он стоит в скрытом свете, светящем свыше", от третьего чертога, "и в свете, светящем снизу", от духа, находящегося в первом чертоге, который поднялся сюда. "И когда свет снизу, от первого чертога, ударяет по высшему свету", который здесь, "этот дух светит; подобно зрению, которым обладает глаз, – когда он совершает движение, то обнаруживает свет, сверкающий и сияющий, и так же этот дух, поэтому называется этот чертог "сияние"».[600]

518) «"Этот дух, называемый Урпаниэль, светит этому чертогу и светит первому чертогу, поскольку тот дух, что в первом чертоге, светит открыто, от этого духа", который здесь, "и он скрыт, и поэтому этот дух перемещается вверх и вниз", в скрытом смысле сказанного: "Изгибы бедер твоих – как украшения"[601]», ибо это – чертог Ход, а Нецах и Ход называются ереха́им (יְרֵכַיִם бедра), и поскольку это скрытый свет, называется изгибами, от слова «скрытие», как сказано: «А друг мой ускользнул, скрылся»[602].

«"И то, что сказал: "Изгибы бедер твоих"[601], т.е. во множественном числе, "это потому, что здесь есть еще один дух, который вышел" из Урпаниэля, "в левой стороне и соединяется с ним, и поэтому написано: "Изгибы", – поскольку их два.[603] Дух

---

[600] См. Зоар, главу Берешит, часть 2, п. 73. «О втором чертоге сказано: "И как небесная суть по чистоте". Здесь находится дух (руах), называемый "сияние (зоар)". Он всегда пребывает в белом цвете, т.е. находится в свете хасадим, называемом "белый", который никогда не смешивается с иным цветом, кроме белого. И он называется сутью и не изменяется никогда...»

[601] Писания, Песнь песней, 7:2. «Как прекрасны стопы твои в сандалиях, дочь вельможного! Изгибы бедер твоих – как украшения, дело рук умельца».

[602] Писания, Песнь песней, 5:6. «Отворила я другу моему, а друг мой ускользнул, скрылся».

[603] См. Зоар, главу Берешит, часть 2, п. 75.

левой стороны называется Адарниэ́ль (הַדַרְנִיאֵל)", что означает – красота (ход הוד) и величие (ада́р הדר). "И тогда они включаются друг в друга, соединяясь вместе. И они "суть небесная (эцем а-шама́им עֶצֶם הַשָּׁמַיִם)", так как состоит она из огня (эш אֵשׁ) и воды (ма́им מַיִם)"», т.е. из двух сторон, правой и левой. И правая – это вода, а левая – это огонь.[604]

519) «"Написано: "Как вид радуги, появляющейся в облаке в день дождя"[605]. Этот первый дух", называемый "Урпаниэль, который скрыт как наверху, так и внизу, и светит, – это как сверкание (хашмаль)"». Но не настоящее сверкание (хашмаль)[606], называемое «огненные бормочущие создания»[607], ибо нет в нем речи, т.е. свечения Хохмы. «"А иногда это сверкание (хашмаль)" настоящее, в то время, когда он включен в Адарниэля, "от которого происходят все эти серафимы"[608], поскольку слово хашмаль состоит из букв слов "огненные бормочущие создания"[607], и также создания находящиеся и не находящиеся". Другими словами, создания, которые иногда чувствуют (**хаш**от חשות), а иногда невнятно говорят (ме**мал**елот ממללות), "и потому это хашмаль (חשמל)"».

520) «"Урпаниэль, как мы уже сказали, через него сообщается жизнь миру. Когда мир признается достойным, тогда светит этот дух, и присутствуют вся жизнь и вся радость, ибо после того, как он признан достойным, и" исчезают "суды" и "светят, тогда светит этот дух. И признак тебе: "В свете лика Царя (бе-ор пней мелех בְּאוֹר פְּנֵי מֶלֶךְ) – жизнь"[609]», – и это буквы Урпаниэля (אוּרְפָּנִיאֵל).

521) «"И когда мир предан суду, тогда нечистая ситра ахра властвует и показывает свою силу, а этот дух" Урпаниэля "скрывается и меркнет. И тогда весь мир предстает пред судом и судится, и всё зависит от этого духа. И признак: "А колени

---

[604] См. Зоар, главу Берешит, часть 2, п. 76.
[605] Пророки, Йехезкель, 1:28. «Как вид радуги, появляющейся в облаке в день дождя, так и вид этого сияния вокруг – это вид образа величия Творца. И увидел я и упал на лицо свое, и услышал голос говорящий».
[606] Сверкание (хашмаль) – это буквы слов «хаш» и «маль», относящихся к понятию «огненные бормочущие создания».
[607] Вавилонский Талмуд, трактат Хагига, лист 13:2.
[608] См. Зоар, главу Берешит, часть 2, п. 77.
[609] Писания, Притчи, 16:15. «В свете лика царя – жизнь, и благоволение его, как облако с весенним дождем».

стали стучать друг о друга"⁶¹⁰», – что страх перед судами ощущается в коленях, т.е. в свойствах Нецах и Ход, а этот чертог является чертогом Ход, как сказано выше.

522) «"Здесь находятся все облачения душ праведников, поднимающихся, чтобы показаться Господину своему и стоять пред Ним. И вот когда душа поднимается и достигает этого чертога, посылается тогда один правитель, который назначен над этими облачениями, и имя его Цидкиэль (צִדְקִיאֵל)", означающее – справедливость (цедек צֶדֶק). "Ибо в то время, когда человек выполняет заповеди Торы в этом мире, согласно приложенному им старанию" и усилию в выполнении их, "образуется для него в этом чертоге наверху одеяние, чтобы облачиться в него в том мире"».

523) «"Когда душа восходит, этот правитель берет это ее облачение и идет вместе с ней, пока не приходит к реке Динур (досл. огненной), в которой душа должна омыться и обелиться. Но иногда утопает там душа и сгорает, и не поднимается оттуда весь день до утра, и тогда пробуждается дух с южной стороны, и встают все они и обновляются как прежде, и возносят песнь и псалмы, как те ангелы, власть которых устраняется, и сгорают, но встают и обновляются, как вначале.⁶¹¹ И они возносят песнь, и так же – эти души"».

524) «"И если душа удостаивается и поднимается, правитель Цидкиэль берет эту душу и облачает ее в это одеяние, и она исправляется в нем и возносится в жертву ангелом Михаэлем, коэном, чтобы всегда находиться, во все дни, пред Атиком Йомином. Благословенна участь этой души, которая стоит и удостаивается этого"».

525) «"И над всем назначен этот дух Урпаниэль, о котором мы сказали, и он властвует над этим чертогом. Из этого соединения, когда один дух включается в другой", т.е. Урпаниэль в Адарниэля, "и они соударяются друг с другом, чтобы соединиться вместе", т.е. совершают вместе зивуг, "создаются эти другие властители, которые поставлены над миром, и это шестикрылые

---

⁶¹⁰ Писания, Даниэль, 5:6. «Тогда царь изменился в лице, и мысли его испугали его; суставы бедер его ослабели, а колени стали стучать друг о друга».

⁶¹¹ См. Зоар, главу Берешит, часть 1, п. 95, со слов: «Мы уже выяснили, что от зивуга ЗОН происходят два вида ангелов...»

серафимы, освящающие Господина своего трижды в день. И это те, что крайне придирчивы к праведникам (досл. на толщину волоса), и это те, что пытаются обвинить их в этом мире и в мире будущем. И к тем, кто пренебрег человеком, от которого они научились даже одному слову в Торе, и не относятся к нему с почтением. И ко всем тем использовавшим того, кто изучил шесть разделов Мишны, чтобы установить единство Господина их"».[608]

526) «"Когда устанавливаются дух в духе", Урпаниэль в Адарниэле, "и светят вместе, выходит из этого света одно создание, которое властвует над серафимами", о которых говорилось, "и четыре" создания "под ним, лики которых – лик орла.[612] Это создание, имя его Йофиэль (יוֹפִיאֵל), и он стоит во всех тайнах мудрости (хохма), и все эти ключи мудрости (хохма) находятся у него"».

527) «"Это создание стоит, чтобы требовать вознаграждения у Творца, чтобы воздать всем тем, кто стремится за всеми, владеющими мудростью, и даже за каждым человеком, чтобы научиться мудрости постижения их Господина, и дать это вознаграждение людям, стремящимся к мудрости, чтобы познать Господина своего"».

528) «"Когда человек оставляет этот мир, это создание появляется на четырех крылатых серафимах, и они летают перед ним, и оно не оставляет всех этих возбуждающих суд и закон, чтобы сблизиться с ним. Сколько же посланников мира находится вокруг него. И когда перемещаются и появляются эти серафимы, то смиряются змеи-серафимы, происходящие от змея, навлекшего смерть на весь мир"».[612]

529) «"Это святое создание стоит, когда душа поднимается и приходит к нему, и спрашивает эту душу о мудрости Господина ее. И согласно мудрости (хохма), к которой она стремилась и постигла, такое вознаграждение и дают ей. Если" человек "мог постичь мудрость и не постиг, то выталкивают эту душу наружу, и она не входит, а стоит под этим чертогом, испытывая стыд. И когда поднимают свои крылья те серафимы, что находятся под" этим созданием, "тогда все они ударяют крыльями и сжигают"

---

[612] См. Зоар, главу Берешит, часть 2, п. 78.

эту душу. "И она сгорает и не сгорает, стоит и не стоит, светит и не светит. И так судят ее каждый день"».

530) «"И это несмотря на то, что у нее есть добрые деяния", выталкивают ее наружу. "Поскольку нет (такого) вознаграждения в том мире, как (вознаграждение) тех, кто прилагает старания в мудрости, чтобы созерцать величие Господина их. И бесценна награда постигших мудрость, чтобы созерцать величие Господина своего. Благословенна их участь в этом мире и в мире будущем, как сказано: "Счастлив человек, нашедший мудрость, и человек, приобретший разум!"[613]»

531) «"Этот дух" Урпаниэль "властвует над всем, все включены в него, все смотрят на него. Это создание", Йофиэль, "властвует над четырьмя другими созданиями, и четыре колеса у каждого из них. Одно колесо смотрит в восточную сторону, и одно колесо смотрит в северную сторону, и одно колесо смотрит в южную, а одно колесо смотрит в западную сторону. И" у каждого колеса, "есть у него три опоры. Колесо, которое в восточной стороне", т.е. Тиферет, "имя его Ханиэ́ль (חֲנִיאֵל)", от слова хен (חֵן прелесть). "Колесо в северной стороне", Гвура, "имя его Каршиэ́ль (קְרִשִׁיאֵל)", от слова криша́ (קְרִישָׁה застывание), так как с левой стороны света застывают, т.е. замерзают.[614] "Колесо в южной стороне", Хесед, "имя его Азриэ́ль (עֶזְרִיאֵל)", от слова эзра́ (עֶזְרָה помощь). "Колесо с западной стороны", Малхут, "имя его Аниэль (עֲנִיאֵל)", от слова ани (עָנִי бедный), ибо у Малхут самой по себе нет ничего, и она – бедная. "И эти три опоры в каждом колесе смотрят в центр", Тиферет, "так как средняя несет их, и все они перемещаются благодаря ей"». Поскольку, если бы не средняя линия, они были бы темными, без света.[615]

532) «"Те, что стоят посередине", и это Тиферет, "все они назначены ответственными за" то, чтобы возносить "песнь. А те, что в правой стороне", т.е. Хеседе, "возносят песнь, и желание поднимается вверх, и они произносят: "Свят (кадош)". Те, что в левой", т.е. Гвуре, "возносят песнь, и желание поднимается

---

[613] Писания, Притчи, 3:13. «Счастлив человек, обретший мудрость, и человек, приобретший разум!»
[614] См. Зоар, главу Берешит, часть 1, п. 301. «Воды "застывшего моря", т.е. Малхут, вбирают все воды мира и собирают их в себе…»
[615] Это все объяснено в Зоар, главе Берешит, часть 2, п. 81.

наверх, и они произносят: "Благословен (барух)". Ибо "свят" Он наверху", в ХАГАТ, "а благословен Он внизу", в Малхут. И поэтому "те, что стоят наверху, в правой стороне, приобретают святость и соединяются со святостью, со всеми теми, кто умеет освящать Господина своего" в тайне "единства в свойстве Хохма. А те, что стоят в левой стороне, приобретают святость и соединяются с теми, кто не умеет освящать Господина своего, как подобает. И все они включены друг в друга в полном единстве, и связываются друг с другом, пока не становятся единой связью и единым духом. И связываются с теми" чертогами, "что наверху, чтобы стать всем единым целым, включившись друг в друга"».

533) «"От этого места питаются все владеющие мудростью, постигающие в ви́дении или во сне. Поскольку пророки получают питание свыше", от Нецаха и Хода Зеир Анпина мира Ацилут, "а постигающие во сне или в видении получают питание отсюда", от чертога Ход. "И когда соединяется это место", чертог Ход, "с местом, которое наверху", с Нецахом и Ходом Зеир Анпина, "эти пророки получают питание сверху и снизу в единой связи"».

534) «"Поэтому есть пример пророческих речений, когда их пророчество не обладает подобающей чистотой, как это было у Моше, который был совершенно чист в своих пророчествах. Потому что свет исходил свыше", из Бины, "из того места, откуда выходят все света, и приходил на его ступень", т.е. Тиферет мира Ацилут, "и оттуда впитывал" Моше "свое пророчество и нес свет, и такого не было ни у одного человека, и ни у кого из остальных пророков. Постигающие во сне и постигающие в ви́дении получают питание снизу", от чертога Ход, "без соединения" Нецаха и Хода Зеир Анпина, "что наверху, и посредством нижней ступени", Малхут, "которая снаружи"», т.е. в первом чертоге.

535) «"Как на ступени пророков наверху", получающих от Нецаха и Хода Зеир Анпина, "пророки не видят его" со ступени Нецах и Ход Зеир Анпина, "но с помощью другой нижней ступени", Малхут мира Ацилут, "так же и здесь те" постигающие во сне и в видении, чья ступень питания наверху, на этой нижней ступени", т.е. в чертоге Ход, "однако она раскрывается им лишь с помощью ступени, которая снаружи" этого чертога, т.е.

Малхут первого чертога, "и она ниже него. Поскольку" это слово "исходит от этого чертога", чертога Ход, "и слово это доходит до правителя, стоящего на вратах этого чертога, а оттуда – к другому правителю, который подчинен ему, и так (доходит) до всех", т.е. пока не приходит к Малхут, что в первом чертоге. "И сколько их, берущих это слово и вмешивающихся в него, и поэтому, когда это слово приходит к человеку, много их, вмешавшихся" в это слово, и потому это слово не обладает подобающей чистотой"».

536) «"И когда соединяются эти четыре колеса с четырьмя" опорами, которые "посередине", так как у каждого колеса есть три опоры правая-левая-средняя, "тогда называются все они вожделенными, и они – постигающие в видении". Ибо свечение Хохмы, являющееся тайной вожделения, оно не раскрывается в колесах, которые от хазе и выше, а только в опорах, которые от хазе и ниже.[616] И основное раскрытие происходит в среднем из них, и поэтому эти колеса передают (наполнение) постигающим в видении лишь в соединении со средними опорами. "И потому это создание, о котором мы сказали", т.е. Базак, "властвует над ними и называется "Даниэль, муж любимый"[617]. Как написано: "Потому что любим ты"[618]. И все это является тайной, как подобает. Счастливы они, знающие тайны Господина своего, чтобы идти путем истины в этом мире и в мире будущем"».

---

[616] См. Зоар, главу Берешит, часть 2, п. 81, со слов: «Объяснение. В то время, когда эти четыре создания поднимаются к высшему созданию, каждое создание становится полным парцуфом...»

[617] Писания, Даниэль, 10:11. «И сказал он мне: "Даниэль, муж любимый! Вдумайся в слова, которые я говорю тебе, и стань, где стоял, ибо к тебе послан я ныне". И пока говорил он мне эти слова, встал я, дрожа».

[618] Писания, Даниэль, 9:23. «В начале молитвы твоей вышло решение, и я пришел известить тебя, потому что любим ты. Пойми же речь, и вдумайся в видение».

ГЛАВА ПКУДЕЙ

Чертог сияния, Нецах

537) «"Этот чертог", Нецах, "Это чертог, который стоит в свете более высоком, чем все предыдущие. В этом чертоге находятся четыре входа, один – в южной стороне, один – в восточной, один – в северной, и один – в западной", которые соответствуют ХУБ ТУМ. "На каждом входе есть один правитель, так как находится правитель на каждом из входов"».[619]

538) «"Первый вход – это вход, на котором стоит один правитель Малкиэль (מַלְכִּיאֵל), и он властвует над всеми этими записями", в которых записаны судебные решения, "выходящими из судебной палаты Царя, чтобы вершить суд над миром. И у него в подчинении находятся два писца, один – справа, и один – слева"». Объяснение. Получение ахораим мохин называется указом или письмом. И ангел Малкиэль, который здесь, исправляет их, чтобы они были достойны мохин де-паним. И если он не исправляет их, тогда получающий их падает в преисподнюю из-за судов, что в них.

539) «"Ему", Малкиэлю, "вручаются эти записи для исправления их прежде, чем они выходят за пределы этих ворот, и будут переданы в руки правителя первого чертога. Поскольку с того момента, когда они переданы в руки того правителя, который в первом чертоге, ведь они уже вышли оттуда, и нет разрешения возвращать их"» для исправления.

540) «"Ибо сразу же посылается правитель нечистой ситры ахра, вершащий тяжкий и суровый суд, не знающий милосердия, и имя его Сангадиэль (סַנְגַדִיאֵל), и он назначен над вратами, которые в другом чертоге ситры ахра, т.е. преисподней. И много возбуждающих суд и закон назначены кружить по миру и готовы вершить суд"».

541) «"И поэтому поставлен этот правитель для того, чтобы проверять постановления суда, а эти два писца, подчиняющиеся этому правителю", называемые "Шамашиэль (שַׁמָשִׁיאֵל) и Камуэль (קְמוּאֵל), являются писцами, чтобы исправлять эти записи, и над ними этот правитель, т.е. Малкиэль. Поскольку в этих чертогах нечистой ситры ахра назначены известные правители, в противоположность правителям, назначенным в тех

---

[619] См. Зоар, главу Берешит, часть 2, п. 92.

чертогах", что в святости, "и все эти духи и все эти правители, которые там, в ситре ахра, все они – чтобы делать зло"».

542) «"Смотри, этот Сангадиэль, когда берет запись со стороны правителя, стоящего на первом входе, открывает один вход на стороне тьмы, называемый могильной ямой", и это два первых чертога ситры ахра, "и там тысяча и десять тысяч правителей, готовых взять эти записи, а этот правитель", Сангадиэль, "над ними. Тогда выходят воззвания, и множество возбуждающих суд снуют по миру, и этот суд довершается. И потому этот правитель", Малкиэль, "поставлен для проверки записей и исправления постановлений в этих записях, прежде чем они выходят из этого входа. И вход этот – в южной стороне"».

«Тысяча и десять тысяч», как сказано: «Падет возле тебя тысяча, и десять тысяч – по правую руку твою; но к тебе не подступятся»[620]. То есть, со стороны судов подслащенной Малхут – это тысяча, и их можно повергнуть полностью, если удостаиваются. А со стороны Малхут свойства сурового суда – это десять тысяч, которые повергнуть невозможно, но только прогнать их, чтобы не подступились для вредительства.

543) «"Второй вход – это вход, от которого зависят жизнь и смерть, поскольку на этом входе ставятся печати на всех записях", выходящих из палаты суда. "Здесь, после того, как эти записи были исправлены должным образом, (стоит) наготове один служитель, и имя его Газриэ́ль (גַּזְרִיאֵל), который берет записи на этом втором входе, и там их подтверждают печатью"».

544) «"Один правитель стоит на этом входе, и имя его Азриэль (עַזְרִיאֵל). И каждый вход называется именем того правителя, который назначен над ним. Этот правитель", Азриэль, – "под его властью и у него в подчинении два служителя, имена которых Санурия (סָנוּרְיָא) и Адиэль (עָדִיאֵל), один – справа, и один – слева. От того, что справа, зависит жизнь, а от того, что слева, зависит смерть. И две печати в их руках – печать жизни и печать смерти. Этот стоит на этой стороне", правой, "а этот стоит на этой стороне"», левой. Объяснение. Если получает исправление средняя линия, чтобы Хохма светила снизу вверх,

---

[620] Писания, Псалмы, 91:7. «Падет возле тебя тысяча, и десять тысяч – по правую руку твою; но к тебе не подступятся».

то подтверждается печатью на жизнь. А в противном случае возбуждается против него мера суда манулы, и (запись) подтверждается печатью на смерть.

545) «"Этот вход закрыт все шесть дней, а в субботу и в новомесячье он открывается, чтобы показать жизнь с той печатью, от которой зависит жизнь. Поскольку в субботу и в новомесячье печать жизни воплощается в них"».

546) «"В День искупления, когда весь Исраэль предстают в молитвах и просьбах и прилагают старания в служении Господину своему, этот вход закрыт до послеполуденной молитвы (минха). Когда послеполуденная молитва (минха) переходит из места палаты суда, что в чертоге заслуги, выходит один воздух, и этот вход открывается, и встает правитель, назначенный в этом чертоге, и эти два служителя справа и слева, в руках которых печати жизни и смерти, и перед ними все записи" палаты суда, "что в мире. И тогда они заверяют их печатью – как на жизнь, так и на смерть. И это вход, который в восточной стороне"», т.е. в средней линии.

547) «"Третий вход – это вход, существующий для того, чтобы знать обо всех тех, над кем будет произведен суд, приговаривающий либо к болезням, либо к страданиям, либо к бедности", – т.е. "суд, не выносящий смертный приговор. И когда врата этого входа заперты, тогда записывается приговор суда этому человеку, и возвращают его только лишь благодаря горячей молитве и полному раскаянию. Как написано: "Заточит Он человека, и не высвободится тот"[621]». Объяснение. Этот вход является левой линией, от которой исходят суды. Но они являются болезнями и страданиями, не приводящими к смерти. Их излечение производится на четвертом входе, где находится Малхут, которая исправлена, чтобы получать снизу вверх.[622]

548) «"Один правитель стоит на этом входе, и имя его Кафциэль (קַפְצִיאֵל), и он назначен над этим входом, чтобы закрывать этот вход перед человеком, заслужившим наказание, чтобы тот не был принят благодаря молитве, пока не совершит возвращения пред Господином своим"».

---

[621] Писания, Иов, 12:14. «Если разрушит Он, то не отстроится (вновь), заточит Он человека, и не высвободится тот».
[622] См. далее, п. 554.

549) «"И в то время, когда выходит приговор суда о сыновьях его, которые не совершали греха", т.е. "они еще малые дети, один правитель Ириэ́ль (עִירִיאֵל), подчиняющийся Кафциэлю, выходит и произносит воззвание в левой стороне, пока не пробуждается один дух, являющийся порочным духом, который был сотворен во время ущерба луны, и называется Аскара (אַסְכָּרָא). И это тот, что стоит на четвертой ступени третьего чертога, который на стороне скверны. И он ответственен за смерть младенцев и является им в виде женщины, воспитывающей детей, и она хватает их и убивает их"».

550) «"И тогда душа этого младенца поднимается, и хватает ее этот правитель, и поднимает ее к правителю, назначенному над четвертым чертогом, который воспитывает души и развлекается с ними, и поднимает их, чтобы представить пред святым Царем в каждую субботу и в каждое новомесячье. И они представляются пред Ним и благословляются Им. И в час, когда властвует гнев, смотрит на них Творец и относится с милосердием к миру"».

551) «"И все эти дети, возраст которых не достиг тринадцати лет и одного дня, все они передаются этому правителю", Ириэлю, "с тринадцати до двадцати лет, все они передаются другому духу, называемому Агирисон (אֲגִירִיסוֹן), происходящему от того коварного змея, который навлек смерть на мир, и это злое начало. От двадцати лет и старше человек осуждается палатой суда того места, которое называется заслугой", и это четвертый чертог, "и он сам является в палату суда, и за грехи" свои "осуждается, и передается в руки этому змею", упоминаемому выше, "и это ангел смерти"».

552) «"Потому что ниже двадцатилетнего возраста, до тринадцати лет, тот дух, который находится в нем, преследует его словно змей, и это Агирисон, как мы сказали, поскольку он не оберегал себя надлежащим образом от греха, будучи маленьким ребенком, и тот видел в нем признак будущей испорченности. И этот взят без разрешения, и об этом написано: "Но некоторые гибнут от неправды"[623]. И это смысл сказанного: "И вот – хорошо

---

[623] Писания, Притчи, 13:23. «Много хлеба на ниве бедных, но некоторые гибнут от неправды».

очень"⁶²⁴, и мы учили, что это ангел смерти", и это потому, "что опередил его", забрав его душу "прежде, чем он испортился затем. И правитель, стоящий на этом входе", т.е. Кафциэль, "впускает душу его и поднимает ее наверх"».⁶²⁵

553) «"От тринадцати лет и ниже он осуждается за грехи своего отца и отдается в руки этого Аскары, о котором мы сказали. И каждый из них" – это "этот чертог" святости "против этого чертога" ситры ахра, "и один противоположен другому, как мы уже сказали.⁶²⁶ И этот вход находится в северной стороне"».

554) «"Четвертый вход, он предназначен для исцеления, и называется входом исцеления, на этом входе стоит один правитель, и имя его Пдаэ́ль (פְּדָיאֵל)", от слова пидьон (פִּדְיוֹן выкуп), "и он отвечает за все исцеления мира и за проведение молитв терпящих боли, болезни, страдания. И он поднимается со всеми этими молитвами и вводит их пред Творцом"».

555) «"И это "ангел-заступник – один из тысячи"⁶²⁷. Поскольку есть тысяча стоящих на этом входе, и" Пдаэль "этот – один из них. И написано: "Сжалится он над ним и скажет: "Отпусти его, чтобы не сойти ему в могилу, нашел я искупление ему"⁶²⁷. Ибо он поднимается в этой молитве и становится добрым заступником для человека, и напоминает о его заслугах, которыми тот отличился пред святым Царем. Он всегда стоит за благо, и потому все излечения совершаются на входе, за который отвечает Пдаэль. Этот вход находится на западной стороне. И поэтому эти четыре входа находятся в этом чертоге"», поскольку у каждого из них есть свое особое назначение.

556) «"В этом чертоге стоит другой дух, называемый Но́га (נֹגַהּ сияние), и это дух, который властвует в этом чертоге. Всякое сияние и всякое стремление находятся в нем.⁶²⁸ Дух этот находится для всех тех, у кого есть доля в будущем мире, и

---

⁶²⁴ Тора, Берешит, 1:31. «И увидел Всесильный всё созданное Им, и вот – хорошо очень. И был вечер и было утро – день шестой».
⁶²⁵ См. Зоар, главу Тецаве, п. 128, в комментарии Сулам.
⁶²⁶ См. выше, п. 541.
⁶²⁷ Писания, Иов, 33:23-24. «Если имеется над ним ангел-заступник – один из тысячи, чтобы известить человека о прямоте его. Сжалится он над ним и скажет: "Отпусти его, чтобы не сойти ему в могилу, нашел я искупление ему"».
⁶²⁸ См. Зоар, главу Берешит, часть 2, п. 84.

он украшает эти души сиянием величия, чтобы знали все эти духи, находящиеся в других чертогах, что это обитатель будущего мира, и чтобы (душа) прошла через все чертоги и не было препятствующего ей"».

557) «"Этот дух является самым чистым и самым избранным по сравнению с теми, что ниже" него, "и имя его Заариэ́ль (זַהֲרִיאֵל), ибо он исходит от елея священного помазания,[629] нисходящего из будущего мира", Бины, "нисходит в него, и от этого елея он растет и процветает. И это светильник, о котором сказано: "Приготовил Я светильник помазаннику Моему"[630]. Потому что это особое приготовление для зажигания свечей снизу вверх, когда пребывает над ним свет, нисходящий свыше", от Бины. "Ибо он подготовлен в то время, когда включались в него все те нижние, которые внизу"», т.е. когда нижние чертоги поднимаются к нему, и тогда говорится: «Приготовил Я светильник»[630].

558) «"Когда этот дух подготовлен" и выстроен "во всех этих нижних, которые поднялись к нему, и светит, тогда он выводит из себя один свет, называемый Аадиэль (אֲהַדִיאֵל), и он включен в этот дух", Заариэль. "Этот дух", Аадиэль, "находится под этим духом", Заариэлем, "чтобы совершать помазание всех поднимающихся душ, у которых есть доля в будущем мире, и они достойны подняться наверх"».

559) «"Ибо, когда душа поднимается, она входит сначала в эти нижние чертоги", т.е. в чертог сапфирового камня,[631] и в чертог сути небесной,[632] "она записана двадцатью двумя буквами Торы, которые записались в этой душе. И когда душа удостаивается" подняться в этот чертог, "она предстает пред этим духом", Заариэлем, "правитель Аадиэль совершает помазание ее. И она поднимается и входит в ту реку Динур (огненную), и поднимается" оттуда "и приносится в жертву"», для того чтобы всегда находиться пред Атиком Йомином.[633]

---

[629] Тора, Шмот, 30:25. «И сделай его елеем священного помазания, состава смешанного, работы мирровара; елеем священного помазания будет это».
[630] Писания, Псалмы, 132:17. «Там взращу Я рог Давиду (дам силу ему), приготовил Я светильник помазаннику Моему».
[631] См. выше, п. 483.
[632] См. выше, п. 522.
[633] См. выше, п. 524.

560) «"Этот свет", Аадиэль, "состоит из трех светов, поскольку тот елей помазания", т.е. свет Бины, от которого он исходит, "включен в три цвета", т.е. три линии. "И когда этот свет издает искрение, искрятся от него двадцать два света, соответствующие двадцати двум буквам Торы, записанным в этой душе.[634] И эти двадцать два света, все они правители и служители, стоящие с ним", с Аадиэлем, "и все они называются по имени того света, что над ними", т.е. Аадиэль, "и все они включены в него. Этот свет", Аадиэль, "со всеми этими" двадцатью двумя "светами включаются в этот дух", Заариэль, "а этот дух включен в него", в Аадиэля. "И он вглядывается, (как) расположиться в четвертом чертоге"».[635]

561) «"Этот дух", Заариэль, "когда он включил в себя этот свет", Аадиэль, "и из всех" двадцати двух "светов, когда они сталкиваются" в ударном слиянии (зивуг де-акаа) "чтобы искриться, появляется из них одно святое создание, содержащее в себе два цвета, льва и орла, которые смешались в единый образ, называемый Аиэль (אֲהִיאֵל)"».[636]

562) «"И это святое создание, от его искрения, когда к нему приходит свет от высшего духа", Заариэля, "выходят четыре офаним, включенные во все цвета", т.е. льва-быка-орла-человека (ШиНАН), "и они называются Адриэль (הַדְרִיאֵל), Йеадриэль (יְהַדְרִיאֵל), Аадория (אֲהַדוֹרִיָא), Асимо́н (אֲסִימוֹן). Все они восьмикрылые,[637] и они правят всеми воинствами небесными, ведущими войны. Ибо не начинается война в мире и не свергается правление с места его, пока небесные воинства и звезды остальных небосводов не показывают, что все они находятся в войнах и сражениях друг с другом, и эти четыре офаним стоят над ними в четырех сторонах света"».

563) «"Эти четыре" офаним, "когда выдвигаются для ведения войн, выдвигаются из свойства высшего чертога", т.е. четвертого чертога, "и это" там "палата суда, и называется он заслугой. Из их пота выводят множество воинств и множество

---

[634] См. Зоар, главу Берешит, часть 2, пп. 85-86.
[635] См. Зоар, главу Берешит, часть 2, п. 87.
[636] См. Зоар, главу Берешит, часть 2, п. 88.
[637] См. Зоар, главу Берешит, часть 2, п. 89.

станов" ангелов, "которым нет числа. И все они находятся под этими офаним"».[638]

564) «"Часть из них поставлены над песнопением, а часть из них – это посланцы в мир, против тех посланцев, что на стороне скверны, которые выходят из третьего её чертога, и они обвиняют мир, чтобы сделать зло. А эти", посланники этого чертога, "противостоят им, чтобы не властвовали они над теми, кто занимается Торой, как сказано: "Потому что ангелам Своим Он заповедает хранить тебя"[639]. И написано: "На руках они понесут тебя, чтобы не споткнулась о камень нога твоя"[640]. И это – "камень преткновения"[641], "скала преграждающая"[641]. Этот", скверны, "называется камнем преткновения, скалой преграждающей. Этот", святости, "называется камнем надёжным, краеугольным, драгоценным,[642] твердыней Исраэля.[643] И всё это стоит одно против другого"».

565) «"От свойства третьего небосвода, что в ситре ахра, выходят два духа, называемые "гнев" и "ярость". И из этих двух выходят все эти посланники, которые отправляются совращать людей с пути истинного. И эти встают (на пути) и опережают человека, направляющего себя на путь заповеди", чтобы помешать ему. "И поэтому эти офаним встают против них, чтобы защитить человека от приносимого ими вреда. Этих двух духов страшился Моше, когда спускался с горы, как сказано: "Ибо боялся я гнева и ярости"[644]».

---

[638] См. Зоар, главу Берешит, часть 2, п. 91.

[639] Писания, Псалмы, 91:11. «Потому что ангелам Своим Он заповедает о тебе – хранить тебя на всех путях твоих».

[640] Писания, Псалмы, 91:12. «На руках они понесут тебя, чтобы не споткнулась о камень нога твоя».

[641] Пророки, Йешаяу, 8:14. «И будет Он святилищем, и камнем преткновения, и скалою преграждающей для обоих домов Исраэля, и западнею и тенетами для жителей Йерушалаима».

[642] Пророки, Йешаяу, 28:16. «Посему так сказал Владыка Творец: "Вот, в основание положил Я на Ционе камень, камень надёжный, краеугольный, драгоценный, основание крепкое; верующий не будет поспешен"».

[643] Пророки, Йешаяу, 30:29. «Песнь будет у вас, как в ночь освящения праздника, и веселье сердца, как у идущего со свирелью, чтобы взойти на гору Творца, к Твердыне Исраэля».

[644] Тора, Дварим, 9:19. «Ибо боялся я гнева и ярости, которыми разгневался Творец на вас, решив уничтожить вас, и услышал меня Творец и на этот раз».

566) «"В центре этого чертога есть другое место, расположенное высоко-высоко, с четырьмя входами на четыре стороны света. Десять правителей на каждом входе, и один правитель над ними. Этот" правитель "содержит в себе свет, называемый Аадиэль (אֲהַדִיאֵל). И они, это офан в офане, и они включены друг в друга"».[645]

567) «"Эти сорок", правителей, "получают заключение суда из чертога заслуги о наказании прегрешившей души, и должны наказать ее. Они предстают этим душам в пламени огня. И они воспаряют за пределы этого чертога и наказывают эту душу. И эта душа стоит посрамленная снаружи все те дни, которые присуждены ей. И не может переступить порог"», т.е. войти в пределы этого чертога.

568) «"И эти сорок", правителей, "они стоят и покрывают позором, и предают проклятью всех тех, которые произнесли устами своими неподобающее слово, и после этого" сразу "произнесли святое слово Торы. И они марают им (неподобающим словом) уста свои. И эти (правители) стоят и предают их проклятью. И пребывают в этом проклятье сорок дней, когда их молитва не принимается"».

569) «"И так для всех тех, кто совершил прегрешения, за которые их следует предать позору, каждый день выходит десять воззваний, извещающих на всех этих небосводах и среди всех воинств и станов" ангелов: "Остерегайтесь такого-то, преданного позору, предан он позору за такой-то грех, который он совершил". Пока он не совершает возвращения пред Господином своим. Милосердный, да спасет его"».

570) «"Когда совершает возвращение за совершенный грех, эти сорок" правителей "собираются и освобождают его" от проклятья. "И тогда возглашают о нем: "Снято проклятие с такого-то". Отныне и далее молитва входит. А всё то время, пока он не совершает возвращение, он проклят наверху и внизу, и защита со стороны Господина его отнимается у него. И даже ночью", когда душа его покидает его и хочет подняться наверх, "душа его предана проклятью, так как заперты пред ней все врата небесные, и она не поднимается, и выталкивают ее наружу"».

---

[645] См. Зоар, главу Берешит, часть 2, п. 92.

571) «"Этот офан, назначенный над этими сорока" правителями,[646] "когда он перемещается, он достигает места, называемого "помещение гонцов"[647], и когда он входит, входят вместе с ним эти сорок" правителей, "которые над этими четырьмя входами, и поднимают все эти "золотые щиты"[648]. И это ангелы, которые называются хашмалим (сверкающие), и это щиты, и мечи, и копья, которые спешат защитить Исраэль от остальных народов, и вести с ними войну, и воздать им, когда настанет час, без промедления"».

572) «"И поэтому оно называется помещением гонцов", что означает – "место, куда они бегут. Ведь они бегут и спешат вступить в сражение и совершить воздаяние". И они "противостоят другим гонцам, спешащим совершить зло и ослабить знаки удачи человека, чтобы властвовать над ними. И это смысл сказанного: "Спешно отправились гонцы"[649]. Ибо есть гонцы с этой стороны", святости, "и есть гонцы с этой стороны", ситры ахра. "И благодаря им, либо "город Шушан веселится и радуется"[650], либо "город Шушан в смятении"[649]. Если опережают гонцы" святости, "которые здесь", то город Шушан радуется. А если опережают эти гонцы", ситры ахра, "город Шушан в смятении"[649]».

573) «"И мы уже объясняли, что в чертоге стоят одни против других, эта сторона", святости, "против этой стороны", ситры ахра. "И поэтому эти" гонцы, которые здесь, "защищают всё. Когда они поднимаются" и включаются "одни в других, выходит один воздух свыше, и становятся все они единым щитом. И признак твой: "Я – щит тебе"[651]».

---

[646] См. выше, п. 566.
[647] Пророки, Мелахим 1, 14:28. «И было, каждый раз, когда царь шел в храм Творца, гонцы несли их, а (потом) возвращали их в помещение гонцов».
[648] Пророки, Мелахим 1, 14:26. «И взял все сокровища Храма и сокровища дома царского, и взял всё; взял все золотые щиты, которые сделал Шломо».
[649] Писания, Мегилат Эстер, 3:15. «Спешно отправились гонцы по слову царскому, и объявлен был указ этот в крепости Шушан; и царь с Аманом сели пить, а город Шушан был в смятении».
[650] Писания, Мегилат Эстер, 8:15. «А Мордехай вышел от царя в царском одеянии из синеты и белой ткани, и в большом золотом венце, и в мантии из белого льна и багряницы. И город Шушан веселится и радуется».
[651] Тора, Берешит, 15:1. «После этих событий было слово Творца к Авраму в видении такое: "Не бойся, Аврам, Я – защита (досл. щит) тебе, а награда твоя очень велика"».

574) «"Двенадцать колёс крутятся в этом чертоге, и они называются серафимами, они двух цветов – белого и красного", т.е. "милосердие и суд. Они поставлены всегда для присмотра за всеми, кто испытывает страдания, когда остальные народы заставляют их страдать, и притесняют их. И называются они окнами, и это смысл сказанного: "Наблюдает из окон"[652]».

575) «"И они стоят для наблюдения за всеми, кто возносит молитву, и спешит в дом молитвенного собрания, чтобы быть в числе десяти первых. Тогда поднимаются" серафимы "и записывают их наверху, потому что эти", которые из десяти первых, "называются товарищами для них. И это смысл слов: "Товарищи внемлют голосу твоему! Дай мне услышать его!"[653]»

576) «"Счастливы праведники, умеющие правильно выстроить свою молитву, ведь когда такая молитва начинает подниматься, эти" ангелы "поднимаются с этой молитвой и вступают на все эти небосводы, и во все эти чертоги, достигая ворот высшего входа, и входит эта молитва, чтобы украситься пред Царем. Как мы учили"».

577) «"Смотри, все обращающиеся в молитве и освящающие Господина их в полном желании, должны вывести эту молитву из мысли, и в желании речи и духа, – тогда освящается имя Творца. И когда эта молитва приходит к этим" ангелам, "являющимся товарищами,[654] все они берут эту молитву и идут с ней до четвертого чертога, к тому входу", который там. "Эти" ангелы "восславляют" Творца "в то время, когда Исраэль возносят молитвы и освящают" Творца "в это время", днем, – "это те" правители, "что днем, которые назначены" восславлять вместе "с Исраэлем, чтобы быть им товарищами. А ночью" они товарищи "тем другим, которые возносит песнопения ночью"».

578) «"Смотри, написано: "Обирающий отца своего и мать свою, и говорящий, что нет греха, – товарищ он губителю"[655].

---

[652] Писания, Песнь песней, 2:9. «Подобен возлюбленный мой оленю или олененку. Вот он стоит за нашей стеной, наблюдает из окон, заглядывает через просветы».

[653] Писания, Песнь песней, 8:13. «Обитающая в садах, товарищи внемлют голосу твоему! Дай мне услышать его!»

[654] См. выше, п. 575.

[655] Писания, Притчи, 28:24. «Обирающий отца своего и мать свою, и говорящий, что нет греха, – товарищ он губителю».

И мы ведь объясняли, это потому, что лишает благословений Творца, так как Он – Отец его. Как сказано: "Спроси отца твоего, и он расскажет тебе"[656], и написано: "Возрадуется отец твой"[657]».

579) «"Товарищ он губителю"[655]. Спрашивает: "Кто такой губитель?" И отвечает: "Это тот, кто нанес ущерб луне", Малхут, и это ситра ахра, "который называется "коварным человеком"[658], "злословящим"[659], "человеком, сведущим в охоте, человеком поля"[660]. И это губитель, потому что лишает благословений мир. Так же и здесь, тот, кто лишает благословений мир, – товарищ он этому губителю, как мы уже сказали. И это тайна, поскольку человек должен благословлять Творца, и обращаться с молитвой, как подобает, чтобы благословилось святое имя Его и соединилось с этими святыми товарищами", т.е. с ангелами,[654] "и не сделает ущербной свою молитву, поскольку" если сделает ущербной свою молитву, "лишит мир благословений, и соединится с тем товарищем, который является губителем, так как лишил мир благословений и навлек смерть на всех"».

580) «"Написано: "И совершающего заклинание (ховéр хавéр וְחֹבֵר חָבֶר)"[661]. Спрашивает: "Что значит: "И совершающего заклинание"[661]?" И отвечает: То есть "тот товарищ (хавéр חָבֶר), который следует за ситрой ахра, и занимается колдовством, он навлекает на себя иной нечистый дух, и завязал дружбу с плохим товарищем, и пребывает в дружбе с ним тот товарищ, что называется губителем. И почему называется товарищем (хавер חָבֶר)? Это потому, что в час, когда человек рождается, соеди-

---

[656] Тора, Дварим, 32:7. «Вспомни дни древности, помысли о годах всех поколений; спроси отца твоего, и он расскажет тебе, старцев твоих, и они скажут тебе».
[657] Писания, Притчи, 23:25. «Возрадуются отец твой и мать твоя, и возликует родительница твоя».
[658] Писания, Притчи, 16:28. «Коварный человек сеет раздор, а ропщущий отвергает Властелина».
[659] Писания, Псалмы, 140:12. «Злословящий не найдет пристанища на земле; грабителя будет преследовать зло, понукая им».
[660] Тора, Берешит, 25:27. «И выросли отроки, и стал Эсав человеком, сведущим в охоте, человеком поля; а Яаков – человеком кротким, живущим в шатрах».
[661] Тора, Дварим, 18:10-11. «Да не найдется у тебя никого, кто проводил бы сына своего и дочь свою через огонь, кудесника, волхва, и гадателя, и колдуна, и совершающего заклинание, и вызывающего духов, и знахаря, и вопрошающего мертвых».

няется (митхабер (מִתְחַבֵּר)) с ним" ситра ахра, т.е. злое начало, "и он оказывается товарищем ему навсегда. А затем становится для него этот товарищ губителем"».

581) «"И также есть хороший товарищ на стороне святости, правой стороне, который действует во благо этому человеку в этом мире и в мире будущем. И эти" ангелы-"товарищи,654 всегда стоящие над человеком в единой связи, чтобы вызволять и защищать его, и быть товарищами ему, чтобы освящать имя Господина их, и возносить песнопения и прославления пред Ним всегда"».

582) «"От этих" двенадцати серафимов двух цветов "выходят четыре других столба, поддерживающие этих двенадцать серафимов" двух цветов, "о которых мы сказали, что они товарищи. И эти четыре столба противостоят тем, кто дает советы с целью навредить праведникам, и хотя те еще не делают, они поднимаются и сообщают об этом наверху, лишая этот совет силы. Они называются покровителями, и хотя это является их назначением", всё же "каждый из них назначен и поставлен над известными" особыми "вещами. И под ними" есть ангелы, и "нет им счета"».

583) «"Эти четыре" ангела-покровителя "стоят в четырех сторонах света, и каждый стоит, чтобы наблюдать за Исраэлем, и называются просветами, как сказано: "Заглядывает через просветы"652. И двенадцать называются окнами.662 А у тех, которые называются просветами, имена Игаэль (עִיגָאֵל), Ирия (עִירְיָה), Ариэль (עֲרִיאֵל), Йеираэль (יְהִירָאֵל). Игаэль стоит в восточной стороне. И он стоит, чтобы наблюдать за теми, кто совершает добрые деяния, и над всеми теми, кто мысленно находится в заповеди, хотя и не может ее выполнить"».

584) «"Ирия стоит в южной стороне. И этот стоит, чтобы наблюдать за всеми теми, кто утешает бедного, или чье сердце испытывает жалость к нему, хотя и не могут помочь ему, и за теми, кто идет путем заповеди, и за теми, кто благочестиво поступает с умершими, и он воздает последние почести. И этот (ангел) назначен для того, чтобы упоминать о нем наверху, и запечатлеть облик его наверху, и привести его в будущий мир"».

---

662 См. выше, п. 574.

585) «"Ариэль стоит в северной стороне. И этот стоит, чтобы наблюдать за всеми теми, которые замышляли сделать зло, но не сделали, или же желали согрешить и явились, чтобы совершить преступление, но возобладали над своим началом и не совершили"».

586) «"Йеираэль стоит в западной стороне. И этот чтобы наблюдать за всеми, кто изучает Тору, и приводит сыновей своих к изучению Торы в дом учения. И за теми, кто присматривают за больным в больничной палате, и наблюдают за ним, и увещевают его всмотреться в грехи свои и деяния свои и подняться над ними, и возвратиться от них к Господину своему. Поскольку каждый, кто присматривает за этим больным для того, чтобы он всмотрелся в свои деяния и совершил возвращение пред Творцом, приводит его этим к спасению, и возвращению его духа к нему"».

587) «"И об этом написано: "Счастлив понимающий бедного, в день бедствия спасет его Творец"[663]. И спрашивает: "Что такое "в день бедствия"[663], "в день беды", следовало сказать?" И отвечает: "Однако, "в день бедствия"[663] означает – в день, когда это бедствие властвует, чтобы взять душу его. "Счастлив понимающий бедного"[663], – т.е. больного, как сказано: "Отчего ты такой слабый, сын царя?"[664] И поэтому: "В день бедствия спасет его Творец"[663]. И это – те, кто присматривают за этим больным, чтобы способствовать его возвращению от грехов к Творцу. В этом чертоге стоит" ангел Йеираэль, "чтобы наблюдать за ним, и в тот день, когда суд царит над миром, он будет спасен от него. Как сказано: "В день бедствия спасет его Творец"[663]. То есть в тот день, когда суд будет отдан во власть этого бедствия", т.е. ангела смерти, "чтобы властвовать над ним"», «спасет его Творец»[663]. «"И все эти" четыре ангела-покровителя "стоят для наблюдения, и поэтому называются просветами"».

588) «"В день Рош а-шана (Начала года), когда Творец стоит в суде над миром, и является ситра ахра, чтобы обвинять, собираются все эти" двенадцать серафимов и четыре ангела-заступника "и предстают пред Творцом. И тогда

---

[663] Писания, Псалмы, 41:2. «Счастлив понимающий бедного, в день бедствия спасет его Творец».
[664] Пророки, Шмуэль 2, 13:4. «И сказал он ему: "Отчего ты такой слабый, сын царя, по утрам, не скажешь ли мне?" И сказал ему Амнон: "Я люблю Тамар, сестру Авшалома, брата моего"».

украшаются все они и встают пред Творцом. В это время, что сказано: "Он наблюдает из окон, заглядывает через просветы"[652]. "Заглядывает"[652] – как смотрящий через узкую щель, видящий и не видящий всего, что нужно. А "наблюдает из окон"[652] – это место большего наблюдения, т.е. открывающее пространства, чтобы проявить милосердие ко всему. И когда Творец наблюдает за миром, Он смотрит в эти "окна" и через эти "просветы", и проявляет милосердие ко всему"».

589) «"И тогда, когда Исраэль трубят в шофар, и пробуждается снизу тот голос, который выходит из шофара, состоящего из огня, воды и духа, и из всего этого образуется голос, чтобы пробудить высший голос", Зеир Анпин, "исходящий из этого шофара", Бины, "который, подобно этому, состоит из огня, воды и духа", т.е. трех линий, "тогда выходит воззвание, возглашающее во всех небосводах и говорящее: "Голос возлюбленного моего! Вот он идет!"[665], и также: "Он наблюдает из окон, заглядывает через просветы"[652]».

590) «"И все тогда знают, что Творец проявляет милосердие к Исраэлю, и говорят: "Счастливы Исраэль, у которых есть совет на земле", т.е. трубить в шофар, "чтобы пробудить высшее милосердие. Тогда написано: "Счастлив народ, умеющий трубить"[666]. "Умеющий трубить"[666], безусловно"». И это, как в сказанном: «И проучил ими жителей Суккота»[667], «когда разбивают это трубление, являющееся суровым судом, которым осуждаются все. Счастливы Исраэль в этом мире и в мире будущем, поскольку знают пути Творца и знают, как идти путями Его и приводить все к единству, как подобает"».

591) «"Эти "окна", т.е. серафимы, "и эти "просветы", т.е. ангелы-заступники, "все они стоят для объединения всех молитв, поднимающихся снизу вверх, и наблюдения за ними, чтобы привести их к лику Творца. И поэтому любой дом собрания, в котором нет окон, не является местом, в котором можно молиться подобающим образом"».

---

[665] Писания, Песнь песней, 2:8. «Голос возлюбленного моего! Вот он идет! Перескакивает через горы, прыгает по холмам».

[666] Писания, Псалмы, 89:16. «Счастлив народ, умеющий трубить. Творец, в свете лица Твоего ходят они».

[667] Пророки, Шофтим, 8:16. «И взял он старейшин города и колючки пустыни, и ветки терновника, и проучил ими жителей Суккота».

592) «"Ведь дом собрания внизу, он соответствует дому собрания наверху. В доме собрания наверху есть окна, как мы уже сказали, и так же – внизу. В большом доме собрания наверху", т.е. в чертоге, "есть двенадцать высших окон", т.е. двенадцать серафимов, "и так же – этот нижний дом собрания. И всё находится – одно в соответствии другому. Поскольку миры стоят – одни в соответствии другим", т.е. отпечатываются один от другого, и всё, что есть в печати, есть и в отпечатке ее. "И Творец восходит в величии Своем во всем. И поэтому: "В день бедствия спасет его Творец"[663]. И это означает – "когда властвует сторона зла, "спасет его Творец"[663]», с помощью этих «окон» и «просветов», как мы уже сказали.

593) «"Подобно этому, правитель Йеираэль стоит над всеми, проявляющими милосердие к обездоленному, как сказано: "Счастлив понимающий бедного"[663]. То есть в простом понимании, что бедный означает – обездоленный. "И поэтому всё находится в этом чертоге, и этот чертог включается в другой чертог, четвертый, там, где выносятся приговоры и решения суда всем. Благословенна участь того, кто познает тайны Господина его, устанавливая единство Его и освящая имя Господина своего всегда, чтобы удостоиться Его в этом мире и в мире будущем"».

ГЛАВА ПКУДЕЙ

Четвертый чертог, чертог заслуги, Гвура

594) «"Четвертый чертог. С помощью этого чертога познается правление Творца на земле. И это чертог, стоящий для того, чтобы охранять пути Торы. Этот чертог называется заслугой, и в нем вершатся все суды мира, и в нем все заслуги, и все прегрешения, и все наказания, и вся хорошая награда для тех, кто соблюдает заповеди Торы"».[668]

595) «"Этот чертог, заслуги, отличается от всех остальных чертогов. И в этот чертог включены четыре чертога, отличающиеся друг от друга, и все вместе они один чертог.[669] В этом чертоге есть дух, который называется зхут Эль (זְכוּת אֵל, заслуга Творца). И чертог этот называется его именем, "заслуга". И это означает Эль (Творец), ибо здесь вершатся все суды мира, и это смысл сказанного: "И Творец (Эль) гневается каждый день"[670]».

596) «"Четыре чертога – эти четыре, которые в этом чертоге, один внутри другого, все включены друг в друга, и все они один чертог, и он называется заслугой. У этих четырех чертогов есть входы. Высший правитель стоит вне первого входа этого чертога, имя его Сансáния (סַנְסַנְיָה), и по этому имени", Сансания, "есть другой правитель, в другой стороне, что в левой, который берет суды" у Сансании "в свой чертог, чтобы пробудиться и вершить суды в мире. И поскольку он берет у него, тоже называется Сансания, по имени его. И он властвует над тем дифтеритом (аскара) младенцев"».

597) «"Этот высший правитель", стоящий вне первого входа этого чертога, называемый "Сансания, когда принимает суд, оглашает тем правителям, которые стоят на двенадцати входах" этого чертога, и они – те вестники, которые возглашают обо всех судах, вершимых в этом чертоге заслуги"».

598) «"Этот дух, который принимает всё, называемый зхут Эль, как мы уже сказали, всё включено в него, и от него исходят

---

[668] См. Зоар, главу Берешит, часть 2, п. 102 и п. 110.
[669] См. Зоар, главу Берешит, часть 2, п. 102.
[670] Писания, Псалмы, 7:12. «Творец – судья справедливый, и Творец гневается (на нечестивых) каждый день».

семьдесят искрящихся светов, и все они располагаются по кругу, для того чтобы видеть друг друга и не укрываться друг от друга. Все заслуги и все наказания, и все суды предстают перед всеми этими светами"».[671]

599) «"Из них", из семидесяти светов, "выходят два света, которые стоят перед этими" семидесятью светами "всегда. И эти семьдесят светов, и два света, стоящие перед ними, – они внутри, в центре чертога. И о свойстве этого чертога написано: "Пупочная впадина твоя – круглая чаша, не будет недоставать там смешанного"[672]». Ибо здесь смешиваются прегрешения и заслуги.[673]

600) «"Соответственно этим" семидесяти двум светам "выходят семьдесят два других с правой стороны, и еще семьдесят два – с левой стороны. И эти первые" семьдесят два "являются внутренними внутри, в центре чертога, пред этими" внутренними "светами приходят все заслуги и все прегрешения, чтобы очиститься.[674] Все действия в мире исходят от этих семидесяти двух внутренних светов. Таким образом, все света, исходящие от этого высшего духа", зхут Эль, "это двести шестнадцать (РИУ רי"ו) светов", ибо трижды семьдесят два составляют двести шестнадцать, "и все они включены в этот дух"».

601) «"Эти два света, которые стоят перед семидесятью, они всегда являются свидетелями и ведут записи суда, в заслугу или в наказание. Эти семьдесят выносят постановление и вершат суд. И все суды в мире, как во благо, так и во зло, решаются здесь"».[675]

602) «"В этом духе, т.е. зхут Эль, как мы уже сказали, записаны три буквы, соединяющиеся с ним сверху, и это йуд-хэй-вав (יה"ו). И мы ведь уже объясняли, что когда эти буквы соединяются в этом месте слияния захара и нуквы", потому что

---

[671] См. Зоар, главу Берешит, часть 2, п. 103.
[672] Писания, Песнь песней, 7:3. «Пупочная впадина твоя – круглая чаша, не будет недоставать там (вина) смешанного. Твой живот – ворох пшеницы, окруженный лилиями».
[673] См. Зоар, главу Берешит, часть 2, п. 103, со слов: «А что касается материальных и духовных страданий, которые испытывал до совершения возвращения, есть тут два пути...»
[674] См. Зоар, главу Берешит, часть 2, п. 103, комментарий Сулам.
[675] См. Зоар, главу Берешит, часть 2, п. 105.

йуд-хэй-вав (יהו) – это ХАГАТ и это захар, а зхут Эль – это нуква, "тогда эти буквы записываются в этом духе", зхут Эль. "И здесь сказал Давид: "И Всесильный мой (был) твердыней спасения моего"[676], где "и Всесильный мой (וֵאלֹהַי)" – это буквы Эль (אל) йуд-хэй-вав (יהו). И это дух, называемый Эль, и тайна букв, записанных в нем, которые называются йуд-хэй-вав (יהו). Это три стороны светов, о которых мы говорили"», т.е. трижды семьдесят два – в правой, левой и средней, где правая и левая – это йуд-хэй (יה), а средняя, внутренняя, – это вав (ו).

603) Здесь не хватает текста. И следует сказать так: «Затем выходит один свет, светящий четырем сторонам, и этот свет порождает три других света». То есть, согласно тексту, который приводился раньше.[677] И семьдесят два первых света предназначены для судов душ, а эти три судебных палаты предназначены для рассмотрения других дел, которые не являются судами душ.[678] Таким образом, мы видим, что три судебные палаты – это два вида внешних семидесяти двух светов в правой и левой сторонах.[679] И это означает сказанное: «"Эти три судебные палаты отделяются" от семидесяти двух внутренних светов, чтобы вести "другие суды", не являющиеся судами душ, а "касающиеся мирских дел, богатства, бедности, болезней, восстановления" здоровья. "Поскольку эти четыре чертога установлены также и для всех остальных" видов судов. "Два чертога относятся к двум другим сторонам в свете", т.е. к двум видам семидесяти двух светов, в правой и левой сторонах, и это три судебные палаты, вершащие другие суды. "И один чертог предназначен для всех, обладающих глазами, которые производят отчет обо всех деяниях мира", т.е. даже о судах душ, и это семьдесят два средних внутренних (света). "И один чертог – для других писцов, которые ниже этих первых внутренних. Эти четыре чертога включены в этот чертог, который называется именем этого духа, "заслуга (зхут)", как мы уже сказали"».

604) «"На каждом входе в этих чертогах есть один правитель. На первом входе есть один правитель, имя которого Газриэль

---

[676] Писания, Псалмы, 94:22. «Но был Творец оплотом мне, и Всесильный мой – твердыней спасения моего».
[677] См. Зоар, главу Берешит, часть 2, п. 106.
[678] См. Зоар, главу Берешит, часть 2, п. 106, комментарий Сулам.
[679] См. выше, п. 600.

(גַּזְרִיאֵל), этот правитель – для того чтобы раскрыть суды, которые были проведены и был вынесен приговор, тому первому правителю, стоящему вне этого входа, имя которого Сансания, а от него их принимает другой правитель, поставленный над чертогом ситры ахра и ответственный за болезнь дифтерит (аскара), встречающуюся у детей".[680]

605) «"И этот правитель Газриэль берет постановление, вынесенное внутренней судебной палатой, и сообщает тому правителю, который вне" этого входа, и это Сансания, "и все эти вестники возглашают и произносят на всех небосводах: "Такое-то и такое-то решение было вынесено палатой Царя". Пока это постановление не принимается чертогом, который внизу",[681] третьим чертогом, "и оттуда выходят и возглашают это постановление, пока оно не будет услышано на всех нижних небосводах, и опускаются и сообщают это всем, кто внизу"».

606) «"И постановление это принимают все нижние, передавая со ступени на ступень, и даже птица небесная и птица земная принимают это постановление и разносят по миру. Пока не принимают это постановление все возбуждающие суд и выносящие приговор, и они являются людям во сне. И это постановление выходит в ближайшее время"».

607) «"А иногда, когда постановление требует мнения земных правителей, назначенных для пропитания и управления народами, сообщают это постановление до небосвода, на котором находится нижнее солнце, и" это постановление "находится там до тех пор, пока эти правители солнца, которые поставлены над солнцем, не примут это постановление и не сообщат высшим правителям, что в ситре ахра, а они передают это постановление земным царям, которые на их стороне"».

608) «"И когда были пророки в Исраэле, они принимали свои пророчества от двух высших столбов", Нецах и Ход, "на которые опирается Тора", Зеир Анпин, "а после того, как пророки ушли из мира, и пришли постигающие в ви́дении и постигающие во сне, то они принимали это постановление с места его, как мы уже сказали.[682] А когда были цари в Исраэле, и пророки ушли,

---

[680] См. выше, п. 596.
[681] См. выше, п. 538.
[682] См. выше, п. 533.

и уже не было постигающих во сне и в видении, постановление сообщали этим царям от того входа, о котором мы сказали"», т.е. от первого входа, который в этом чертоге.

609) «"И если скажешь: как принимают" цари Исраэля "это постановление из такого" возвышенного "места? Смотри, каждая ступень и каждый вход, у всех у них есть снаружи известные правители, назначенные на всех этих небосводах, пока они не спускаются вниз, на нижние небосводы, и не сообщают постановление тем, кому полагается. Ведь, поскольку от этих чертогов, которые на стороне святости и в свойстве веры, отделяются ступени внизу, все они в свойстве веры, и опускаются ступени за ступенями, пока не воспаряют в этом мире, и назначены в нем"».

610) «"Часть из них", часть из этих правителей, "(назначены) для оберегания людей от ситры ахра и от вредителей мира, и на тех путях, которыми они идут. А часть из них – для помощи людям, когда они приходят очиститься. Часть из них – для того, чтобы вершить знамения и чудеса в мире. А часть из них поставлена наблюдать за деяниями людей и быть свидетелями" наверху. "И так же отделяются множество ступеней по своим свойствам. И все они – в свойстве высшей веры, в высшей святости"».

611) «"Подобно этому в ситре ахра, в стороне скверны, отделяются от этих чертогов" скверны "ступени внизу. Все эти ступени, чтобы делать зло и совращать мир: часть из них стоят, чтобы уводить людей с доброго пути на путь зла; а часть из них стоят, чтобы осквернять людей, – тех, кто пришел оскверниться. Как мы учили: пришел человек оскверниться, оскверняют его в этом мире, и оскверняют его в том мире. И они (эти ступени) называются кипящей клоакой. Как написано: "Уйди" – скажешь этому"[683]. И эти ступени стоят, чтобы осквернять больше всего. И поэтому они всегда против этих", приходящих оскверниться. "И все это на известных ступенях, как подобает"».

612) «"Второй вход. На этом входе есть правитель, имя его Даариэль (דַהֲרִיאֵל), и он в правой стороне. И он назначен

---

[683] Пророки, Йешаяу, 30:22. «И скверной считать будете вы покрытие из серебра твоего (для) истуканов и одеяние из золота (для) литого идола твоего; ты отбросишь их, как нечистое, "уйди" – скажешь этому».

впускать все заслуги, которых удостоились люди, чтобы человека судили за них во благо. Когда человека судят во благо, если эти заслуги многочисленнее прегрешений, тогда этот правитель", Даариэль, "отвечает за награду и долю за эти заслуги, и воздаяние за них – хорошее"».

613) «"И выносит этот решение суда", что во благо, "и назначает того правителя, зовущегося Пдаэль, который в третьем чертоге.[684] И тогда говорит ему: "Отпусти его, чтобы не сойти ему в могилу"[685]. Потому что, когда человек находится "на одре болезни"[686], и заточается в узилище Царя, тогда осуждается этот человек, и все заслуги и все прегрешения, совершенные им в этом мире, всё входит в этот чертог для судебного разбирательства"».

614) «"И когда судится во благо, на этом входе выносится решение суда во благо, по правую сторону от Даариэля, стоящего на нем", на этом входе. "И сообщают ему о решении во благо, пока не спасется", и не излечится от своего недуга. "И нисходит этот суд через всех этих правителей, т.е. все ступени, которые известны во благо, вниз, (через) все их, ступени за ступенями", пока не приходит к человеку в этом мире. "И на всё, как на хорошее, так и на плохое, осуждается этот человек из палаты Царя"».

615) «"Третий вход. На этом входе есть один правитель по имени Гадиэль (גַדִיאֵל), который в левой стороне. И это правитель, чтобы вводить все прегрешения и все плохое, к чему склоняется человек в этом мире, и опускает их на весы, чтобы взвесить их, (сравнив) с теми заслугами, которые вошли под власть другого правителя", Даариэля, "о котором мы говорили"».[687]

616) «"И эти весы стоят внутри четвертого входа, и там взвешиваются заслуги и прегрешения вместе. Если одно из них перевешивает, то у него есть правители на этой стороне. Если

---

[684] См. выше, п. 554.
[685] Писания, Иов, 33:23-24. «Если имеется над ним ангел-заступник – один из тысячи, чтобы известить человека о прямоте его, сжалится он над ним и скажет: "Отпусти его, чтобы не сойти ему в могилу, нашел я искупление ему"».
[686] Писания, Псалмы, 41:4. «Творец укрепит его на одре болезни, изменяешь Ты все ложе его в недуге его».
[687] См. выше, п. 612.

перевешивают заслуги, то многочисленные правители правой стороны берут вынесенное судом решение и устраняют пороки и болезни этого человека, пока он не исцеляется. А если перевешивают прегрешения, то есть у него множество правителей в левой стороне, пока не принимает это постановление ситра ахра, и все эти возбуждающие суд и закон до тех пор, пока не ослабляется его знак удачи. И тогда опускается эта сторона и забирает его душу. Благословенна участь праведников в этом мире и мире будущем"».

617) «"Четвертый вход. На этом входе стоит один правитель по имени Мозния́ (מאזניה). И это те весы (мозна́им מאזנים), на которые берутся заслуги и прегрешения, и взвешиваются на них все вместе. И называется это весами верными, как написано: "Весы верные (мозне́й це́дек מאזני צדק)"[688]. И на этом взвешиваются все они для ведения суда"».

618) «"Этому правителю", Мозния, "подчиняются два правителя, один – в правой стороне, и один – в левой. Один – в правой, по имени Арие́ль (הריאל). Один – в левой, по имени Гдудиэ́ль (גדודיאל). И когда взвешиваются заслуги и прегрешения, тот, что в правой стороне, принимает решение для правой стороны, а тот", что в левой, – "принимает решение для левой. И все они включаются в тот дух, который называется зхут Эль"».

619) «"И когда включились все они в него", в зхут Эль, "он выводит одно огненное создание Тумиэ́ль (תומיאל). Это создание стоит, чтобы наблюдать за миром внутри этих глаз Творца, которые непрестанно кружат по миру.[689] И эти глаза Творца берут наблюдение за добрыми деяниями, которые были совершены скрытно, и за деяниями, которые выполнялись от всего сердца, хотя и не были совершены надлежащим образом"».[690]

620) «"Это создание стоит для наблюдения за молитвами. Поскольку все просьбы, с которыми обращаются люди в своих молитвах, все они находятся в распоряжении этого создания, и

---

[688] Тора, Ваикра, 19:36. «Весы верные, гири верные, эфа верная и ин верный будут у вас. Я – Творец Всесильный ваш, который вывел вас из земли египетской».

[689] Тора, Дварим, 11:12. «Земля, о которой Творец Всесильный твой печется, – непрестанно глаза Творца Всесильного твоего на ней, от начала года и до конца года».

[690] См. Зоар, главу Берешит, часть 2, п. 107.

оно помещает их в этот чертог, и эти просьбы находятся в этом чертоге до сорока дней, чтобы наблюдать за ними"».

621) «"Ибо все сорок дней выходит это создание, и берет все эти молитвы, и ставит их перед этими семьюдесятью двумя светами,[691] и судят их. И тогда тот дух, который зовется зхут Эль,[692] внимательно рассматривает их – удостоился ли человек или нет. Если удостоился, то выходит эта молитва, и продвигается это прошение, и выходят с ней двенадцать правителей, и каждый из них требует у этого духа, чтобы молитва была принята, и она принимается благодаря им"».

622) «"Под этим созданием пылают огнем четыре серафима Срафэль (שְׂרָפָאֵל), Баркиэль (בַּרְקִיאֵל), Кришиэль (קְרִישִׁיאֵל), Кдумья (קְדוּמִיָּה). И эти четверо стоят под этим созданием, в направлении четырех сторон света. Эти четверо, стоящие в направлении четырех сторон света, они назначены, чтобы наблюдать за всеми, кто соблюдает день субботний и наполняет наслаждением день субботний, как подобает"».[693]

623) «"От этих четырех" серафимов, "когда они двигаются, исходят искры огня, и из этих искр образуются семьдесят два колеса, пылающих в огне. Отсюда образовалась река Динур (огненная). Тысячи тысяч служат этой реке.[693] Все, кто наполняет наслаждением день субботний, – эти четыре серафима назначены наблюдать за всеми теми, кто наполняет наслаждением день субботний, и это создание", Тумиэль, "стоит над ними, и они двигаются благодаря ему, (находясь) под ним"».

624) «"Каждый день исходит эта река Динур и сжигает множество духов и множество властителей, а когда наступает суббота, выходит воззвание, и эта река Динур успокаивается, и все огненные бури, вспышки и искры успокаиваются. Это создание всё время поднимается на этих четырех серафимах, о которых мы сказали, и входит в самый центр этого чертога, в место, которое называется наслаждением"».

625) «"Поскольку в этом месте", наслаждении, "когда наступает суббота, накрыты там все столы людей мира, называемых

---
[691] См. выше, пп. 598-599.
[692] См. выше, п. 595.
[693] См. Зоар, главу Берешит, часть 2, п. 108.

сынами чертога Царя. И "тысяча тысяч" и "десять тысяч десятков тысяч" правителей поставлено над этими столами. И это высшее создание на четырех серафимах входит в это место и смотрит на все эти столы, и осматривает каждый стол, и как наслаждают за каждым столом, и оно стоит и благословляет этот стол. И все эти "тысяча тысяч" и "десять тысяч десятков тысяч" возглашают и говорят: "Амен!"»

626) Спрашивает: «"И что это за благословение, которое оно произносит на этот стол, который накрыт и уставлен яствами, как подобает?" И отвечает: "Это: "Тогда наслаждаться будешь Творцом... потому что уста Творца изрекли это"[694]. И все говорят: "Тогда воззовешь, и Творец ответит"[695]. И этот высший дух, называемый зхут Эль,[692] когда этот стол уставлен яствами на всех" трех "трапезах, на последней трапезе он завершает и говорит обо всех этих первых, говоря: "Тогда прорвется, как заря, свет твой... слава Творца будет следовать за тобой"[696]. Все эти семьдесят других светов[697] во всех трех сторонах[698] начинают провозглашать: "Вот так благословится муж, боящийся Творца"[699]».

627) «"Когда стол человека не находится в этом месте", называемом наслаждением, "с приготовленным как подобает наслаждением, тогда это создание и эти четыре" серафима, "что под ним, и все эти "тысяча тысяч" и "десять тысяч десятков тысяч", все они выталкивают его наружу, к этой ситре ахра, и множество возбуждающих суд и закон хватают его и вводят в место, у которого иной порядок" букв, "чем в наслаждении (óнег עֹנֶג), и называется язвой (нéга נֶגַע). И когда вводят

---

[694] Пророки, Йешаяу, 58:14. «Тогда наслаждаться будешь в Творце, и Я возведу тебя на высоты земли, и питать буду тебя наследием Яакова, отца твоего, потому что уста Творца изрекли это».

[695] Пророки, Йешаяу, 58:9-10. «Тогда воззовешь, и Творец ответит, возопишь, и Он скажет: "Вот Я!" Когда устранишь из среды своей гнет, (перестанешь) простирать палец (угрожать) и злословить, и отдашь голодному душу твою, и душу измученную насытишь, тогда засияет во тьме свет твой и мрак твой – как полдень».

[696] Пророки, Йешаяу, 58:8. «Тогда прорвется, как заря, свет твой, и исцеление твое явится скоро, и пойдет пред тобой правда твоя, слава Творца будет следовать за тобой».

[697] См. выше, п. 598.

[698] См. выше, п. 600.

[699] Писания, Псалмы, 128:4. «Вот так благословится муж, боящийся Творца».

его туда, говорят: "И любил он проклятье – и оно пришло на него, и не желал благословения – и оно удалилось от него"[700], "пусть заимодавец поставит западню всему, что есть у него, и да разграбят чужие плоды труда его. Да не будет относящегося к нему милостиво"[701]. Упаси нас, Милосердный!"»

628) «"Ибо субботнее наслаждение – это вера Творца", т.е. наслаждение Шхины, которая называется верой, "и поэтому всех тех, кто наполняет наслаждением субботу и времена, и праздники, – эти четыре" серафима, "стоящие под этим созданием, находятся против реки Динур, и не позволяют сгореть в ней всем тем, кто наполняет наслаждением своим как подобает"».

629) «"Под этими четырьмя" серафимами "есть другие правители, находящиеся снаружи, стоящие в этой стороне чертога и возглашающие обо всех этих судах, и всех этих приговорах, которые были вынесены в этом чертоге"».

630) «"Всё судится здесь, кроме трех вещей, о которых нет права судить в чертоге заслуги, и это – сыновья, жизнь и пропитание. Ведь эти три вида не находятся здесь, так как зависят от знака удачи. Ибо та река, которая берет начало и вытекает",[702] т.е. Есод Зеир Анпина, корень которого от Дикны Арих Анпина, – "оттуда исходит жизнь наверху, и оттуда исходит пропитание, и оттуда исходят сыновья. Поскольку эти три выходят оттуда и стекают, и нисходят вниз. И поэтому всё находится в этом чертоге, кроме этих трех"».[703]

631) «"Когда человек находится "на одре болезни"[686], он судится здесь, и так же все остальные суды, которые в мире. И если скажешь: человек, находящийся "на одре болезни"[686], если присуждается к жизни, – дают ему". И получается, что сыновья, жизнь и пропитание не исходят отсюда. И отвечает:

---

[700] Писания, Псалмы, 109:17. «И любил он проклятье – и оно пришло на него, и не желал благословения – и оно удалилось от него».
[701] Писания, Псалмы, 109:11-12. «Пусть заимодавец поставит западню всему, что есть у него, и да разграбят чужие плоды труда его. Да не будет относящегося к нему милостиво и да не будет сострадающего сиротам его».
[702] Тора, Берешит, 2:10. «Река вытекает из Эдена, чтобы орошать сад, и оттуда разделяется и образует четыре главных реки».
[703] См. Зоар, главу Берешит, часть 2, п. 110.

"Это не" означает, что "жизнь его исходит отсюда, но когда ему присуждается жизнь, тогда жизнь нисходит свыше", от знака удачи, "и дают ему. Благословенна участь праведников, знающих пути Торы и удостаивающихся ее для вечной жизни. О них сказано: "И народ твой – все праведники... навеки унаследуют землю"[704]».[705]

---

[704] Пророки, Йешаяу, 60:21. «И народ твой – все праведники, навеки унаследуют землю, ветвь насаждения Моего, дело рук Моих для прославления».

[705] См. Зоар, главу Берешит, часть 2, п. 114.

ГЛАВА ПКУДЕЙ

Чертог любви, Хесед

632) «"Пятый чертог. Этот чертог поставлен для того, чтобы светить этим нижним. И это чертог, стоящий, чтобы светить в свойстве веры.[706] Один вход находится в этом чертоге, и один правитель над ним, и этот правитель называется Санигорья (סָנֵיגוֹרְיָה). Этот правитель стоит на этом входе для того, чтобы выступать в защиту", т.е. отзываться положительно об Исраэле "пред Господином их. И тогда не будет властна над ними ситра ахра"».

633) «"В этом чертоге стоит один дух, включенный в четырех, потому что этот дух включен в четыре цвета – белый, черный, зеленый, красный", т.е. ХУГ ТУМ, "и это дух, который включен во всех. И называется Сурия (סוּרְיָה), он властитель над всеми нижними воинствами, все они подчиняются ему и находятся под его управлением"».[706]

634) «"Этот дух затворяет и отворяет, абсолютно все высшие ключи переданы в его руки, все нижние воинства включены и подчиняются ему, и питаются от него. Этот" дух "стоит при всех тайнах Господина его, все они отданы в его распоряжение"».

635) «"Этот дух называется любовью, и поэтому этот чертог называется чертогом любви, потому что здесь скрыта вся тайна тайн для того, кто хочет постичь Его. И здесь заключена тайна сказанного: "Там я подарю тебе мою любовь"[707]».[708]

636) «"Этот дух осуществляет все стражи наверху. И он называется стражем Исраэля,[709] хранящим союз.[710] Поскольку здесь оно, хранение всех высших сокровищ, и поэтому секреты Господина его скрыты в нем. И из него выходят тропинки и пути к тем, кто внизу, чтобы пробудить в них дух любви"».

---

[706] См. Зоар, главу Берешит, часть 2, п. 115.
[707] Писания, Песнь песней, 7:13. «Утро встретим в виноградниках, посмотрим, расцвел ли виноград, появились ли ягоды, зацвели ли гранаты? Там я подарю тебе мою любовь».
[708] См. Зоар, главу Берешит, часть 2, п. 123.
[709] Писания, Псалмы, 121:4. «Вот – не спит и не дремлет Страж Исраэля!»
[710] Тора, Дварим, 7:9. «Знай же, что Творец Всесильный твой – Он Всесильный, Творец верный, хранящий союз и милость к тем, кто любит Его и соблюдает заповеди Его, на тысячу поколений».

637) «"Эти четыре света, что в нем", о которых сказано выше, "включились друг в друга. И когда хотят включиться, они соударяются друг с другом, и выходит из них всех одно святое создание, называемое Зоар (זֹהַר).[706] И об этом создании написано: "Это создание, которое видел я у реки Квар"[711]».

638) «"Из этого чертога выходят все святые духи, которые существуют благодаря осуществлению высших поцелуев (нешикин),[712] ибо благодаря этим поцелуям (нешикин) выходит воздух (авир) этого духа (руах) для поддержки жизнеспособности (нефеш) всех высших душ (нешамот), которые находятся в людях. И это смысл сказанного: "Но всем, исходящим из уст Творца, живет человек"[713]. Ибо в этом чертоге находятся все души (нешамот) и все духи (рухот), которым предназначено низойти к людям со дня сотворения мира. Поэтому этот чертог содержит все души, рождающиеся от той реки, которая берет начало и выходит",[702] т.е. от Есода Зеир Анпина. "И поэтому этот чертог никогда не бывает пустым"».

639) «"Со дня разрушения Храма не входили сюда другие души, а когда закончатся эти", т.е. все находящиеся в чертоге души низойдут, чтобы облачиться в людей, "этот чертог станет пустым, и будет помянут свыше, и тогда явится царь Машиах. И пробудится тот чертог, что наверху", Малхут, "и пробудится чертог внизу"», чтобы раскрылось царство Его в этом мире.

640) «"И о свойстве этого чертога написано: "Две твои груди (шада́их שָׁדַיִךְ) – как два олененка"[714], поскольку в этом чертоге есть тот дух, о котором мы сказали", любви, "и это создание", Зоар, и вследствие их включения вместе "он породил два света, включенные друг в друга, и они связываются друг с другом и называются Эль Шадай (אֵל שַׁדַּי). Эти два света называются Шадай (שַׁדַּי) и Эль (אֵל). От чертога, находящегося внизу, называемого зхут Эль, соединяются они друг с другом и входят друг

---

[711] Пророки, Йехезкель, 10:15. «И поднялись херувимы. Это создание, которое видел я у реки Квар».
[712] См. далее, п. 649.
[713] Тора, Дварим, 8:3. «И смирял Он тебя, и испытывал тебя голодом, и кормил тебя маном, которого не знал ты и не знали отцы твои, дабы показать тебе, что не одним лишь хлебом живет человек, но всем, исходящим из уст Творца, живет человек».
[714] Писания, Песнь песней, 4:5. «Две твои груди – как два олененка, как двойня газели, что пасутся средь лилий».

в друга. И называется Эль Шадай (אֵל שַׁדַּי), поскольку он вышел от соединения этих шадаим (שָׁדַיִם)"».⁷¹⁵

641) «"И это имя Эль, которое от правой стороны, берет от этого места всё милосердие (рахамим), предназначенное для питания того чертога, что внизу, который называется заслугой (зхут), по имени духа в нем, как мы сказали. Это имя Шадай (שַׁדַּי) питает всех нижних, и все эти чертоги, и всех тех, которые стоят снаружи на этой стороне и называются кольями Скинии. И поэтому он называется Шадай (не более того), поскольку дает питание всем нижним, так же как он получает от правой стороны"».

642) «"Отсюда выходят те света, которые называются "пламя обращающегося меча"⁷¹⁶,⁷¹⁷ поскольку они обращаются в разные цвета. И мы ведь объясняли, что они пробуждаются по высшему назначению и находятся в мире в левой стороне. Когда распространяется этот дух и ударяет, чтобы вывести света во всех сторонах", в правой и левой, "подобно грудям, дающим молоко в каждой стороне, так же и из этого духа исходят света в каждой стороне, и выводят другое создание, назначенное над теми, что называются "пламя обращающегося меча"⁷¹⁶». (Здесь недостает каких-то строк).

643) (Недостает начала) «"и он назначается над миром в то время, когда голод посылается миру, и мир судится им. Тогда это создание назначается над миром, и выводит дух питания для всех этих сыновей веры, чтобы они не умерли от голода, потому что от ситры ахра, в то время, когда голод правит миром, выходят с этой стороны два духа скверны, называемые "грабеж" и "голод", и это смысл сказанного: "Над грабежом и голодом смеяться будешь"⁷¹⁸. Ибо эти находятся в мире и возводят обвинения на людей. Один – это тот, кто посылает им голод, и они умирают", и это грабеж. "А другой, – это когда люди едят и не насыщаются", и это голод. "Поскольку дух зла властвует в мире"».

---

⁷¹⁵ См. Зоар, главу Берешит, часть 2, п. 122.
⁷¹⁶ Тора, Берешит, 3:24. «И изгнал Адама, и поместил к востоку от сада Эденского херувимов и пламя обращающегося меча, чтобы охранять путь к Древу жизни».
⁷¹⁷ См. Зоар, главу Берешит, часть 2, п. 118.
⁷¹⁸ Писания, Иов, 5:22. «Над грабежом и голодом смеяться будешь, и зверя земли не бойся!»

644) «"Это создание произвело искру, выходящую от свечения двух искр, как мы говорили,[719] которые превращаются в разные цвета", иногда некевот, иногда зхарим.[719] "И эта искра называется "серафимы". И эта искра удерживается в них и воспламеняет их"».

645) «"В этом чертоге есть два правителя, и это света, находящиеся над тысячей и десятью тысячами десятков тысяч, которые называются виноградом, и тысячей и десятью тысячами десятков тысяч, которые называются гранатами.[720] Все они пребывают в любви. И это те, которые приносят любовь меж Исраэлем внизу и Творцом наверху. И все они пробуждают любовь и пребывают в любви. И когда пробудилась любовь снизу вверх и сверху вниз, наполняется этот чертог множеством благ, множеством хасадим и множеством милосердия. И тогда любовь (ахава אהבה) внизу и любовь (ахава אהבה) наверху соединяются друг с другом"». Бет-хэй (בה), которые внизу, соединяются с буквами алеф-хэй (אה), которые наверху.[721]

646) «"Отсюда выходят два правителя, и они называются любовью по имени чертога. И они стоят, чтобы присматривать за теми, кто устанавливает единство Господина своего с любовью, и жертвуют за Него душой своей с любовью, и восходят и свидетельствуют наверху. И у всех тех, кто совершает благодеяние (хесед) в мире, поднимаются эти благодеяния (хасадим) и вступают в этот чертог, и украшаются там, и восходят, чтобы украситься высшей любовью. И об этом написано: "Ибо велика, выше небес, милость (хесед) Твоя"[722]. Об этом чертоге написано: "Многие воды не смогут погасить любовь и реки не зальют ее"[723]».

---

[719] См. Зоар, главу Берешит, часть 2, п. 119.
[720] См. Зоар, главу Берешит, часть 2, п. 124.
[721] См. Зоар, главу Трума, п. 375.
[722] Писания, Псалмы, 108:5. «Ибо велика, выше небес, милость Твоя, и до облаков – истина Твоя».
[723] Писания, Песнь песней, 8:7. «Многие воды не смогут погасить любовь и реки не зальют ее; если человек предложит все добро дома своего за любовь, отнесутся к нему с пренебрежением».

духами. В южной стороне находится один высший свет, правая сторона всего мира, и от него начинают Исраэль свое единение в свойстве веры. Это Михаэль, властитель силы высших светов, нисходящих с южной стороны", т.е. Хесед, "в которой свет находится в своей силе"».

656) «"Этот Михаэль, свет правой стороны, – великий попечитель", т.е. смотритель, "Исраэля. Поскольку, когда ситра ахра встает, чтобы обвинять Исраэль, тогда Михаэль ведет с ней тяжбу, и становится защитником", т.е. хорошим заступником за Исраэль, "и они спасаются от этого обвинения главы врагов Исраэля"».

657) «"Кроме того времени, когда Йерушалаим разрушен. Ибо тогда умножаются прегрешения, и Михаэль не может одолеть ситру ахра, так как доводы Михаэля в защиту Исраэля разбиты. И тогда: "Пред врагом убрал Он десницу Свою"[733]».

658) «"В северной стороне находится один свет, стоящий для отмены суда из четвертого чертога, и он дает" отмену приговора суда "правителю, который на этом входе. На этом входе стоят другие правители, которые на стороне скверны, ждущие этого правителя, чтобы взять у него решение суда. А иногда тот свет, что в северной стороне", сам "вершит суд, и он не передается во власть ситры ахра. Потому что все суды, вершимые им" самим, – "есть у них целительная сила, и Творец проявляет милость в этих местах"», хотя они в левой стороне.

659) И объясняет: «"Гавриэль – это тот свет, что в северной стороне, и в любом месте, где он наказывает, пребывает в нем милость (хесед), потому что Гавриэль, он в двух сторонах, он включен в обе", в Гвуру и в Хесед, "и поэтому наказывает, и в этом исцеление. В этой стороне находится тайна того, что написано: "Как человек наставляет сына своего, так Творец Всесильный твой наставляет тебя"[734]. И это – страдания любви, состоящие из этой стороны и из этой стороны"». Из Гвуры и Хеседа.

---

[733] Писания, Мегилат Эйха, 2:3. «В пылу гнева сразил Он всю мощь Исраэля, пред врагом убрал Он десницу Свою; и запылал Он в среде Яакова, как огонь пламенеющий, что (все) пожирает вокруг».

[734] Тора, Дварим, 8:5. «Так познай же сердцем твоим, что как наставляет человек сына своего, так Творец Всесильный твой наставляет тебя».

660) «"В восточной стороне находится один свет, присутствующий в любом исцелении, чтобы ввести пред Творцом всех тех, кто был забыт в месте своей болезни", и не выздоровел в свое время, "и приблизить время и конец этим болезням, чтобы восполниться в вере своей". То есть, болезни оберегают во время, отведенное им, в вере, и не желают уходить преждевременно,[735] а он просит, чтобы они ушли раньше времени. "И (этот свет) окружает мир каждый день для того, чтобы восполнить исцеление посредством заповедей Господина своего, и свет этот зовется Рефаэль (רְפָאֵל)". И это так, "хотя мы и объясняли, что" Рефаэль, "он в западной стороне. И он держится в этой стороне и в этой стороне, в стороне Михаэля и в стороне Гавриэля"», поскольку является свойством средней линии, Тиферет, включающей две линии, правую и левую, т.е. Михаэля и Гавриэля.

661) «"И это тот правитель, который ускоряет исцеление, если человеку в четвертом чертоге выносится решение на жизнь. Это исцеление приходит вследствие нужды", ведь если бы не болел, не нуждался бы в излечении, "поскольку исходит оно от двух сторон", от милости (хесед) и от суда. "А эта нужда", т.е. болезнь, "приходит с левой стороны, а исцеление приходит с правой. И поэтому, если к этому больному приходит исцеление, то оно приходит к нему вследствие крайней нужды"».

662) «"И также это с западной стороны", что исцеление приходит также и с западной стороны. Ибо западная сторона, т.е. Малхут, состоит из всех светов, имеющихся в трех линиях, как нам еще предстоит выяснить. "И хотя мы сказали, что Рефаэль в восточной стороне, и объяснили, что он" также "в западной стороне", всё же "исцеление и жизнь приходят лишь с восточной стороны, однако оттуда нисходит жизнь вниз"», к Малхут, являющейся западной стороной.

663) «"И в этой западной стороне есть один свет, называемый Нуриэль (נוּרִיאֵל), и он – Уриэль (אוּרִיאֵל). И он состоит из всех их, и становится посланником во всем". То есть, западная сторона – это Малхут, состоящая из трех линий. "И есть у него три стороны", т.е. три линии, "но их две, так как каждая из них включена в другую". Другими словами, их основа – это правая и левая линии, а средняя линия является лишь включением двух линий, и ничего не добавляет к ним. И получается, что

---

[735] Вавилонский Талмуд, трактат Авода зара, лист 55:1.

есть всего лишь две линии. "И это – четыре нижние основы", т.е. три линии и получающая их Малхут, "из тех четырех основ мира", что в Бине, "которые являются высшими над всеми. И поскольку все они связываются друг с другом, указывает на это Писание, говоря: "Спустилась я в сад ореховый посмотреть"[736]», – поскольку внутренняя часть ореха разделена на четыре части, соединенные вместе.

664) «"Эти двенадцать светов, находящиеся в том духе", Разиэле, "о котором мы сказали, что этот дух пребывает над ними в совершенстве",[737] означает, что "это четыре высших света", находящиеся в четырех сторонах мира, и это Михаэль, Гавриэль, Рефаэль, Уриэль, "под которыми есть восемь других светов, чтобы пребывать в совершенстве, и у всех у них – одно совершенство, а когда они распространяются все, их три в каждой стороне"». Объяснение. Четыре света – они в четырех сторонах, ХУГ ТУМ, и когда включаются друг от друга в одно совершенство, есть в каждом из них только ХАГАТ, т.е. три линии, светящие в ХУГ ТУМ. А четырежды три – это двенадцать.

665) «"Эти четыре столба", т.е. четыре вышеуказанных света, "стоят, чтобы подняться и объединить этот чертог в месте, которое называется небесами", т.е. в Тиферет Ацилута, "чтобы соединить нешикин (поцелуи) одни с другими вместе. Под ними много ступеней за ступенями, все они выходят от этих четырех нижних основ", т.е. четырех светов, Михаэль-Гавриэль-Рефаэль-Уриэль. "Часть из них выходит со стороны воды", т.е. Хеседа, Михаэля, "часть – со стороны огня", т.е. Гвуры, Гавриэля, "а часть из них – со стороны ветра", т.е. Тиферет, Рефаэля. "И еще часть – со стороны земли"», т.е. Малхут, Уриэля.

666) «"Подобно этому, мы учили. "Четверо вошли в пардес"[738], и все они были избраны для этого места, для этих четырех основ, и каждый связался со своим местом: этот – со стороной огня, а этот – со стороной воды, этот – со стороной ветра, и этот – со стороной земли. И все они погрузились", каждый "в свою основу, так же, как и вошли, кроме совершенного и

---

[736] Писания, Песнь песней, 6:11. «Спустилась я в сад ореховый посмотреть на побеги прибрежные, посмотреть, зацвела ли лоза, распустились ли гранаты».
[737] См. выше, п. 655.
[738] Вавилонский Талмуд, трактат Хагига, лист 14:2.

преданного, который исходит от правой стороны, от Хеседа, и он слился с правой и поднялся наверх"». То есть рабби Акива.

667) «"И когда пришел в это место, называемое чертогом любви, он слился с ним в желании сердца. Сказал: "Этот чертог необходимо соединить с чертогом, который наверху, с большой любовью", с Хеседом Ацилута. "Тогда он восполнился в свойстве веры, и поднялся и восполнил малую любовь", Малхут, "большой любовью", Хеседом, "как подобает. И поэтому умер в любви, и душа его вышла при произнесении этого отрывка: "И возлюби Творца своего"[739]. Благословенна участь его"».

668) «"Все остальные опустились вниз, каждый из них, и были наказаны в той основе, в которую опустились вниз. Элиша опустился вниз в левой стороне, и это" основа "огонь", т.е. Гвура. "И опустился в нее и не поднялся. И встретил ситру ахра, которая называется другим божеством. И был лишен возможности возвращения, и был отдален, потому что слился с ней. И поэтому называется другим, И мы это уже объясняли"».

669) «"Бен Азай опустился в основу земли", которая соответствует Малхут. "И прежде, чем пришел к сожжению огнем, находящимся в прахе", т.е. судами в нем, "достигающим ситры ахра, он погрузился в этот прах и умер. И об этом написано: "Тяжела в глазах Творца смерть преданных Ему"[740]», – т.е. он умер, будучи преданным, и не коснулся судов.

670) «"Бен Зума опустился в основу ветра", соответствующую Тиферет, "и встретил другой ветер, приходящий к стороне скверны, называемый "злая напасть"[741]. И потому он затронул его, и не успокоился в нем", т.е. повредился (в уме). "И все они не спаслись от наказания. И об этом сказал Шломо: "Есть суета, которая происходит на земле. Когда есть праведники, которым воздается как за дела грешников"[742], – ибо из-за того,

---

[739] Тора, Дварим, 6:5. «И возлюби Творца Всесильного своего всем сердцем своим и всей душою своей, и всей сутью своей».

[740] Писания, Псалмы, 116:15. «Тяжела в глазах Творца смерть преданных Ему».

[741] Пророки, Мелахим 1, 5:18. «Ныне же Творец Всесильный мой дал мне покой со всех сторон: нет врага и нет злой напасти».

[742] Писания, Коэлет, 8:14. «Есть суета, которая происходит на земле. Когда есть праведники, которым воздается как за дела грешников, и есть грешники, которым воздается как за дела праведников. Сказал я, что и это суета».

что опустились по ступеням, такими стали"». То есть, притянули свечение Хохмы сверху вниз, что называется опусканием.

671) «"Смотри, поскольку рабби Акива поднялся наверх", т.е. притянул свечение Хохмы снизу вверх, "как подобает, поэтому: "Вошел с миром и вышел с миром"[743]. Давид задался вопросом и не мог решить его. Как написано: "От умирающих от руки Твоей, Творец, от умирающих в мире тленном, удел их – в этой жизни"[744]. То есть, за что были убиты эти праведники среди убиваемых в мире, ведь они были безгрешны и не совершали преступления, чтобы быть наказанными за него? Смотри, "от умирающих от руки Твоей, Творец, от умирающих в мире тленном, удел их – в этой жизни"[744]. Здесь есть два вида смерти: "от руки Твоей, Творец"[744] и "в мире тленном"[744]. "От руки Твоей, Творец"[744] – это Творец, к которому приобщается душа, "в мире тленном"[744] – это ситра ахра, властвующая над телом. Как написано: "Не увижу более человека между живущими в земной юдоли (хадель חָדֵל)"[745]», – те же буквы, что и в слове «мир тленный (хелед חֶלֶד)», т.е. живущие под гнетом ситры ахра, называемой юдолью.

672) «"Смотри, души их", десяти казненных по императорскому указу, "они для восполнения их духа святости", т.е. Зеир Анпина мира Ацилут, "десятью рухот снизу, как подобает", т.е. соответствующих десяти сфирот Зеир Анпина, "а тело их отдается нечестивой малхут. Каждый берет свою долю", как "в жертвоприношении"».[746]

673) «"И смотри, источник (рош) начала веры", – т.е. Кетер, "в мысли" – Хохме, "выбил твердую искру" – от свойства Бины, "и она поднялась в эту мысль" – Бина поднялась в Хохму, и они произвели вместе зивуг, "и они произвели искры" – т.е. свечение Хохмы, исходящее из этой мысли, "и разбросал эти искры в трехстах двадцати сторонах, и выяснил негодное в этой мысли, и она прояснилась"».

---

[743] Мидраш раба, Песнь песней, раздел 1.
[744] Писания, Псалмы, 17:14. «От умирающих от руки Твоей, Творец, от умирающих в мире тленном, удел их – в этой жизни, чрево их Ты наполняешь сокровищами Своими; сыты сыновья их и оставляют излишек младенцам своим».
[745] Пророки, Йешаяу, 38:11. «Я говорил: не узрю я Творца, Творца на земле живых, не увижу более человека между живущими в земной юдоли».
[746] См. Зоар, главу Ноах, п. 130.

Объяснение. После того, как вышли ГАР де-Некудим, т.е. Кетер-Хохма-Бина (КАХАБ), как указано выше, произвели зивуг Хохма и Бина, и породили Даат и семь нижних сфирот (ЗАТ) де-Некудим, и это Даат ХАГАТ НЕХИМ, и о них говорит: «И она поднялась в эту мысль, и они произвели искры» – т.е. восемь этих правителей (мелахим), и вследствие того, что они распространились сверху вниз, из Ацилута в БЕА,[747] разбились и погибли, при этом света вернулись к Создателю, а келим, являющиеся свойством гуф, упали в ситру ахра. Поэтому сказано: «И разбросал эти искры в трехстах двадцати сторонах» – т.е. они разбились на триста двадцать свойств. И причина того, что их триста двадцать свойств в том, что восемь правителей (мелахим) разбились, и в каждом из них четыре свойства ХУБ ТУМ, всего тридцать два свойства, в каждом из которых десять сфирот, итого – триста двадцать. А затем «выяснил негодное в этой мысли», т.е. раскрыл причину, по которой привлек Хохму сверху вниз, что привело к разбиению, «и она прояснилась», и тогда они вернулись и исправились.

674) «"И так же подобно этому" в отношении казненных по императорскому указу, "возникло (досл. поднялось) в мысли, так же как выясняется в ней непригодное", т.е. произошло в них словно разбиение келим, и поэтому души, являющиеся светами, поднялись в Зеир Анпин, а келим, являющиеся гуф, были отданы ситре ахра, называемой нечестивым правлением (малхут). "И выяснились те, у которых восполнился тот, кто должен был", т.е. прояснились души в качестве МАН для Зеир Анпина, который восполняется благодаря им. "И, конечно, когда она поднялась, поднялась в эту мысль" – то есть, когда они притянули свечение Хохмы из этой мысли, являющейся Хохмой. "И всё, как полагается, радость – с этой стороны", со стороны подъема душ, "а скорбь – с этой стороны"», со стороны того, что тела отданы ситре ахра.

675) «"Написано: "И восхвалял я радость, потому что нет ничего лучше для человека под солнцем, чем есть и пить, и веселиться. Он будет сопровождать его в труде его дней жизни, которые дал ему Всесильный под солнцем"[748]. "И восхвалял

---

[747] См. «Введение в науку Каббала», п. 105.
[748] Писания, Коэлет, 8:15. «И восхвалял я радость, ибо нет лучшего для человека под солнцем, чем есть и пить, и веселиться. Он будет сопровождать его в труде его дней жизни, которые дал ему Всесильный под солнцем».

я радость"⁷⁴⁸. Спрашивает: "Неужели царь Шломо прославляет именно это?", т.е. радоваться, и есть и пить. И отвечает: "Однако, "и восхвалял я радость"⁷⁴⁸ – это радость святого Царя в то время, когда Он пребывает у власти, в субботу и праздники, когда вследствие добрых деяний, совершенных человеком, "нет ничего лучше для человека под солнцем, чем есть и пить"⁷⁴⁸, и показывать радость в этой стороне", святости, "для того, чтобы была у него доля в мире будущем"».

676) «"Он будет сопровождать его в труде его"⁷⁴⁸. Спрашивает: "Кто" его будет сопровождать?" И отвечает: "Это Творец, Он будет его сопровождать и пойдет с ним, чтобы ввести его в будущий мир". Другое объяснение сказанного: "Он будет сопровождать его"⁷⁴⁸. Кто он?" То есть "тот человек, который ел, и пил и радовался; за все расходы, затраченные им на еду и питье, – он", этот человек, "будет сопровождать его"⁷⁴⁸, посредством займа Творцу, и" Творец "дает ему во много крат больше, чем он затратил на это", на требуемое для субботы и праздников. "В двух случаях человек дает взаймы Творцу:

1. Когда милосердно поступает с бедным.
2. Когда тратится на субботу и праздники.

Ибо всё это он ссужает Творцу, как сказано: "Заимодавец Творца – милующий бедного, и воздаянием за благодеяния его отплатит Он ему"⁷⁴⁹».

677) «"И потому, это", святость, – "радость, а это", ситра ахра, – "скорбь. Это – добро, а это – зло. Это – рай, а это – ад. И всё это", святость, – "противоположно этому", ситре ахра. "И потому их тело", казненных по императорскому указу, "пребывало в скорби", из-за того, что было предано смерти, "а душа – в радости", из-за того, что поднялась и слилась с Творцом. "И когда эти десять, называемые "казненные по императорскому указу", были преданы смерти, "они были преданы смерти со стороны ситры ахра, но восполнили другое место, святости. И поэтому всё открыто пред Творцом, и было сделано как подобает"».

---

⁷⁴⁹ Писания, Притчи, 19:17. «Заимодавец Творца – милующий бедного, и воздаянием за благодеяния его отплатит Он ему».

678) «"В этом чертоге находятся эти двенадцать светов:[750] четыре сверху, и восемь – вместе с ними.[751] Это потому, что каждый" из четырех "берет с собой еще два, как происходило в порядке (выдвижения) знамен. И так, в порядке, который внизу, до конца всех ступеней"», считается, что есть три свойства у каждой из четырех сфирот ХУГ ТУМ.

679) «"В этот чертог входят все те молитвы и все те желания, которые в восхвалениях, сделанных с любовью. И когда они входят в этот чертог, все они сливаются в нем. И каждый день и в любое время, когда поцелуи (нешикот) соединяются, тогда это время развлечения Творца с душами праведников. И что это за развлечение? Это когда пробуждаются эти поцелуи (нешикот)" у праведников, "и они предшествуют тому наслаждению, о котором написано: "Тогда наслаждаться будешь в Творце"[752]».

680) «"Этот чертог является совокупностью всех нижних чертогов, т.е. все они включены в этот чертог. Первый чертог", т.е. сапфирового камня, "где находится тот дух", Ситутрия, "о котором мы говорили,[753] и все эти создания. Он опирается на два столба в восточной стороне, на два – в южной, на два – в западной и на два – в северной, всего – восемь столбов. И они называются кольями Скинии, и стоят снаружи"».

681) «"Когда является высший Царь, перемещаются эти колья, и снимаются со своих мест веревки", привязанные к ним. "И это – восемь других, помимо тех кольев, о которых мы сказали. И тот первый дух в чертоге", Ситутрия, "входит первым и включается в тот второй дух, что в этом чертоге"», т.е. в Адирию.[754]

682) «"Те два столба, что в восточной стороне, называются Кариэ́ль (קַרְעִיאֵל), который назначен снаружи над двенадцатью тысячами правителей, и все они называются кольями Скинии. И это в правой стороне. А в левой называется Шамиэ́ль (שַׁמְעִיאֵל),

---

[750] См. выше, п. 655.
[751] См. выше, п. 664.
[752] Пророки, Йешаяу, 58:14. «Тогда наслаждаться будешь в Творце, и Я возведу тебя на высоты земли, и питать буду тебя наследием Яакова, отца твоего, потому что уста Творца изрекли это».
[753] См. выше, п. 492.
[754] См. выше, п. 494.

и он назначен над двенадцатью тысячами других правителей, и все они – колья, как мы уже сказали. Столбы, которые назначены в южной стороне, один называется Саадиэ́ль (סַעֲדִיאֵל), а другой – Стариэ́ль (סְטַרְיאֵל). Каждый из них назначен над двенадцатью тысячами других правителей. Эти правители никогда не отстраняются от своей власти"».

683) «"Они все ответственны за существование мира. Это – те, кто взвешивает на весах мужчин (захарим) и женщин (некевот), чтобы поженились друг на друге. И они называются весами (мозна́им מֹאזְנַיִם). Об этом написано: "Если поднять их на весы"[755]. И это не те, о которых написано: "Весы верные (мозне́й це́дек מֹאזְנֵי צֶדֶק)[756]", как мы говорили.[757] Все они уравновешены друг с другом, один не весит более другого, поднимаются и соединяются вместе. И они представляют – соединение захара и нуквы вместе. И об этом сказано: "Если поднять их на весы"[755]. И хотя случается иногда, что один весит больше другого, они" все же "поднимаются и соединяются вместе, и мы это уже объясняли"».

Объяснение. Захар и некева – это правая линия и левая линия, где захар – это правая линия, а некева – левая линия. И известно, что до согласования средней линии, уменьшающей ГАР левой и уравнивающей ее с правой, есть разногласие между правой и левой линиями. Ведь левая линия считает себя выше правой и желает отменить ее.[758] И это означает сказанное: «Все они уравновешены друг с другом, один не весит более другого» – если левая не больше правой, тогда «поднимаются и соединяются вместе», т.е. способны соединиться друг с другом. Однако, если левая еще не сократила свои ГАР, есть между ними разногласие,[758] и они не способны к соединению. Но если правая больше, чем левая, то нет в них расхождения, и их соединение возможно. И это смысл сказанного: «И хотя случается иногда, что один весит больше другого», – то есть,

---

[755] Писания, Псалмы, 62:10. «Только суета – сыны человеческие, ложь – сыны людские, если поднять их на весы – ничто все они вместе».

[756] Тора, Ваикра, 19:36. «Весы верные, гири верные, эфа верная и ин верный будут у вас. Я – Творец Всесильный ваш, который вывел вас из земли египетской».

[757] См. выше, п. 657.

[758] См. Зоар, главу Лех леха, п. 22, со слов: «Экран де-хирик, на который выходит средняя линия, происходит от свойства суда, имеющегося в Малхут, которое не подслащается милосердием Бины и называется манула...»

когда правая больше левой, «они поднимаются и соединяются вместе», – потому что главное, чтобы левая не была больше правой. И это скрытый смысл сказанного мудрецами: «Не бери жены важнее тебя»[759].

684) «"Те два столба, что в северной стороне", называются "Патхиэ́ль (פְּתָחִיאֵל) и Атариэ́ль (עֲטָרִיאֵל). И каждый из них поставлен над двенадцатью тысячами других правителей, и они – колья Скинии", как те другие, о которых мы говорили.[760] "Те правители, которые являются двумя другими столбами, что в западной стороне, это Пдатиэ́ль (פְּדָתִיאֵל) и Томиаэ́ль (תּוֹמִיהָאֵל), и поставлен каждый из них над двенадцатью тысячами других правителей, и все они – колья Скинии, как мы уже сказали"».

685) «"Эти – это проливающие слезы над всеми теми, кто развелся с первыми женами, поскольку те семь благословений", которые произносятся под хупой, "которые были предназначены ей, устранены и не осуществились. Потому что она была изгнана, и не соединились муж с женой вместе. Над таким все проливают слезы, ибо развод показывает, что эти семь благословений словно ушли из другого места", высшей Малхут, поскольку жена внизу соответствует ей. "Тогда выходит тотчас голос, возглашающий: "Где разводное письмо матери вашей, которым Я прогнал ее?"[761]»

686) «"Второй чертог, как мы сказали", т.е. сути небесной, "который включает первый чертог", сапфирового камня, "чтобы соединиться с ним,[762] и все те создания, что там, – у него тоже есть восемь кольев, как первые", что в первом чертоге. "И все они поставлены, каждый из них, над двенадцатью тысячами других правителей, как те первые, о которых мы говорили.[760] Два кола в восточной стороне, два кола – в южной, два кола – в северной стороне и два – в западной"».

---

[759] Вавилонский Талмуд, трактат Йевамот, лист 63:1.
[760] См. выше, п. 682.
[761] Пророки, Йешаяу, 50:1. «Так сказал Творец: "Где разводное письмо матери вашей, которым Я прогнал ее? Или кто тот из заимодавцев Моих, которому Я продал вас? Ведь за грехи ваши проданы были вы, и за преступления ваши изгнана была мать ваша"».
[762] См. выше, п. 510.

687) «"Те два кола, что в западной стороне", называются "Йеаданиэль (יְהָדָנִיאֵל) и Гзурия (גְּזוּרְיָה). Есть у них двенадцать тысяч правителей у каждого, и все они – колья. Те два кола, что в южной стороне, – Аариэль (אַהֲרִיאֵל) и Бариэль (בְּרִיאֵל), каждый из них, он над двенадцатью тысячами, как первые"».

688) «"Эти ответственны за рождение, и они берут голоса женщин и оставляют их перед этим чертогом. И когда ситра ахра приходит обвинять в тот час, который является часом опасности, они стоят и вводят эти голоса к правителю над этим входом, и ситра ахра не может обвинять. А иногда", из-за прегрешений женщины, "ситра ахра входит первой и обвиняет. И может принести вред"».

689) «"Те два кола, что в северной стороне, – Халхалиэль (חַלְחַלִיאֵל) и Карсафиаэль (קַרְסָפִיהָאֵל). Каждый из них – правитель над двенадцатью тысячами других. А в западной стороне, – это Сугадья (סוּגַדְיָה) и Гдарья (גְּדַרְיָה), и они правители над двенадцатью тысячами других"».

690) «"Они ответственны за кровь союза (обрезания), когда совершают обрезание младенцу на восьмой день, и они берут эту кровь и оставляют ее перед этим чертогом. И когда разгорается гнев в мире, смотрит Творец на эту кровь, и ситре ахра не дается право входить туда"».

691) «"Смотри, в то время, когда человеку совершают обрезание на восьмой день, и" уже "пребывала над ним суббота", входящая в эти восемь дней, "являющаяся Малхут святости, эту крайнюю плоть, которую обрезают и выбрасывают наружу, видит ее тогда ситра ахра, что это ее доля от этого жертвоприношения, тогда сламывается" ситра ахра "и не может властвовать и обвинять его, и становится хорошим заступником за Исраэль пред Творцом"».

692) «"Этот чертог", сияние (но́га), "стоит, чтобы включить в себя и объединить с собой второй чертог", сути небесной, "и этот дух, и все эти создания, что в нем, все они включены и объединяются друг с другом, и они – единый дух, где один включен в другого.[763] У него тоже есть восемь опор в четырех сторонах света, и все они называются кольями Скинии. Две опоры в южной

---

[763] См. выше, п. 518.

стороне – это Шахниэль (שַׁכְנִיאֵל) и Азузья (עֲזוּזְיָה). Две опоры с восточной стороны – это Йеодия (יְהוֹדִיָה) и Азриэль (עַזְרִיאֵל). И каждый из них поставлен над двенадцатью тысячами других правителей, и все они называются кольями Скинии"».

693) «"И они поставлены над лепетом, исходящим из уст младенцев, которые занимаются Торой, чтобы поддерживать мир, и они берут этот лепет и поднимают его наверх, и из всего лепета этих младенцев, которые занимаются Торой, чтобы поддерживать мир, образуется один дух. И этот дух поднимается наверх и украшается венцом святости, и назначается хранителем мира, и так – все они"».

694) «"Две опоры, что в северной стороне, – это Азпиэль (עַזְפִיאֵל) и Ктатариаэль (קְטַטְרִיהָאֵל), поставленные над двенадцатью тысячами правителей каждый, как мы сказали. Две опоры, что в западной стороне, – это Асисния (עֲסִסְנִיָה) и Адририя (אֲדִירִירְיָה), поставленные над другими двенадцатью тысячами правителей каждый, как мы сказали"».

695) «"Они назначены возглашать на всех небосводах обо всех, кто отстраняет своих сыновей от занятий Торой, и добиваются того, чтобы те не занимались ею. Тогда выходят все эти правители и произносят во всеуслышание: "Горе такому-то, отстранившему сына своего от изучения Торы! Горе ему, ибо лишился он этого мира и мира будущего"».

696) «"Четвертый чертог. Этот чертог – это чертог, пребывающий в большем свете. Этот чертог окружают тридцать два высших кола, и пятьсот тысяч других, которые подчиняются им. И четыре других, которые являются высшими над всеми, и все они – колья этого чертога. Эти четверо – это Хасдиаэль (חַסְדִיהָאֵל), Касирия (קָסִירְיָה), Кдумья (קְדוּמִיָה), Даариэль (דַהֲרִיאֵל), они являются правителями над всеми, а все остальные правители ниже их"».

697) «"С их помощью становится известным о суде, чтобы исполниться в мире. И о них написано: "И по речению святых

запрошено"⁷⁶⁴. К этим четырем являются все воинства, поставленные над судом, спросить, как произошло постановление суда над миром. То есть все суды, которые не переданы в виде записей для воплощения их в мире", и из-за этого они не знают о них, "и поэтому все являются спросить у них. И поэтому все они ответственны за это"».

698) «"Эти тридцать два других являются правителями над всеми, кто всегда занимается Торой, и не прекращает ни днем, ни ночью. А все остальные, подчиняющиеся им, поставлены над всеми, которым установили известные времена для Торы. И за это все они ответственны, и все они обвиняют всех тех, кто мог заниматься Торой, но не занимался"».

699) «"Пятый чертог. В этом чертоге", любви, "находятся триста шестьдесят пять правителей, по числу дней в году. А выше них – четыре опоры, самые высшие над всеми, и вот они: Крашиаэль (קְרָשִׁיהָאֵל), Сартиаэль (סַרְטִיהָאֵל), Асирия (עֲסִירְיָה), Кадмиэль (קַדְמִיאֵל). И они называются кольями этого чертога"».

700) «"И они поставлены радовать мир. Когда добавляется душа от кануна субботы до кануна субботы, и она выходит, то они выходят вместе с ней и устраняют в Исраэле всю скорбь и все страдания, и всю душевную горечь, и весь гнев в мире. И это – "радующие мир"».

701) «"Все те, что ниже этих четырех, все они назначены, чтобы отвести суд от подлежащих суду, и от тех, кого наказывают преисподней, отвести приговор от них. Поэтому все эти колья, все они пребывают в радости, и они исходят от радости. И все эти чертоги стоят, чтобы подняться и украситься наверху, как мы учили"».⁷⁶⁵

702) «"Шестой чертог. Этот чертог – это чертог, стоящий над всеми нижними чертогами. В этом чертоге имеется сто других, стоящих вовне" чертога, "называемые кольями, как те другие. И их сто – в правой стороне, и сто других – в левой"».

---

⁷⁶⁴ Писания, Даниэль, 4:14. «Дело это ведется по решению ангелов-разрушителей и по речению святых запрошено, чтобы знали все живые, что Всевышний властвует над царством людским. И кому пожелает Он, тому отдаст его, и самого низкого может поставить над ним».

⁷⁶⁵ См. выше, п. 472.

703) «"Два высших правителя есть в правой стороне, а два других правителя – в левой. Те, что справа, – это Малкиэль (מַלְכִּיאֵל) и Шмаяэль (שְׁמַעְיָאֵל), а те, что слева, – это Мисарсания (מִסַרְסָנְיָה) и Цафцафия (צַפְצָפְיָה). Это высшие колья, справа и слева"».

704) «"Они поставлены и являются в мир в то время, когда настало время праведника уйти из мира, и дана власть ситре ахра, – тогда эти четверо готовы явиться туда, чтобы душа его вышла в поцелуе, и тогда он не будет страдать от власти ситры ахра. Счастливы праведники в этом мире и в мире будущем, потому что Господин их заблаговременно передает их власти", этих четырех, "чтобы оберегать их в этом мире и в мире будущем"».

705) «"От этого чертога начинают соединяться все тайны и все высшие и нижние ступени, чтобы наверху и внизу всё пребывало в совершенстве, чтобы всё стало одним целым, и единым соединением, чтобы соединить святое имя как подобает, и прийти к такому совершенству, чтобы высший свет светил в нижнем, и огни свечей светили как одно целое, и не отделялись друг от друга. И тогда наполняется и нисходит тот, кто нисходит, который неизвестен и не раскрыт, для того чтобы сблизиться и соединиться друг с другом, и чтобы всё пребывало в совершенном единстве как подобает"».

706) «"Счастлива доля того, кто знает тайны Господина своего, чтобы постичь Его как подобает. Они вкушают долю свою в этом мире и в мире будущем. Об этом написано: "Вот рабы Мои вкушать будут"[766]. Счастливы праведники, занимающиеся Торой днем и ночью. Поскольку знают они пути Творца и умеют выстроить святое единство как подобает. Ибо каждый, умеющий соединить святое имя в надлежащем совершенстве, счастлив он в этом мире и в мире будущем"».

707) «"Связь всех чертогов образуется здесь", в этом чертоге, "чтобы дух слился с духом", и это тайна поцелуев (нешикин), "нижний" дух "с "высшим" духом. "И благодаря этим поцелуям восходит дух, который внизу, чтобы слиться с высшим

---

[766] Пророки, Йешаяу, 65:13. «Поэтому так сказал Владыка Творец: "Вот рабы Мои вкушать будут, а вы – голодать, вот рабы Мои пить будут, а вы – жаждать, вот рабы Мои радоваться будут, а вы опозорены будете"».

духом. И когда сливаются дух с духом, высший скрытый дух", Бина, "пребывает над тем духом, что посередине", Тиферет, называемым Яаков, "но пока он еще не пробудился, чтобы слиться духу с духом, высший дух", Бина, "не пребывает над этим средним духом", свойством Тиферет, называемым Яаков.

708) «"И это тайна, ибо когда дух связывается с духом, тогда пребывают поцелуи, чтобы соединиться, и пробуждаются остальные органы", т.е. остальные свойства чертога, "в страстном желании, и этот дух сливается с этим. И тогда все органы пробуждаются в стремлении соединиться друг с другом, соединиться орган с органом"».

709) «"И если скажешь: кто пробуждает нижние органы или высшие органы", чтобы связаться друг с другом? "Нижние органы всегда пробуждаются по отношению к высшим, – тот, кто во тьме, всегда стремится к свету. Черное пламя, которое внизу, всегда пробуждается к белому пламени, которое наверху, чтобы слиться с ним и находиться под ним. И это смысл сказанного: "Всесильный, не безмолвствуй, не будь глух и безмятежен!"[767]»

710) «"Когда взял Яаков", свойство Тиферет, "этот шестой чертог,[768] тогда называется он полным святым именем ве-АВАЯ (והויה). И если скажешь, что это совершенство всего, то это не так. Но когда восполнились все чертоги, чтобы соединиться друг с другом, тогда называется всё АВАЯ-Элоким, и это имя полностью совершенно. А пока не соединились еще чертоги друг с другом, они не называются этим полным именем. И когда они соединяются вместе одни с другими, тогда завершается всё сверху и снизу, и очень возвышенный свет", Бина, "нисходит и пребывает над всем, и всё связывается в одно целое, чтобы всё было единым"».

711) «"И скрытый смысл этого. Яаков взял четырех женщин и включил их в себя. И хотя мы объясняли это в другом смысле, то есть, что он находится между двумя мирами" в Ацилуте, называемыми Рахель и Лея, вместе с тем, "смысл всего: когда Яаков взял этот чертог, т.е. шестой чертог, он взял и включил в себя всех этих четырех женщин, и это четыре ангела, и все

---

[767] Писания, Псалмы, 83:2. «Всесильный, не безмолвствуй, не будь глух и безмятежен!»
[768] См. Зоар, главу Берешит, часть 2, п. 132.

они слиты с этим чертогом. Это четыре главных реки, как написано: "И оттуда разделяется и образует четыре главных реки (рошим)"⁷⁶⁹. Эти четыре рошим являются четырьмя женами, которых взял Яаков, когда взял этот чертог"».

712) «"И тогда этот чертог называется ве-АВАЯ (והויה), когда он – во благо. Как сказано: "И Творец (ве-АВАЯ והויה) шел перед ними днем"⁷⁷⁰, "И Творец (ве-АВАЯ והויה) сказал: "Утаю ли Я от Авраама"⁷⁷¹. Когда Ицхак соединяется с чертогом судебной палаты, называемым чертогом заслуги, тогда называется всё ве-АВАЯ (והויה), чтобы наказывать грешников. Как сказано: "И Творец (ве-АВАЯ והויה) обрушил на Сдом"⁷⁷². И все является единым целым, как подобает"».

713) «"И когда Яаков взял этот чертог, тогда всё называется совершенным желанием. И это – время благоволения (желания). И отсюда и далее начинают эти чертоги соединяться и связываться друг с другом. И хотя мы учили", что порядок этого единства – "от юга к востоку", т.е. притягивают от юга, Хеседа, к востоку, Тиферет. Таким образом, юг является главным. А здесь говорит, что Тиферет является главным, и он предшествует Хеседу, являющемуся шестым чертогом. И отвечает: "Всё это является одним целым, ибо здесь это дух в духе в едином слиянии"», называемом нешикин (поцелуи), в которых Тиферет является главным, и он над Хеседом. Но там это состояние хибук (объятие), и потому Хесед является главным. И это означает сказанное: «Благословения отца твоего превысили благословения моих родителей»⁷⁷³. «Благословения отца твоего»⁷⁷³ – т.е. Тиферет, «превысили благословения моих родителей»⁷⁷³ – т.е. Хеседа и Гвуры. Ибо вследствие множества благословений и поцелуев становится важнее, чем Хесед и Гвура, и считается выше их.

---

[769] Тора, Берешит, 2:10. «Река вытекает из Эдена, чтобы орошать сад, и оттуда разделяется и образует четыре главных реки».

[770] Тора, Шмот, 13:21. «И Творец шел перед ними днем в столпе облачном, чтобы указывать им дорогу, и ночью – в столпе огненном, чтобы светить им, и чтобы шли они днем и ночью».

[771] Тора, Берешит, 18:17. «И Творец сказал: "Утаю ли Я от Авраама то, что сделаю?"»

[772] Тора, Берешит, 19:24. «И Творец обрушил на Сдом и на Амору потоки серы и огня, от Творца, с небес».

[773] Тора, Берешит, 49:26. «Благословения отца твоего превысили благословения моих родителей до пределов возвышений мира. Да будут они на главе Йосефа и на темени отличившегося среди братьев своих».

714) «"Отсюда берет начало Авраам, и это правая", т.е. Хесед Зеир Анпина, "который называется большой любовью, как мы уже сказали, и он взял чертог, называемый любовью",⁷⁷⁴ т.е. пятый чертог. "Тогда "груди (шадаим שָׁדַיִם) достигли совершенства"⁷⁷⁵, т.е. имя Шадай (שַׁדַּי), "и наполнились всем благом, чтобы питать и давать пищу всему отсюда. И когда "груди достигли совершенства"⁷⁷⁵ и наполнились высшей любовью, тогда называется этот чертог Эль Шадай (אֵל שַׁדַּי), как мы уже говорили.⁷⁷⁶ И благодаря этому, весь мир находится в достатке, после того, как создан, ибо, когда был создан мир, он не мог существовать, и не мог установиться, пока не раскрылся чертог, который взял Авраам. И когда раскрылся Авраам в этом чертоге, тогда сказал он миру: "Достаточно (דַּי)" – ибо есть достаток", которого хватает, "чтобы питать от него мир и существовать. И поэтому он называется Эль Шадай", что означает "Эль, в котором достаточно для всех"».

715) «"И Творец должен будет наполнить его, и исправить его для грядущего будущего, как написано: "Чтобы питал Он вас и насыщал от груди утешения Его, чтобы взращивать и наслаждать вас от сосцов величия Его"⁷⁷⁷. "Грудь утешения Его"⁷⁷⁷ и "сосцы величия Его"⁷⁷⁷ – всё это в этом чертоге. И тогда об этом времени написано: "Кто молвил Аврааму: "Кормить сыновей (грудью) будет Сара"⁷⁷⁸ – ибо питание зависит от Авраама"», Хеседа.

716) «"Ицхак, левая сторона Творца, и это место, от которого пробуждаются все суды в мире, и он левая рука, начало всех судов, и все суды пробуждаются оттуда, и это он берет и удерживает тот суд, который называется заслугой", т.е. четвертый чертог, "чтобы соединился суд с судом и все стало единой

---

⁷⁷⁴ См. Зоар, главу Берешит, часть 2, п. 133.
⁷⁷⁵ Пророки, Йехезкель, 16:7. «Десятитысячекратность, как растению полевому, даровал Я тебе. И выросла ты, и стала большая, и явилась в драгоценных украшениях – груди достигли совершенства, и волосы твои отрасли, а ты нага и непокрыта».
⁷⁷⁶ См. выше, п. 640.
⁷⁷⁷ Пророки, Йешаяу, 66:10-11. «Веселитесь с Йерушалаимом и радуйтесь ему, все любящие его! Чтобы питал он вас и насыщал от груди утешения его, чтобы взращивать и наслаждать вас от сосцов величия его!»
⁷⁷⁸ Тора, Берешит, 21:7-8. «И сказала: "Кто молвил Аврааму: "Кормить сыновей (грудью) будет Сара", – ведь в старости его родила я сына?!" Ребенок вырос и был отнят от груди, и устроил Авраам пир великий в день отнятия Ицхака от груди».

связью, потому что Ицхак – это высший суд", Зеир Анпина, "и записи суда находятся в нем"».

717) «"И здесь записано святое имя, которое называется Элоким. Ибо есть Элоким жизни, который высоко-высоко, скрытый от всего", Бина. "И есть Элоким, являющийся высшей судебной палатой", Гвура Зеир Анпина. "И есть Элоким, являющийся нижней судебной палатой", Малхут. "И это смысл сказанного: "Да, есть Всесильный (Элоким), и Он судит землю"[779]. Высший Элоким, являющийся свойством Элоким жизни", т.е. Бина, "включает тех, что внизу. И всё является одним целым"».

718) «"В этом чертоге пробудился Ицхак", Гвура Зеир Анпина, "и все семьдесят два света, включенные в него, и от него постановления всех судов, что в нижнем мире. Как написано: "Дело это ведется по решению ангелов-разрушителей"[780]. И почему называются" приговоры и суды именем "ангелы-разрушители (ирин עִירִין)"? Но это потому, что они все находятся в городе (ир עִיר), о котором сказано: "В городе Творца воинств, в городе Всесильного нашего"[781]. Все те чертоги, что наверху, каждый из них называется городом ир (עִיר), как сказано: "Ангел-разрушитель (ир עִיר) святой"[782]. И это ангелы-разрушители (עִירִין), стоящие внутри, в чертоге", который называется городом (ир עִיר), и" поскольку "они стоят в этом городе (ир עִיר), поэтому называются "ангелы-разрушители (ирин עִירִין)"».

719) «"Этот чертог включен в Ицхака, и всё это в чертоге Авраама, и это пятый чертог. Поскольку правая", Хесед, "включена в левую", Гвуру. "И смотри, каждый из них включен в другого. И мы уже объясняли, что поэтому Авраам связал Ицхака, – чтобы включить в себя суд", т.е. Ицхака, "и чтобы левая

---

[779] Писания, Псалмы, 58:12. «И всякий человек скажет: "Да, есть награда праведнику! Да, есть Всесильный, и Он Судит землю!"»

[780] Писания, Даниэль, 4:14. «Дело это ведется по решению ангелов-разрушителей и по речению святых запрошено, чтобы знали все живые, что Всевышний властвует над царством людским. И кому пожелает Он, тому отдаст его, и самого низкого может поставить над ним».

[781] Писания, Псалмы, 48:9. «О чем слышали мы, то (и) увидели в городе Творца воинств, в городе Всесильного нашего. Всесильный утвердит его во веки веков. Сэла!»

[782] Писания, Даниэль, 4:10. «И увидел я в видении мысли на ложе своем: вот, ангел-разрушитель святой спустился с небес».

была включена в правую. И чтобы установить власть правой над левой"».

720) «"И поэтому Творец повелел Аврааму принести своего сына в жертву суду и укрепиться над ним, и не повелел Ицхаку" быть принесенным в жертву, "а Аврааму", для того чтобы Авраам, Хесед, включил в себя Ицхака, суд, как говорилось выше. "И поэтому один пребывает в суде, а другой – в Хеседе, и всё это одно целое, ведь они включились друг в друга. И так нижние чертоги включились в высшие"».

721) «"Когда Ицхак взял этот чертог, тогда всё было рассмотрено во благо, т.е. суд в заслуге. И поэтому человек, ведущий суд, должен стараться судить на чашу заслуг, поскольку это высшая тайна – совершенство суда. Ибо нет совершенства суда, но только в заслуге. Поскольку одно без другого не является совершенством. Суд в заслуге является совершенством веры, подобной высшей (вере)"».

722) «"В день Рош а-шана (начала года), когда пробуждается суд в мире, должны Исраэль внизу пробудить милосердие из шофара, подобно высшему свойству. И мы уже объясняли это.[783] И нужно соединить суд соответственно заслуге", Хеседу. "Ибо, когда суд пребывает в заслуге, всё находится в полном единстве, и всё, наверху и внизу, – в совершенстве. И тогда: "Беззаконие затворяет уста свои"[784], что нет у него права осуждать и воздвигать обвинения в мире. И тогда всё находится в полном единстве, как подобает. А суд без заслуги – это не суд"».

723) «"И это в Исраэле, у которых есть суд в заслуге. Однако у остальных народов нет суда заслуги. И поэтому запрещено нам проводить суды по законам народов, ибо нет у них доли со стороны нашей веры. Как написано: "Не сделал Он такого никакому народу, и законов (Его) не знают они"[785]. А со стороны

---

[783] См. Зоар, главу Ваера, п. 381. «В день Начала года и в День искупления, когда суд присутствует в мире и сатан собирается обвинять Исраэль, они обязаны в это время пробудиться для шофара и вызвать звук, состоящий из воды, огня, воздуха...»

[784] Писания, Иов, 5:16. «И есть у бедняка надежда, и беззаконие затворяет уста свои».

[785] Писания, Псалмы, 147:19-20. «Изрекает Он слово Свое Яакову, уставы Свои и законы Свои – Исраэлю. Не сделал Он такого никакому народу, и законов (Его) не знают они. Алелуйа».

Исраэля каждый, кто ведет суд, не включив в него заслуги, он грешит, ибо подрывает веру и уводит себя в ту сторону, в которой есть суд без заслуги"», т.е. ситра ахра.

724) «"Смотри, когда собирался нижний Синедрион, чтобы вести суды душ, должны были начинать с заслуг. Чтобы включить заслуги в суд. И еще созываются для проведения суда, из палаты заслуги", т.е. Синедрион находится в чертоге заслуги,[786] "и поэтому они старались начинать с заслуг, – начинали судить о заслугах с нижнего по чину" в Синедрионе "и завершали, дойдя до самого высокого по чину" в Синедрионе, "чтобы заслуги были включены в суд. Одно – наверху, а другое – внизу. Суд в заслуге – это совершенство суда, поскольку одно без другого не является совершенством. И поэтому Ицхак и Ривка – это одно целое, так как это – суд, а это – заслуга, чтобы было единое совершенство". То есть Ицхак – это суд, а Ривка – заслуга. "Благословенна доля Исраэля, поскольку Творец дал им совершенную Тору, чтобы идти путем истины, подобно высшим" светам.»

725) «"Смотри, они не проводили суд, иначе как в заслуге, и сначала рассматривали заслугу, чтобы было включено одно в другое. И Синедрион всё рассматривал с обеих сторон, заслуги и суда, включая все как одно целое, чтобы не властвовала ситра ахра. Ибо, когда не находится заслуги, находится там ситра ахра, называемая обвинением, и соединяется" ситра ахра "с судом, и укрепляется, и это суд в обвинении"».

726) «"И поэтому в день Рош а-шана (начала года) нужно соединить заслугу с судом, чтобы не усиливалось обвинение, и поэтому заслуга и суд должны быть вместе, чтобы быть совершенным (целым). Ибо когда ситра ахра", то есть обвинение, "преобладает, он является не совершенным, а осуждением. Так же как осуждение", следствием которого стали "четыре вида смертной казни. А когда преобладает сторона, являющаяся заслугой, всё совершенно: мир и истина, милость и милосердие"».

727) «"И когда соединяется ситра ахра с судом, она властвует, осуждая этими четырьмя видами смертных приговоров суда: побиение камнями, сожжение, отсечение головы и

---

[786] См. выше, п. 598.

удушение. Все они – власть злобного обвинения. Побиение камнями, поскольку" ситра ахра – "это "камень преткновения"[787]. Сожжение, ибо это "скала преграждающая"[787], сильный огонь. Отсечение головы – это меч, пожирающий плоть.[788] Пожирающий плоть, конечно, так как он властвует над плотью, и это означает", что ситра ахра называется "конец всякой плоти"[789].[790] Удушение, поскольку она является проклятьем Всесильного, которое властвует над удушением, над повешенным"», как сказано: «Поругание Всесильному повешенный»[791]. «"И мы объясняли, это потому, что от него", от повешенного, "не остается ничего, кроме одной лишь плоти", поскольку душа отошла от него. И это "поругание Всесильному"[791] властвует над плотью,[790] и это – мрачное уныние. И потому это", святость, – "во благо, а это", ситра ахра, – "во зло"».

728) «"И когда у Исраэля есть вера, они должны стоять на страже господства стороны веры, и не давать места для власти ситры ахра. Счастливы они в этом мире и в мире будущем. О них сказано: "И народ твой, все праведники, навеки унаследуют землю, ветвь насаждения Моего, дело рук Моих для прославления"[792]».

729) «"Пророки, представляющие собой высшие стороны, два бедра (ерехáим יְרֵכַיִם)", т.е. Нецах и Ход, "поддерживающие святую Тору", Тиферет, "они берут чертоги, в которых есть два духа, Нóга (נֹגַהּ) и Зоар (זֹהַר)", и это третий чертог, чертог

---

[787] Пророки, Йешаяу, 8:14. «И будет Он святилищем и камнем преткновения, и скалою преграждающей для обоих домов Исраэля, и западнею и тенетами для жителей Йерушалаима».

[788] Тора, Дварим, 32:42. «Опьяню стрелы Мои кровью, и меч Мой пожирать будет плоть за кровь убитых и пленных, за первые бреши, врагом (пробитые)».

[789] Тора, Берешит, 6:13. «И сказал Всесильный Ноаху: "Конец всякой плоти настал предо Мною, ибо вся земля наполнилась насилием от них, и вот Я истреблю их с землею».

[790] См. Зоар, главу Ноах, п. 130. «Всё желание "конца всякой плоти" направлено только на плоть. И по этой причине исправление плоти в любом месте – только для него. И потому называется "конец всякой плоти"…»

[791] Тора, Дварим, 21:22-23. «И если будет на ком-либо грех, (требующий) суда смертного, и умерщвлен будет он, и повесишь его на дереве; не оставляй на ночь труп его на дереве, но погреби его в тот же день; ибо поругание Всесильному повешенный, и не оскверни земли твоей, которую Творец Всесильный твой дает тебе в удел».

[792] Пророки, Йешаяу, 60:21. «И народ твой, все праведники, навеки унаследуют землю, ветвь насаждения Моего, дело рук Моих для прославления».

сияния (но́га), и второй чертог, чертог сути небесной. "И это два бедра (ерехаим) внизу", в Брия, "чтобы поддерживать те чертоги, что наверху, которые называются устной Торой", т.е. Малхут мира Ацилут. "Так же как есть поддерживающие Тору, которая является письменной Торой, так же есть столбы, поддерживающие Тору, которая является устной Торой", т.е. Малхут, "и они включаются друг в друга. Тогда в этих двух поддерживающих, что внизу", и это Но́га (נֹגַהּ) и Зоар (זֹהַר), "когда они соединяются с этими высшими" чертогами, которые в Малхут мира Ацилут "записывается в них сторона пророчества. И что она собой представляет? Это ви́дение, которое подобно пророчеству"».[793]

730) «"И все эти обладающие видением питаются отсюда", от чертогов Но́га и Зоар, включенных в чертоги Малхут. "Наверху", в Нецах и Ход Зеир Анпина, "пророчество. А здесь", в Малхут, "ви́дение. И поэтому это подобно этому, и это подобно этому", т.е. пророчество подобно видению, и видение подобно пророчеству. "И когда они соединяются друг с другом", Нецах с Ход, то есть Но́га и Зоар, "тогда над этим местом господствует святое Имя, называемое Цваот (воинства), поскольку все эти святые воинства, все стоят здесь, и все они называются со стороны пророчества. Ибо видение и сон – они со стороны пророчества"».

731) «"И хотя мы говорим, что в знаке святого союза", Есоде, "господствует это имя", Цваот, "поскольку все воинства происходят от этого знака", Есода, "вместе с тем, бедра (ерехаим), находящиеся вне" тела, "тоже называются этим именем" Цваот. "И это те, что называются брайтами"[794], что означает внешние, "ибо Брайта находится вне Мишны. Мишна стоит над Брайтой", иначе говоря, Брайта комментирует Мишну, а брайты "называются бедрами (ерехаим יְרֵכַיִם)" по отношению к Мишне, "внешними школами, подобными" Нецаху и Ходу, "тем, что наверху"», т.е. вне гуф (тела) парцуфа.

732) «"Мишна – это тайна, находящаяся внутри, ибо основа всего изучается оттуда, и так танаи́м", упоминаемые в Мишне, относятся к внутреннему свойству. "И тайна этого: "Поведу

---

[793] См. Зоар, главу Берешит, часть 2, п. 134.
[794] Брайта – это Мишна, не вошедшая в сборник основной Мишны, а брайты – это разделы Брайта.

я тебя, приведу в дом матери моей, научишь меня"⁷⁹⁵. "В дом матери моей"⁷⁹⁵ – это святая святых"», т.е. Есод Малхут Ацилута, исправленный в свойстве Есода Имы. Поэтому называется «дом матери (има) моей»⁷⁹⁵, являющейся внутренним свойством (пнимиют), Малхут. «"Научишь меня"⁷⁹⁵ – это свойство Мишна". То есть, "когда входит река, берущая начало и вытекающая",⁷⁹⁶ Есод Зеир Анпина, "в эту обитель святая святых, тогда написано: "Научишь меня"⁷⁹⁵, что означает – передашь мне. "И поэтому" Малхут "называется Мишной (досл. повторяющей)", поскольку она является второй по отношению к Зеир Анпину в этом зивуге, "как сказано: Повторение этого Учения"⁷⁹⁷».

733) «"Когда она распространяется наружу, то называется Брайта", что означает – внешний. "Два "бедра (ерехаим)" – это брайты", т.е. внешние. "И это тайна тайн, которую нельзя раскрыть. Потому что тайна эта была передана только высшим мудрецам. Беда, если мы ее раскроем", ибо этим воспользуются грешники, "и беда, если не раскроем", ибо лишатся этого праведники. "Потому что это тайна из высших тайн, которыми Творец управляет миром"».

734) «"Первый Храм стоял в дни Шломо в соответствии высшему миру", Бине, и Бина "называется первым Храмом. И все служение происходило в обители святая святых – в месте, где солнце соединялось с луной", т.е. Зеир Анпин с Малхут. "И все высшие тайны, они в совершенстве, и мир пребывал в совершенстве. А затем прегрешения привели к тому, что низошли эти тайны и были изгнаны из обители святая святых за ее пределы". И когда были изгнаны тайны к "бедрам (ерехаим יְרֵכַיִם)", т.е. сфирот Нецах и Ход, "тогда они находятся снаружи, и называются внешними школами, и тогда они вознуждались в брайтах"», поскольку не могли получать питание от Мишны.

735) «"Во втором Храме находились" Исраэль "во внешних школах, в "бедрах (ерехаим)". Некоторые из них вернулись и пребывали в обители святая святых. И это – второй Храм",

---

⁷⁹⁵ Писания, Песнь песней, 8:2. «Поведу я тебя, приведу в дом матери моей, научишь меня. Напою тебя вином ароматным, соком граната моего».

⁷⁹⁶ Тора, Берешит, 2:10. «Река вытекает из Эдена, чтобы орошать сад, и оттуда разделяется и образует четыре главных реки».

⁷⁹⁷ Тора, Дварим, 17:18. «И будет когда воссядет на трон царствия своего, то напишет себе повторение этого Учения в книгу пред священнослужителями, левитами».

Малхут, поскольку первый Храм – это Бина. "А те другие остались в Брайте, снаружи, между "бедер ерехаим". И те, кто вернулся в обитель святая святых, "изучали Мишну и руководствовались ею", т.е. согласно изучаемому в Мишне, "и это смысл сказанного: "Ибо из Циона выйдет Тора"[798]». Ибо Цион – это внутреннее свойство Малхут, называемое Мишной.

736) «"А затем, когда прегрешения привели к этому, было устранено правление этого второго Храма. И хотя правление его не было, как в первом Храме, где всегда пребывал мир, потому что Царь, у которого этот мир", Зеир Анпин, "пребывал в нем всегда", в непрерывном зивуге, "и потому он пребывал в мире. А второй Храм не был таким мирным, потому что эта "крайняя плоть" обвиняла его всегда. И поэтому коэны были готовы в нем обвинять", т.е. обличать, "эту крайнюю плоть, и нуждались в этом, чтобы обличать этим" ситру ахра, "и защищать второй Храм. И все было в тайне, как подобает"».

737) «"Затем прегрешения привели к тому, что властвовала крайняя плоть, и" Исраэль "были изгнаны из второго Храма за пределы его, и опустились оттуда к "изгибам бедер", сфирот Нецах и Ход, "внизу", в Брия, "пока они не стали пребывать внизу, в "ногах (раглаим)", в Асия. И когда будут жить в "ногах (раглаим)", т.е. исправят их, "тогда: И стоять будут ноги Его в тот день"[799]. И мир будет управляться во всём по высшему подобию, как должно. И хотя они были изгнаны" из внутреннего свойства (пнимиют), "не были оставлены Им, и всегда будут держаться за Него"».

738) «"И тот, кто умеет (измерять) и измеряет мерой мерного шнура длину протяженности этих "ерехаим (бедер)" до "раглаим (голеней)", может узнать меру изгнания, сколько оно продлится. И это тайна среди жнецов поля, и все в высшей тайне. И потому все брайты и все танаим, и все амораим[800] находятся

---

[798] Пророки, Йешаяу, 2:3. «И пойдут многие народы, и скажут: "Давайте взойдем на гору Творца, в дом Всесильного Яакова, чтобы Он научил нас путям Своим, и чтобы пошли мы стезями Его". Ибо из Циона выйдет Тора и из Йерушалаима – слово Творца».

[799] Пророки, Зехария, 14:4. «И стоять будут ноги Его в тот день на Масличной горе, что перед Йерушалаимом, с востока; и расколется пополам Масличная гора – на запад и на восток, и откроется очень большая долина, и отодвинется половина горы к северу, и половина ее – к югу».

[800] Танаим и амораим – мудрецы Мишны и мудрецы Гмары.

на своем месте, как подобает, эти – внутри, а эти – снаружи: в "изгибах бедер", т.е. Нецахе и Ходе, "и ниже "бедер", и во всех них называется" Малхут "устной Торой. И во все опустились Исраэль, и были изгнаны"» среди народов.

739) «"И когда завершится это изгнание в протяженности ног (раглаим)", т.е. когда получат исправление, "тогда: "И стоять будут ноги Его в тот день"[799]. И устраняется из мира дух скверны, называемый "крайняя плоть". И возвращаются одни лишь Исраэль, чтобы управлять, как подобает, потому что эта "крайняя плоть" опускала их вниз до сих пор, но отныне и впредь, после того, как "крайняя плоть" отрезается и устраняется из мира, тогда: "Обретет Исраэль место безопасное и уединенное, родник Яакова"[801], т.е. в роднике (эйн) Яакова, которой является Малхут, где находится Хохма, называемая эйна́им (глаза). "И не находится над ними обвинитель. Благословенна доля Исраэля в этом мире и в мире будущем"».

740) «"Йосеф-праведник – столп мира", Есод, "он взял в свое владение скрытый и упрятанный чертог, в его распоряжении находится седьмой чертог. И хотя мы сказали, чертог сапфирового камня тоже находится в его распоряжении,[802] – это так, так как в нем исправляется. Но смотри, от пророков, о которых мы сказали, что они соединяются внизу, отделяются две ступени, и это видение и сон, и находятся в бедрах (ерехаим)", т.е. Нецахе и Ходе. "В этих изгибах бедер находятся видение и то, что называется малым пророчеством, от бедер (ерехаим) и ниже находится сон", т.е. в коленях (биркаим), которые находятся ниже бедер (ерехаим).[803] "Пока не придут (к состоянию) раглаим в раглаим", т.е. раглаим Ацилута будут на одном уровне с раглаим БЕА, так как БЕА снова станет Ацилутом, и тогда они поднимутся к пророчеству и видению. "И там, внизу", ниже ерехаим, "находится нижний чертог, называемый сапфировым камнем"».

741) «"Все" взаимовключения "ерехаим нужны для восполнения одного другим, и всё это – ступени пророчества, поскольку оттуда они выходят и устанавливаются, и от них образуется

---

[801] Тора, Дварим, 33:28. «И обретет Исраэль место безопасное и уединенное, родник Яакова, на земле хлеба и вина, а небеса его источают росу».
[802] См. Зоар, главу Берешит, часть 2, п. 135.
[803] См. далее, п. 819.

видение, и устанавливаются над этим местом, сапфирового камня, и от них образуется сон. Йосеф-праведник", Есод, – "он совершенство всего, он берет всё, поскольку всё исправляется им, и все испытывают стремление благодаря ему"».

742) «"В час, когда Йосеф-праведник", Есод, "собирается всё исправить, тогда он берет всё, и когда он соединяется со своим чертогом, пробуждаются все, чтобы взять стремление и желание, – высшие и нижние. И все они находятся в едином желании и в едином совершенстве, чтобы радовать высших и нижних в едином желании, как подобает. И все нижние благодаря ему находятся в своем существовании. Поэтому сказано: "А праведник – основа (есод) мира"[804], поскольку на этой основе стоит мир"».

743) «"Этот чертог сапфирового камня не находится в своем существовании, пока не исправлен этот Йосеф-праведник", Есод Зеир Анпина. "А когда он исправляется, все исправляются, поскольку это основа всего здания" Малхут. "И об этом написано: "И отстроил Творец Всесильный ту сторону"[805]. Не сказано "создал" или "сотворил", а «отстроил», "так как это стоит на основе (есод), и после того, как основа установлена, всё строится на ней"». И поэтому сказано: «И отстроил»[805]. «"Поэтому все они стоят на этом", – на этой основе (есод). "И мы уже это объясняли"».

744) «"Смотри, написано: "И отстроил Творец Всесильный ту сторону"[805]. То есть" Малхут "была с обратной стороны Зеир Анпина, и Он ее исправил, чтобы она вернулась паним бе-паним" с Зеир Анпином. "Однако "и отстроил (ва-и́вен וַיִּ֫בֶן)"[805] означает, "что всматривался, как поднять ее на ту ступень, на которой находится высший мир", Бина (בִּינָה), "чтобы одно соответствовало другому"».

745) «"Еще" следует объяснить "и отстроил"[805], – т.е. Создатель "посмотрел по сторонам и установил и направил все стороны" Малхут, "чтобы сеять, и орошать, и порождать, и производить всё необходимое для нее. А затем: "И привел ее"[805],

---

[804] Писания, Притчи, 10:25. «Пронесется буря – и нет нечестивого, а праведник – основа мира».
[805] Тора, Берешит, 2:22. «И отстроил Творец Всесильный ту сторону, которую взял у Адама, чтобы быть ему женой, и привел ее к Адаму».

спрашивает: "С помощью чего" привел ее? И отвечает: "С помощью этого праведника", т.е. Есода, "как написано: "И с этим (бе-зе)"[806], т.е. с Есодом, который называется зе, "входила девица к царю"[806]. Ибо он притягивает всё, чтобы подняться и украситься совершенством. Здесь" сила "предотвращения прегрешений, здесь" сила "предотвращения всех дурных желаний"».

746) «"Но не так в этом шестом чертоге в ситре ахра, где находятся все дурные наслаждения и все виды влечений к наслаждениям этого мира. Когда этот мир управляется ими, люди не могут из-за них удостоиться будущего мира. Ибо видят они множество наслаждений и влечений, от которых получает удовольствие и наслаждение тело, и предаются распутству, следуя им. Это смысл сказанного: "И увидела жена, что дерево хорошо для еды"[807], – ибо все влечения и наслаждения мира зависели от него"».

747) «"И подобно этому, есть вещи, от которых наслаждается тело, и они входят в тело, а не в душу. А есть вещи, от которых наслаждается душа, а не тело. И поэтому эти ступени отделены друг от друга. Счастливы праведники, которые выбирают прямой путь, избегая другой стороны, и прилепляются к стороне святости"».

748) «"В этот чертог включены все остальные души всех чертогов, что внизу. Это два имени, которые включают остальные имена. Первое – когда соединился высший с нижним, и Яаков взял свой чертог благодаря этим нешикин (поцелуям) с высшим свойством, тогда оно включает остальные имена, и называется АВАЯ-Элоким, и это называется полным именем. И другое – когда соединяется Есод (основа) мира", т.е. Йосеф, "со своим чертогом, и все они пробуждаются в любви и стремлении к нему, и все они включены в него, тогда оно включает все остальные имена и называется АВАЯ Цваот (Властелин воинств). И оно называется полным святым именем Творца, но не настолько полным, как имя АВАЯ-Элоким"».

---

[806] Писания, Мегилат Эстер, 2:13. «И с этим входила девица к царю: все, что бы она ни попросила, давали ей, чтобы она (могла) прийти с этим из женского дома в дом царя».

[807] Тора, Берешит, 3:6. «И увидела жена, что дерево хорошо для еды, и что оно вожделенно для глаз и желанно дерево для познания; и взяла плодов его, и ела; и дала также мужу своему вместе с собой, и он ел».

749) Спрашивает: «"В чем различие между одним и другим?" Между Яаковом и Йосефом. И отвечает: "Этот", Яаков, и это Тиферет, называемый гуф (тело), – "властвует высший в нижнем, гуф в гуф", Тиферет Ацилута властвует в Тиферет чертогов, и оба они считаются как гуф, т.е. свойством от хазе и выше, и это свойство Яакова, "как мы уже говорили. А этот", Йосеф, и это Есод мира Ацилут, – "властвует от места окончания гуф и ниже, что в этих чертогах", т.е. в их Есоде, которым является чертог сапфирового камня, "и во всех тех, кто находится ниже. И это – первый Храм и второй Храм", где первый Храм – это тайна зивуга Тиферет и Малхут от хазе и выше, а второй Храм – это тайна зивуга Тиферет и Малхут от хазе и ниже, что относится к Есоду и Малхут. "И поэтому этот чертог включает остальные имена, что внизу. И потому эти имена – одно поднимается, а другое опускается". То есть нижний поднимается к высшему, а высший опускается к нижнему. "Счастливы праведники, знающие пути Торы"».

750) «"Этот Есод устанавливается в двух сторонах: одна – в первом чертоге, чтобы исправить всё, что внизу, а другая – чтобы исправить седьмой чертог, и установиться друг в друге, чтобы всё стало единым желанием, как подобает. До сих пор единство этих двух сторон – наверху и внизу, чтобы соединиться в одно целое, в совершенстве, и идти прямым путем"».

751) «"Благословенна доля того, кто умеет устанавливать единство и приводить в порядок веру, чтобы идти прямым путем. Счастлив он в этом мире и в мире будущем. Об этом написано: "Милость и истина встретились, справедливость и мир соединились"[808]. И тогда: "Правда из земли произрастет, справедливость с небес явится"[809]. "Также Творец даст благо, и земля наша даст урожай"[810]». Объяснение. Истина, Тиферет, слита с Малхут, называемой землей. И также Малхут, называемая справедливостью, слита с Тиферет, называемым небесами. И тогда «также Творец»[810], Тиферет, «даст благо, и земля наша»[810], Малхут, «даст урожай»[810].

---

[808] Писания, Псалмы, 85:11. «Милость и истина встретились, справедливость и мир соединились».
[809] Писания, Псалмы, 85:12. «Правда из земли произрастет, справедливость с небес явится».
[810] Писания, Псалмы, 85:13. «Также Творец даст благо, и земля наша даст урожай».

ГЛАВА ПКУДЕЙ

Седьмой чертог – святая святых

752) «"Седьмой чертог. Этот чертог – это внутренний чертог из всех чертогов. Этот чертог сокрыт, нет у него явной формы, и здесь нет вообще гуф", т.е. он только свойство рош. "Здесь скрытие тайны тайн, и это тайна, которая является местом для вхождения там в высшие потоки" Ацилута. Здесь "дух, включающий все духи", что во всех чертогах, "желание, включающее все желания, чтобы соединились все чертоги, как одно целое. Дух жизни" от Бины – "в этом чертоге, чтобы все стало единым исправлением"».

753) «"Этот чертог называется обителью святая святых,[811] местом получения высшей души", т.е. Бины, "называемой так, чтобы пробудить в нем будущий мир"», которым является Бина.

754) «"Этот мир", Малхут, "называется олам (мир). Олам (עולם мир)" означает "алия (עליה подъем), когда поднимается нижний мир", Малхут, "в высший мир", Бину, "и скрывается в ней и исчезает в ней, и раскрывается в скрытии. Мир (олам עולם)" означает, что Малхут "поднимается (ола עולה) со всеми теми, которые сблизились с ней", т.е. чертогами, "и они скрываются в высшем сокрытии", Бине. "Высший мир", называемый Биной, означает, что Бина "поднимается и скрывается в высшем желании внутри скрытого более всех скрытых, который совершенно неизвестен и не раскрыт, и нет того, кто бы знал его"». И это – Арих Анпин.

755) «"Завеса – это парса (разделение)", которая между шестым чертогом, святостью, и седьмым чертогом, святая святых, "протянулась, чтобы прикрыть сокровенное", седьмой чертог. "Крышка расположена в высших сокрытиях", – на ковчеге свидетельства, находящемся в святая святых, и это Есод Малхут Ацилута, облаченный в седьмой чертог, "чтобы скрыть сокрытые (там скрижали)", находящиеся во внутренней части ковчега свидетельства, "ибо они спрятаны и укрыты"».

756) «"С внутренней стороны завесы", и это ковчег, "есть место скрытое, недоступное и сокровенное, чтобы собирать в

---

[811] Писания, Диврей а-ямим 2, 3:8. «И сделал обитель святая святых; длина ее по ширине обители – двадцать локтей, и ширина ее – двадцать локтей; и покрыл ее отменным золотом (весом) шестьсот талантов».

него высший елей, дух жизни, с помощью реки, берущей начало и вытекающей" из Эдена, т.е. Есода Зеир Анпина Ацилута, "и эта река называется родником колодца", свойства Малхут. "И воды ее не иссякают никогда. И когда он", Есод, "вводит и притягивает всё святое умащение свыше, из места святая святых", Бины мира Ацилут, "свечение и притяжение нисходят и входят внутрь этих потоков" Есода Малхут Ацилута, "и она", Малхут Ацилута, "наполняется оттуда подобно нукве, которая беременеет, наполнившись от захара. Также и этот" седьмой "чертог тоже устанавливается, чтобы получать" света Есода Зеир Анпина Ацилута через Малхут Ацилута, облаченную в нее, "точно так же, как нуква получает от захара. Получаемое ею – это все духи и святые души, опускающиеся в мир", чтобы облачиться в людей, "и они задерживаются там на всё необходимое время"», пока не опустятся и не облачатся в людей. И также после того, как покидают этот мир, они возвращаются в седьмой чертог.

757) «"И они задерживаются в седьмом чертоге до прихода царя Машиаха, и получат необходимое все эти души", и придут в Ацилут на место свое, "и возрадуется мир, как раньше", как до уменьшения луны и до греха Древа познания, "как сказано: "Возрадуется Творец деяниям своим"[812]».

Объяснение. Ибо души (нешамот), после того как они покидают этот мир, не могут подняться выше седьмого чертога, поскольку там находится парса, производящая разделение между Ацилутом и БЕА. Поэтому они задерживаются в седьмом чертоге до окончательного исправления, когда отменится граница парсы, и тогда они смогут подняться в Ацилут, к своему корню, Бине Ацилута, ведь свет Бины называется нешама. И поэтому говорится тогда: «Возрадуется Творец деяниям своим»[812].

758) «"В этом чертоге находятся наслаждения и упоение духа, и развлечения, которыми Творец развлекается в Эденском саду. Здесь вся страсть и всё наслаждение, чтобы соединить в нем все чертоги, как один, и все они станут единым целым. И здесь находится связь всего в полном единстве"».

---

[812] Писания, Псалмы, 104:31. «Пребудет слава Творца вовеки, возрадуется Творец деяниям своим».

759) «"Когда все органы", т.е. все свойства, что в чертогах, "соединяются с высшими органами седьмого чертога, каждый, как подобает ему, нет у них иного стремления и наслаждения, чем единство в этом чертоге. Всё взаимосвязано здесь. И когда соединение, произошедшее здесь, образует полное единство, тогда все свечения, что в органах, и все свечения лика, и вся отрада, все они несут свет и радость"».

760) «"Счастлив удел того, кто умеет выстраивать всё в правильном порядке и совершать исправления, ведущие к подобающему совершенству. Он становится любимцем Творца в этом мире и в мире будущем. И тогда все суды и все суровые приговоры устраняются из мира"».

761) «"Этот чертог – это чертог стремления, чертог наслаждения, чертог развлечения наверху и внизу, как в одном целом". То есть Творец развлекается с душами здесь и в нижнем Эденском саду, как в одном целом. "И все получают свет высшего светила, светящего всем", т.е. свет Бины, "чтобы соединилось всё, как подобает, в совершенном единстве. И потому этот чертог является самым скрытым из всех и самым сокровенным из всех. И хотя все они скрыты, этот самый скрытый и сокровенный", поскольку он является местом Есода, "для того чтобы всё было единым знаком союза захара и нуквы, дабы пребывать в совершенстве"».

762) «"Этот чертог называется "ковчегом союза"[813], и он – "Господин всей земли"[813], поскольку это место, из которого выходят все души в мире, чтобы установить единство внизу и притянуть единство Творца сверху вниз, чтобы дать праведнику", т.е. первому чертогу, которым является Есод, называемый праведником, "потому что души выходят из праведника", т.е. Есода Зеир Анпина,[814] "и входят в праведника", чертог Есод, "а затем выходят из праведника", чертога Есод, и облачаются в людей.[815] "И" после того, как они покидают этот мир, "входят в место, из которого вышли"», т.е. в седьмой чертог.

---

[813] Пророки, Йеошуа, 3:11. «Вот ковчег союза – Господин всей земли пойдет пред вами через Ярден».
[814] См. выше, п. 756.
[815] См. выше, п. 497.

763) И объясняет сказанное им: «"Этот ковчег союза", что в седьмом чертоге, "получает всё от праведника", Есода Зеир Анпина Ацилута, "а затем (души) выходят из него", из ковчега союза, "и входят в праведника, который внизу", т.е. в первый чертог, Есод. "А затем выходят из праведника, который внизу", и облачаются в людей, "и" после того, как оставляют этот мир, "они входят в ковчег союза", который в седьмом чертоге, "чтобы все души состояли из высшего", из Бины, являющейся седьмым чертогом, "и из нижнего", из Есода чертогов, "чтобы быть совершенными со всех сторон. И этот ковчег союза", являющийся седьмым чертогом, "принимает души от праведника", являющегося первым чертогом, "включающие две стороны"», захара и некеву. Поскольку в первом чертоге соединяются мужские души (зхарим) с женскими душами (некевот).[815]

764) «"Смотри, родник колодца", Есод,[814] "никогда не прекращается в колодце", т.е. в Малхут Ацилута, облаченной в седьмой чертог. "И потому это место является совершенством всего, существованием всего тела (гуф), чтобы быть совершенным во всем, как подобает. Здесь", в седьмом чертоге, "единство и связь – как одно, чтобы всё было вверху и внизу единым, в единой связи, чтобы органы", т.е. свойства и ступени этих чертогов, "не отделялись друг от друга, и чтобы находилось всё" в зивуге "паним бе-паним (лицом к лицу)"».

765) «"И поэтому мы учили – тот, кто совершает слияние в свойстве обратной стороны (ахор), опровергает исправление созерцания лицом к лицу (паним бе-паним)", происходящее у высших, "которое освещает всё, как одно целое, чтобы всё находилось паним бе-паним, в слиянии, как подобает. Как сказано: "И прильнет он к жене своей"[816], – именно к жене своей, а не к обратной стороне жены"».

766) «"Их двое, Яаков – наверху", т.е. от хазе и выше, и это Тиферет, "Йосеф – внизу", от хазе и ниже, т.е. Есод. "Это два желания, одно – это шестой чертог", который взял Яаков, "а другое – этот седьмой чертог", чертог святая святых, в котором служит Есод Зеир Анпина,[814] т.е. Йосеф. "Желание, которое наверху", от хазе и выше, "оно в этих нешикот (поцелуях),

---

[816] Тора, Берешит, 2:24. «Потому оставит человек отца своего и мать свою, и прильнет он к жене своей, и станут они плотью единой».

которые взял Яаков", в шестом чертоге.[817] Нижнее желание – в служении, которое взял Йосеф", в седьмом чертоге, святая святых. "От двух этих свойств", от Яакова и Йосефа, "взял ковчег союза", т.е. чертог святая святых:

1. "Дух жизни. То есть со стороны Яакова, взял дух жизни, что наверху, с которым слился" Яаков, "посредством этих нешикот (поцелуев), и высший дух жизни вошел в него", в ковчег союза, являющийся седьмым чертогом, "чтобы питаться им".

2. "Со стороны Йосефа, который внизу, в окончании тела", т.е. Есод, взял этот чертог", седьмой, "духи и души, чтобы передавать вниз, в этот мир"».

767) «"Эти два свойства", Яаков и Йосеф, "делятся на две стороны. Свойство Яаков", Тиферет, распространяется и дает силу изливаться этим грудям (шадаим שָׁדַיִם)", и это тайна Эль Шадай (אֵל שַׁדַּי),[818] "так как они наполнились духом жизни, и он кормит ими святых ангелов, живущих и существующих вечно, и они находятся в нем в становлении", т.е. благодаря этому вскармливанию, они достигают своего совершенства. "А свойство Йосеф", Есод, "входит с желанием в ковчег союза и дает силу внутри, и производит души и духи для нисхождения вниз и питания ими людей"».

Объяснение. Эти ангелы происходят от высшего зивуга нешикин, и поэтому они питаются духом жизни, выходящим из этого зивуга, и это Яаков. А души (нешамот) людей происходят от зивуга Есодов, и это Йосеф, и поэтому они тоже питаются оттуда.

768) «"И поэтому эти две стороны", Яаков и Йосеф, "находятся: эта – наверху", Яаков, "а эта – внизу", Йосеф. "Эта", Яаков, – "для питания наверху", ангелов. "А эта", Йосеф, – "для питания внизу", душ людей. "Каждый – как подобает ему. И всё это – одно целое, и это одно свойство". Поскольку оба они находятся в Зеир Анпине, и Яаков – выше хазе, а Йосеф – ниже хазе. "И вместе с тем, Йосеф дает питание всему телу", иными словами, тоже притягивает свет жизни от зивуга нешикин, относящегося к свойству гуф (тела) от хазе и выше, "и поит его. Ибо от того духа жизни, что в слиянии Яакова", в свойстве

---

[817] См. выше, п. 707.
[818] См. выше, п. 640.

нешикин, "нисходит вниз", к Йосефу, являющемуся свойством от хазе и ниже, "и в нем сливается этот ковчег союза", что в седьмом чертоге, "с высшим желанием", от зивуга нешикин, "и нисходит этот дух жизни вниз", к душам людей, "благодаря этому слиянию Йосефа" с ковчегом союза. "И когда всё соединяется, как одно целое", т.е. когда Йосеф тоже включает в себя от свечения зивуга де-нешикин, "тогда наполняются эти шадаим (груди), чтобы кормить всех", т.е. даже души людей. "И поэтому всё является единым целым. Счастлива доля того, кто умеет находить связь и устанавливать единство в молитве своей в желании сердца, как подобает, для того чтобы слились – орган с органом, дух с духом, всё в единую общность, чтобы всё было единым, как подобает"».

769) «"Смотри, когда духи святости и все чертоги, и строения, объединяются в нем все как одно целое, и находятся в единой связи, тогда тот дух, который высший над всеми" в этом чертоге, "и это одна точка", т.е. свойство Есод, называемое точкой, "скрыт в них и не раскрывается, и становится скрытым духом, подобно высшему", который в Ацилуте. "Символ этого – орех", который внутри подобен мозгу, поделенному на четыре части, соответствующие ХУБ ХУГ (Хохма и Бина, Хесед и Гвура), а посередине они соединены в одно целое, и также здесь это "общее единство связывает всех, как мы уже сказали, чтобы связались друг с другом и стали все совершенными в этом совершенстве, как одно целое"».

770) «"И мы уже объясняли подобно этому, что жертва возносится для установления единства и обеспечения необходимого каждому, как подобает ему, от того дыма, который коэн, являющийся правой (стороной), поднимает в связи единства в желании,[819] а левиты – в воспевании", и они являются левой (стороной), также здесь "включены друг в друга, чертог в чертог, дух в дух, пока не соединяются на своем месте", в ЗОН Ацилута, "орган с органом, чтобы все были включены как один, как подобает"».[820]

771) «"И вот мы объясняли, что когда они восполняются все вместе", – т.е. все чертоги включаются в седьмой чертог, "и высшие части" – ЗОН Ацилута, "светят нижним", чертогам,

---

[819] См. Зоар, главу Трума, пп. 277-278.
[820] См. Зоар, главу Берешит, часть 2, п. 141.

"тогда пробуждается высшая над всеми душа", – Бина Ацилута , "и входит во всех и светит всему, и все благословляются, высшие" – ЗОН Ацилута, "и нижние" – все чертоги и всё, что в них. "И тот, который непостижим и не входит в расчет, желание, которое не улавливается никогда", – т.е. Атик, облачается в их внутреннюю суть.[821] "Тогда всё поднимается до Бесконечности, образуя единую связь, и подслащается, – то желание", которое никогда не улавливается, упоминаемое выше, Атик, "самое внутреннее, в скрытии"».[822]

772) И объясняет сказанное им: «"Свет высшей души", т.е. Бина, "поднимается в самое сокровенное место, и светит всему. Внутрь этого света" души "входит и облачается скрытая мысль, включающая всё", т.е. высшие Аба ве-Има, свет хая. "И в самом сокровенном месте, внутри желания этой мысли", т.е. Абы ве-Имы, "светит и проникается благоуханием, и улавливает и не улавливает", т.е. Арих Анпин, "и поднимается желание этой мысли, чтобы уловить его", Арих Анпин. "И когда это поднимается", когда Аба ве-Има поднимается и облачает Арих Анпин, "свет, который внизу", т.е. ИШСУТ, "улавливает его"», Арих Анпин.

Объяснение. Высшие Аба ве-Има, хотя и поднимаются в рош Арих Анпина, они не улавливают его, т.е. не получают от него Хохму, ибо буква йуд (י) никогда не выходит из их воздуха (אויר). Однако ИШСУТ, являющиеся свойством ЗАТ Абы ве-Имы, улавливают Арих Анпин, когда получают от него Хохму, и йуд (י) выходит из их воздуха (אויר).[823] И это смысл сказанного: «И когда это поднимается», т.е. когда Аба ве-Има поднимаются в рош Арих Анпина, «свет, который внизу, улавливает его», т.е. ЗАТ Абы ве-Имы, и это ИШСУТ, улавливают его, Арих Анпин, когда получают от него Хохму, но не сами Аба ве-Има. Как уже выяснялось.

773) «"И также все должны соединить их друг с другом, чтобы связалось, наполнилось и благословилось всё, словно одно целое, как подобает. И тогда связывается одно с другим,

---

[821] См. Зоар, главу Берешит, часть 2, п. 143.
[822] См. Зоар, главу Берешит, часть 2, пп. 142-143.
[823] См. Зоар, главу Берешит, часть 1, п. 308. «Теперь выясняется различие между зивугом высшего мира Бины и зивугом нижнего мира Бины. И говорится, что высший мир опускается в нижний мир...»

как мы уже сказали, чертоги с чертогами, нижние с высшими, и свойства захар и нуква вместе, – высший свет", т.е. нешама, "соединяют в свете, который скрыт и упрятан еще больше", т.е. хая. "А тот, который скрыт больше, включен в скрытый еще больше него", в Арих Анпин, "пока не находится всё, как подобает, в полном единстве"».

774) «"И поэтому Моше знал, как выстроить порядок своего Господина, лучше всех людей в мире. Когда надо было удлинить, он удлинял, а когда надо было сократить, он сокращал. Как мы объясняли, когда сказал: "О, Всесильный, умоляю, исцели ее!"[824] Мы учили: тот, кто удлиняет молитву и внимательно рассматривает ее, в конце приходит к боли в сердце. И мы учили противоположное этому: тому, кто удлиняет молитву свою, продлевают дни жизни"».

775) И отвечает: «"И смысл сказанного: "Тот, кто удлиняет в месте, где нужно сократить, приходит к боли в сердце". Что такое сердце? Это как написано: "А у добросердечного – всегда пир"[825]». И это Малхут, называемая сердцем, которая притягивает мохин Хохмы, называемые пиром, в тайне сказанного: «Пейте до упоения, любимые»[826].[827] «"Поскольку это место, в котором требуется сократить, а не удлинять. Ибо всё находится наверху, и надо не притягивать это вниз, но связать высшей связью без удлинения, пока всё не станет одним целым, в полном единстве. И после того, как всё связывается вместе, тогда не нужно длиннот и упрашиваний. Но если удлиняет продолжительность (молитвы) в том месте, где это необходимо", т.е. на ступени Зеир Анпина, и это хасадим, укрытые от Хохмы, "Творец принимает его молитву. И это – величие Творца", Зеир Анпина, "ведь ради единства молитвы он устанавливает связи и умножает благословения наверху и внизу"», так как благословения нисходят сверху вниз.

---

[824] Тора, Бемидбар, 12:13. «И возопил Моше к Творцу, говоря: "О, Всесильный, умоляю, исцели ее!"»

[825] Писания, Притчи, 15:15. «Все дни убогого – никчемны, а у добросердечного – всегда пир».

[826] Писания, Песнь песней, 5:1. «Пришел я в сад мой, сестра моя, невеста, набрал я мирры с бальзамом моим; отведал я соты мои с медом, пил я вино мое с молоком. Ешьте, друзья! Пейте до упоения, любимые!»

[827] См. Зоар, главу Берешит, часть 2, Обозрение Сулам, п. 8. «Еда означает мохин свойства хасадим, свойство "чистый воздух (авира дахья)", т.е. мохин Абы ве-Имы. Питье – это мохин свечения Хохмы, свойство "вино, радующее Творца и людей"...»

Объяснение. Удлинять молитву означает – притягивать наполнение сверху вниз, сокращать молитву означает – притягивать не иначе, как снизу вверх. Поэтому Малхут, являющуюся свечением Хохмы, нельзя притягивать сверху вниз, поскольку это было грехом Древа познания, как известно. И это смысл сказанного: «Ибо всё находится наверху», потому что свечение Хохмы, называемое «пир», полностью находится наверху, «и надо не притягивать это вниз», и нельзя притягивать ее вниз, но лишь сокращать, «но связать высшей связью без удлинения», т.е. должен притягивать снизу вверх. И об этом он говорит, что удлиняющий молитву приходит к боли в сердце. Но свечение Зеир Анпина, представляющее собой укрытые хасадим, наоборот является заповедью притягивать его вниз. И об этом говорит: «И это – величие Творца», Зеир Анпина, и т.д., «и умножает благословения наверху и внизу», т.е. чтобы притягивал сверху вниз. И об этом говорит, что «тому, кто удлиняет молитву свою, продлевают дни жизни»[828].

776) «"В этом чертоге находится скрытая точка, и эта точка – это дух, который примет" над собой "другой высший дух", захар. "И когда пребывает дух в духе, тогда входит один в другой и становится одним целым, и одним слиянием. И состоит один из другого, чтобы быть одним, как то дерево, в котором соединено одно с другим. И это – одно целое, вид по виду его. Горе тому, кто устанавливает вид не по виду его, как сыновья Аарона, которые хотели соединить дерево с другим, которое не по виду его"».

Объяснение. Дух захара – это правая линия, дух некевы – левая линия. И известно, что правая и левая линии находятся в разногласии, когда левая, то есть Хохма, желает отменить правую, хасадим.[829] И это потому, что они вид не по виду его, поскольку одна – Хохма, а другая – хасадим. И это разногласие продолжается до тех пор, пока они не исправляются в средней линии, устанавливающей мир между ними так, что правая будет светить сверху вниз, а левая будет светить снизу вверх, как уже объяснялось,[830] и тогда они соединяются друг с другом, ибо

---

[828] См. выше, п. 774.
[829] См. Зоар, главу Берешит, часть 1, п. 44, со слов: «А правая линия является совершенством всего, потому что все сфирот получают от нее жизненные силы...»
[830] См. Зоар, главу Берешит, часть 1, п. 50. «Разногласие, которое было исправлено согласно высшему подобию...»

благодаря тому, что левая не притягивается сверху вниз, она считается одним видом с правой. И это означает сказанное: «И это – одно целое, вид по виду его», т.е. некева исправилась, чтобы светила Хохма только снизу вверх, и благодаря этому она – вид по виду его с захаром. А сыновья Аарона, которые умерли, были пьяны от вина, так как выпили пьянящее вино, что означает – привлекли Хохму сверху вниз.[831] И это смысл сказанного: «Как сыновья Аарона, которые хотели соединить дерево с другим, которое не по виду его», – ибо тогда левая и правая являются видом не по виду его. Как уже выяснялось.

777) «"И тот, кто составляет вид по виду его, и умеет соединить связь со связью его, чертог с чертогом его, ступень со ступенью его, – есть у него удел в мире будущем, как мы уже объясняли. И потому это совершенство всего. И когда восполняется одно другим", левая – правой, а захар – некевой, и так же – чертоги, "и всё становится единым деянием, вид по виду его, выходящим вследствие этого совершенства, и это называется действием мерКава (составление)"». И мерКава (составление) – от слов «марКив (составляющий)» и «мурКав (составленный)».

778) «"И это тайна: "И создал Творец Всесильный человека"[832]. Названо "полное имя, "Творец Всесильный (АВАЯ Элоким)". То есть, человек – это действие, исходящее из этой мерКавы АВАЯ Элоким, т.е. составил одно с другим", вид по виду его", и это действие совершенства всего", когда правая восполняется левой, а левая восполняется правой, и таким же образом – захар и некева, о которых сказано выше. "И когда они восполнились друг другом, то стали называться" Зеир Анпин и Малхут – "АВАЯ Элоким, и это полное имя. Счастлив тот, кто умеет устанавливать связи веры и приводить к единству, как подобает"».

779) «"Смотри, так же, как есть высшие святые имена", такие, например, как сорокадвухбуквенное имя, "соединяющиеся друг с другом, так же святое имя" АВАЯ (הויה), "раскрытое наверху", в Бине, "и раскрытое внизу", в Малхут. "Это имя" АВАЯ (הויה), "оно наверху", в ГАР, в единстве АВАЯ-Эке

---

[831] См. выше, п. 480.
[832] Тора, Берешит, 2:7. «И создал Творец Всесильный человека из праха земного, и вдохнул в ноздри его дыхание жизни, и стал человек существом живым».

(הויה אהיה). "А это имя, оно посередине", в ХАГАТ, в единстве АВАЯ-Элоким (הויה אלהים). "А это имя, оно внизу", в НЕХИМ, в единстве АВАЯ-Адни (הויה אדני). АВАЯ (הויה) – это святое имя, и это Единый, тайна всего", т.е. включающее все имена. "Высший мир", и это Бина, и ГАР, называемый Эке (אהיה), соединяется "в скрытом из скрытого, который над ним", и это Хохма, называемая АВАЯ (הויה), и это соединение АВАЯ Эке (אהיה), "который взаимодействует с ним, и это одно целое. Нижний мир", и это Малхут, называемая Адни (אדני), соединяется "со скрытым", с Зеир Анпином, называемым АВАЯ (הויה), и это соединение АВАЯ-Адни (הויה אדני), "которое посередине", – т.е. Малхут, которая выше хазе Зеир Анпина, называемая Элоким (אלהים), соединяется с "тайной высшей святой меркавы, которая над ней", т.е. с ХАГАТ, называемым АВАЯ (הויה), и это – единство АВАЯ-Элоким (הויה אלהים), называемое действием меркава (составления), как разъяснено в предыдущем пункте. "И мы это уже объясняли"».

780) "С этой стороны", от Бины, "выходят четыре строения (меркавы"), четыре сфиры, ХАГАТ и Малхут, которые выше хазе, как мы уже сказали. "И с этой стороны", от Малхут, что от хазе Зеир Анпина и ниже, называемой Адни (אדני), "выходят четыре строения (меркавы)", и это четыре ангела Михаэль-Гавриэль-Уриэль-Рефаэль, "поскольку каждый из них раскрывается в четырех. Каждое строение (меркава) – это четыре, когда эти ступени находятся в созерцании", и это три линии и Малхут, получающая их. "И так все они – по четыре, пока не опускаются ступени вниз, в место, называемое тайной святого имени, и это Адни (אדני), в те строения (меркавот), которые устанавливаются и совершают движения с помощью этого имени" Адни. "И они называются медными горами, потому что есть горы, и есть горы, есть высшие горы", и это ХАГАТ Зеир Анпина, "и нижние горы", и это НЕХИ Зеир Анпина, которые светят Малхут, "и они находятся в трех сторонах", правой, левой и средней, "и выходят из золота, серебра и меди"». То есть НЕХИ Зеир Анпина выходят из ХАГАТ Зеир Анпина, называемых золотом, серебром и медью.

781) «"Медь, что внизу", в Брия, она "из-за этих строений (меркавот) выходящих из имени Адни (אדני), которое в первом чертоге. И это четыре строения, исходящие от двух духов, правой и левой (сторон), из сапфирового камня, как мы уже

сказали.⁸³³ И эти два духа, о которых мы там говорили, называются двумя горами, и это медные горы"».

782) «"От этих двух духов, называемых медными горами, выходят эти четыре строения (меркавы)", и это четыре офаним, "которые используются в этом имени Адни, которые погрузились в" ангела "Сандаля, управляющего внутренними связями.⁸³⁴ И все они", все меркавот, "посылаются в мир, одни за другими, в тайне "кони и колесницы (меркавот)", потому что есть колесница за конями, везущими ее"».

783) «"И это святое имя", Адни (אדני), "включается в АВАЯ (הויה), как мы уже объясняли, когда включается Адни (אדני) в АВАЯ (הויה), образуя имя АВАЯАдни (יְאֲהֲדֹוָנָהִי). И мы уже учили, что" имя "Элоким (אלהים) не включается в другое имя", как Адни (אדני), которое включается в АВАЯ (הויה), и его собственное свойство отменяется в АВАЯ (הויה). Однако имя Элоким (אלהים) не отменяется и не включается в другое имя. "Потому что есть имя "Творец жизни (Элоким хаим)", в Бине, "и от этого имени" Элоким, что в Бине, "распространяется" это имя "в разные стороны", т.е. в Гвуру Зеир Анпина и в Малхут, которые называются Элоким, и оно также распространяется в БЕА. "И" свечение его "не собирается" ни в каком месте, "а" всё время "распространяется"», и поэтому не включается, чтобы отменить себя в другом имени.

784) «"Имя, включающее все имена, это АВАЯ (הויה), которое в наполнении своем – **йуд**-вав-далет (יוד) **хэй**-алеф (הא) **вав**-алеф-вав (ואו) **хэй**-алеф (הא). И в тайне сочетания букв святого имени знал по нему коэн, как составлять во всех его сторонах, пока эти имена не поднимались в разных сторонах в сорока двух видах, в распространении твердой искры", что в Бине, "ибо оно включает все эти имена"».

Объяснение. Он выясняет, как имя АВАЯ (הויה) включает все имена, т.е. сфирот. И выясняет это в тайне сорокадвухбуквенного имени, представляющего собой КАХАБ (Кетер-Хохма-Бина). Где четыре буквы простого имени АВАЯ (הויה) – это Кетер. И десять букв наполнения АВАЯ (הויה), т.е. **йуд**-вав-далет (יוד) **хэй**-алеф (הא) **вав**-алеф-вав (ואו) **хэй**-алеф (הא), – это

---
⁸³³ См. выше, п. 498.
⁸³⁴ См. выше, п. 505.

Хохма. И двадцать восемь букв наполнения этого наполнения, т.е. **йуд**-вав-далет (יוד) **вав**-алеф-вав (ואו) **далет**-ламед-тав (דלת), **хэй**-алеф (הא) **алеф**-ламед-фэй (אלף), **вав**-алеф-вав (ואו) **алеф**-ламед-фэй (אלף) **вав**-алеф-вав (ואו), **хэй**-алеф (הא) **алеф**-ламед-фэй (אלף). И вместе – это сорок две буквы.

И это означает сказанное: «Знал по нему коэн, как составлять во всех его сторонах, пока эти имена не поднимались в разных сторонах в сорока двух видах», – ведь имя АВАЯ (הויה) включает три первые (сфиры) – Кетер, Хохму, Бину (КАХАБ). А Зеир Анпин – это десять букв наполнения **йуд**-вав-далет (יוד) **хэй**-алеф (הא) **вав**-алеф-вав (ואו) **хэй**-алеф (הא), как Хохма. И Малхут – это числовое значение этих десяти букв, представляющее собой МА (45). Таким образом, имя АВАЯ (הויה) включает все десять сфирот, и поэтому говорит: «Ибо оно включает все имена», то есть все сфирот, так как сфирот называются именами.

785) И выясняет еще: «"И это имя", АВАЯ (הויה), "включает все имена" в сочетании "Аиваль Динам" (אהיולדינם) как признак. В эти буквы включены другие" имена, "которые соединяются" с именем АВАЯ (הויה), и это три имени – Эке (אהיה), Элоким (אלהים), Адни (אדני).[835] "И выходят одни (буквы), а входят другие. Затем, когда простерлась и распространилась твердая искра" из Бины, "присоединяются в ней буквы, и входят буквы, и выходят буквы в тайне этих девяти букв, и они были переданы высшим праведникам, чтобы идти путем тайны составления букв единства из букв этих имен, как умел коэн составлять имена с помощью записанных букв"».

Объяснение. Четыре имени подразумеваются в сочетании Аиваль Динам (אהיול דינם), и это АВАЯ (הויה) и три имени – Эке (אהיה), Элоким (אלהים), Адни (אדני). И АВАЯ объединяется с ними в ГАР и в ХАГАТ, и в НЕХИ.[835] И существует правило, что та же самая буква не записывается дважды. Например, в имени АВАЯ (הויה) не обозначает два раза букву хэй (ה), а только один, т.е. йуд-хэй-вав (יהו). И так же в Эке (אהיה) – недостает нижней хэй (ה), и обозначает только алеф-хэй-йуд (אהי). И те же буквы хэй-йуд (הי), указывающие на хэй-йуд (הי) имени йуд-хэй-вав (יהו), указывают также на хэй-йуд (הי) имени алеф-хэй-йуд (אהי), и на хэй-йуд (הי) имени Элоким (אלהים).

---
[835] См. выше, п. 779.

Кроме буквы йуд (י) имени Адни (אדני), которая специально удвоена, так как это – особая ступень, которой нет во всех этих буквах, и она указывает на раскрытие Хохмы. И рассматривай таким образом и найдешь в этом сочетании четыре имени – АВАЯ (הויה), Элоким (אלהים), Адни (אדני), Эке (אהיה).

И это означает сказанное им: «И это имя включает все имена, Аиваль Динам (אהיולדינם) как признак», потому что в этом сочетании имеется имя АВАЯ (הויה) со всеми именами, объединяющимися в нем. И это означает сказанное: «В эти буквы включены другие, которые соединяются», – что все другие имена этой ступени соединяются в нем с именем АВАЯ (הויה). То есть, в единстве АВАЯ-Элоким (הויה אלהים) мы различаем: йуд-хэй-вав (יהו) в нем, указывающий на АВАЯ (הויה), и алеф-ламед-хэй-йуд (אלהי), что в сочетании Аиваль с буквой мем (ם) сочетания Динам (דינם) – это буквы Элоким (אלהים). И мы взяли для этого единства от упомянутого сочетания шесть букв, пять букв Аиваль (אהיול) с буквой мем (ם) от Динам (דינם). И оставили три буквы далет-йуд-нун (דין), которыми мы не пользовались в этом единстве АВАЯ-Элоким (הויה אלהים).

И это смысл сказанного: «И выходят одни, а входят другие», – так как в любое единство входит необходимое для этого единства количество букв, и выходит несколько букв, которые не нужны в этом единстве. Как мы уже выяснили, что в единство АВАЯ-Элоким (הויה אלהים) вошли шесть букв от сочетания, Аиваль (אהיול) мем (ם), и вышли три буквы, далет-йуд-нун (דין), которые не нужны в этом единстве. И таким же образом, в единство АВАЯ-Адни (הויה-אדני) входят семь букв, и это йуд-хэй-вав (יהו) от Аиваль (אהיול), т.е. АВАЯ (הויה), и алеф (א) от Аиваль (אהיול) вместе с далет-йуд-нун (דין) от Динам (דינם), и выходят две буквы, которыми мы не пользовались, и это ламед (ל) и мем (ם).

И это означает сказанное: «Затем, когда простерлась и распространилась твердая искра», т.е. в тайне сорокадвухбуквенного имени, и это ГАР, и там единство АВАЯ-Эке (הויה אהיה), «присоединяются в ней буквы», т.е. присоединяются к этому единству четыре буквы, и это йуд-хэй-вав (יהו) от Аиваль (אהיול), т.е. АВАЯ (הויה), с алеф-хэй-йуд (אהי) от Аиваль (אהיול), и это Эке (אהיה). «И выходят буквы», – и выходят пять букв, которые не нужны в этом единстве, «в тайне этих девяти букв» –

т.е. из этих девяти букв Аиваль Динам (אהיול דינם) входят буквы в единство и выходят, иначе говоря, остаются лишними.

786) "И руки человеческие под крыльями их"[836]. У всех руки человеческие, мы ведь объясняли, что они, – духи, создания и ангелы-офаним, – все с крыльями, и руки под их крыльями, чтобы с их помощью принимать молитвы и принимать пришедших к возвращению. "Руки человеческие"[836] означает – "места и пристанища, чтобы принимать людей в их молитве и просьбе, и открывать входы, чтобы принять их, объединить и установить связи, и сделать по их желанию"».

787) "И эти места и пристанища, называемые руками человеческими, поскольку они предназначены для людей, – это святые имена, которые правят на каждой ступени, и с помощью них люди входят со своей молитвой и просьбой во все высшие врата. И благодаря этому нижние правят наверху. И это скрытый смысл изречения: "Руки Твои сотворили меня и утвердили меня"[837]. Ибо это святые имена, называемые руками"».

788) «"И сказал Творец Моше: "Простри руку твою к небесам"[838]. Спрашивает: "Но как он может поднять руки свои к небесам?" И отвечает: "Однако "простри"[838] означает "опусти". Как сказано: "И наклонил Он небеса, и сошел"[839], – то есть, "чтобы притянул сверху вниз. "Руку твою"[838] означает – "место твое", то есть "место твоей ступени, на которой ты находишься", и это Тиферет. "И это" притяжение, оно "в тайне святого имени. И все, высшие и нижние, в тайне этих имен, передвигаются и существуют, и с помощью них входят люди в высшие чертоги, и нет того, кто воспрепятствует им. Счастливы те, кто умеет выстроить единство Господина своего как подобает, и идти путем истины, чтобы не уклониться в тайне веры"».

789) «"Смотри, в этих чертогах есть высшая тайна внутри веры", – т.е. в Малхут Ацилута, облаченной в них, которая

---

[836] Пророки, Йехезкель, 1:8. «И руки человеческие под крыльями их с четырех сторон их, и лица и крылья – у (всех) четырех».
[837] Писания, Псалмы, 119:73. «Руки Твои сотворили меня и утвердили меня, вразуми меня, и я научусь заповедям Твоим».
[838] Тора, Шмот, 10:21. «И сказал Творец Моше: "Простри руку твою к небесам, и настанет тьма в земле египетской, и осязаема будет тьма"».
[839] Писания, Псалмы, 18:10. «И наклонил Он небеса, и сошел, и мгла – под ногами Его».

называется верой. "И все создания и строения (меркавот) – все отличаются друг от друга, чтобы включить одни в другие во благо, исправить их. И признак тебе: "Перевести ее и служанок ее в лучшее"[840]. В этих семи чертогах – это совершенство, которое наверху, когда" они включаются и "восполняются друг от друга, и входят в них молитвы и просьбы тех, кто может выстроить их и исправить их наверху. Как сказано: "И семь девиц, достойных прислуживать ей, из дома царского"[840]».

790) Сейчас выясняет, как направить порядок этих семи чертогов в молитве «Йоцер (создающий)» до молитвы «Восемнадцать». И говорит: «"Первый чертог", сапфирового камня, это тайна: "Создаю свет и творю тьму"[841], поскольку он является свечением драгоценного камня, сапфира, и это драгоценный камень, светящий в двух сторонах, как мы выяснили выше,[842] т.е. в правой и в левой, являющихся светом и тьмой". Так как левая линия, прежде чем соединяется с правой, является тьмой, поскольку эта Хохма, она без хасадим.[843] И далее: "Как многочисленны деяния Твои, Творец, все их мудростью создал Ты"[844]. Это указывает на "все офаним и гальгалим (колеса)"», что в первом чертоге, и о них говорит: «Все их мудростью создал Ты»[844], «"полна земля созданиями Твоими"[844]. И далее: "Царь возвышенный и единственный с давних времен", это указывает на "святое имя АВАЯАдни (יְאַהְדוֹנָהִי)", что в первом чертоге,[845] "которое является совокупностью святого имени, совершенного двумя именами АВАЯ Адни, и оно поднимается в воздухе (авир אויר),[845] и поэтому говорит: "И вознесен Он с древних дней"», – потому что «вознесен Он», т.е. в воздухе (авир אויר). До сих пор намерения первого чертога.

791) «"Второй чертог", являющийся сутью небесной. Это: "Творец благословенный, величественный знанием (**Эль б**арух

---

[840] Писания, Мегилат Эстер, 2:9. «И понравилась ему эта девица, и приобрела благоволение его, и он поспешил выдать ей притирания ее и все, назначенное на долю ее, и (приставить к ней) семь девиц, достойных прислуживать ей, из дома царского, и перевести ее и девиц ее в лучшее (отделение) женского дома».

[841] Пророки, Йешаяу, 45:7. «(Я) создаю свет и творю тьму, делаю мир и навожу бедствие, Я, Творец, свершаю все это».

[842] См. выше, п. 492.

[843] См. Зоар, главу Берешит, часть 1, п. 34, со слов: «Затем вышла тьма...»

[844] Писания, Псалмы, 104:24. «Как многочисленны деяния Твои, Творец! Все их с мудростью создал Ты, полна земля созданиями Твоими».

[845] См. выше, п. 505.

гадоль деа (אל ברוך גדול דעה)"⁸⁴⁶. Это благословение выстроено в алфавитном порядке, и указывает на ангела Урпаниэля, правящего во втором чертоге,⁸⁴⁷ "который включает в себя тайну алфавита малых букв"». И алфавитный порядок в словах благословения: «Творец благословенный, величественный знанием (**Эль б**арух **г**адоль **д**еа אל ברוך גדול דעה)» – это тайна малых букв.⁸⁴⁸ «"Здесь те" ангелы, "что произносят "свят" и "благословен", ибо в этом месте произносится благословение освящения (кдуша)"», т.е. трижды произносят «свят», «"и "благословенно величие Творца с места Его"⁸⁴⁹. Третий чертог" произносят: "Творцу благословенному благозвучия воспоют"».

792) «"Четвертый чертог", чертог заслуги, "говорят: "Возобновляющий в доброте Своей каждый день, непрестанно, действие начала творения". Поскольку здесь", в четвертом чертоге, "обращаются света и суды в мире. Тот, кто удостаивается жизни, возвращается, как и раньше, к тому, чтобы находиться в свете правой линии, называемой Эль, как мы уже говорили"».⁸⁵⁰ И поэтому говорят: «Возобновляющий в доброте Своей».

793) «"Пятый чертог", чертог любви. "Этот чертог называется вечной любовью. И это привлечение любви из чертога, называемого любовью. И это" тот, в котором говорят: "Любовью вечной возлюбил Ты нас, Творец Всесильный" и т.д. до "благословен Ты, Творец, избирающий народ Твой, Исраэль, с любовью". В тайне Эль Шадай"».⁸⁵¹

794) «"Шестой чертог, чертог желания. Говорят: "Истинно, незыблемо, верно, и вечно". И нужно не прерываться в этих чертогах, ибо в привлечении молитвы и желания, соединяются эти чертоги вместе, и связываются друг с другом посредством святых имен, которые правят в каждом из них"».

---

⁸⁴⁶ Благословение в праздничный день, не совпадающий с субботой, в котором слова начинаются с букв, расположенных в алфавитном порядке.
⁸⁴⁷ См. выше, п. 518.
⁸⁴⁸ См. Зоар, главу Ваякель, п. 212. «Маленькие буквы – это двадцать две буквы нижнего мира, Малхут, и это: "Творец благословенный, величественный знанием"...»
⁸⁴⁹ Пророки, Йехезкель, 3:12. «И понес меня дух, и услышал я позади себя голос, шум мощный: "Благословенно величие Творца с места Его!"»
⁸⁵⁰ См. выше, п. 595.
⁸⁵¹ См. выше, п. 640.

795) «"Седьмой чертог" – чертог святая святых. Говорят: "Господин мой, открой уста мои". Это тайна тайн", которую нужно произносить "шепотом, чтобы голос не был слышен. Здесь – желание сердца, чтобы направлять и возносить это желание снизу вверх до Бесконечности, и связать седьмой", чертог святая святых, "с седьмым", Биной Ацилута, "один с другим, снизу вверх", т.е. все эти чертоги включены в чертог святая святых, в Малхут Ацилута, и Малхут Ацилута поднимается вместе с ними в Бину Ацилута. Как мы еще выясним. "И затем сверху вниз притянуть благословения от источника жизни, т.е. седьмого высшего чертога" в Ацилуте, Бины. Когда в трех первых благословениях притягивают от Бины к Бине и ХАГАТ чертогов, а в трех последних благословениях притягивают от Бины к НЕХИ этих чертогов, как мы еще выясним. "В желании сердца, и с прикрытыми глазами,[852] с помощью букв семи высших святых имен"», и это Буху (בּוּכוּ), Ахадтам (אֲכַדְטַם), Кузу (כּוּזוּ), Аштафа (הַשְׁתָּפָא), Бам (בָּם), Бемухан (בְּמוּכָן), Мацпец (מַצְפֵּץ), как выяснится далее.

796) «"Этот высший седьмой чертог", Бина, "являющийся источником жизни, – это первое благословение", и в этом благословении поднимается Малхут и всё, что включилось в нее, в Бину, как мы еще выясним. "И это первый чертог, начало всего сверху вниз", когда мохин ЗОН и БЕА начинаются от Бины. "И он принимает седьмой чертог снизу", т.е. чертог святая святых, который поднялся и включился в Малхут Ацилута, "чтобы соединить друг с другом седьмой с седьмым", – чертог святая святых, являющийся седьмым по отношению к чертогам Брия, с Биной, являющейся седьмой из сфирот Ацилута, если начинают отсчитывать от Есода, в который включена Малхут, подобно первому чертогу, сапфировому камню де-Брия. "Ибо от того, что внизу", чертога святая святых, "поднимается тот, кто поднимается, в высший чертог"», Бину.

797) «Благословен Ты, Творец Всесильный наш и Всесильный отцов наших»[853]. «И это тайна: "Благословен"[853], произносимого в первом благословении молитвы «Восемнадцать», что означает «"множество всех нижних, которые включились в создания и серафимов, и офанов, и во все чертоги, вклю-

---

[852] См. Зоар, главу Ваера, п. 46. «Второй цвет – видение глаза во время его прикрывания...»
[853] Этими словами начинается молитва «Восемнадцать».

ченные в многочисленные свойства чертога святая святых, и все они включились и находятся теперь в ней", в Малхут Ацилута, "в скрытии, и тогда называется" Малхут Ацилута "благословен", ибо благословилась она "всеми этими множествами и благословениями и тайнами, которые восполнились в ней"». Иначе говоря, после того, как все нижние, что в чертогах, и все чертоги включились в Малхут, Малхут называется «благословен». И на это нужно направить намерение, когда произносится слово «благословен»[853].

798) «"Ты"[853] – указывает на "украшение скрытых букв"», светящих в Малхут. «Ты (атá אתה)»[853] – «"это совокупность всех двадцати двух букв" от алеф (א) до тав (ת). "И это алеф-тав (את)"» от «Ты (ата אתה)»[853]. «"Хэй (ה)"» слова «Ты (ата אתה)» указывает, «"что эта хэй (ה)", т.е. Малхут, "включает их", двадцать две буквы, "свыше", от Есода Зеир Анпина, "и собирает их в себе. И это алеф-тав (את) хэй (ה)"», что в слове «Ты (ата אתה)». «"И когда она в совершенстве в этой реке", Есоде Зеир Анпина, "включенной в нее, она поднимается, чтобы украситься наверху", в Зеир Анпине. "И это скрытый смысл сказанного: "И с этим (бе-зе) девица входила к царю"[806]». «И с этим (бе-зе)»[806] – т.е. с Есодом, называемым зе, «девица»[806] – Малхут, «входила к царю»[806] – Зеир Анпину. «"И тогда: "Всё, что она просила, давали ей"[806]. И это тайна: "Благословен Ты"[853]. И нужно направить намерение и связать желание с этой тайной"», когда произносят: «Благословен Ты»[853].

799) «"Творец Всесильный (АВАЯ Элоким) наш"[853]». Намерение в «Творец Всесильный наш»[853] установить «"связь и единство высшего Царя наверху", т.е. единство Хохмы и Бины, потому что АВАЯ – это Хохма, а Элоким – Бина. "С этим"[806] когда "девица входила к царю"[806], Зеир Анпину, "всё, что бы она ни попросила, давали ей"[806]», – указывает на свечение этих Хохмы Бины, которое «давали ей»[806].

800) «"И Всесильный отцов наших"[853] – это свойства праотцев", ХАГАТ Зеир Анпина, "чтобы благословить ее", Малхут. "И это тайна "Всесильный Авраама", т.е. Хесед, "Всесильный Ицхака", Гвура, "Всесильный Яакова", Тиферет. "Так же, как эта "девица", Малхут, "не была оставлена нижними", поскольку все включились в нее,[854] "так же и она не была оставлена

---
[854] См. выше, п. 797.

праотцами никогда", т.е. (свойствами) ХАГАТ Зеир Анпина, "в которых она включается, чтобы они украсили ее"».

801) «"И поскольку" Малхут "благословилась от каждого из них", от ХАГАТ Зеир Анпина, "нужно упомянуть ее с каждым из них", то есть Всесильный Авраама, Всесильный Ицхака, Всесильный Яакова. То есть, упоминается имя Всесильный (Элоким), т.е. Малхут, с каждым из праотцев. "А затем они все собираются в одном соединении, и украшаются вместе, и это: "Творец великий, могучий и грозный", – таким образом, все они вместе, чтобы поднять ее наверх"», в ХАГАТ, где «Творец (Эль)» – это Малхут, «великий» – это Хесед, «могучий» – это Гвура, «и грозный» – это Тиферет. И имя Эль, Малхут, произносится для того, чтобы поднять ее ко всему ХАГАТ вместе.

«"Вначале"», при произнесении «Всесильный Авраама, Всесильный Ицхака, Всесильный Яакова», ее получение от них было «"сверху вниз", от ХАГАТ – к Малхут. "А теперь"», при произнесении «Творец великий, могучий и грозный», она включается в них «"снизу вверх, чтобы соединить их с ней, ибо после того, как произнес: "Творец великий, могучий и грозный", ведь все они соединяются с ней", и тогда она поднимается вместе с этими ХАГАТ в Бину, "и тогда: "Творец Всевышний, воздающий истинным милосердием, Владыка всего"». Где «Творец Всевышний» – правая линия Бины, «воздающий истинным милосердием» – левой линии Бины, «Владыка всего» – это средняя линия Бины, приобретающая две линии вместе. «"И это – общность всего"». Ибо все мохин и все ступени выходят из этих трех линий в Бине.

802) «"И помнящий благодеяния отцов" означает, что ХАГАТ и Малхут "остались" с Биной "и вошли в утробу ее", т.е. включились во внутренние свойства Бины, называемые утробой, "и благословляются там"». Потому что «и помнящий» означает «дающий», т.е. Бина воздает благодеяниями (хасадим) праотцам, ХАГАТ, «"а затем освобождает их" Бина от взаимовключения, "и выводит их из себя после того, как они благословляются, и во время этого склонения, когда произносит: "Благословен Ты, Творец, защищающий Авраама", – в этот момент вообще все они выходят"» из Бины на свое место. Ибо «защищающий Авраама» – это Хесед, который в правой (линии), «"и в правой линии все они благословляются, как подобает"».

803) «"Смотри, этот седьмой чертог – это высший Царь", Бина, "и праотцы", ХАГАТ, "украшаются Им, как мы уже сказали", т.е. поднимаются к Нему, "и включились в Него. И до этого момента"», до произнесения: «Царь помогающий, спасающий и защищающий», «"они включаются" в Бину, "и этот чертог", Бина, "он должен их вывести из него, и когда он выводит их из благословений, чтобы" они передали их "для той девицы", Малхут, "тогда эта девица включается в них", в праотцев, "во все эти благословения", которые ХАГАТ получили, находясь в Бине. "И хотя уже включились чертоги в чертоги", и Малхут уже включилась в ХАГАТ и Бину, как объяснялось выше, всё же "теперь", в час выхода ХАГАТ из Бины, "содержатся" ХАГАТ и Малхут "вместе в этих благословениях. И когда (произносят): "Царь помогающий, спасающий и защищающий", Бина "выводит их из благословений"» ее, и каждый из них приходит на свое место, как выяснится далее.

804) «"И этот", седьмой чертог, который упомянут, – "это один седьмой чертог, в тайне высшего святого имени Буху (בוכו)", начальные буквы слов: "Благословение и милость, сила и суд (בְּרָכָה וְחֶסֶד כֹּחַ וּמִשְׁפָּט)", и это совокупность всего"». Это Малхут и ХАГАТ, которые в Бине, потому что «благословение» – Малхут, «милость (хесед)» – правая линия, «сила» – левая линия, Гвура, «и суд» – средняя линия, Тиферет. «"И эта тайна – это тайна Эке (אהיה), являющейся совокупностью всех" мохин, ибо имя Буху (בוכו) – это буквы, следующие после букв имени Эке (אֶהְיֶה). За буквой алеф (א) имени Эке (אהיה) следует бет (ב) имени Буху (בוכו), а за хэй (ה) де-Эке (אהיה) – вав (ו) Буху (בוכו), а за буквой йуд (י) де-Эке (אהיה) – хаф (כ) Буху (בוכו), и за последней хэй (ה) Эке (אהיה) – последняя вав (ו) Буху (בוכו). "Ибо эти буквы являются совокупностью всего, потому что эти буквы" имени Буху "вывели те, которые выходят из них", т.е. ХАГАТ и Малхут, "т.е. совокупность праотцев"», и это «милость, сила и суд», на которые указывают начальные буквы слов его, как объяснялось выше, «"а она та, что соединяется с ними и называется благословением"», – та, что указана в начальных буквах слов его, как объяснялось выше.

805) «"После того, как сказал: "Благословен Ты, Творец, защищающий Авраама", и праотцы с Малхут выходят из Бины на свои места,[855] "то" Малхут "включает благословения от них",

---

[855] См. выше, п. 803.

от праотцев, как уже было сказано. И они нисходят "в тайне пятого чертога", являющегося чертогом "любви, и это правая (сторона)", Хесед, "и это пятый чертог, чтобы соединился в любви с благословениями правой (стороны)"», нисходящими при произнесении слов «защищающий Авраама», т.е. правую. «"И так нужно благословиться", когда благословения нисходят "сверху вниз", т.е. при выходе их из Бины на свое место, чтобы пятый чертог получил вначале эти благословения, перед шестым чертогом. "Вначале включились чертог в чертог, как мы уже сказали. А теперь они берут благословения, чтобы находиться одни перед другими, и хотя есть перемещающийся вначале", перед пятым чертогом, и это шестой чертог, чертог желания, но "поскольку благословения приходят от правой стороны", Хеседа, "они должны включиться в пятый чертог"», т.е. Хесед, а не в шестой чертог, Тиферет.

806) «"А затем в левой стороне", Гвуре, "в этой тайне" произносят: "Ты могущественен", и это соединение "Ты" и "могущественен", т.е. двух судов"». Ибо «Ты» – это имя Малхут,[856] которая является судом, а «могущественен (гибор)» – это левая линия, которая является судом. «"И поскольку низошли благословения", от того, что получили праотцы, суд "включился в милосердие. И находится" милосердие "в этой стороне – всё, как одно целое. И это" когда говорят: "Оживляющий мертвых, поддерживающий падающих и исцеляющий больных"», – т.е. (проявления) милосердия.

807) «"И это" милосердие, "оно в тайне святого имени, которое называется Ахадтам (אַכַדְטַם), и это тайна в буквах имени, называемого Элоким (אֱלֹהִים)". Ибо буквы Ахадтам (אַכַדְטַם) предшествуют буквам Элоким (אֱלֹהִים), кроме алеф (א), у которой нет предшествующей ей буквы. И также у конечной мем (ם) – нет у нее буквы, предшествующей ей, поскольку предшествует ей тоже мем (מ). Буква хаф (כ) имени Ахадтам (אַכַדְטַם) предшествует ламед (ל) де-Элоким (אֱלֹהִים). Далет (ד) Ахадтам (אַכַדְטַם) предшествует хэй (ה) де-Элоким (אֱלֹהִים). Тэт (ט) Ахадтам (אַכַדְטַם) предшествует йуд (י) де-Элоким (אֱלֹהִים). "Потому что эти буквы" имени Элоким (אֱלֹהִים), являющимся именем Гвуры, и левой линией, "поднялись, чтобы украситься, наверх", в Бину,[857] "и произвели там эти" буквы Ахадтам (אַכַדְטַם), "чтобы

---
[856] См. выше, п. 798.
[857] См. выше, п. 802.

называться ими". Ибо "когда поднялись" буквы Элоким (אֱלֹהִים) "для украшения наверху", в Бине, называемой "Творец (Элоким) жизни, уменьшил" Хесед, который в Бине, суды "в буквах" имени Элоким (אֱלֹהִים), которые поднялись, "чтобы соединиться в уменьшении суда". Потому что имя Ахадтам (אֲכַדטָם) в гематрии семьдесят четыре, а имя Элоким (אֱלֹהִים) в гематрии восемьдесят шесть. "И отсюда", от Бины, "распространяется" имя Ахадтам (אֲכַדטָם) "вниз", в чертог Гвуры, чтобы "выдвигаться изнутри других букв", что в имени Ахадтам (אֲכַדטָם), в которых уменьшился суд, "и подняться из этих букв к имени Элоким"», которое в чертоге Гвуры, чтобы смягчить суды в нем.

808) «"После того, как низошли буквы" имени Буху (בוכו) и имени Ахадтам (אֲכַדטָם) "в пятый чертог", Хесед, "и в четвертый чертог", Гвуру, "сверху", из Бины, "как мы уже сказали, начали включаться благословения от середины всего", т.е. от средней линии, Тиферет, "в шестой чертог", чертог желания, Тиферет, "и благословения включаются в это и в это", в правую и левую (линии), так как Тиферет содержит их обе. "Поэтому" произносят: "Ты свят", где "Ты", – т.е. Малхут, являющаяся Гвурой, "включается в "свят"», – в Тиферет, являющийся Хеседом. И получается, что Тиферет включает их оба – Хесед и Гвуру.

809) «"И имя Твое свято". Спрашивает: "После того, как сказал: "Ты свят", почему добавляет: "И имя Твое свято", ведь это – имя, а это – "Ты"?"» Ибо Малхут называется и «имя», и «Ты». И отвечает: «"Но в любом месте, где имеется единство и связь" одной сферы с другой, "необходимо притянуть к ним святость и дополнение святости, и это дополнение важнее всего. И поэтому во всех, как в первом, так и во втором благословении, написано "Ты", и не более. А здесь", в третьем благословении, и это Тиферет, объединяющий и связывающий сфирот Хесед и Гвуру друг с другом, "в этом месте сказал святость и дополнение святости: "Ты свят" – это святость, "и имя Твое свято" – дополнение святости. "И святые каждый день" – остальные высшие святости в каждом из чертогов, освящаемых дополнительной святостью. Поскольку первая святость она для нее", для самой Малхут, "а дополнение святости – оно для того, чтобы освятиться всем остальным, как мы уже сказали, т.е. святости, что в каждом чертоге"».

Объяснение. Правая линия – это хасадим, ВАК, левая линия – свечение Хохмы, ГАР, но она не может светить без хасадим. Ведь одна находится в свойстве холам, а другая – в свойстве шурук.[858] А средняя линия объединяет их друг с другом, и тогда есть Хохма и хасадим в обоих, т.е. в ВАК и в ГАР. И вместе с тем, ВАК де-хасадим считаются основой мохин, а свечение Хохмы, и это ГАР, считается дополнением святости. И это означает сказанное: «В любом месте, где имеется единство и связь, необходимо притянуть к ним святость и дополнение святости», – т.е. в любом месте, где средняя линия объединяет и связывает две линии друг с другом, имеется святость со стороны правой линии, являющейся свойством ВАК, и дополнение святости, со стороны включения левой линии в правую. «И это дополнение важнее всего» – так как это дополнение является свойством ГАР, более важным, чем хасадим, то есть ВАК.

И известно, что у Малхут во время ее роста есть только келим де-хасадим, ибо келим ахораим Малхут, которые являются келим для свечения Хохмы, упали в Брия, в свойство семи чертогов, о которых говорилось выше. И поэтому Малхут получает свечение Хохмы лишь благодаря включению этих семи чертогов,[859] поскольку Хохма облачается только в них. И это означает сказанное здесь: «Поскольку первая святость», т.е. хасадим и свойство ВАК, «она для нее», для самой Малхут. «А дополнение святости – оно для того, чтобы освятиться всем остальным, как мы уже сказали», то есть «остальные высшие святости в каждом из чертогов, освящаемых дополнительной святостью». Ибо дополнение святости, а это Хохма и ГАР, светит лишь в семи этих чертогах, являющихся келим ахораим его.[859]

810) «"А затем освящается всё свыше", от Бины и от всех праотцев, т.е. ХАГАТ, "и всё соединяется в одну связь, в том, что говорит: "Благословен Ты, Создатель, Творец (Эль) святой". Здесь всё это единая связь, потому что сказал: "Благословен Ты, Создатель, Творец святой". И поэтому называется" Тиферет "сплочением и связью всего в полном единстве. Счастлива доля

---

[858] См. Зоар, главу Берешит, часть 1, п. 9. «Высшая точка, Арих Анпин, посеяла внутри чертога ИШСУТ три точки: холам, шурук, хирик…»

[859] См. Зоар, главу, Ваякель, п. 53, со слов: «Объяснение. "Девственницы" – это ступени, исходящие от свойства ахораим Малхут, и это семь чертогов Брия, и это семь девиц, предназначенные приносить ей из дома Царя. И это смысл сказанного: "За ней – девицы, подруги ее, к тебе приводят их"…»

того, кто умеет выстраивать прославление Господина своего в надлежащем месте. До сих пор", в трех первых благословениях, "слияние и благословения, и святость вместе в праотцах"», то есть ХАГАТ. И первое благословение – это Хесед, второе – это Гвура, третье – это Тиферет.

811) «"Отсюда и далее"», в молитве «Восемнадцать», «"это обращения и просьбы. И вначале человек должен просить о имеющемся у Господина его, для того чтобы проявить стремление к Нему и не отделяться от Него"». И это молитва: «Даруй нам от Тебя мудрость (хохма), разум (бина) и знание (даат)». «"Поскольку человек должен участвовать в святости высшего святого имени, чтобы украситься в нем. И имя благословений и святости – это Кузу (כוזו), и это тайна святого имени АВАЯ (הויה), которое является святым в святости, и эти буквы АВАЯ (הויה) вывели из себя эти другие буквы" – Кузу (כוזו). Ибо это буквы, следующие за буквами АВАЯ (הויה), потому что за буквой йуд (י) де-АВАЯ (הויה) – каф (כ) де-Кузу (כוזו), а следующая за хэй (ה) де-АВАЯ (הויה) – вав (ו) де-Кузу (כוזו), и следующая за вав (ו) де-АВАЯ (הויה) – это заин (ז) де-Кузу (כוזו), следующая за последней хэй (ה) де-АВАЯ (הויה) – это последняя вав (ו) де-Кузу (כוזו). "И соединение этих" имен АВАЯ (הויה) и Кузу (כוזו), – "это как соединение захара с нуквой", где имя АВАЯ (הויה), светящее в Зеир Анпине, – это захар, а имя Кузу (כוזו), светящее в чертогах, – это нуква. "И эти высшие святые имена являются тайной святости"».

812) «"Эти другие буквы", Кузу (כוזו), "называются росой (таль טל), росой небесной, и это числовое значение букв его", которые в гематрии тэт-ламед (ט״ל 39), "потому что здесь внизу", в Малхут, "всё находится в счете", т.е. в свечении Хохмы, называемом счетом и числом,[860] "а счет есть только у луны", Малхут, потому что Хохма не раскрывается ни в одной сфире, кроме Малхут.[861] И получается, что счет есть только у Малхут. "И поэтому надо связаться со святостью Господина своего, и не отделяться от Него, и когда он просит, началом обращений должно быть – знать Господина своего, показать, что

---

[860] См. выше, п. 92.
[861] См. Зоар, главу Берешит, часть 1, п. 340, со слов: «И, кроме того, так же как высшая Хохма является началом (ראשית), так же и нижняя Хохма считается началом (ראשית). Потому что от высшей Хохмы до Малхут, являющейся нижней Хохмой, нет во всех сфирот того, кто бы взял себе свечение Хохмы...»

стремление его направлено к Нему"». И это является первой просьбой: «Даруй нам от Тебя мудрость (хохма), разум (бина) и знание (даат)». «"Отсюда и далее – отделится постепенно и будет просить в своих просьбах то, что нужно просить"».

813) «"И все его обращения должны быть после того, как выстроит этот порядок, о котором мы сказали, подобно этому все обращения его должны быть в мольбе и просьбе к Господину его, и не отдалит себя от Него", то есть, чтобы не пришел в негодование, ни в коем случае. "Счастлива доля того, кто знает этот порядок – идти прямым путем, как подобает"».

814) «"Так же как соединились огонь с водой и вода с огнем, юг с севером и север с югом", потому что огонь и вода – это внутреннее свойство Хеседа и Гвуры, а юг и север – внешнее свойство Хеседа и Гвуры,[862] "восток с западом и запад с востоком", т.е. Тиферет и Малхут, "так же всё связалось вместе, и единство восполнилось друг в друге"».

815) «"И все те, кто умеет выстроить свою молитву, как подобает, включить эти чертоги одни в другие и связать их друг с другом, – этот человек связывается с ними, и приближает себя, чтобы включить в них, обращается с просьбой, и она выполняется. Счастлива доля его в этом мире и в мире будущем"».

816) «"После того, как завершил свои просьбы, и тело совершенно со всех сторон, в радости сердца, и он обратился с просьбами и завершил их, должен вернуться, чтобы притягивать благословения и радость вниз, в свойство третьего чертога", т.е. Нецах, "чтобы притянуть вниз. И это: "Благоволи, Творец Всесильный наш, к народу Твоему, Исраэлю". Потому что опоры", т.е. ноги (раглаим), Нецах и Ход, "являются поддерживающими тело", Тиферет, "и их начало ниже тела называется двумя бедрами (ерехаим), пока они не доходят до коленей (биркаим)"». Иначе говоря, две ноги (раглаим) Нецах и Ход делятся таким образом, что от бедер (ерехаим) до коленей (биркаим) – это тайна благословения «Благоволи», а от

---

[862] См. Зоар, главу Ваэра, п. 35, со слов: «"И эти четыре" основы – огонь, ветер, вода и прах, "связаны с четырьмя" сторонами – север, юг, восток и запад. "И все они – одно целое", но только облачены друг в друга путем внешнее и внутреннее...»

коленей и далее – это тайна благословения «Возвращающий Шхину Свою в Цион» и «Благодарим».

817) «"И они – это тайна маамадот[863], которые стоят над жертвой". И они соответствуют двум бедрам (ерехаим), и это Нецах и Ход. "А здесь", в третьем чертоге, – "это начало двух ерехаим сверху", в гуф, "до коленей, и это соединение пророков", так как от Нецаха и Хода Ацилута исходит пророчество. "И видения", – а от Нецаха и Хода чертогов исходит видение, "в тайне букв святого имени, называемого Аштафа (הַשְׁתָּפָא), и это тайна имени Цваот (воинства)" со следующей заменой букв алфавита: алеф (א) на тав (ת), бет-шин (ב"ש), гимель-рейш (ג"ר), далет-куф (ד"ק) и т.д, когда "это поднимается", т.е. первые буквы алеф-тав (א"ת) бет-шин (ב"ש) восходят, "а это опускается" вторые буквы алеф-тав (א"ת) бет-шин (ב"ש) нисходят.[864] "Это", имя Цваот (воинства), – "это пророки, а это", имя Аштафа, – "это видения"». И Нецах и Ход называются Цваот (воинства).[865]

818) «"А здесь", в третьем чертоге, – "это тайна высшего, называемого Брайта, как мы уже сказали"[865], потому что Брайта означает – внешняя, а Нецах и Ход находятся вне пределов тела, т.е. Тиферет. "И когда человек приходит к биркаим (колени)", и они в Ход, как мы уже поясняли, "он должен преклониться. "Благословен Ты, Творец, возвращающий Шхину Свою в Цион". И вот здесь брайты снова становятся Мишной, и благословляются все вместе"». Поскольку Нецах и Ход чертогов включились сюда, в чертог святая святых, в Малхут, называемую Мишна.[866] И это означает: «Шхину Свою в Цион», потому что Цион – это Есод Малхут.

819) «"Второй чертог внизу", т.е. чертог сути небесной, "в который вкладываются души, чтобы подняться и явиться в сновидении", и он ниже ерехаим (бедер), в свойстве биркаим (колени), потому что сон нисходит вниз из ерехаим (бедер).[867]

---

[863] В общественных жертвоприношениях, совершаемых в Храме, было принято, чтобы вместе с совершающими службу коэнами были представители общества, принесшего жертву. И такие представительства назывались маамадот.
[864] См. Зоар, главу Трума, п. 110.
[865] См. выше, п. 731.
[866] См. выше, п. 732.
[867] См. выше, п. 740.

Произносят в нем: "Благодарим" – преклонив колени, чтобы поблагодарить за души, как говорят: "За наши души, врученные", пока не подходит (к благословению): "Доброта – имя Твое, и Тебя подобает благодарить"».

820) «"И это внутри тайны святого имени, называемого Бам (בָּם) Бемухан (בְּמוּכָן)", и это буквы, следующие за буквами имён Эль Элоким (Творец Всесильный אל אלהים). "Это, которое в свойстве высшего", Хеседа и Гвуры Ацилута, "называется Эль Элоким (Творец Всесильный אל אלהים)". Как написано: "Творец Всесильный Создатель – Он знает"[868]. И совокупность этих других букв", Бам (בָּם) Бемухан (בְּמוּכָן), "которые исходят от них", от "Эль Элоким (אל אלהים), и ниже", во втором чертоге, "это свойство "сон", чтобы ввести в это место души", чтобы видеть в сновидении. "И надо продолжать эти благословения, чтобы найти покой в этом мире и в мире будущем"».

821) «"Нижний чертог внизу", чертог сапфирового камня, свойство Есода и Малхут. И это тайна того, что говорят: "Даруй мир, благо и благословение". Здесь совокупность мира, мира наверху" – в Есоде Зеир Анпина, "мира внизу" – в Есоде Малхут, "мира со всех сторон", правой и левой, "мира в высшем окружении" – в Есоде и Малхут, которые в чертогах мира Ацилут, "мира в нижнем окружении, когда этот чертог", сапфирового камня, в котором Есод и Малхут чертогов Брия, "является нижним окружением, в едином соединении с высшим окружением. И отсюда нисходит" мир "ко всем этим нижним", которые "снаружи"» чертогов Брия.

822) «"И здесь включается и восполняется всё вместе, наверху", Зеир Анпин, "и внизу", Малхут, "в едином свечении", т.е. в зивуге, "чтобы восполнить полное имя АВАЯ-Элоким (הויה אלהים)", в котором АВАЯ (הויה) – это Зеир Анпин, а Элоким (אלהים) – Малхут. "Это имя, которое совершенно во всех этих чертогах", включающихся в Малхут, "во всех этих высших светах", включенных в Зеир Анпин, "чтобы все стали одним целым"».

---

[868] Пророки, Йеошуа, 22:21-22. «И отозвались сыны Реувена и сыны Гада и половина колена Менаше, и говорили тысяченачальникам Исраэля: "Творец Всесильный Создатель, Творец Всесильный Создатель – Он знает, и Исраэль – он будет знать. Если мы восстаем и изменяем Творцу, Ты не спасай нас в этот день!"»

823) «"Этот человек", старающийся правильно выстроить все эти намерения, "когда его просят выйти за пределы чертога, должен думать, словно его выгоняют из Царского окружения, и из чертога Его, и должен принизить себя пред Ним. Но он должен радоваться, потому что он первый, чтобы получить венец нисхождения благословений, которые исходят от единства Господина его. Это сын, который из" сынов "чертога Царя. Ибо в час, когда он выходит от Царя, и всё объединяется во всех этих свойствах, в связи единства, и благословениях, и святости, и дополнении святости, Творец созывает свое высшее окружение", т.е. все ступени, которые объединились благодаря ему, "и говорит им: "Запишите этого человека среди "чтущих имя Его"[869]».

824) Спрашивает: «"Кто они, "чтущие имя Его"[869]?" И отвечает: "Это почитающие и намеревающиеся с помощью имени Его соединить чертоги с чертогами и установить связи, и соединить все их в полном единстве, и они являются "чтущими имя Его", как сказано: "(Книга памяти для боящихся Творца) и чтущих имя Его"[869]. Тогда записывают его" среди чтущих имя Его, "и он отмечен и известен наверху, и он восполнен наверху и внизу"».

825) «"И каждому, кто приближается к Господину его, и обращается с молитвой своей и не восполняет единства, и не беспокоится о величии Господина его, устанавливая связи, как мы уже сказали, лучше бы ему не рождаться. И Творец сказал: "Запишите человека этого бездетным, мужем злополучным во дни его"[870]. О нем сказано: "Обирающий отца своего и мать свою"[871]», – т.е. Творца и Шхину Его, являющихся его отцом и матерью.

826) «"Здесь восполняется всё наверху и внизу тайной святого имени Мацпец Мацпец (מִצְפֵּץ מִצְפֵּץ), которое происходит от: "Творец – Творец (АВАЯ АВАЯ) Сильный Милосердный и

---

[869] Пророки, Малахи, 3:16. «Тогда говорили друг с другом боящиеся Творца. И внимал Творец, и выслушал, и написана была книга памяти пред ликом Его для боящихся Творца и чтущих имя Его».

[870] Пророки, Йермияу, 22:30. «Так сказал Творец: "Запишите человека этого бездетным, мужем злополучным во дни его, ибо не удастся более никому из потомков его сидеть на престоле Давида и править в Иудее"».

[871] Писания, Притчи, 28:24. «Обирающий отца своего и мать свою, и говорящий, что нет греха, – товарищ он губителю».

Милостивый"[872]. Потому что АВАЯ (הויה) – это Мацпец (מַצְפֵּץ) при алфавитной замене букв алеф-тав (א״ת) бет-шин (ב״ש). Здесь тайна этого святого имени" АВАЯ АВАЯ (הויה הויה), "чтобы освятиться буквами его в собрании десяти, а другие буквы", Мацпец Мацпец (מַצְפֵּץ מַצְפֵּץ), "при освящении одним во время молитвы". Другими словами, не произносят тринадцать свойств Творца, иначе как в собрании, а в одиночку произносятся тринадцать свойств Творца посредством замены алеф-тав (א״ת) бет-шин (ב״ש), и это Мацпец Мацпец (מַצְפֵּץ מַצְפֵּץ). "А после того, как завершил" произнесение тринадцати свойств, "встает на ноги, чтобы признаться в грехах, для того чтобы не было повода у ситры ахра возводить обвинения на него, и она смиряется пред ним. И он должен подняться в становлении своем, чтобы получить благословение из Царского дома"».

827) «"И счастлива доля того, кто освящается таким образом во время молитвы, как мы уже сказали, и должен установить связи, и приводить к единствам, и намереваться во всем, как подобает, и не должен уклоняться ни вправо, ни влево. Тогда молитва его не вернется пустой, – Творец постановляет, а он отменяет. Об этом написано: "Возрадуются отец твой и мать твоя, и возликует родительница твоя"[873]. И есть у него доля в этом мире и в мире будущем"».

828) «"Написано: "Встает она еще ночью, и раздает пищу в доме своем и урок – служанкам своим"[874], т.е. Малхут раздает "от того множества благословений и святости, и дополнения святости, которые она получает. Как сказано: "А вечером будет делить добычу"[875], – т.е. Малхут "раздает долю всем, и даже свойству ситра ахра дает ее долю отдельно"».

---

[872] Тора, Шмот, 34:6-7. «И прошел Творец пред лицом его, и возгласил: "Творец – Творец Сильный, Милосердный и Милостивый, Долготерпеливый и великий милостью и истиной, Он хранит милость для тысяч, снимает вину и преступление и прегрешение, но без кары не оставляет; Он поминает вину отцов сыновьям и сынам сыновей до третьего и четвертого поколения"».

[873] Писания, Притчи, 23:25. «Возрадуются отец твой и мать твоя, и возликует родительница твоя».

[874] Писания, Притчи, 31:15. «Встает она еще ночью и раздает пищу в доме своем, и урок – служанкам своим».

[875] Тора, Берешит, 49:27. «Биньямин – волк терзающий, утром будет есть добычу, а вечером будет делить добычу».

829) «"И эта тайна – это тайна для сынов веры. Доля ситры ахра – это все провинности и прегрешения того человека, который установил связи единства, и он раскаялся в них, и все они пребывают на ситре ахра, и они являются долей и наследием нечистой ситры ахра. А если не раскаялся в них, то находится обвинитель", который будет обвинять его, "и одолеет его"».

830) «"А если раскаялся во всех своих грехах, в той молитве, где он установил связи единства, то благословились высшие и нижние. И это относится к той самой доле ситры ахра – т.е. все провинности и прегрешения, в которых он раскаялся, берет как свою долю. И это понятие "козел (отпущения)", как написано: "И признается над ним во всех прегрешениях"[876]. И сказано: "И понесет на себе козел"[877] – это доля его и удел, и наследие.[878] И если этот человек вернулся на путь зла – горе ему, так как все грехи его он снова забирает у этой стороны, против воли этой стороны, и поскольку забирает их от этой стороны против воли этой стороны, он наносит вред этой стороне, и она становится для него обвинителем и обвиняет его. А когда он исповедался в них, берет их эта другая сторона, и они являются ее долей и уделом"».

831) «"И это также тайна жертвоприношения, – что надо раскаяться над этой жертвой во всех провинностях и прегрешениях, чтобы дать долю кому полагается", т.е. ситре ахра. "Любая жертва относится к этой стороне святости, и это доля святости и желание святости. И для этой ситры" ахра, "это та доля провинностей и прегрешений, которые были даны во время раскаяния над тем мясом жертвы.[879] Как написано: "Если голоден враг твой, накорми его хлебом, а если испытывает жажду, напои его водою, ибо горящие угли собираешь ты на голову его. И Творец воздаст тебе"[880]. И признаком тебе: "Пусть

---

[876] Тора, Ваикра, 16:21. «И возложит Аарон обе руки свои на голову живого козла, и признается над ним во всех прегрешениях сынов Исраэля и во всех грехах их, и во всех провинностях их, и возложит их на голову козла, и отошлет его с нарочным в пустыню».

[877] Тора, Ваикра, 16:22. «И понесет на себе козел все провинности их в землю обрывов; и отправит он козла в пустыню».

[878] См. Зоар, главу Ноах, статью «Таинства жертвоприношений», пп. 118-121.

[879] См. Зоар, главу Ноах, п. 119.

[880] Писания, Притчи, 25:21-22. «Если голоден враг твой, накорми его хлебом, а если испытывает жажду, напои его водою. Ибо горящие угли собираешь ты на голову его, и Творец воздаст тебе».

придет царь с Аманом на пир"[881]. Счастлив тот, кто знает пути Его, чтобы идти путем истины"».

832) «"А каждый, кто не знает порядка прославления Господина своего, лучше бы ему не рождаться. Поскольку нужно, чтобы молитва была совершенной наверху, исходящей из мысли, и желания сердца, и голоса, и речения уст, чтобы сделать совершенство и связь, и единство наверху такими, какие они наверху. И так же, как совершенство нисходит сверху вниз, таким же оно должно быть снизу вверх, чтобы установить связь, как подобает"».

833) «"Это секрет для товарищей, чтобы идти прямым путем. Мысль, желание, голос и речь – это четыре, которые устанавливают связи". И они соответствуют ХУБ ТУМ, мысль и желание – это ХУБ (Хохма и Бина), голос и речь – это ТУМ (Тиферет и Малхут). "И после того, как все вместе установили связь, все стали единым строением (мерклава), чтобы пребывала над ними Шхина", называемая речью, "и все они становятся затем четырьмя столпами, чтобы украситься благодаря им, и Шхина опирается на них во всех этих высших связях"».

834) И объясняет далее: «"Мысль", называемая Хохма, "производит" и порождает "желание", Бину. "А желание, вышедшее из этой мысли", порождает и "производит голос, который слышен", т.е. Зеир Анпин. "И этот голос, который слышен, поднимается, чтобы установить связи снизу вверх, нижних чертогов с высшими. Этот голос, устанавливающий связи", между двумя линиями в Бине, "и притягивающий благословения сверху вниз", от Бины, "в скрытии, опирается" тоже "на эти четыре столпа – мысль, желание, голос, речь", т.е. ХУБ ТУМ. "И эта опора находится в окончании связи", т.е. в речи, в Малхут, – "и это место, в котором всё связывается вместе, и все они становятся одним целым"». Потому что Малхут принимает в себя все их.

835) «"Счастлив человек, устанавливающий связи Господина своего и укрепляющий опоры, как подобает, и все эти действия сопровождает правильным намерением, как мы сказали. Счастлив он в этом мире и в мире будущем.

До этого момента чертоги совершенствовались на стороне святости"».

---

[881] Писания, Мегилат Эстер, 5:4. «И сказала Эстер: "Если угодно (будет) царю, то пусть придет сегодня царь с Аманом на пир, который я для него приготовила"».

ГЛАВА ПКУДЕЙ

Семь чертогов ситры ахра

836) «"Рабби Шимон провозгласил и сказал: "А они, как Адам, преступили завет, там изменили Мне"[882]. Кто снимет прах с глаз твоих,[883] Адам Ришон, ведь Творец дал тебе одну заповедь, а ты не смог справиться с ней, из-за того, что поддался соблазну дурных вещей, которыми совратил тебя злой змей. Как написано: "А змей был хитрее"[884]. И поэтому ты поддался на его соблазн, вызвав смерть – и свою, и всего потомства, тобой порожденного. Смотри, каждый, поддающийся на его соблазн и спускающийся к нему, в один миг попадется ему"», т.е. попадет под его власть.

837) «"Смотри, существование Давида было связано с источником родниковой воды", т.е. с Биной, потому что Давид – это Малхут выше хазе, и там место Бины, от которой зависит его жизненное наполнение и существование.[885] "А когда он был изгнан в другую землю", убегая от Шауля, "и доставляли ему страдания, и в результате этих страданий вынужден был уйти со святой земли", т.е. упал со своей ступени, (ступени) святой земли, "и хотя он опустился со своих ступеней на более низкую ступень, стоял на своем, и не входил в ситру ахра и остерегался ее. Что написано: "Но (как) жив Творец и жива душа твоя, один только шаг между мною и смертью"[886], – потому что он спускался со своих ступеней, пока не оставалось в нем этой меры между ним и смертью". И это ситра ахра, называемая

---

[882] Пророки, Ошеа, 6:7. «А они, как Адам, преступили завет, там изменили Мне».
[883] См. Мишна, раздел Нашим, трактат Сота́, часть 5, мишна (закон) 5. Означает: Жаль, что ты не смог увидеть это при жизни.
[884] Тора, Берешит, 3:1. «А змей был хитрее всех зверей полевых, которых создал Творец Всесильный. И сказал он жене: "Верно, сказал Всесильный: Не ешьте ни от какого садового дерева?.."»
[885] См. Зоар, главу Берешит, часть 1, п. 117. «Малхут (правление) дома Давида установилась в четвертый день...»
[886] Пророки, Шмуэль 1, 20:3. «И сказал еще Давид с клятвою: "Хорошо знает отец твой, что я нашел благоволение в очах твоих", и подумал: "Пусть не знает об этом Йонатан, а то огорчится", "но (как) жив Творец и жива душа твоя, один только шаг между мною и смертью"».

смертью.[887] "И счастлива доля того, кто уберегся от этой злой стороны и от всех ее ступеней, существующих в мире"».

838) «"Ибо несколько свойств и ступеней есть у злого начала, и это: Сатан, ангел смерти, злое начало. И мы ведь объясняли, что хотя оно называется этими именами, у него есть семь" особых "имен: Сатан, нечистый, враг, камень преткновения, необрезанный, злой, северный. Это семь имен, соответствующих семи ступеням его чертогов, и все они со стороны скверны, как мы уже сказали. И им соответствуют семь имен, которыми называется ад, т.е. место, где судят грешников: яма, могила, Дума, липкая грязь, преисподняя, смертный мрак, нижняя земля. Все они – это семь отделов ада, соответствующие семи именам злого начала"». И семь чертогов ситры ахра называются теми же именами, что и семь отделов ада.

839) «"И вот мы объясняли, что так же как есть ступени и чертоги на стороне святости, есть они так же у стороны скверны. И все они находятся и управляют миром со стороны скверны". И поэтому есть "семь чертогов, соответствующих семи именам, которыми называется ад", т.е. они называются теми же именами, что и семь отделов ада. "И все они призваны судить и осквернять тех грешников мира, которые прилепились к ним, и не оберегали свои пути от них, когда они были в этом мире"».

840) «"Ибо того, кто пришел очиститься в этом мире, в чистой стороне, очищают его в том месте, которое называется тайной веры", т.е. в Малхут святости, "ведь это множество ступеней, и множество правителей, и все они готовы приблизить людей к служению Творцу, и очистить его. А того, кто пришел оскверниться, оскверняют в той другой стороне, т.е. нечистой, поскольку есть много ступеней и много правителей, и все они готовы осквернять людей"».

841) «"О том, кто приблизится к ним и собирается потянуться за этой стороной зла, написано: "Кто тот человек, который

---

[887] См. «Предисловие книги Зоар», п. 137. «И об этом сказал Давид: "Если бы Творец не помог мне, то совсем немного – и была бы душа моя безмолвной". "Если бы Творец не помог мне" – т.е. если бы Он не стал моим стражем и попечителем против ангела Думы, "то совсем немного – и была бы душа моя безмолвной". "Совсем немного" – т.е. величиной с тонкую нить, которая пролегает между мной и иной стороной...»

жить будет и не увидит смерти, спасет душу свою?"[888]. Кто тот человек, что сотворен в мире, и не увидит ту смерть, за которой тянется весь мир?" – т.е. ангела смерти. "Ибо в то время, когда является, чтобы дать отчет пред Господином своим", когда собрался уйти из этого мира, "прежде чем покинуть этот мир, он видит его", ангела смерти. "И мы это уже объясняли"».

842) «"И эти семь чертогов, т.е. семь отделов ада, называются "Двенадцать месяцев". Поскольку так же как есть у стороны веры", т.е. Малхут, двенадцать месяцев ступеней святости, так же есть у этой ситры ахра двенадцать месяцев, в течение которых судят грешников и души грешников. Счастлива доля праведников, которые избегали их в этом мире, не приближались к вратам их, чтобы спастись от них в том мире"», – чтобы не попасть под суд их в аду.

---

[888] Писания, Псалмы, 89:49. «Кто тот человек, который жить будет и не увидит смерти, спасет душу свою от руки преисподней? Сэла!»

ГЛАВА ПКУДЕЙ

Первый чертог ситры ахра: пустая яма – Сатан злого начала

843) «"Первый чертог – это начало злого начала. Этот первый чертог называется совершенно пустой ямой. Того, кто должен войти туда, никто не поддержит", чтобы он не упал. "Все толкают его, чтобы он упал и не встал. Нет того, кто поддержит его к добру"».

Объяснение. В окончании святости, т.е. после Малхут святости, начинается злое начало, т.е. ситра ахра, у которой есть семь имен, как мы уже говорили. О ней написано: «У входа грех лежит»[889], – что у входа Малхут внизу лежит ситра ахра. И это Малхут, не подслащенная Биной, называемая манулой, и оттуда начинается ситра ахра. И поскольку она происходит от свойства сурового суда, того, кто должен войти туда, все толкают, с целью свалить его, чтобы не смог встать. Другими словами, приводят к падению ГАР де-нешама, так как вставание означает ГАР.

844) «"В этом чертоге находится один правитель, и имя его Думá. И это тот, что находится наверху", в третьем чертоге ситры ахра, "и внизу", в первом чертоге, который здесь. Как это выяснится далее.[890] "Это он хватает душу в час, когда она выталкивается из святого чертога правителем Таариэлем.[891] И этот", Дума, "он стоит у ворот этой святой стороны", т.е. ворот первого чертога святости,[892] "и Дума стоит там, чтобы схватить душу" и утащить ее в чертоги скверны, "и множество взывающих к закону и правосудию вместе с ним"».

Объяснение. Если душа нечиста, ангел Таариэль отталкивает ее, не давая войти в первый чертог святости. И тут же ее хватает ангел Дума, стоящий там, рядом со святостью, т.е. в начале ситры ахра. Ведь он происходит от захара ситры ахра, выясненного выше,[893] который находится в начале ситры ахра.

---

[889] Тора, Берешит, 4:7. «Ведь если исправишься, прощен будешь, а если не исправишься, у входа грех лежит, и к тебе его влечение, – но ты властвуй над ним!»
[890] См. п. 866.
[891] См. выше, п. 483.
[892] См. выше, п. 484.
[893] См. п. 424.

845) «"Под этим правителем", Думой, "находится один правитель Питут (פתות), под которым тысяча и десятки тысяч. Этот призван соблазнять (לפתות) людей, он пребывает подле" души, "и совращает ее смотреть и обращать взор на то, на что не следует, – на многие блудодеяния и на многие измены. И все ангелы, что с ним, все они стоят около нее и ходят перед ней, принуждая ее отвратить свой взор и посмотреть, куда не следует"».

846) «"И этот", Питут, "является злым посредником, подстрекающим на все дурные дела. Этот стоит над могилой, когда тело приговорено, и лишает его глаз. Ведь он заработал их, когда тело еще было в этом мире, и они принадлежат ему"».

Объяснение. Эти два правителя, Дума и Питут, являются свойствами захар и нуква, которые выяснены выше.[894] Ведь мера сурового суда не перестает вредить в начале своего раскрытия, будучи еще захаром ситры ахра, но (суды) должны раскрыться много раз, пока не достигнут силы действовать и карать. А это свойство нуквы ситры ахра.[894] И вот Дума – это свойство захар, он только хватает душу, и у него нет еще силы вредить ей и карать ее, пока Питут, который под ним, не совратил душу созерцать недозволенное, то есть, что он соблазняет его притянуть Хохму сверху вниз, как делает ситра ахра. И каждый раз, когда он делает это, в конце раскрывается свойство сурового суда, как написано: «У входа грех лежит»[889]. И тогда душе причиняется вред мерой сурового суда, и она лишает глаз мертвое тело. Объяснение. Всё, что тело делало в этом мире, обязана сделать также душа в том мире. А поскольку тело попало в сети этого Питута, душа тоже попадает в его руки и делает то, к чему он ее склоняет и заставляет делать. И это означает: «И совращает ее смотреть и обращать взор на то, на что не следует», то есть из-за сделанного телом, когда оно еще пребывает в этом мире. И это смысл сказанного: «Этот стоит над могилой, когда тело приговорено, и лишает его глаз. Ведь он заработал их, когда тело еще было в этом мире». Ибо из-за того, что тот прилепился к Питуту и его клике, будучи еще в этом мире, глаза у него расположились на их стороне. Поэтому он (Питут) отнимает их, ведь они принадлежат ему.

---

[894] См. пп. 423-424.

847) «"И в этом месте", в могиле, "судится душа, пока не вводят ее в то место, которое называется ямой, и множество змей и скорпионов есть в ней", т.е. ангелов-губителей, "и все они жалят эту душу, держат и судят ее"».

848) «"Перед этим духом", Питутом, "есть другой дух скверны, являющийся высшим над всеми. И он стоит над всем этим чертогом, и все движутся благодаря ему. Он называется Гамги́ма (גַּמְגִּימָא). Этот – красный как роза, и всегда готов причинить зло. И когда молитва человека отвергается, и он не удостаивается с помощью нее, стоит этот дух", Гамгима, "и поднимается, и действует вместе с духом скверны, самым высшим над всеми", Сатаном, "и обвиняет наверху, и поминает грехи этого человека пред Творцом. И признак для тебя: "И пришел также Сатан среди них"[895]. И не написано: "Сатан", а "также Сатан"[895]», – т.е. дух Гамгима, который действует вместе с Сатаном, предъявляя обвинения.

Объяснение. Два первых духа, т.е. Дума и Питут, были от меры сурового суда в Малхут, называемой манула, а этот дух Гамгима удерживается в свечении Бины, т.е. ИШСУТа, ибо когда нижние грешат, Малхут поднимается в Бину, и с помощью этого клипот поднимаются и удерживаются в той Малхут, что в месте Бины. И поэтому называется Гамгима, так как вносит замешательство (гимгу́м), т.е. (вносит) отсутствие ясности в свечение ИШСУТ. И это смысл сказанного: «Являющийся высшим над всеми» – поскольку из-за того, что собирается удерживаться в свечении ИШСУТ, получается, что он выше Думы и Питута, которые относятся к судам самой Малхут.

849) «"От этого злого духа зависят множество других требующих суда, которые назначены удерживаться в злословии или сквернословии, которые человек произносит своими устами, а затем произносит своими устами святые слова. Горе им и горе их жизни! Эти люди приводят к тому, что эти другие требующие суда обретают власть и наносят ущерб месту святости. Горе им в этом мире и горе им в будущем мире. Потому что эти духи скверны берут произнесенное им скверное слово", которое произнес устами, "и когда после этого человек произносит устами слово святости, эти духи скверны, берут это скверное слово

---

[895] Писания, Иов, 1:6. «И был день, когда пришли сыны Всесильного, чтобы предстать пред Творцом, и пришел также Сатан среди них».

и оскверняют им слово святости. И человек не удостаивается его", слова святости, "и сила святости словно ослабевает"».

Объяснение. Он объясняет, как клипот удерживаются в свечении ИШСУТ вследствие прегрешения человека. И говорит, что когда человек нанес ущерб и причинил себе ущерб судами Малхут, и был выпровожден из чертога Малхут Таариэлем,[896] это считается, что он произнес скверное слово своими устами, и прежде чем он очистился от своей скверны, он притянул свечение ИШСУТ. Тогда внешние (желания) берут тот ущерб, который человек нанес Малхут, и поднимаются и наносят им ущерб также и свечению ИШСУТ. И это смысл сказанного: «Берут произнесенное им скверное слово», – т.е. ущерб, который человек нанес судами Малхут, «и когда после этого человек произносит устами слово святости», – т.е. притягивает свечение ИШСУТ, и хотя этот человек не нанес ему никакого ущерба, и оно свято, «берут это скверное слово и оскверняют им слово святости», т.е. берут и переносят тот ущерб, который человек нанес Малхут, в святое место ИШСУТ, и клипот как будто удерживаются также и в свечении ИШСУТ.

850) «"И над этими стоит один правитель, имя его Сафсири́та (סַפְסִירִיטָא). И множество требующих закона и правосудия с ним вместе, и тот правитель, который над ними, берут дурные речи, произнесенные устами человека,[897] и всё то, что человек собственноручно бросил в час, когда его обуревал гнев, поскольку тогда этот правитель держит брошенное человеком в порыве гнева, поднимается и произносит: "Вот жертва такого-то, которую он принес нашей стороне"».

851) «"Поскольку всякая сторона покоя – от правой стороны и от стороны веры, а всякая сторона гнева – от другой стороны, плохой и скверной, и поэтому тот, кто собственноручно бросает что-нибудь в гневе, все эти", что с плохой стороны, "берут то, что брошено, и поднимают наверх, и это приносится в жертву той стороне. И они говорят: "Это жертва такого-то"».

852) «"И раздается призыв во всех этих небосводах, и говорят: "Горе такому-то, который пошел за чужим божеством и поклонялся другому божеству". И во второй раз раздается

---

[896] См. выше, п. 483.
[897] См. п. 849.

призыв, и говорит: "Горе им, ибо удалились они от Меня"[898]. Счастлив человек, берегущийся на путях Его и не отклоняющийся ни вправо, ни влево, и не упадет он в глубокую яму, из которой не может подняться"».

---

[898] Пророки, Ошеа, 7: 13. «Горе им, ибо удалились они от Меня; беда им, ибо грешили они против Меня. Спасти ли Мне их? Ведь они говорили обо Мне ложь».

ГЛАВА ПКУДЕЙ

Второй чертог ситры ахра: могила – нечистый злого начала

853) «"Второй чертог" ситры ахра. "Этот чертог мрачнее первого. Он называется могилой и соответствует имени", злого начала, "которое называется "нечистый". Ибо первый чертог называется ямой и соответствует имени" злого начала, "которое называется Сатан. А этот называется могилой, и соответствует имени" злого начала, "которое называется "нечистый". В этом чертоге есть три входа"».

854) «"Первый вход. В нем стоит один правитель, имя его Астирия (עַסְטִירְיָא). И много тысяч и десятков тысяч" ангелов-губителей "под ним. Он поставлен над всеми теми, кто извращает свой путь, изливая семя на землю, или исторгает семя неподобающим образом, или совершает блудодеяние руками своими. Это те, которые вообще не видят лика Шхины, но этот правитель со стороны скверны, о котором мы сказали, выходит в это время, и много тысяч и десятков тысяч вместе с ним, и все они сходятся на этого человека, чтобы осквернить его в этом мире. А потом, когда душа его выходит из него из этого мира, этот правитель и все, кто с ним, оскверняют его душу, и хватают ее, и приводят ее, чтобы была осуждаема среди них"».

855) «"И эти", ангелы-губители, "называются "излияние кипящего семени", ибо все гневливые и нечистые питаются от этого, ведь все они стоят над человеком в тот момент, когда он распаляет себя. И они распаляют в нем эту страсть и потом берут эту страсть и то семя, которое излилось на землю, и укрепляются благодаря ему, поднимая его наверх и делая так, чтобы этот союз" высший, т.е. Есод, "попал в рабство нечистой стороны"». То есть, чтобы он наслаждал и укреплял их.

856) «"Второй вход. В нем стоит один правитель, Таскифа (טַסְקִיפָה) имя его, отвечающий за всех, кто извращает свой путь, изливая семя не на землю, а в животных, или нарушая строгие запреты Торы, такие, как кровосмешение. Этот правитель и много тысяч и десятков тысяч вместе с ним, все готовы судить его, как тех других"», которых судят на первом входе"».

857) «"Смотри, в руке у этого правителя одна чаша, называемая горькой чашей, или чашей гнева Его. И все казненные по приговору суда, которые были казнены или наказаны за эти грехи, все они были вырваны из этих сторон скверны, и нет у них доли в них, и в той чаше, которая называется горькой чашей, благодаря той другой чаше, которую они испили сначала"», – которую заставил испить их перед смертью суд. И смертная казнь по приговору суда является его искуплением.

858) «"А все те, кто не испил этой чаши суда", т.е. не был казнен по приговору суда, "который избавил бы его от этой горькой чаши, – потом, когда душа его выходит из этого мира, этот правитель и все, кто с ним, хватают его, и это "горестный день"[899], и переполнена эта душа множеством судов, отличающихся друг от друга"».

859) «"В этом чертоге пребывает один дух, и эти", о которых мы говорили выше, "являются правителями, подчиненными ему, и это Ниацириэль (נִיאֲצִירִיאֵל). От этого сильного духа выходят три горьких капли, падающие в горькую чашу: одна называется пресечением (хацац חֲצָץ)"», что означает рассечение и гибель, как в сказанном: «Когда прерван (хуца́цу חֻצָּצוּ) счет его месяцев»[900], «"одна называется смертной горечью"», как сказано: «Пришла горечь смерти»[901], «"и одна называется остатком"», как сказано: «Остаток горькой чаши»[902]. «"И эти три капли падают затем из этой чаши на тот самый меч" ангела смерти, "умерщвляющий людей. Как мы уже объяснили"».[903]

860) «"Третий вход. В нем находится один правитель, Сангадиэль (סַנְגַּדִיאֵל) имя его. И он правитель над всеми, кто ввел союз святости в другую женщину, которая со стороны чужого

---

[899] Пророки, Амос, 8:10. «И превращу праздники ваши в скорбь и все песни ваши – в причитания, и возложу вретище на все чресла, и плешь (будет) на каждой голове. И сделаю Я (бедствие) это подобным скорби о единственном сыне, и конец его (будет), как горестный день».

[900] Писания, Иов, 21:21. «Ибо что ему дом свой после себя, когда прерван счет его месяцев?»

[901] Пророки, Шмуэль 1, 15:32. «И сказал Шмуэль: "Приведите ко мне Агага, царя Амалека". И подошел к нему Агаг в оковах; и сказал Агаг: "Пришла горечь смерти"».

[902] Пророки, Йешаяу, 51:17. «Пробудись, пробудись, встань, Йерушалаим, ты, который испил из руки Творца чашу гнева Его, остаток горькой чаши испил ты до дна».

[903] См. далее, п. 915.

бога, и всех, извращающих этим свой путь и изменяющих святому союзу. Этот правитель и все правители, которые с ним, рисуют внутри них образы тех нечистых женщин, из-за которых осквернился святой союз, и все они записываются перед человеком, когда он уходит из этого мира, и делают нечистым затем этот дух"».

861) «"Этот чертог, от него зависят все колдовские тайны преждевременного умерщвления людей, и все колдовства, используемые людьми", обусловлены здесь. "Те, кто совершает колдовства, чтобы оскверниться ими, как Билам, который совершал свои колдовства, сначала они осквернялись нечистотой кипящего семени, которое изливали в скот. И поэтому Билам был осужден в нем за извержение кипящего семени, как мы уже сказали.[904] И потому этот чертог называется нечистой могилой"».

862) «"И в этом чертоге есть другой дух, и это правитель, подчиняющийся духу, который сверху, и этот называется Сарта́я (סַרְטָיָא). И много тысяч и десятков тысяч под ним. И все они стоят над словом, выходящим вместе с духом человека во сне со стороны святости, – этот дух скверны и все требующие суда, которые с ним, все они выходят и соединяются с этим словом, и нисходят к нему и соединяются с ним, чтобы ослабить это слово у него, а вместо него сообщают ему другие слова – ложь, смешанную со словом истины"».

863) «"Ибо так поступает лжец: ведь если он не возьмет слова истины, он не сможет выстроить свою ложь" так, чтобы ему поверили. "Так же и эти (духи) здесь: после того, как смешивают ее с истинными вещами, которые человек видел во сне, и они ослабляют их ему, они сообщают ему потом истинные вещи, чтобы подтвердить сообщенные ему лживые вещи. Затем это слово распространяется внизу среди тех нижних" духов, "что внизу,[905] у которых нет существования, и они не воплощаются. И они сообщают это слово в мире многим сторонам и многим видам"».

864) «"Из этого чертога выходят два духа, обращающиеся то в мужчин, то в женщин. И эти все время кружат по миру

---

[904] См. Зоар, главу Балак, пп. 183-184.
[905] См. ниже, п. 865.

в воздухе, и потешаются над людьми во сне, и являются им в сновидениях в виде прекрасных женщин. И они забирают страсть человека. И также женщинам они являются в виде мужчин. И они называются "беда" и "бедствие", как написано: "Не случится с тобой беды, и бедствие не приблизится к шатру твоему"[906]».

865) «"И эти", беда и бедствие, "называются нижними духами, выходящими из огненного пламени. Потому что когда перемещаются духи, находящиеся наверху в этом чертоге, выходят два огненных пламени и кружат по миру, и от них происходят эти два духа", беда и бедствие. "И все они – со стороны скверны. Счастливы праведники, оградившие себя от этих сторон и уберегшиеся от них. И об этом написано: "Чтобы уберечь себя от жены чужой"[907]».

---

[906] Писания, Псалмы, 91:10-11. «Не случится с тобой беды, и бедствие не приблизится к шатру твоему, потому что ангелам Своим Он заповедает о тебе – хранить тебя на всех путях твоих».

[907] Писания, Притчи, 7:5. «Чтобы уберечь себя от жены чужой, от чужестранной, чьи речи льстивы».

ГЛАВА ПКУДЕЙ

Третий чертог ситры ахра, называемый Дума, который соответствует имени «ненавистник» злого начала

866) «"Третий чертог. Этот чертог – это чертог темный и мрачный, в котором вовсе нет света. Он мрачнее первых чертогов, и это тот, что называется Дума, соответствующий имени" злого начала, "которое называется ненавистником. В этом чертоге есть четыре входа, один находится в этой стороне, а один – в этой, и так в четырех сторонах"».

867) «"Первый правитель стоит на этом первом входе, и этот правитель пребывает в силе гнева, что над миром. Когда суд пребывает в мире, этот правитель, находящийся на этом входе, берет оружие и кладет его на входах дома собрания. И он называется Сакафорта́я (סָקוֹפְטַיָא), и это преткновение мира. И об этом написано: "Путь нечестивых – как тьма, не знают они, на чем споткнутся"[908]. В то время, когда он властвует, и в мире пребывает суд, он стоит, чтобы высмотреть того, кто ходит в одиночку по рыночной площади, и если он встречается с ним, может причинить ему вред и ослабить его удачу"».

Объяснение. Малхут называется домом собрания. И известно, что у входа в Малхут грех лежит, т.е. мера сурового суда манулы.[909] И тот ангел, который здесь, называемый Сакафортая, он оставляет там это оружие, называемое манула. Поскольку он стоит напротив чертога Нецаха святости, поэтому сила его крепка. И это смысл сказанного: «Когда суд пребывает в мире, этот правитель, находящийся на этом входе, берет оружие и кладет его на входах дома собрания», – т.е. у входа в Малхут, как уже выяснилось. И поэтому грешники, прилепившиеся к ситре ахра и притягивающие Хохму сверху вниз, сказано о них: «А если не исправишься, у входа грех лежит»[910], так как спотыкаются на этом грехе, т.е. на свойстве манула,

---

[908] Писания, Притчи, 4:19. «Путь нечестивых – как тьма, не знают они, на чем споткнутся».
[909] См. выше, п. 843.
[910] Тора, Берешит, 4:7. «Ведь если исправишься, прощен будешь, а если не исправишься, у входа грех лежит, и к тебе его влечение, – но ты властвуй над ним!»

что на входе в Малхут, и теряют из-за него свет жизни. И это смысл сказанного: «И это преткновение мира».

868) «"Второй вход. На нем стоит один правитель, другой, и он стоит, чтобы получить судебные приговоры", т.е. записи, в которые занесены судебные приговоры, "и это Сангадиэль (סַנְגַדִיאֵל), а в его подчинении множество требующих суда и правосудия, которые властвуют, ожидающих получения этих судебных приговоров. Этот правитель стоит на этом" втором "входе"».

869) «"И когда он получает этот судебный приговор", от правителя Малкиэля, стоящего на первом входе третьего чертога святости,[911] "он на этом входе, и спускается вниз, к тем мрачным входам, что внизу: один – это тот, что называется могилой", т.е. ко второму чертогу ситры ахра, "и один – тот, что называется ямой", т.е. к первому чертогу ситры ахра, "и они внизу.[911] А там – множество тысяч и множество десятков тысяч правителей, которые властвуют над миром, чтобы вершить суд, и завершается суд, который в этом судебном приговоре"».[912]

870) «"Третий вход. На этом входе есть один правитель, и имя его Ангерайо́н (אַנְגְרָיוֹן). И он стоит над всеми этими болезнями и болями, и ознобом, и огнем в костях", т.е. в которых нет смерти и которые исходят от судов левой линии.[913] "Ибо от него исходят многие и многие тысячи и десятки тысяч, с ним вместе отвечающие за все эти болезни и боли"».

871) «"Четвертый вход. Тут стоит один дух, который был сотворен во время убывания луны, и называется Аскара (אַסְכָּרָא), и он ответственен за смерть детей. И он является" детям "и забавляется с ними, пока не уморит их. И является он им в виде женщины, матери ребенка. Она кормит их и насмехается над ними, и хватает их, и убивает их"».

872) «"Посреди этого чертога находится один дух, называемый Агирисон (אֲגִירִיסוֹן), назначенный над умирающими от тринадцати до двадцати лет. Это их смерть", от руки этого правителя, "как мы объясняли, и это при соединении его с

---

[911] См. выше, п. 542.
[912] См. выше, п. 538.
[913] См. выше, п. 547.

тем змеем, как мы уже сказали,[914] который находится с ним и следует за ним. И поэтому называется ангел смерти "хорошо очень", как написано: "И вот – хорошо очень"[915]. И мы это уже объясняли"».[916]

873) «"Отсюда распространяются и выходят два духа, "гнев" и "ярость", которые назначены над всеми, кто слышит гневный выговор от тех, кто занимается Торой", – т.е. занимающийся Торой ругает их за то, что они не идут прямым путем, "а они уверены в нем", в доброте его, "и не беспокоятся об этом. И также над всеми, кто насмехается и глумится над словами Торы или словами мудрецов"».

874) «"От этих гнева и ярости выходят несколько тысяч и десятков тысяч, и пребывают над людьми, занимающимися Торой или выполнением заповеди, чтобы они находились в печали и не испытывали радости" в Торе и заповеди, которыми занимаются. "И этих двоих боялся Моше, когда Исраэль совершили грех" золотого тельца, "и он спустился с горы, как написано: "Ибо устрашился я гнева и ярости"[917]».

875) «"Под этими" гневом и яростью "есть один дух, поставленный над всеми, кто злословит. Ведь когда у людей пробуждается злословие, или у одного человека пробуждается злословие, тогда пробуждается нечистый злой дух, тот, что наверху здесь, называемый Сахсиха (סָכְסִיכָא), пребывающий над этим начавшимся у людей пробуждением злословия. И он входит наверх и вызывает этим пробуждением злословия смерть и опустошение, и убийства в мире. Горе тем, кто пробуждает эту злую сторону, и не берегут уста свои и язык, и не заботятся об этом. Ибо не знают они, что от пробуждения внизу зависит пробуждение наверху, как во благо, так и во зло"».

---

[914] См. выше, п. 551.
[915] Тора, Берешит, 1:31. «И увидел Всесильный всё созданное Им, и вот – хорошо очень. И был вечер и было утро – день шестой».
[916] См. выше, п. 552.
[917] Тора, Дварим, 9:19. «Ибо устрашился я гнева и ярости, как разъярился Творец на вас (и вознамерился) уничтожить вас. И внял Творец мне также и в тот раз».

876) «"Смотри, когда происходит пробуждение злословия внизу, тогда этот змей Акалатон (извивающийся)[918] поднимает свои чешуи и ставит их кверху", чтобы были выпрямлены вверх, "и пробуждается с головы до ног. Ибо когда его чешуи поднимаются и пробуждаются, пробуждается все его тело. Эти его чешуи – это все нарушающие суд и закон, которые снаружи"».

Объяснение. Змей и вся ситра ахра могут удерживаться только в Малхут святости, в тайне сказанного: «Ноги ее нисходят к смерти»[919]. Однако вследствие греха злословия Малхут поднимается в Бину, и змей удерживается от Малхут, которая в месте Бины. Ибо так же как злословящий порочит человека, у которого нет порока, так же и наверху, суд Малхут, т.е. свойство манулы, поднимается в Бину, и возникает порок там, где нет порока. Поэтому сказано, что «от пробуждения внизу зависит пробуждение наверху»[920].

И вот свойство Малхут зме́я образовалось от меры сурового суда, которая исходит от неподслащенной Малхут святости,[921] и его чешуя и кожа, и хвост являются свойством Малхут змея.[921] И это смысл сказанного: «Когда происходит пробуждение злословия внизу, тогда этот змей Акалатон поднимает свои чешуи и ставит их кверху», – т.е. поднимает свою Малхут, являющуюся мерой сурового суда, называемую «чешуи», в место, соответствующее Бине святости, ведь из-за греха злословия Малхут поднимается в место Бины, как мы уже сказали. И образуется место для змея, чтобы удерживаться в судах, спускающихся из Бины. И считается, что он поднимает там свои чешуи, и это означает сказанное: «Эти его чешуи – это все нарушающие суд и закон, которые снаружи», т.е. вредители, которые происходят от внешней стороны Малхут, являющейся мерой сурового суда.

877) «"И все эти" требующие суда и закона "пробуждаются и соединяются с этим злым словом", произнесенным этим

---

[918] Пророки, Йешаяу, 27:1. «В тот день накажет Творец мечом своим тяжелым и большим, и крепким левиатана, змея скользящего, и левиатана, змея извивающегося, и убьет чудовище, которое в море».
[919] Писания, Притчи, 5:5. «Ноги ее нисходят к смерти, на преисподнюю опираются стопы ее».
[920] См. п. 875.
[921] См. Зоар, главу Ваэра, п. 105, со слов: «Объяснение. Эти тринадцать потоков, вытекающие из тринадцати рек и источников…»

человеком, "и они пробуждаются для змея Бариаха (скользящего)[918]", являющегося свойством захар змея, "и тогда всё тело зла этого змея пробуждается, с головы до ног, для того чтобы нанести ущерб всем тем чертогам, о которых мы говорили. И все эти чешуи на коже его опускаются вниз, и кожа сходит с него и опускается вниз. А тело", без кожи и чешуи, "поднимается и пробуждается, чтобы стать обвинителем наверху"».

Объяснение. После того, как кожа и чешуя змея поднялись и удерживаются наверху против места Бины, отменились и отошли тогда от него суды Малхут, которые в его чешуе и коже, ибо в них нет необходимости, так как часть включена в целое. И это смысл сказанного: «И все эти чешуи на коже его опускаются вниз, и кожа сходит с него и опускается вниз», – то есть змей сбрасывает свою кожу, а все остальное его тело становится наверху обвинителем против Бины.

878) «"Смотри, хотя у всех змей в мире существует постоянное время сбрасывания с себя кожи", т.е. раз в семь лет, тем не менее, "они сбрасывают ее, только когда снизу пробуждается злословие, и тогда наверху пробуждается злой змей и сбрасывает с себя кожу и чешую. Одно поднимается, другое опускается", то есть тело его поднимается наверх, против Бины, а кожа его и чешуя сходят с него и опускаются вниз. И сбрасывание" кожи и чешуи "для него тяжелее всего. И в чем причина? Поскольку отдаляется от соития (зивуга) своего". Иначе говоря, его кожа и чешуя – это свойство Малхут змея,[922] которая является его парой. И почему это происходит таким образом – чтобы отделился от своей Малхут? "Поскольку, если бы всё было в единой связи" с его Малхут, т.е. с кожей и чешуей, представляющих собой меру сурового суда, "мир не смог бы выдержать этого". И потому это – исправление мира.[923] И вместе с тем, "всё это благодаря пробуждению злословия внизу"». Иначе говоря, хотя это исправление мира, оно не происходит само собой, а по причине греха злословия.

879) «"И когда змеи внизу сбрасывают эту кожу, тогда каждая из них издает звук, пробуждающий многих змей, находящихся в

---

[922] См. выше, п. 877.
[923] См. Зоар, главу Ваэра, п. 109. «"Пока не поднимется в северной стороне одно огненное пламя", – т.е. пока не раскроются суды Бины посредством подъема Малхут к ней…»

том месте, которое называется ямой, в котором находится множество змей.[924] И все они клевещут" на мир, "чтобы побудить великого змея клеветать на мир. И всё это из-за пробуждения злословия, когда есть это пробуждение его внизу"».

880) «"Подобно этому тот, кто занимается Торой, – сколько их", ангелов, "называемых языком святости, которые соединяются и вызывают пробуждение в том месте, что называется языком святости", т.е. "языком той святости, что наверху". И это средняя линия, язычок весов, чтобы соединить правую и левую линии друг с другом, и тогда раскрывается над ними святость. "И много святости и святых пробуждаются со всех сторон. Счастлива доля праведников, вызывающих пробуждение святости наверху и внизу, высшей святости" в Бине, "нижней святости"» в Малхут.

881) «"И об этом написано: "И освящайте себя, и будете святы"[925]. "И освящайте себя" – это первая вода,[926] называемая высшей водой", т.е. высшая святость, Бина. "И будете святы"[925] – это нижняя вода, и называется она последней водой",[927] т.е. нижняя святость, Малхут. "И еда посередине – между первой водой и последней. И поэтому еда – не в последней воде", т.е. Малхут, "а в первой воде", в Бине, "ведь первая вода – она свыше", от Бины, "и оттуда зависит еда". Поскольку все мохин – от Бины. "И не в последней воде" – в Малхут, получающей от Бины, а у нее самой нет ничего. "И тайна эта передана высшим праведникам. Счастлива их доля в этом мире и в мире будущем"».

---

[924] См. выше, п. 847.
[925] Тора, Ваикра, 20:7. «И освящайте себя, и будете святы; ибо Я Творец Всесильный ваш».
[926] «Маим ришоним» – омовение рук перед едой.
[927] «Маим ахроним» – омовение рук после еды.

Четвертый чертог ситры ахра – вина, соответствующий липкой грязи и соответствующий камню преткновения

882) «"Четвертый чертог. Это чертог, который называется виной. И это липкая грязь, соответствующая другому имени, которое называется" злым началом, "камнем преткновения. И всё это одно. Он" называется "вина", потому что пребывают "там все грехи мира", т.е. "перевес чаши вины"», как это еще выяснится.

883) «"Поскольку, когда люди грешат, все эти требующие суда и закона берут эти грехи и помещают в этот чертог, называемый виной. А все заповеди в мире, – все святые ангелы, отвечающие за заслуги мира, все они берут эти заповеди и помещают их в четвертый чертог" святости, "называемый заслугой. И там пребывают заповеди людей, а грехи находятся в другом чертоге, называемом виной. И их взвешивают все вместе в день Рош а-шана (Начала года), "ведь одно против другого создал Всесильный"[928], и согласно перевесу заповедей или грехов в ту или иную сторону определяется – что преобладает"». Если грехов больше, преобладает ситра ахра. А если больше заповедей, преобладает святость.

884) «"И поэтому в день Рош а-шана, когда пробуждаются эти две стороны, заслуга и вина, от них зависят жизнь и смерть. Если заслуги перевешивают на ту сторону, которая называется заслугой, человек записывается в той стороне, которая называется "жизнь". Ведь две эти стороны предстают в этот день, эта – в этой стороне, а эта – в этой стороне. Если этот человек удостаивается, и заслуги преобладают, то человек записывается на жизнь, ибо его держит святая сторона, называемая заслугой, и жизнь держит его, говоря: "Этот – мой, и был моим". И тогда человек записывается на жизнь"».

---

[928] Писания, Коэлет, 7:14. «В день благоволения – радуйся, а в день бедствия – узри, ведь одно против другого создал Всесильный с тем, чтобы ничего не искать человеку после Него».

885) «"А если преобладают грехи, эта нечистая ситра ахра, называемая виной и смертью, держит его, говоря: "Этот – мой, и был моим". И тогда записывается, что он принадлежит ей. И это, как мы учили, что в день Рош а-шана человек записывается или на жизнь, или на смерть. Если записывается на стороне святости, записывается на жизнь, и существует там и прилепляется к ней. А если записывается в ситре ахра, он существует в стороне скверны и прилепляется к ней", и это смерть. "И так это – как на жизнь, так и на смерть, т.е. он тянется в эту сторону, или в эту сторону"».

886) «"Все время, пока он стоит на стороне святости, вся святость и вся чистота прилепляются к нему. Он воззовет, и Творец ответит ему и выслушает его. О нем написано: "Он воззовет ко Мне, и Я отвечу ему, с ним Я в бедствии, спасу его и прославлю его. Долголетием насыщу его и дам ему увидеть спасение Мое"[929]. А все время, пока он стоит на нечистой стороне, вся скверна, и весь грех, и все беды прилепляются к нему. Он взывает, но нет того, кто бы услышал его, отдален он от Творца. О нем написано: "Далеко от нечестивых спасение"[930]. И написано: "И сколько бы вы ни молились, Я не слышу"[931]».

887) «"Этот чертог является местом всех тех, кто называется "другие боги". Ибо тут раскрываются они". Здесь также находятся "все, кто совращает людей к удовольствиям этого мира, чтобы предаваться распутству, наслаждаться удовольствиями прелюбодеяний мира, и влекут их за наслаждениями прелюбодеяний этого мира, как мы уже сказали"».

888) «"В этом чертоге показывается один сильный властвующий дух, который над всеми. Он тоже называется Эль, как другой дух" в четвертом чертоге, "что со стороны святости.[932] Это "чужой Эль". И это тот, который соблазняет человека, занимающегося Торой, или стоящего в доме учения, этот сильный

---

[929] Писания, Псалмы, 91:15-16. «Он воззовет ко Мне, и Я отвечу ему, с ним Я в бедствии, спасу его и прославлю его. Долголетием насыщу его и дам ему увидеть спасение Мое».

[930] Писания, Псалмы, 119:155. «Далеко от нечестивых спасение, ибо законов Твоих не искали они».

[931] Пророки, Йешаяу, 1:15-16. «И когда вы протянете руки ваши, Я отвращу от вас очи Мои, и сколько бы вы ни молились, Я не слышу; руки ваши полны крови. Омойтесь, очиститесь, удалите зло поступков ваших от очей Моих, перестаньте творить зло».

[932] См. выше, п. 602.

дух соблазняет его, и" человеку "приходят на ум разные мысли. И" этот дух "говорит ему: "Что ты стоишь тут, лучше тебе ходить в обществе возносящих себя над людьми, и увлекающихся красивыми женщинами, и наслаждающихся мирскими удовольствиями". После того как человек соблазнен им, тогда все", все духи, "устремляются к нему и преследуют его, не отступая от него"».

889) «"И сколько других духов подчиняются ему", этому духу, "и все они оскверняют его в этом мире и оскверняют его в том мире. И эти духи называются кипящими отходами, как написано: "Уйди" – скажешь этому"[933]». И это от слова «отходы», т.е. они соблазняют человека «отойти» от дома учения и от святости к мирским удовольствиям. «"Это ступени, которые всегда готовы осквернить, и мы это уже учили"».

890) «"В середине этого чертога есть другой дух, называемый язвой. И из него выходит дух, называемый язвой проказы. И он всегда готов осквернить злословящих больше, чем оскверняют его (злословящего)" в третьем чертоге.[934] "И эта высшая язва отвечает за все эти субботние столы, ибо, когда наступает суббота, и" стол "не накрывают субботними наслаждениями, как положено, т.е. они оскверняют субботу, эта язва забирает себе столы, на которых нет субботних наслаждений. Как мы уже говорили"».[935]

891) «"И когда эта язва забирает эти столы, все требующие суда и закона, которые стоят там, провозглашают и говорят: "И любил он проклятье – и оно пришло на него, и не желал благословения – и оно удалилось от него. И он облёкся проклятием, как одеждой"[936]. "Пусть заимодавец захватит всё, что есть

---

[933] Пророки, Йешаяу, 30:22. «И скверной считать будете вы покрытие из серебра твоего (для) истуканов и одеяние из золота (для) литого идола твоего; ты отбросишь их, как нечистое, "уйди" – скажешь этому».

[934] См. выше, п. 875.

[935] См. выше, п. 625.

[936] Писания, Псалмы, 109:17-18. «И любил он проклятье – и оно пришло на него, и не желал благословения – и оно удалилось от него. И облёкся он проклятием, как одеждой, и вошло оно, как вода, в нутро его, и, как елей, – в кости его».

у него, и пусть разграбят чужаки плоды труда его. Да не будет относящегося к нему милостиво"[937]».

892) «"И мы ведь учили: в ту субботнюю ночь, когда столы были отданы той стороне зла, тогда та нечистая сторона зла укрепляется, и человек передается той другой стороне. Горе тому, кто забран с той стороны святости, со стороны веры, и отдан другой, нечистой стороне. Подобное этому происходит со всеми праздничными трапезами"».

893) «"Здесь, в этом чертоге, сыновья, жизнь и пропитание – они наоборот", т.е. эти три вещи забирают у людей. "И в другом", четвертом "святом чертоге, нет сыновей, жизни и пропитания[938], и они приходят свыше. А здесь они находятся во зло. Ведь когда человек приходит в этот чертог, там есть жизнь, которую можно прожигать. И там, когда дети еще маленькие, выходит отсюда дух, чтобы быть назначенным для их обвинения. И там есть пропитание, которое можно отнять у человека". То есть всё – во зло. "И всё это зависит от вины", т.е. от грехов. "И потому этот чертог называется виной, как мы учили"».

894) «"И отсюда выходит другой нечистый дух, называемый Аририя (אֲרִירְיָא), и многие тысячи и десятки тысяч с ним вместе, и все они называются клянущими (орерéй אוֹרְרֵי) день. Как сказано: "Да проклянут ее клянущие день"[939]. И этот дух и все, кто с ним, ждут, чтобы взять то слово, которым человек проклинает себя в порыве гнева. И они будят змея, зовущегося "левиатан, змей извивающийся"[940], чтобы он навлек и возбудил проклятия на весь мир. И это смысл сказанного: "Да проклянут ее клянущие день"[939]».

895) «"И эти клянущие день властвуют над мгновениями и часами дня", и потому называются клянущими день. "И они берут те слова, которыми человек проклинал себя, будь то в

---

[937] Писания, Псалмы, 109:11-12. «Пусть заимодавец захватит все, что у него, и пусть разграбят чужаки плоды труда его. Да не будет относящегося к нему милостиво и да не будет сострадающего сиротам его».

[938] См. выше, п. 630.

[939] Писания, Иов, 3:7-8. «Вот ночь та – да будет она бесчадна, не войдет веселье в нее. Да проклянут ее клянущие день, готовые пробудить левиатана».

[940] Пророки, Йешаяу, 27:1. «В тот день накажет Творец мечом своим тяжелым и большим, и крепким левиатана, змея скользящего, и левиатана, змея извивающегося, и убьет чудовище, которое в море».

гневе или в клятве, и этим словом будят этого змея извивающегося, зовущегося левиатаном, чтобы он поднялся на уничтожение мира. И поэтому Иов в скорби проклял день свой, а не тело свое", чтобы они не ухватились за его слова, "как написано: "И проклял день свой"⁹⁴¹. А потом написано: "Да проклянут ее клянущие день"⁹³⁹. Да спасет нас Милосердный от стороны зла, и от судов ее, и от всего плохого"».

---

⁹⁴¹ Писания, Иов, 3:1. «После того открыл Иов уста свои и проклял день свой».

ГЛАВА ПКУДЕЙ

Пятый чертог ситры ахра – преисподняя, соответствующий имени «необрезанный»

896) «"Пятый чертог. Этот чертог – это чертог, называемый преисподней, соответствующий тому имени" злого начала, "которое называется "необрезанный", и мы ведь учили, что это свойство "крайняя плоть".[942] В этом чертоге есть один вход, и один правитель над ним, и это правитель, чтобы всегда пробуждать обвинения мира. И этот дух зовется враждой, ибо название этого входа – "вражда". Как написано: "И вражду положу между тобой и между женой"[943]».

897) «"В этом чертоге пребывает один дух, который правит всеми, и он зовется Шодед (грабитель שׁוֹדֵד). Как написано: "Грабеж (шод שֹׁד) и разрушение"[944]. Он грабит в горах высоких, среди скал и гор. От этого чертога питаются все эти грабители и губители во время разрушений. И отсюда выходят все те, которые убивают мечом и копьем, и идут за пламенем обращающегося меча, чтобы уничтожать всё"».

898) «"От этого духа выходит другой дух, и называется грабежом (шод שֹׁד). Когда в мире царит голод, присутствует этот дух, называемый грабежом, и другой дух, действующий с ним заодно, который зовется голодом (кафан כָּפָן). И эти (духи) ходят по миру и находятся против людей. И это как написано: "Над грабежом и голодом смеяться будешь"[945]. И они возводят обвинения на людей и грабят всё. Один, который зовется грабежом (шод שֹׁד), после того как он проходит среди высоких гор, и грабит и разрушает, и губит всё, тогда он снова грабит людей, и они умирают от слабости", потому что он ослабляет их. "И когда люди едят, они не насыщаются, так как он правит миром"».

---

[942] См. выше, п. 469.
[943] Тора, Берешит, 3:15. «И вражду положу между тобой и между женой, и между твоим потомством и ее потомством. Он будет разить тебя в голову, а ты будешь разить его в пяту».
[944] Пророки, Йешаяу, 60:18. «Не слышно будет более насилия в земле твоей, грабежа и разрушения – в пределах твоих, и назовешь спасением стены твои и ворота твои – славой».
[945] Писания, Иов, 5:22. «Над грабежом и голодом смеяться будешь, и зверя земли не бойся!»

899) «"И в это время тот, кто милосердно поступает с людьми, предоставляя им еду и питье, способен прогнать вон эти два духа, чтобы они не правили миром. А когда Исраэль не оказывают людям милосердие, а остальные народы проявляют милосердие в мире, два этих духа смягчают свое воздействие" на другие народы, "и накидываются на Исраэль, поскольку тогда ситра ахра укрепляется, и Исраэль склоняются"».

900) «"А когда Исраэль проявляют милосердие, ситра ахра склоняется и слабеет, и сторона святости укрепляется. А когда Исраэль не пробуждаются к милосердию, два этих духа обращаются на то, чтобы склонить Исраэль. И тогда теми благословениями, которые спускаются сверху с правой стороны, питаются другие народы. И это означает" сказанное Шхиной: "Поставили меня стеречь виноградники"[946] – это другие народы, "своего виноградника я не устерегла"[946] – и это Исраэль", называемые виноградником Шхины. "Из-за того, что другие народы привлекли Шхину внутри себя тем милосердием, которое они оказывают людям. А Исраэль они отдаляют от себя, ибо не занимаются милосердием, как другие народы"».

901) «"А под этими духами стоят все те, кто называется необрезанными – необрезанной лозой, необрезанными ветвями.[942] А над ними правитель, называемый Гзар Диная (גְזַר דִּינָא судебный приговор), и он стоит над всеми, кто не соблюдает "годы обрезания"[947] деревьев, и над всеми, кто откладывает заключение союза обрезания у сыновей своих. И за это змей хотел убить сына Моше, пока Ципора не сделала обрезание сыну. Как написано: "И взяла Ципора кремень, и обрезала крайнюю плоть своего сына"[948]».

902) «"И этот дух отвечает за людей, которые извращают свой путь, и не беспокоятся о славе своего Господина, оберегая знак святого союза. Этот дух помещает их в ад, в то

---

[946] Писания, Песнь песней, 1:6. «Не смотрите на меня, что я смугла, ибо солнце опалило меня. Сыновья матери моей разгневались на меня, поставили меня стеречь виноградники, (а) своего виноградника я не устерегла».

[947] Первые три года после посадки плодовое дерево запрещено к использованию и считается «необрезанным».

[948] Тора, Шмот, 4:25. «И взяла Ципора кремень, и обрезала крайнюю плоть своего сына, и положила к его ногам, и сказала: "Ибо нареченный по крови ты мне"».

место, которое называется Шеол (שְׁאוֹל преисподняя) и Авадон (אֲבַדּוֹן гибель), и там они подвергаются суду. Как мы уже объясняли здесь"».

903) «"В этом чертоге, внутри посередине, пребывает один дух, который стоит и подстерегает на дорогах и тропах, высматривая всех, кто преступает слова Торы, чтобы внести ненависть между теми" людьми, "что внизу, и между теми, что наверху, ибо весь этот чертог – это вражда"».

904) «"Этот и все эти остальные – всем им свойственно, показывая людям приветливость, завлечь их, чтобы совратить с истинного пути и увлечь за собой. А потом они убивают их. И они умирают в обоих мирах, как написано: "Но последствия от нее горьки, как полынь, остры, как меч обоюдоострый"[949]».

905) «"Этот дух называется Африра (אַפְרִירָא), и он прах из пепла, никогда не производящий порождений и не дающий плодов, потому что он прах из пепла. И хотя называется прахом, он не священный прах, производящий плоды, называемый золотоносным песком,[950] а как написано: "От пепла (досл. праха) сожженной очистительной жертвы"[951], таким образом, пепел называется прахом. "И это "пепел сожженной очистительной жертвы", и этот признак", который в этом изречении, "приходит в двух видах: один – потому что этот" дух "содержится в грехоочистительной жертве, и это свойство сильного змея, называемого грехом; еще один – когда человек грешит, он укрепляет этот прах, и он властвует в мире"».

906) «"И этот" дух, "который называется прахом, он включен, как горькая вода, наводящая проклятие.[952] Поэтому жена, которая изменила своему мужу и совершила прелюбодеяние, – нужно напоить ее водой с прахом, взятым с пола Скинии. И прах этот – от места, называемого полом", т.е. свойства мира

---

[949] Писания, Притчи, 5:3-4. «Ибо сотовый мед источают уста чужой (женщины), и глаже елея небо (речь) ее. Но последствия от нее горьки, как полынь, остры, как меч обоюдоострый».

[950] Писания, Иов, 28:6. «Место сапфира – камни ее, и золотоносный песок в нем».

[951] Тора, Бемидбар, 19:17. «И возьмут для нечистого от пепла сожженной очистительной жертвы, и нальет на него живой воды в сосуд».

[952] Тора, Бемидбар, 5:24. «И даст он пить женщине горькую воду, проклятие наводящую, и войдет в нее вода, проклятие наводящая, горечью».

Брия, "и он", Брия, "называется полом этой Скинии", т.е. Малхут Ацилута, называемой Скинией. "И этот прах", т.е. дух, "с того же пола. И поэтому коэн должен напоить ту женщину таким способом", – дать ей с пола Скинии прах, брошенный в воду. "И все это – указание на высшее подобие"».

907) «"Счастлива доля Исраэля, которых Творец очищает высшей чистой водой", водой Бины, "как написано: "И окроплю вас водою чистою, и очиститесь вы"[953]. Чистая вода, мы уже сказали" в чем разница, "между первой водой и последней водой.[954] И хотя мы объяснили там", что первая вода – от Бины, а последняя вода – от Малхут, вот "так называется первая вода, заповедью", и это Малхут, "последняя вода называется также виной. И мы объясняли эти две стороны, что это", высшая вода, "является стороной святости, которая называется заповедью, а это", последняя вода, "называется виной", и это ситра ахра, что в этом чертоге. Поэтому ситра ахра берет свою долю в этой воде. И об этом написано: "И окроплю вас водою чистою, и очиститесь вы"[953]».

---

[953] Пророки, Йехезкель, 36:25. «И окроплю вас водою чистою, и очиститесь вы от всей скверны вашей; и от всех идолов ваших очищу вас».
[954] См. выше, п. 881.

ГЛАВА ПКУДЕЙ

Шестой чертог – зло, соответствующий имени «смертный мрак»

908) «"Шестой чертог. Этот чертог стоит высшим над всеми остальными нижними чертогами. Четыре входа есть у этого чертога: один называется смертью, один называется злом, один называется смертным мраком, и еще один называется тьмой. Эти четыре входа всегда готовы делать зло. Эти являются включением всего"». Ибо, поскольку он противостоит святому чертогу Тиферет, включающему в себя все шесть чертогов ХАГАТ НЕХИ, также и этот чертог скверны включает в себя все чертоги скверны.

909) «"Так же как на стороне святости, в свойстве веры, есть четыре входа в четырех сторонах, которые связываются друг с другом, и все они святы, – так же и здесь внизу. И когда они связываются и объединяются друг с другом как один в этом чертоге, тогда называется этот чертог общим домом. Как написано: "Нежели со сварливою женою в общем доме"[955]. И этот чертог всегда готов делать зло"».

910) «"Об этом чертоге написано: "И лживы поцелуи врага"[956]. Ибо здесь пребывают все дурные поцелуи и дурные страсти, и все телесные удовольствия этого мира, из-за которых человек изгоняется из этого мира и из будущего мира. Об этом чертоге написано: "Ибо сотовый мед источают уста чужой (женщины)"[957]. И те нечистые поцелуи и наслаждения, которые пребывают здесь, соответствуют поцелуям и наслаждениям шестого чертога святости.[958]

911) «"В этом чертоге находится один дух, и он правитель над всеми, кто внизу, и он включает в себя всех остальных

---

[955] Писания, Притчи, 21:9. «Лучше жить на углу кровли, нежели со сварливою женою в общем доме». Раши объясняет, что «бейт хевер» (место объединения) – это место объединения злых сил с Творцом.
[956] Писания, Притчи, 27:6. «Полезны раны от любящего, и лживы поцелуи врага».
[957] Писания, Притчи, 5:3-4. «Ибо сотовый мед источают уста чужой (женщины), и глаже елея небо (речь) ее. Но последствия от нее горьки, как полынь, остры, как меч обоюдоострый».
[958] См. выше, п. 652.

духов. Этот чертог убран красивыми украшениями более всех чертогов", которые ниже него. "В этом чертоге попадают в ловушку ноги глупцов. Об этом чертоге написано: "Не пожелай красоты ее в сердце твоем, и да не увлечет она тебя ве́ками своими"[959]».

912) «"От этого чертога зависят все страсти в мире и все удовольствия неразумных сердцем, бездумных глупцов. Как сказано: "И увидел среди простаков, заметил между молодыми людьми неразумного сердцем юношу, огибавшего угол рыночной площади... в сумерки, на исходе дня"[960]. И тогда приблизились ноги его к этому чертогу, являющемуся включением всех, что ниже него", – так как это чертог Тиферет нечистой стороны, включающий весь ВАК. "Тогда: "И вот – навстречу ему женщина, в одеянии блудницы, с коварным сердцем"[961]. "В одеянии (шит שִׁית)"[962] – это шестой чертог по отношению ко всем остальным чертогам. И тут стоит блудница, чтобы соблазнять глупцов"».

913) «"В этом чертоге" блудница "стоит и не стоит, ибо она спускается и соблазняет, и поднимается и обвиняет. Как написано: "Ноги́ ее не бывает в доме ее; то на улице, то на площадях"[963]. "То на улице"[963], – когда спускается, чтобы соблазнять. "То на площадях"[963], – когда поднимается наверх, чтобы обвинять. "И у каждого угла готовит она засаду"[963], – когда забирает у него душу"», т.е. когда убивает его.

914) «"Что написано: "И схватила его и целовала его"[964]. Это поцелуи, чтобы осквернить и увести людей за собой, ведь это

---

[959] Писания, Притчи, 6:25. «Не пожелай красоты ее в сердце твоем, и да не увлечет она тебя веками своими».

[960] Писания, Притчи, 7:6-9. «Потому что я выглянул из окна дома моего, сквозь решетку мою, и увидел среди простаков, заметил между молодыми людьми неразумного сердцем юношу, огибавшего угол рыночной площади и шедшего по дороге к дому ее, в сумерки, на исходе дня, в ночной темноте и мраке».

[961] Писания, Притчи, 7:10. «И вот – навстречу ему женщина, в одеянии блудницы, с коварным сердцем».

[962] «Шит» на арамейском означает «шесть».

[963] Писания, Притчи, 7:11-12. «Шумлива она и необузданна; ноги ее не бывает в доме ее; то на улице, то на площадях, и у каждого угла готовит она засаду».

[964] Писания, Притчи, 7:13-14. «И схватила его, целовала его, с бесстыдным лицом говорила ему: "Я должна была принести мирную жертву: сегодня я совершила обеты мои"».

место всех тех дурных поцелуев от всех чуждых любодеяний, которые сладки на краткий миг. Горе в конце их, как написано: "И глаже елея нёбо её"[957]».

915) «"И написано: "Но последствия от неё горьки, как полынь"[957]. Спрашивает: "Что значит "горьки, как полынь"[957]?" И отвечает: "Но если человек повлёкся за нею в этом мире, и настало время его покинуть этот мир, она поджидает человека и облачается перед ним в телесное одеяние огня, и острый меч в руке её, и три капли на нём"».

916) «"И мы учили, что одна капля из тех, что на нем", на мече, "горька. И когда она вкладывает её в уста человека, та входит в чрево его, и душа приходит в замешательство, и эта капля расходится по телу и проникает в него, срывая душу с её места, и не даёт ей места вернуться. И" эта капля, "она горька, как полынь, и человек чувствует горечь вместо сладкого, которое он ощущал через неё в этом мире, стремясь за ней. А потом она роняет другую каплю, и душа выходит, и человек умирает. А потом она отправляет третью каплю, и лицо его зеленеет, и издаёт зловоние". А причина того, что душа выходит, – "потому, что душа, она свята, и когда над ней властвует эта нечистая ситра ахра, она убегает от неё и не обитает с ней вместе"».

917) «"Поэтому, так же как прилеплялся человек к этим дурным поцелуям в этом мире, так же и в этот час, – если человек стремился за ней в этом мире, и оставил сторону святости, душа его не возвращается в это святое место, ибо так же, как он стремился за ней в этом мире, так же она властвует над его душой, и душа выходит из тела в мучениях, и мы это уже объясняли.[965] И всё это из-за тех поцелуев, которыми она целовала его в этом мире, сначала сладких, а потом горьких для него, в тот самый час. И об этом" написано: "И схватила его и целовала его"[964], – в этом мире, как мы уже объясняли"».

918) «"С бесстыдным лицом говорила ему: "Я должна была принести мирную жертву: сегодня я совершила обеты мои"[964]. "Это потому, что в этом чертоге, находятся все обвинения", т.е. обвинители человека, "и все плохие посланники, находящиеся для человека и заставляющие его приводить себя в порядок и завивать волосы, и умываться и прихорашиваться,

---

[965] См. Вавилонский Талмуд, трактат Брахот, лист 8:2.

чтобы смотрели на него. Тут находится один дух, называемый Скатуфа (סְקָטוּפָה), отвечающий за всякое прихорашивание и приукрашивание людей"».

919) «"Внутри этого чертога стоит другой правитель, и этот другой правитель побуждает человека пробуждать их", духов, т.е. укреплять их. "Ведь после того, как прихорашивается и завивает волосы, побуждает его, "чтобы взял в руку одно зеркало, и вкладывает его в руку" человека, "и" человек "смотрит в него и видит свой образ в том зеркале. И этим он пробуждает в том духе другую силу, называемую Асирта (עֲסִירְטָא). И отсюда исходят все те, кто показывает людям ложь в их снах, и все те, которые показывают" людям "вещи, не сбывающиеся с ними, но запутывающие их"».

920) «"А потом, когда люди стремятся" рассмотреть это видение, называемое "зеркало", все они тогда – на своих уровнях духа, и дух Асирта пробуждает дух одного правителя, подчиняющегося ему, и тот входит в отверстие, самое нижнее из всех отверстий, и поднимает оттуда дух Аскара, о котором мы говорили. И это Лилит, мать демонов. А когда человек пробуждает другого духа", тем, что смотрит в зеркало, "называемого Асирта, тогда он соединяется с человеком и связывается с ним навсегда. И тогда в каждое новомесячье пробуждается злой дух зеркала вместе с Лилит, т.е. Аскарой. А иногда с их стороны человеку наносится вред, и он падает на землю и не может встать, или умирает. И всё это вызывается тем видением в зеркале, в которое он смотрит. Ибо чем больше проявляется грубость духа в сердце его", когда он смотрит в зеркало, "тем больше он притягивает плохой дух к себе. И потому всё устанавливается в пробуждении снизу"».

921) «"Я должна была принести мирную жертву"[964]. Мирная жертва приносится не за провинности, не за грехи, а за установление мира. Что такое мирная (шламим שְׁלָמִים)?", ей следовало называться мирной (шалом שָׁלוֹם). И отвечает: "Но мирная (шламим שְׁלָמִים) – это с двух сторон", что благодаря мирной жертве "нет обвинителя над ним, как наверху, так и внизу. Но левая сторона злого начала" является обвинителем, а благодаря мирной жертве, "находится в мире с правой. Поэтому" написано: "Я должна была принести мирную жертву (шламим שְׁלָמִים)"[964]», – во множественном числе.

922) «"Другое объяснение. "Я должна была принести мирную жертву"⁹⁶⁴. То есть она говорит ему: "Ведь я спокойна по отношению к тебе", чтобы показать тебе мир. И поэтому: "Сегодня я совершила обеты мои"⁹⁶⁴, – всегда соблазнять людей. "Поэтому я вышла навстречу тебе"⁹⁶⁶, ведь я знаю, что ты неразумен сердцем и лишен доброты. "Искать лица твоего"⁹⁶⁶, чтобы соединиться с тобой во всех пороках мира. И тебе пристало наслаждаться и испытывать влечение к страстям этого мира. И толкает его от одного к другому, от порока к пороку". И говорит ему: "Я много ходила среди глупцов, и искала лица твоего, и нашла" – я уже нашла тебя, чтобы прилепиться к тебе"».

923) «"Иди, упиваться будем любовными ласками до утра"⁹⁶⁷. И это смысл сказанного: "И око прелюбодея ждет темноты"⁹⁶⁸, – ибо тогда это время властвовать", так как клипот властвуют только ночью. "Иди, упиваться будем любовными ласками"⁹⁶⁷, – пойдем вместе, ведь я с тобой. Ведь пока ты еще юноша в своей силе – если не будешь наслаждать себя (сейчас), то когда? Когда будешь стариком", будешь ты наслаждать себя? "Сейчас самое время. И какова причина? "Потому что мужа нет дома"⁹⁶⁹, – это доброе начало, которое не находится здесь в тебе, и это не его время, "он ушел в далекий путь"⁹⁶⁹, поскольку доброе начало пребывает лишь "на далеком пути"⁹⁶⁹, – начиная с тринадцати лет человека, но и тогда не у каждого. А я нахожусь с тобой со дня твоего рождения, как написано: "У входа грех лежит"⁹⁷⁰, – т.е. с момента, когда вышел из входа чрева матери его. "А сейчас, когда ты свободен от женщины, – сейчас время наслаждать себя"».

924) «"Кошелек с деньгами он взял с собою"⁹⁷¹, – т.е. света, называемые деньгами, доброе начало взяло себе, "чтобы

---

⁹⁶⁶ Писания, Притчи, 7:15. «Поэтому я вышла навстречу тебе искать лица твоего, и я нашла тебя».

⁹⁶⁷ Писания, Притчи, 7:18. «Иди, упиваться будем любовными ласками до утра, найдем радость в любви».

⁹⁶⁸ Писания, Иов, 24:15. «И око прелюбодея ждет темноты; он говорит: "Да не видит меня (ничей) глаз", – и прячет свое лицо».

⁹⁶⁹ Писания, Притчи, 7:19. «Потому что мужа нет дома; он ушел в далекий путь».

⁹⁷⁰ Тора, Берешит, 4:7. «Ведь если исправишься, прощен будешь, а если не исправишься, у входа грех лежит, и к тебе его влечение, – но ты властвуй над ним!»

⁹⁷¹ Писания, Притчи, 7:20. «Кошелек с деньгами он взял с собою; в назначенный день он возвратится в дом свой».

вознести их наверх, задержаться там и наслаждаться. "В назначенный день он возвратится в дом свой"[971], – т.е. когда явится" доброе начало "перед ним? "В назначенный день"[971], т.е. в день суда, чтобы наблюдать за судом. Как написано: "В назначенный день праздника нашего"[972], – что указывает на день суда, т.е. Рош а-шана. "Ибо когда человек должен наслаждаться в мире и получать от него удовольствие", доброе начало "отдаляется от него, а когда в мире пребывает суд, оно приходит к нему, чтобы вершить над ним суд. И поэтому: "Она увлекала его множеством увещеваний... доколе не разорвет стрела печень его"[973]. Счастливы праведники, знающие святые пути, как идти по ним, не отклоняясь ни вправо, ни влево, счастливы они в этом мире и в мире будущем"».

---

[972] Писания, Псалмы, 81:4. «Трубите в шофар при новой луне, в назначенный день праздника нашего».

[973] Писания, Притчи, 7:21-23. «Она увлекала его множеством увещеваний, льстивою речью своею она соблазнила его. Он тотчас следует за нею, как вол идет на заклание, и как в цепях (ведут) к наказанию безразсудного, доколе стрела не разрежет печени его; как птичка спешит в силки и не знает, что на погибель ее».

ГЛАВА ПКУДЕЙ

Седьмой чертог ситры ахра – винный осадок

925) «"Седьмой чертог – это чертог винного осадка, чтобы напиваться им", т.е. пьянеть. "Как сказано: "И выпил он вина, и опьянел, и обнажился"[974]. Выжимание всего этого винограда, всего дурного винограда, – здесь оно, выжимание его, и это бродящее вино, как написано: "И бродящее вино, полное прав, и наливает Он из нее, даже осадок выпьют до дна, напьются все грешники земли"[975]. Бродящее вино означает – "винный осадок, и всякий, выпивший его, вызовет свою смерть. От этого вина Хава дала попробовать своему мужу и ввела его в этот чертог. Как мы учили: выжала виноград и дала ему.[976] И вызвала смерть – его и всего мира после него"».

Объяснение. Свечение Хохмы называется веселящим вином, и нужно притягивать его только снизу вверх, а умножающий притяжение Хохмы, т.е. притягивающий ее сверху вниз, считается, что выжимает виноград, ибо в этот момент пробуждается винный осадок, т.е. свойство клипот, и оно становится пьянящим вином. И это было грехом Древа познания.[977] И в седьмом чертоге этой ситры ахра – это место искушения к этому выжиманию.

926) «В этом чертоге находятся все те нечистые души, которые спускаются ко всем тем, кто прилепляется к этой нечистой стороне, и нечистый дух, опускающийся ко всем тем, кто на этой стороне, выходит отсюда. Так же как они извратили путь свой в этом мире и занимались блудом, в месте, где ненужно, отдаляясь от истинного пути, тогда, так же как он прилепился к стороне злого начала в блуде, так же из этого чертога выходит

---

[974] Тора, Берешит, 9:21. «И выпил он вина, и опьянел, и обнажился внутри шатра».
[975] Писания, Псалмы, 75:9. «Потому что чаша в руке Творца, и бродящее вино, полное прав, и наливает Он из нее, даже осадок выпьют до дна, напьются все грешники земли».
[976] См. Зоар, главу Берешит, часть 1, п. 450. «"И взяла от плодов его" – т.е. Хава выжала виноград и дала его Адаму, и своим вкушением от него они вызвали смерть во всем мире...»
[977] См. Зоар, главу Берешит, часть 2, Обозрение Сулам, п. 10. «Вместе с этим пойми, что запрещено человеку входить в эти чертоги из опасения, что он потянется за ними подобно тому, как сделал Ноах, о котором сказано: "И выпил он вина... и обнажился"...»

дух скверны, чтобы осквернять его и сына его, исходящего оттуда"», от блуда.

927) «"И сын этот называется незаконнорожденным, так как исходит со стороны чужого бога. Так же как" человек "находится на стороне злого начала в этой страсти и в этом блуде, так же он притягивает к этому сыну другой дух, нечистый и оскверняющий, и все свидетельствуют о нем, что он незаконнорожденный, и так все дела его и свойства его принадлежат именно этому виду"».

928) «"Из этого чертога выходит один дух, правитель над духами, называемый северным (цфони́ צְפוֹנִי)", и это седьмое имя злого начала. "И признак тебе: "Скрывающий ее, скрывает дух"[978]. И этот" дух – "он правитель над этим", северным. "И этот седьмой чертог соответствует тому имени" ада, "которое называется глубокой землей.[979] И об этом", о северном, упоминаемом выше, "написано: "А северного (цфони́ צְפוֹנִי) удалю Я от вас"[980]».

929) «"Одна точка находится внутри всего. И отсюда выходят все эти другие духи, которые кружат по миру и властвуют в этом мире над всеми делами и действиями, отданными левой стороне. И отсюда выходят все те проблески, искры, которые сразу гаснут, – вспыхивают и" сразу же "гаснут. И из них выходят другие духи, которые кружат по миру и действуют заодно с теми" духами, "которые выходят из великой бездны. Как сказано: "Правосудие Твое – бездна великая"[981]. И это духи, которые не были переданы для облачения в мире", т.е. в облачение от этого мира, "и они видны и не видны, как мы учили"».

---

[978] Писания, Притчи, 27:16. «Скрывающий ее, скрывает дух и масть в правой руке своей, дающую знать о себе».

[979] Пророки, Йехезкель, 31:14. «Для того чтобы не возвышались ростом своим все деревья (при) водах, и не поднимали кроны свои меж густых ветвей, и не вставали могущественные их в величии своем, все пьющие воду; ибо все они обречены смерти в глубокой земле, среди сынов человеческих, сходящих в могилу».

[980] Пророки, Йоэль, 2:20. «А северную (саранчу) удалю Я от вас и брошу ее в землю бесплодную и пустынную: передовых ее – к морю восточному, а задних – к морю западному; и поднимется смрад от нее, и поднимется от нее зловоние, ибо много наделала она (зла)».

[981] Писания, Псалмы, 36:7. «Справедливость Твоя как высочайшие горы; правосудие Твое – бездна великая! Человека и скотину спасаешь Ты, Творец!»

930) «"А затем" есть здесь "те духи, которые кружат по миру. И эти готовы делать для людей чудеса, потому что они не так сильно погружены в грязь скверны, как другие. И один дух назначен над ними и называется Несира́ (נְסִירָא отрезание), потому что он отрезается" и отделяется "от тех нечистых сторон, а эти воспаряют в воздух, и ослабляют свою нечистую сторону, чтобы делать чудеса для тех, кто находится на стороне святости"».

931) «"И от этого духа, который отрезается" и отделяется от нечистой стороны, "называемого Несира, от него выходит много других сторон, отделяющихся по своим видам. И все они выполняют послание в мире, каждый как подобает ему, вплоть до того, что внизу назначаются цари и сановники, но не существуют вечно, как те другие, что наверху"».

932) «"В этом чертоге – слияние нечистой стороны, и всех страстей, нечистых и оскверняющих мир. В будущем он будет извергать огонь каждый час и миг, и никто не устоит перед ним. Отсюда исходит вниз огонь сильного духа, чтобы судить им грешников мира. И отсюда выходит пылающий дух, и это огонь и снег, называемый Цалмон (צַלְמוֹן), как сказано: "Как метель у Цалмона"[982]».

933) «"В этом чертоге есть четыре входа, которые распределены по четырем сторонам снаружи. И они объединены и не объединены со стороны святости, однако в этих входах виден светящий свет" со стороны святости. "И это – место, установленное на каждом из входов для этих праведников остальных народов, которые не притесняли Исраэль и усердствовали вместе с ними на пути истины. Они стоят на этих входах, и располагаются там"».

934) «"На входе этого чертога, в центре, с внешней стороны, шесть входов объединяются в этом чертоге, и все они включены в него. Тут есть окна, распахнутые на сторону святого света. И эти места устанавливаются для царей других народов, которые не притесняли Исраэль и всегда защищали их. У них есть слава благодаря Исраэлю, и наслаждаются во мраке, в

---

[982] Писания, Псалмы, 68:15. «Когда рассеет Всемогущий царей по ней, как метель у Цалмона».

котором пребывают, от света, светящего на стороне святости. Как написано: "Все цари народов, все покоятся во славе"[983]».

935) «"А если они делали зло Исраэлю или притесняли их, есть много тех, кто хватает их и судит их внизу трижды в день, от многих судов, отличных один от другого, – т.е. тех царей, которые притесняли их. И в том мире их судят многими судами. И каждый день они свидетельствуют против Исраэля и против их веры, и спускаются вниз, и там их судят. Счастливы они, Исраэль, в этом мире и в мире будущем"».

936) «"До сих пор" были выяснены "семь чертогов – отделы нечистой стороны со стороны змея. Благословенна доля того, кто спасся от него и от шипений его", передаваемых ему свыше,[984] – "чтобы не быть ужаленным им, и не проник в него яд, от которого он умрет. Со всех сторон следует остерегаться его, как сверху, так и снизу. Кто спасется от головы его, не спасется от хвоста,[985] – когда он пригибает голову, он выпрямляет хвост и бьет, и убивает"».

937) «"И всё же: "Разве ужалит змей, не прошипев?"[986] Как мы учили, что он испрашивает право и вынимает душу. Поэтому должен человек остерегаться, чтобы не согрешить пред Творцом, чтобы не шепнули этому змею ужалить и умертвить"».

---

[983] Пророки, Йешаяу, 14:18. «Все цари народов, все покоятся во славе, каждый в своей гробнице».
[984] См. далее, п. 937.
[985] См. Зоар, главу Ваэра, п. 106. «"Голова его", этого чудовища, "красная, как роза". Красный цвет указывает на суды, исходящие от Бины...»
[986] Писания, Коэлет, 10:11. «Разве ужалит змей, не прошипев? Нет разве у языкастого преимущества (перед ним)?»

ГЛАВА ПКУДЕЙ

Прах земли

938) «"И создал Творец Всесильный человека из праха земного"[987] – из праха, а не из глины. Прах он, и возвратится в прах, как сказано: "Прах ты, и в прах возвратишься"[988]. После того, как согрешил, написано поэтому о змее: "И прах будешь есть во все дни жизни твоей"[989]. Прах – это человек, как написано о нем: "Ибо прах ты"[988]. И поэтому написано "прах", а не земля или глина. И написано: "А змей – прах пища его"[990]».

939) «"Пока не пробудится Творец и не уничтожит огнем дух скверны в мире. Как написано: "Уничтожит Он смерть навеки"[991]. И восстанет этот прах" к возрождению, "и Он пробудит его, чтобы радоваться в мире. Как написано: "Пробудитесь и ликуйте, лежащие во прахе"[992]».

940) «"И мы уже объясняли. Однако та сторона, которая восседала на нем", на змее, "давала ему силы властвовать, соблазнять и совращать. И этот", восседающий на нем, "является свойством захар" змея, "потому что захар властвует над некевой и привносит в нее силы. Солнце и луна", т.е. ЗОН, "действуют как одно целое, и не расстаются", так "тьма и мгла действуют как одно целое: он", захар змея, – это "тьма; а она", некева, – это "мгла. Как написано: "И была тьма мглы"[993]. Тьма и туман. Поскольку есть тьма" захара, "и есть тьма"» некевы.

---

[987] Тора, Берешит, 2:7. «И создал Творец Всесильный человека из праха земного, и вдохнул в ноздри его дыхание жизни, и стал человек существом живым».

[988] Тора, Берешит, 3:19. «В поте лица твоего будешь есть хлеб, доколе не возвратишься в землю, ибо из нее ты взят; ибо прах ты, и в прах возвратишься».

[989] Тора, Берешит, 3:14. «И сказал Творец змею: "За то, что ты сделал это, проклят ты пред всяким скотом и пред всяким животным полевым; на чреве твоем будешь ходить и прах будешь есть во все дни жизни твоей"».

[990] Пророки, Йешаяу, 65:25. «Волк и ягненок будут пастись вместе, и лев, как вол, есть будет солому, а змей – прах пища его; не будут они причинять зла и не будут губить на всей горе святой Моей, – сказал Творец».

[991] Пророки, Йешаяу, 25:8. «Уничтожит Он смерть навеки, и отрет Творец Всесильный слезы со всех лиц, и позор народа Своего устранит Он на всей земле, ибо (так) сказал Творец».

[992] Пророки, Йешаяу, 26:19. «Оживут Твои умершие, падшие восстанут! Пробудитесь и ликуйте, лежащие во прахе, ибо роса рассветная – роса Твоя, и земля изрыгнет покоящихся».

[993] Тора, Шмот, 10:22. «И простер Моше свою руку к небу, и была тьма мглы на всей земле египетской три дня».

ГЛАВА ПКУДЕЙ

Конец всякой плоти

941) «"Мы учили: тот, кто видел во сне верблюда, – была предначертана ему смерть, и спасся от нее. Поскольку это нечистая сторона, и она называется концом всякой плоти"».[994]

942) «Однажды сидел рабби Эльазар перед рабби Шимоном. Сказал рабби Эльазар: "Наслаждается ли этот "конец всякой плоти" от тех жертв, которые Исраэль приносит на жертвеннике, или нет?" Сказал ему: "Все получали удовлетворение как один, наверху и внизу"».

943) «"И смотри, коэны, левиты и исраэлиты", т.е. три линии, правая, левая и средняя, – "они называются Адам (человек)" вместе, "в объединении этих святых желаний, поднимающихся от них" в МАН. Коэны – своим служением, левиты – своим воспеванием, а исраэлиты – несением смен. "А над той овцой, или бараном, или над тем животным, которое приносят в жертву, перед принесением его на жертвенник, нужно исповедаться во всех грехах и во всех прегрешениях, и во всех дурных замыслах, которые он задумывал. И тогда эта" жертва "называется бээма (животное) во всем – в этих грехах и злодеяниях, и замыслах"[995]».

---

[994] Тора, Берешит, 6:13. «И сказал Всесильный Ноаху: "Конец всякой плоти настал предо мною, ибо вся земля наполнилась насилием от них, и вот Я истреблю их с землею"».

[995] Объяснение этому найдешь в Зоар, главе Ноах, п. 119. Всю статью, которая перед нами, до п. 956, ты найдешь там, начиная с п. 118 до п. 131.

ГЛАВА ПКУДЕЙ

Чертог тайны жертвоприношения

944) «"Так же как жертва Азазелю, как написано: "И признается над ним во всех прегрешениях сынов Исраэля"[996], так же это и здесь", – что принято исповедание в грехах. "Ведь когда жертва возлагается на жертвенник", а не отсылается в пустыню, как с Азазелем, "человеку полагается два раза исповедаться в грехах вместо одного. И поэтому это возносится на свое место, и это возносится на свое место, это – в свойстве "человек", а это – в свойстве "животное",[997] как написано: "Человека и скотину спасаешь Ты, Творец"[998]».

945) Приношение, жареное «"на сковородах, и все остальные хлебные приношения" нужны, "чтобы пробудить дух святости в желании коэнов, и воспевание левитов, и молитву Исраэля. И от того дыма, и масла, и муки, поднимающегося" над жертвенником, "насыщаются и получают удовлетворение все остальные требующие суда, которые не могут управлять тем судом, который поручен им. И всё происходит одновременно. Смотри, всё происходит в тайне веры, чтобы отдавать друг другу", – т.е. чтобы правая и левая (линии) отдавали друг другу и восполнялись друг от друга, – "и поднимать наверх то, что нужно", т.е. свечение Хохмы, которое нужно поднять снизу вверх, "до Бесконечности"».

946) «"Сказал рабби Шимон: "Вознес я вверх руку свою в молитве". То есть он молился, чтобы раскрытие этих тайн было желанно пред Творцом. "Когда высшее желание высоко-высоко", и это Кетер Арих Анпина, "устанавливается на том желании, которое не познается и не постигается никогда", т.е. рош, который не познается (РАДЛА), исправляющий Кетер Арих Анпина, "рош, скрывающем то, что выше, и этот рош создал то, что создал, и он не познан", это моха де-авира

---

[996] Тора, Ваикра, 16:21. «И возложит Аарон обе руки свои на голову живого козла, и признается над ним во всех прегрешениях сынов Исраэля и во всех грехах их, и во всех провинностях их, и возложит их на голову козла, и отошлет его с нарочным в пустыню».
[997] См. Зоар, главу Ноах, пп. 119-120.
[998] Писания, Псалмы, 36:7. «Справедливость Твоя как высочайшие горы; правосудие Твое – бездна великая! Человека и скотину спасаешь Ты, Творец!»

Арих Анпина, "и осветил то, что осветил, – всё в скрытии"». Это моха стимаа Арих Анпина.[999]

947) «"Желание высшей мысли", т.е. Кетера Арих Анпина, – "устремляться за ним", за РАДЛА, "и светить от него", но "пролегла одна парса" между РАДЛА и Кетером Арих Анпина. "И вследствие этой парсы в стремлении к высшей мысли", т.е. в стремлении Кетера Арих Анпина постичь свет РАДЛА, "свет приходит и не приходит к нему", потому что парса задерживает его. "А до парсы светит то, что светит", – но не от парсы и ниже, "и тогда высшая мысль светит скрытым свечением, которое непознаваемо" для моха стимаа. "И сама мысль", т.е. Кетер Арих Анпина, "находится в свойстве непознаваемой"».[999]

948) «"Тогда это свечение мысли, которая непознаваема, ударило по свечению парсы, которое устанавливается" и светит тремя уменьшениями, которые "от того, кто неизвестен", и это моха де-авира, "и непознаваем", Кетера, "и нераскрыт", моха стимаа. "И таким образом, ударило свечение мысли, которая непознаваема", т.е. РАДЛА, "в свет парсы, и они светят вместе"».[1000]

949) «"И образовались девять чертогов", в РАДЛА, поскольку три рош включили в себя друг друга, и становятся девятью чертогами. "И чертоги эти не являются ни светами, ни духами (рухот), ни душами (нешамот), и нет того, кто бы находился в них. Желание всех девяти светов, находящихся в мысли", Арих Анпина, "и она", мысль Арих Анпина, "одна из них в счете", девяти, "вот желание их всех – стремиться за ними", девятью чертогами РАДЛА, "в час, когда" девять светов "пребывают в мысли" Арих Анпина, но "недостижимы и непознаваемы" девять РАДЛА. Ведь "эти" девять чертогов РАДЛА "не пребывают ни в" виде "желания, ни в" виде "высшей мысли", т.е. Арих Анпина, "они захватывают ее и не захватывают. В этих" девяти чертогах РАДЛА "находятся все тайны веры. И все эти света от свойства высшей мысли", т.е. Арих Анпина, "и ниже, все они называются Бесконечностью. Ибо до этого места света доходят и не доходят, и непознаваемы. Нет здесь ни желания, ни мысли"».[1001]

---

[999] См. Зоар, главу Ноах, п. 123.
[1000] См. Зоар, главу Ноах, п. 124.
[1001] См. Зоар, главу Ноах, п. 125.

950) «"Когда светит мысль, и неизвестно, от кого светит", т.е. моха де-авира, – "так она облачена и скрыта в Бине, и светит тому, кому светит. И они входят друг в друга, пока не соединятся как одно целое"».[1002]

951) «"Когда возносится жертва, всё связывается друг с другом и светит одно в другом, и тогда происходит подъем всех ступеней, а мысль венчается Бесконечностью. Ведь то свечение, от которого светит высшая мысль, о которой не знал вовсе, называется Бесконечностью, и от него эта мысль питается и светит тому, кому светит. И на этом держится всё.[1003] Счастлива доля праведников в этом мире и в мире будущем"».

952) «"Смотри, эта ситра ахра, которая называется концом всякой плоти, – так же как есть связь наверху", т.е. в Бине и Арих Анпине, "в радости, так же и внизу", т.е. в ЗОН и мирах БЕА, происходит соединение одного с другим "в радости и в желании доставить наслаждение всем, наверху и внизу, и Има пребывает над Исраэлем, как подобает"».[1004]

953) «"Смотри, в каждое новомесячье, когда обновляется луна", т.е. Малхут возобновляет свой зивуг с Зеир Анпином, "дают этому концу всякой плоти дополнительную долю", т.е. козла новомесячья, "сверх" обычных "жертвоприношений, чтобы заниматься ею, пользуясь своей долей, и останется сторона Исраэля только для них, чтобы соединились со своим Царем"».

954) «"И приносят в жертву козла (саи́р שָׂעִיר), потому что это доля Эсава, о котором написано: "Волосатый (саир שָׂעִיר)". "Ведь Эсав, брат мой, человек волосатый"[1005]. И поэтому он пользуется своей долей, а Исраэль пользуются своей долей. Поэтому написано: "Ибо Яакова избрал себе Творец, Исраэля – дорогим достоянием Своим"[1006]».[1007]

[1002] См. Зоар, главу Ноах, п. 126.
[1003] См. Зоар, главу Ноах, п. 127.
[1004] См. Зоар, главу Ноах, п. 128.
[1005] Тора, Берешит, 27:11. «И сказал Яаков Ривке, матери своей: "Ведь Эсав, брат мой, человек волосатый, я же человек гладкий"».
[1006] Писания, Псалмы, 135:4. «Ибо Яакова избрал себе Творец, Исраэля – дорогим достоянием Своим».
[1007] См. Зоар, главу Ноах, п. 129.

955) «"Смотри, этот конец всякой плоти – всегда всё его желание ни к чему иному, как к плоти, и поэтому исправление плоти всегда относится к нему, и потому он называется концом всякой плоти. И когда он властвует, то властвует над телом, но не над душой. Душа поднимается на свое место, а тело предается этому месту", – концу всякой плоти. "Подобно жертвоприношению, когда желание поднимается в одно место", в ЗОН, "а плоть поднимается в другое место"», т.е. в конец всякой плоти.[1008]

956) «"Человек, являющийся праведником, он сам (и есть) подлинная жертва для искупления. Но тот, кто не праведник, это не так, поскольку в нем есть порок, как написано: "Ничего, на чем есть порок, не приносите, ибо этим не удостоитесь благоволения"[1009]. И поэтому праведник, он является искуплением в мире и подлинной жертвой. Счастливы праведники в этом мире и в мире будущем"».

957) «"И покрыло облако Шатер собрания"[1010], потому что, когда облако покрывало Скинию, Шхина пребывала на земле, и устранялся дух скверны из мира, т.е. конец всякой плоти, и удалялся, и входил в проем великой бездны, и дух святости пребывал над миром, как написано: "И покрыло облако Шатер собрания"[1010]».

958) «"И написано: "И не мог Моше войти в Шатер собрания, ибо пребывало над ним облако"[1011], – поскольку дух святости пребывал над миром, а дух скверны удалялся. И только лишь грешники могут навлечь его на мир, как вначале. Но если они не привлекают, его нет"».

959) «"А в грядущем будущем Творец должен будет искоренить его из мира, как написано: "Уничтожит Он смерть навеки, и отрет Творец Всесильный слезы со всех лиц, и позор народа

[1008] См. Зоар, главу Ноах, п. 130.
[1009] Тора, Ваикра, 22:20. «Ничего, на чем есть порок, не приносите, ибо этим не удостоитесь благоволения».
[1010] Тора, Шмот, 40:34. «И покрыло облако Шатер собрания, и слава Творца наполнила Скинию».
[1011] Тора, Шмот, 40:35. «И не мог Моше войти в Шатер собрания, ибо пребывало над ним облако, и слава Творца наполняла Скинию».

Своего устранит Он на всей земле, ибо (так) сказал Творец"¹⁰¹². И написано: "И дух скверны удалю Я с земли"¹⁰¹³. Благословен Творец вовеки, амен и амен, и будет царствовать Творец навеки, амен и амен"».

[1012] Пророки, Йешаяу, 25:8. «Уничтожит Он смерть навеки, и отрет Творец Всесильный слезы со всех лиц, и позор народа Своего устранит Он на всей земле, ибо (так) сказал Творец».

[1013] Пророки, Зехария, 13:2. «И будет в тот день, – слово Властелина воинств, – истреблю имена идолов с земли, и не помянут их более, а также лжепророков и дух скверны удалю Я с земли».

Посвящается светлой памяти нашего товарища
Леонида Илизарова,
главного организатора перевода Книги Зоар,
желавшего донести всему человечеству
идеи единства и любви к ближнему,
которые несет в себе Книга Зоар.

Выражаем огромную благодарность группе энтузиастов
из разных стран мира, выступивших с инициативой сбора
средств для реализации этого проекта.

МЕЖДУНАРОДНАЯ АКАДЕМИЯ КАББАЛЫ

http://www.kabacademy.com/

Учебно-образовательный интернет-ресурс – неограниченный источник получения достоверной информации о науке каббала. Миллионы учеников во всем мире изучают науку каббала. Выберите удобный для вас способ обучения на сайте.

УГЛУБЛЕННОЕ ИЗУЧЕНИЕ КАББАЛЫ

http://www.zoar.tv/

Каждое утро на сайте ведется прямая трансляция уроков каббалиста д-ра Михаэля Лайтмана для всех, кто занимается углубленным, ежедневным изучением науки каббала и исследованием каббалистических первоисточников.

Видеопортал Зоар.ТВ располагает уникальным контентом: фильмы, музыка, телевизионные программы, клипы, радиопередачи, статьи.

ИНТЕРНЕТ-МАГАЗИН КАББАЛИСТИЧЕСКОЙ КНИГИ

Все учебные материалы Международной академии каббалы основаны на оригинальных текстах каббалистов.

РОССИЯ, СТРАНЫ СНГ И БАЛТИИ
http://kbooks.ru

ИЗРАИЛЬ:
https://books.kab.co.il/ru/

АМЕРИКА, АВСТРАЛИЯ, АЗИЯ
https://www.kabbalahbooks.info

ЕВРОПА, АФРИКА, БЛИЖНИЙ ВОСТОК
https://books.kab.co.il/ru/

СЕРИЯ: «ЗОАР ДЛЯ ВСЕХ»

Книга Зоар
Глава Пкудей

**Под редакцией М. Лайтмана,
основателя и главы
Международной академии каббалы**

ISBN 978-5-91072-104-7

Руководители проекта: Г. Каплан, П. Ярославский.
Перевод: Г. Каплан, М. Палатник, О. Ицексон.
Редакторы: А. Ицексон, Г. Каплан.
Технический директор: М. Бруштейн.
Дизайн и верстка: Г. Заави.
Корректоры: И. Лупашко.
Выпускающий редактор: С. Добродуб

Подписано в печать 30.12.2019. Формат 60x90/16
Бумага офсетная 80 г/м2. Печать офсетная. Печ. л. 23,5.
Тираж 500 экз. Заказ № 3.

Отпечатано с электронного оригинал-макета,
предоставленного издательством,
в ООО «Рыбинский Дом печати».
152901, г. Рыбинск, ул. Чкалова, д. 8.
e-mail: printing@r-d-p.ru www.r-d-p.ru

www.ingramcontent.com/pod-product-compliance
Lightning Source LLC
LaVergne TN
LVHW082009090526
838202LV00006B/266